U0839422

金井露老师 2013 年 8 月在华为高培中心讲授《华为的领导力与执行力》，受到任正非总裁等热情接待

金井露老师 2003 年开始在华为大学讲授《项目经理 PMP 认证》等课程，先后培训上万名海内外项目经理

金井露老师 2009 年以来在北京大学 MBA 班讲授《华为的项目管理》等课程

金井露老师 2009 年以来在清华大学 EMBA、MBA 班讲授《华为的领导力与执行力》等课程

金井露老师 2005 年以来在中山大学、华南理工大学 EMBA-MBA-EDP 中心主讲《企业经营与项目管理》

金井露老师 2008 年以来在香港亚洲商学院主讲《企业经营与项目管理》等课程

金井露老师 2015 年以来在智通 MBA 商学院主讲《企业经营与项目管理》等课程

金井露老师 2006 年以来在南方电网公司、分公司主讲《电力工程项目管理》等课程

金井露老师 2006 年以来在国家电网公司、分公司主讲《项目目标、计划与执行》等课程

金井露老师 2006 年以来在国家电网公司、国电集团主讲《项目目标、计划与执行》等课程

金井露老师 2017 年 5 月在陕西省地方电力公司培训中心主讲《华为精神：企业军校的目标与责任》

金井露老师 2010 年以来在中国水电、中车集团主讲《国际项目招投标》《国际项目管理》5 天课程

金井露老师 2013—2017 年在湖北移动、广东移动南方基地等主讲《华为的执行力与项目管理》

金井露老师 2017 年 5 月在中国民航内蒙古空管分局主讲《企业目标、计划与执行》4 天课程

金井露老师 2003 年以来一直在高新技术制造企业主讲《研发项目管理》《营销项目管理》等课程

金井露老师 2003 年以来在海信电器集团青岛总部和各分公司主讲《项目管理应用》等课程

金井露老师 2003 年以来在海尔、海信、天宝、创维、TCL、九阳等电器制造企业主讲《项目管理应用》

金井露老师 2015 年以来在深圳华天谋企业管理顾问有限公司等主讲《咨询与创新项目管理》等课程

金井露老师 2017 年 5 月在中南建筑产业集团主讲《建筑工程施工组织管理》等课程

金井露老师 2017 年 3 月在贵州麒龙建设集团主讲《全面质量管理》等课程

金井露老师 2015 年冬在广东长大公路工程有限公司主讲《国际工程项目管理》（港珠澳大桥指挥部）

金井露老师 2014–2015 年在中国人寿广东分公司主讲《项目管理与流程标准化》，共 9 期，450 人参加

金井露老师 2014 年在粤财控股、羊城晚报主办的财富大讲坛主讲《国学智慧与财富密码》，350 人参加

金井露老师 2015 年在中国平安、新快报主办的管理沙龙主讲《华为的执行力与项目管理》，350 人参加

金井露老师 2017 年 1 月在中邮保险江西分公司主讲《企业精细化、流程化管理》

华为项目管理图解

Huawei Xiangmu Guanli Tujie

金井露◎著

SPM
南方出版传媒
广东经济出版社
·广州·

图书在版编目（CIP）数据

华为项目管理图解/ 金井露著. —广州：广东经济出版社，2017. 7（2019. 4 重印）

ISBN 978 - 7 - 5454 - 5471 - 0

Ⅰ. ①华… Ⅱ. ①金… Ⅲ. ①通信企业 - 项目管理 - 深圳 - 图解 Ⅳ. ①F632. 765. 3—64

中国版本图书馆 CIP 数据核字（2017）第 134964 号

出 版 人：姚丹林

责任编辑：毛一飞

责任技编：许伟斌

出版发行	广东经济出版社（广州市环市东路水荫路 11 号 11 ~ 12 楼）
经销	全国新华书店
印刷	佛山市浩文彩色印刷有限公司 （南海区狮山科技工业园 A 区兴旺路 6 号）
开本	787 毫米 × 1092 毫米　1/16
印张	22. 75
字数	369 000 字
版次	2017 年 7 月第 1 版
印次	2019 年 4 月第 3 次
书号	ISBN 978 - 7 - 5454 - 5471 - 0
定价	80. 00 元

如发现印装质量问题，影响阅读，请与承印厂联系调换。

发行部地址：广州市环市东路水荫路 11 号 11 楼

电话：（020）38306055　邮政编码：510075

邮购地址：广州市环市东路水荫路 11 号 11 楼

电话：（020）37601950　营销网址：**http://www. gebook. com**

广东经济出版社新浪官方微博：**http://e. weibo. com/gebook**

广东经济出版社常年法律顾问：胡志海律师

· 版权所有　翻印必究 ·

序言 XUYAN

我学习和应用项目管理30多年了。虽年过六旬，仍在项目管理培训和应用领域快乐地耕耘着，对“项目经理”和“项目管理”有几点体会与大家共享：

项目管理的核心思想就是：复杂问题简单化，简单问题流程化，流程问题标准化，标准问题再优化。

项目经理是21世纪的黄金职业；

项目经理是成为复合型人才的首选职业；

项目经理是成为部门经理、总经理的最佳职业；

项目经理是一种越老越吃香、生命期最长的职业。

项目管理是百年管理的第三里程碑；

项目管理是科学管理方法论的集大成者；

项目管理是华为等企业创新、创品牌的“金钥匙”。

项目管理能力必将成为项目经理、项目团队、项目执行组织的核心竞争力。

中国已经成为世界上大中型项目最多、对优秀项目经理需求量最大的国家。

2005年，我应邀在中山大学向500多名企业中高层管理者做“华为的执行力与项目管理”报告会。会后，应大家要求开始准备此书。本书具有以下三个特点：

1. 参考国际标准，注重主流方向

本书采用国际项目管理协会（IPMA）的国际项目经理资质认证2006年最新标

准 ICB 3.0，采用美国项目管理协会（PMI）的项目经理资质认证 2012 年最新标准《项目管理知识体系指南》（PMBOK－2012，第 5 版）。这些标准引领了海内外项目经理认证和项目管理应用的大方向。

世界上本来没有标准，用的人多了、效果好了，善于总结，就成了标准。笔者坚信：未来 30 年，中国无论是在项目经理的素质、能力和数量方面，还是在项目管理文化、产品、服务和成果等方面必然稳居世界第一，中国一定能够成为国际项目管理标准的制定者。

2. 章节图文并茂，注重华为案例

1995 年，华为开始开拓海外市场，但由于缺乏海外市场营销和项目管理经验，交了不少学费。1997 年，任正非带领华为 20 多名高管去 IBM 公司学习和引入项目管理体系。历经 7 年艰苦卓绝的探索之后，任正非在对海内外项目经理的报告会上说："总结我们在海外的项目，有成功经验，也有失败的教训。我们过去与海外强手竞争，如同游击队与正规部队作战一样，扔几个手榴弹、打一枪换一个地方。今后，华为要在海内外市场生存、立足、发展，就必须在项目经理培养和国际项目管理方法论上面超越竞争对手，项目管理应当成为华为的基本管理模式。"为此，华为从 2002 年启动了培养上万名项目经理的宏伟计划。

2003 年，应华为高层邀请和认证，我开始在华为总部、华为大学培养海内外项目经理，平均每年约 20 个班，每班 50 名学员，连续授课 5 天（包括一天应用的案例开发）。这十几年以来，我教学相长，深入研究华为文化、价值观、领导力和执行力，为华为培养了上万名获得国际证书的项目经理。2005 年以来，我开始承担华为大客户（电信、移动、联通、广电）中高层项目管理的培训任务。

金图银表铜为字，一图案例解千文。现代项目管理已经全方位进入了"读图"时代。所以我在本书中用 PPT 等格式绘制了约 400 张图表，保证平均每页都有一张简明易懂的图表。同时，在 15 个章节中还密切结合华为等企业项目管理的实务，分别编制了多个华为等企业项目管理的应用案例。读者在阅读时只要"以标题和图表为纲，以案例和文字为目"，就可以迅速掌握每一个章节的知识重点和应用要点。

3. 总结实践经验，注重学以致用

1981年，我在西安交通大学电机系进修电力系统运行期间开始注重学习和应用项目管理方法论。1991年研究生毕业后，我先后任西北农林科技大学水建系水电站课程讲师，水电部西北水电研究所工程师、高级工程师、材料结构研究室主任，带领团队承揽和完成30多项水利水电基本建设工程模型试验、研发、设计和监理等重大任务。

1997年开始，主要从事政府、城市和企业管理信息化建设。参与项目：外交部、侨联信息工程设计与建设；国家海洋局海监总队信息工程建设；广东省国税局"金税工程"信息化建设；中国移动广东省公司网络优化；中国移动广州市公司标准营业厅建设。负责项目：广州市白云区政府信息化建设；广州市公路主枢纽信息中心建设规划；广州市远程教育中心可行性研究与立项；广州市第一人民医院信息网络工程建设；佛山市南海电子政务系统整体规划设计等。

最近25年来，我为国家电网、南方电网、中国电建、中国水电建设集团、中车集团、中交集团、中建集团、智能家电、电子信息技术等高新技术企业的中高层开展项目管理培训咨询，为清华大学、北京大学、中国科技大学、中山大学、华南理工大学、香港亚洲商学院、智通商学院等国内多所著名大学EMBA、MBA、MPA、EDP中心讲授《孙子兵法与华为商道》《华为的领导力与执行力》《华为的执行力与项目管理》《企业经营与项目管理》《研发项目管理》《营销项目管理》《投资项目论证与风险防范》《工程招投标与商务谈判》《工程项目管理》《电力工程项目管理》《电信工程项目管理》《目标、计划与执行》《三国演义与领导智慧》《国学智慧与企业应用》等课程（详见彩页）。

在写这本书的十年期间，我加大力度深入研究和讲解国际国内项目管理标准，加大功夫深入学习、研究和总结华为等高新技术企业项目管理的案例，总结自己30多年来学习和应用项目管理的经验教训，希望通过本书把我对博大精深的项目管理标准和方法论的理解，把华为等高新技术企业对项目管理最佳实践介绍给大家，为您带领项目团队早日驰上"项目管理高速公路"奉献微薄之力。

风水轮流转，中华在崛起。时代赋予我们最重要的责任就是总结过去、利用现在、开创未来。"人生终有限，事业总无限。"任何一个人的经验是有限的，而他人的经验是无限的，学习和借鉴他人的经验教训，选择正确的方向道路，事半功倍地走向成功，永远是最明智的做法！

最后在本书出版之际，首先感谢项目管理领域老前辈传授给我们这些行之有效的科学方法论！感谢华为任正非总裁等高新技术企业领导和同事们给予我学习和探索华为项目管理应用的机会！感谢广东经济出版社姚丹林社长对我写此书的建议！感谢毛一飞编辑等同仁对出版此书的帮助！

希望本书能够对从事项目管理及其相关领域的读者起到“抛砖引玉”的作用。由于作者水平有限，错漏之处，恳请读者批评指正！

金井露　2017 年 6 月于广州

目录 MULU

第1章
项目的基本概念

【章节重点导图】我国春秋时期伟大的军事哲学家孙武说："兵者，国之大事，死生之地，存亡之道，不可不察也。"可以引申为："项目，企业大事，死生之地，存亡之道，不可不察也。"欢迎您加入"华为项目管理图解"之旅！

本章重点掌握项目的主要特征、生命期等，并通过案例分析项目对于企业创业、创新、生存和发展的重要性。如图 1－01 所示。

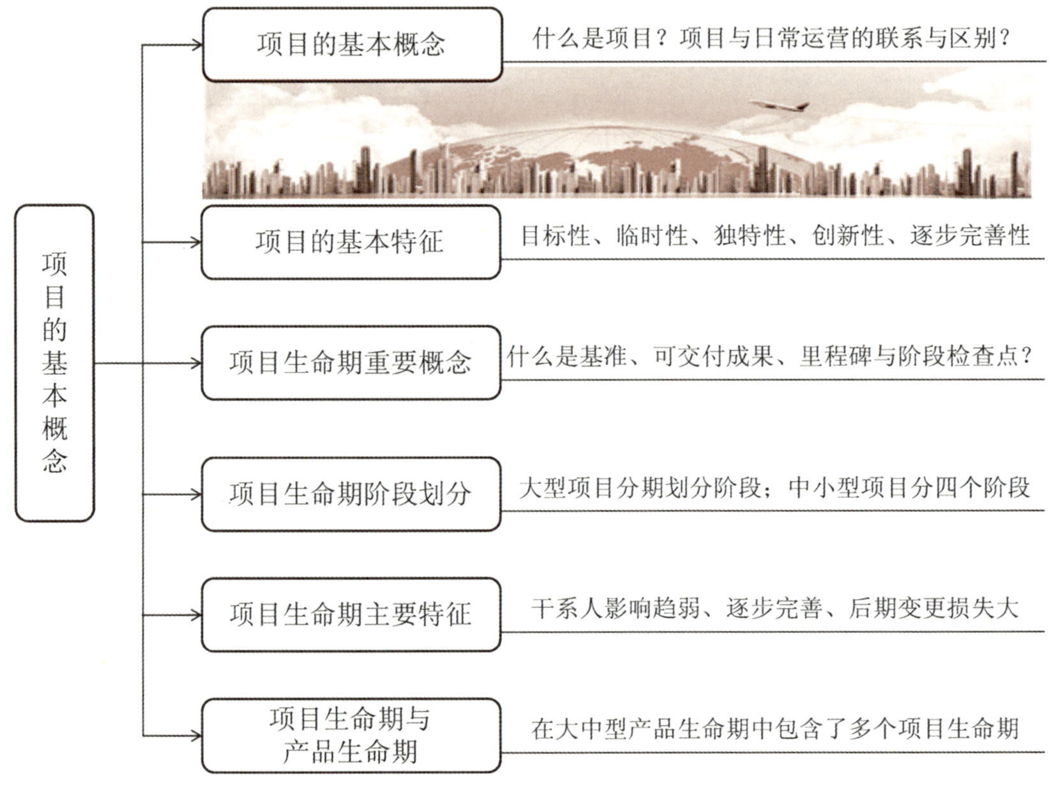

图 1－01　项目管理的基本概念

1.1　什么是项目

现代企业的经营管理活动，按其随时间变化的规律可以分为两大类：

第一类活动具有持续不断、周而复始的特征，我们通常称之为"日常工作""日常作业""日常运营"或者"日常运作"，如图 1－02 所示。例如，某企业的员工在生产线上连续生产某些相似产品的过程就属于"日常工作"。

图1－02　日常运作的主要特征：持续不断，周而复始

第二类活动如图1－03所示。这类活动通常是计划内的重要工作，如战略决策、市场定位、产品研发和市场营销等，还有那些重要而紧迫的工作，其最大特点就是要求集中资源、在有限的时间内完成任务。

图1－03　项目的特征：临时性，具有明显的开始和结束时间

对于这类时限非常明显的活动，我们通常称其为“项目”（Project）。例如：怎样开展首次、二次、N次创业、转型？怎样组织一次战略转型前的市场调研？人力资源部怎样组织一次人才招聘会？人力资源部怎样组织一次项目管理内训？怎样根据市场需求的变化，组织一次新产品研发？组织召开一次新产品展销和用户体验大会？

对于此类问题，用“日常作业”的方式难以高效能地进行处理，必须在规定的时间内协调关系、整合资源，用所谓“项目管理”的方法加以解决。

那么，什么是项目？项目与日常工作的联系与区别在哪里呢？

美国项目管理协会（PMI）根据美国国家标准（ANSI//PMI 99－001－2012）在《项目管理知识体系指南》（PMBOK—2012，第5版）中对项目的定义为：

项目是为创造独特的产品、服务或成果而进行的临时性工作。

图1－04说明项目项目的主要特征和“临时性”的主要内涵：

（1）临时性并不一定意味着项目的持续时间短。例如，著名的北斗星通信系统的研发和应用，某种新产品的市场调研、规划、设计、研发和试验等过程可能会持续几年甚至几十年。

临时性：是指项目具有明确的开始时间和明确的结束时间

- 并不一定意味着项目持续的时间短
- 所创造的产品、服务或成果一般不具有临时性
- 项目的临时性决定了团队的临时性
- 项目可能因为多种原因结束

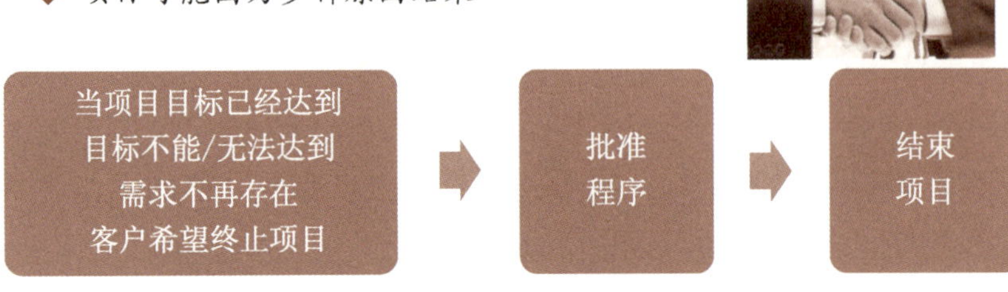

图 1－04　项目的特征：项目临时性的内涵

（2）**项目所创造的产品、服务、成果和社会、经济和技术影响力一般不具有临时性**。大多数项目都是为了创造持久性的结果和影响，例如著名的都江堰水利工程和京杭大运河工程等。

（3）**开展项目的团队和组织结构也具有临时性**：随着项目的不断推进和对资源需求的变化，其人数、职责和专业分工都在不断地变化。可以说，项目的组织结构是以完成目标为导向的、柔性的、扁平化的和临时性的。

（4）**项目可能因为多种原因而结束**。当项目的目标已经达成，或者由于某种原因项目不会、不能达到目标而中止时，或者项目需求不复存在时，项目就结束了。这一点正是项目与日常运作的最大区别。

（5）**项目的“独特性”是指每一个项目所创造的产品、服务或成果与其他项目相比，都不是简单的重复，都有明显的不同点**。

项目的产出既可以是有形的产品和成果，也可以是无形的。

1.2　项目的基本特征

参考 PMI 对项目的定义要素，对项目的基本特征进行归纳，见图 1－05。

（1）**目标性**：所有的项目都是明确的以完成个人或者组织的目标为导向的，都有期望的产品、服务或者成果。

（2）**临时性**：与日常工作不同，所有的项目都具有明显的开始时间和结束时间。

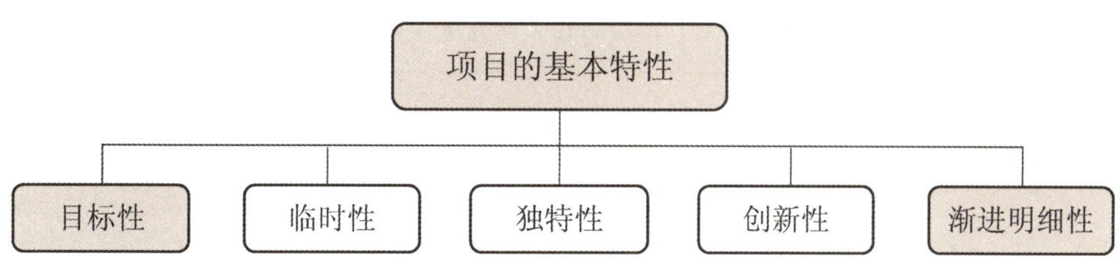

图 1－05　项目的基本的特征

（3）**独特性**：是指每一个项目所创造的产品或服务与其他项目的产品或者服务相比，都具有自己的特点。个别项目之间的相似或重复的现象，不能改变项目的独特性。

（4）**创新性**：每个项目的可交付成果都是独特的，那么创新理念和行为通常贯穿于项目的始终。

（5）**渐进明细性**：项目临时性和独特性决定了项目的渐进明细性。具体表现在：

①项目目标：从方向性的宏观目标到具体、可测量的细小目标；

②产品范围：从粗略的框架到详细的产品功能说明；

③项目范围：从项目工作说明书（SOW）、项目章程、项目范围说明书，到工作分解结构（WBS）、WBS 词典和具体活动等；

④项目计划：从控制性计划到具体操作计划、滚动计划的编制。

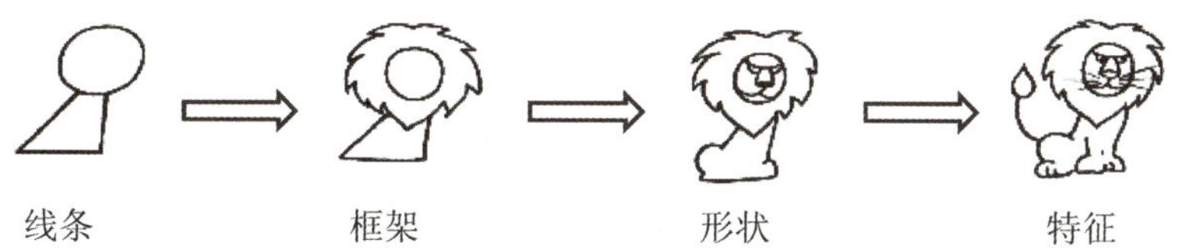

图 1－06　项目的逐步完善性示意图

例如，图 1－06 表示某美术作家在创作一幅“一头雄狮”的过程：首先，他的油画创作过程是临时性的，必须在计划的时间内完成具有项目的特征；其次，他的画作是独特的，别人无法代替他完成。所以，他的作画过程从勾勒线条到艺术特征都是渐进明细的，或者说具有项目的逐步完善性。

（6）**项目与日常运营的联系与区别**：项目与日常运营的相同点是都需要人和其他资源，需要计划、管理和控制，实现组织的战略规划和经营管理目标。不同点是，日常运营是持续不断、周而复始的，项目是临时的、独特的，见表 1－01。

表 1－01 项目与日常运营的主要区别

日常运营的主要特点	项目的主要特点
宗旨：稳定发展、持续改进	宗旨：完成项目规定的目标或者任务
需求：相对稳定，维持一致	需求：相对多变，变更管理
组织：稳定、职能型、科层化	组织：柔性、矩阵型、扁平化
风险：相对确定、风险小	风险：不确定性，多风险
强调：提高工作效率	强调：统筹兼顾范围、质量、进度、成本

【应用案例 1－01】任正非选择创业项目的“三只眼睛”

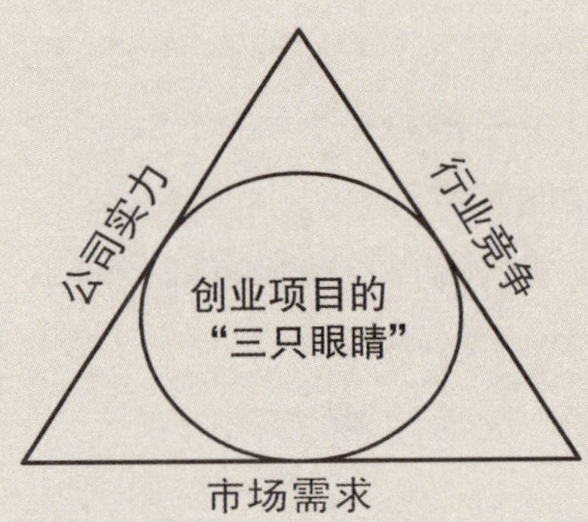

图 1－07 任正非选择创业项目的“三只眼睛”

《孙子兵法》中的第一条作战原则就是“知彼知己，百战不殆”。所谓“知”就是仔细观察和调查研究。1987 年，43 岁的任正非与几位志同道合的青年知识分子用凑来的 2 万元人民币起家，创立了华为公司。高新技术企业是以持续的创新项目生存和发展的，在经历多次“创新、失败、再创新”的历练后，任正非与华为的同事总结出了选择创业项目、重大投资决策的“三只眼睛”法则，如图 1－07 所示。

第一只眼睛要看清市场需求：不但要关注客户对某一产品最近两三年的需求，更要关注他们未来 5～10 年，甚至更长远的需求。比如在 2000 年前后，“小灵通手机”因其低廉的价格风靡一时，许多公司在制造、经营上赚得盆满钵满，华为许多中高层为之心动，任正非却提出：“小灵通”是一种过渡技术和产品，我们应当有所不为，才能有所为，集中资源把3G、4G、5G进行到底！

第二只眼睛要认清行业竞争的特点：行业第1~5名是怎么做的？比如当年IT企业的龙头老大IBM是怎样做的？我们应当向他们学习什么？只有这样做，我们才可以超越自己、最终超越竞争对手，成为行业的领导者，而不是追随者。

第三只眼睛要明确自己公司在某一产品和服务在市场竞争方面的优势、弱势、机会和威胁：通常科技含量越高的专利产品和服务，其行业竞争力越强、产品的生命期也越长。但是，相应的投资额度、投资回报期和失败的风险也比较大，应当通过《项目立项可行性研究报告和评估》进行头脑风暴，集思广益，兴利除弊，全面评估，科学立项。

1.3 项目生命期的重要概念

1.3.1 项目的生命期

什么是项目的生命期？简单来说，项目的生命期就是项目从启动到收尾所经历的一系列阶段的集合。为什么要定义项目的生命期？

（1）**明确范围：**定义范围有助于对于项目的范围进行分解和界定，可以帮助我们区分项目开始到结束时的哪些活动包括在项目范围之内，哪些不应包括在内。

（2）**明确责任：**以此为基础对项目团队成员进行专业分工和责任界定，从项目生命期的一个阶段转到另一个阶段时，项目经理和项目干系人通常要进行某种形式的技术或成果交接、验收和总结。

（3）**便于管控：**基于项目生命周期的划分，项目经理可以确定需要对哪些可交付成果进行更为有力的控制。当项目的前一阶段的产品、服务和成果通过项目经理和上级领导把关、验收、放行和总结回顾之后，才能启动下一阶段的工作。

1.3.2 项目生命期的重要概念

项目经理和项目干系人为了有效管控项目的各个阶段，通常要预先约定项目的基线、里程碑、可交付成果和阶段检查点。

（1）**基线**（Base－Line）：项目基线也称为基准线，是项目的高层组织批准的项目计划中的关键指标，其中包括项目的范围、进度、成本等。典型案例见图1－08。

在项目计划阶段，项目经理、项目团队和项目干系人共同协商，编制出项目的

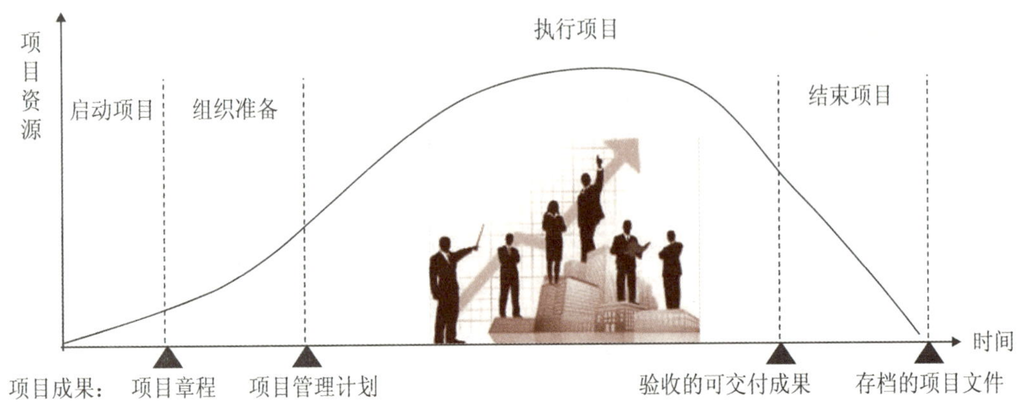

图 1－08　项目的基线、检查点、里程碑与可交付成果

范围计划、进度计划、质量计划和成本计划等，并选择相应的质量标准，经过管理层批准后就形成了项目的基线，其中包括范围基线、进度基线和成本基线。

（2）**里程碑**（Milestone）：项目里程碑即项目中的重大事件或者某一个主要可交付成果完成的时间（标识）点，既不占用时间，也不消耗资源。如图 1－08 中的小实心正三角形所示。

（3）**可交付成果**（Deliverable）：项目可交付成果是一种可以看得到的、独特的、可以进行检测的、验证的产品、服务和成果。项目的可交付成果必须是有形的、可以度量、检测和核实的。可交付成果相当于“考试卷”，而里程碑相当于“课程结业证”。

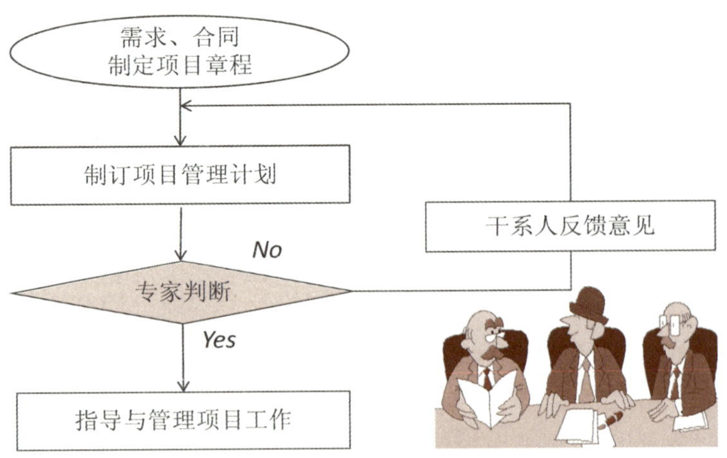

图 1－09　项目计划审批阶段的检查、把关与放行

（4）**项目阶段检查点**（Check－Point）：如图1－09，表示项目计划审批阶段的检查、把关与放行过程。每个项目阶段结束时，管理层或客户代表通常按照预定的里程碑或可交付成果完成时间点、按照范围基线、成本基线和质量标准来检查项目的实际执行情况。

（5）**项目的制约因素**（Restrain－Factor）：如图1－10所示，项目在其生命期将会受到范围、时间、成本、质量、资源和风险制约，而这六大主要制约因素之间也是相互制约的。通常由项目发起人、业主根据客观情况和主观需要来决定哪些制约因素的重要性的优先级排序。

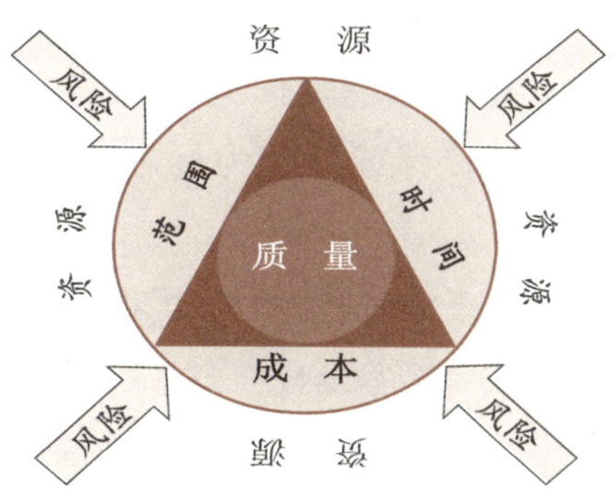

图1－10　项目的六大主要制约因素

1.4　项目生命期的阶段划分

对项目的生命期进行阶段划分的目的是为了分工，便于分段管控。项目阶段通常都与特定的主要可交付成果的形成有关。

项目生命期的划分阶段的首要标志是项目工作性质的相同性。一般情况下，相同性质的项目工作会划分在同一个项目阶段中，而不同性质的项目工作会划分在不同的项目阶段中。第二个标志是项目阶段成果（项目产出物）的整体性，即一个项目阶段的全部工作应该能够生成一个自成体系的标志性成果。这种阶段性成果既是这个项目阶段的输出，也是下一个项目阶段的输入，或者是整个项目的终结。主要有两种：

第一种是对于通用的小型项目。通常按照里程碑（由若干个相同性质的可交付成果构成）方法划分为启动、计划、执行和收尾这四个阶段；第二种是对于大中型、多专业和复杂项目，通常根据需要可划分为五个，甚至十几个阶段。

（1）**项目启动阶段**——项目启动阶段的主要依据是项目立项前的市场调研、可行性研究、商业计划书等立项评估资料，以及合同文档、项目目标、项目工作说明书（PSOW）或者项目任务书等。

（2）**项目计划阶段**——由项目经理、项目团队和有关干系人共同编制项目管理计划，经管理层批准。

（3）**项目执行阶段**——整个项目资源的80%～90%都消耗在执行阶段，这也是项目团队和企业强调“执行力”的根本原因。简单地说就是项目产生的成果和服务从无到有的实现过程。

（4）**项目收尾阶段**——当项目的目标已经达到，或者当项目的目标不可能实现、有必要终止时，项目就进入了收尾阶段。项目阶段的结束以作为阶段性可交付成果的转移或移交为标志。同时，根据评估的结果决定该项目是否进入下一个阶段。

对于涉及范围大、周期长、多专业、复杂或者特殊项目，通常根据行业规范、惯例或者经验划分为多个阶段。

（1）**按专业划分方法：**按照项目的各个阶段应当完成的各种专业技术工作成果来划分项目阶段。

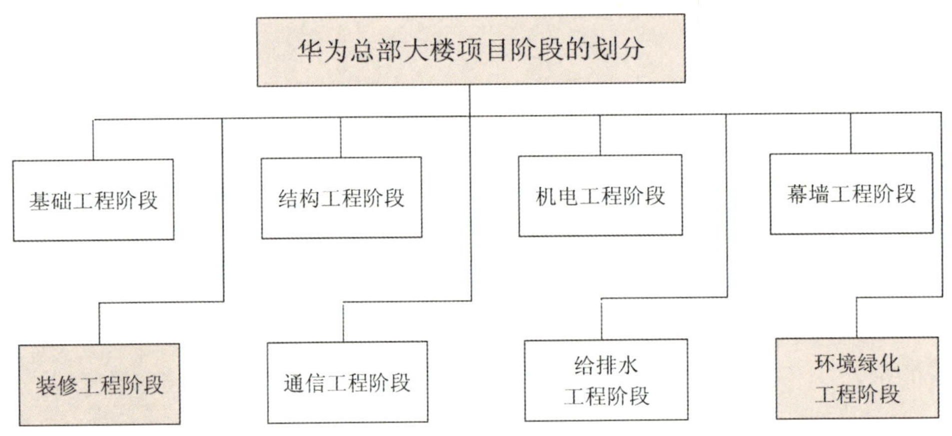

图1－11　华为总部大楼按专业划分项目阶段方法

例如，华为在深圳坂田的总部大楼建设过程中把整个项目按专业技术划分成基础工程部分、结构工程部分、机电工程、幕墙工程、装修工程、给排水工程装修工程、和环境绿化工程等，以便于分段组织招投标、施工、安装、监理和验收。如图1－11所示。

（2）**按里程碑或可交付成果整体性的划分方法：**按照项目各阶段按里程碑或可交付成果应何时生成、如何检查和验收来划分项目阶段。例如，华为在总部大楼建设过程中可能把整个项目按可交付成果整体性划分为一期、二期、三期工程等；再如，华为研发中心在开发某一种新型通信终端设备时，项目经理和执行组织可以按照可交付成果把项目划分为需求调研、初步设计、技术设计、工艺设计、样机制作、样机商用阶段试运行验收、市场推广和量产等阶段。

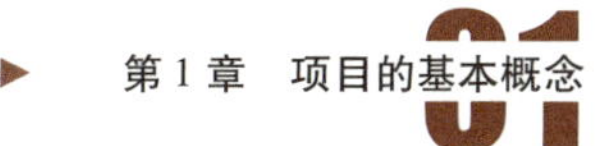

1.5 项目的生命期的主要特征

一般来说，典型的项目生命期都有如下特征：

（1）**项目资源的投入具有变动性**。在项目启动和计划阶段，投入的主要资源是项目执行组织以无形的资源为主的智力劳动，而在人的体力、物力和财力等有形资源的投入比较少；随着项目的不断推进，在进入项目的执行和控制阶段，项目所需各种资源的数量将迅速增加，并逐步达到最高峰。此后便是项目的收尾阶段，资源投入水平也随之下降，直到项目终止。

（2）**项目风险程度随着项目的成功推进逐渐变小**。如图1－12所示，项目风险主要来源于项目的不确定性，项目开始时，由于存在众多的不确定性因素，成功完成项目的概率是最低的，相应的项目风险最大；随着项目干系人对项目可交付成果的逐步验收，项目的不确定因素逐渐减少，成功完成项目的概率通常会逐步增加，相应地项目生命期中完成项目的风险也在逐步减小。

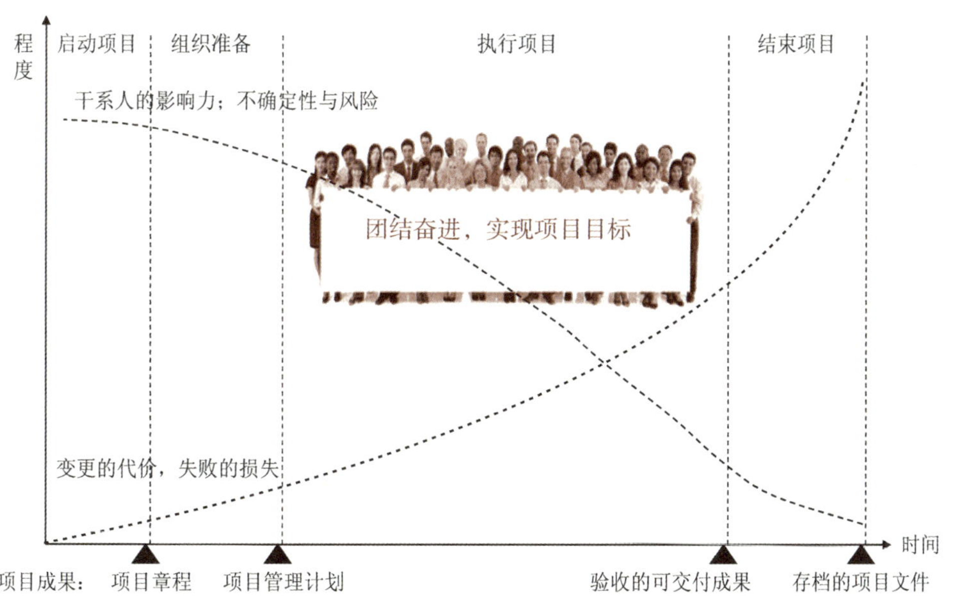

图1－12 项目生命期的基本特征

（3）**项目干系人对项目的影响力和控制力逐渐减弱**。在项目开始时，实施项目的资源几乎全部掌握在项目干系人手中，项目干系人对项目的资源和可交付成果的特征影响是最强的。随着项目的进展，项目阶段性成果的不断验收，项目干系人手中可掌控的、可以投入的资源逐渐减少，其影响力和控制力就会逐渐减弱。

（4）**项目变更、纠错和挽回失败所需的附加成本随项目进程的急剧增长性**。随着项目的推进，项目变更、纠错和挽回失败的超支成本将急剧增长，错误发现的越晚，纠正错误所带来的附加成本越高，应当“防患于未然”，一次性把事情做好最节省时间和成本。

1.6 项目生命期与产品生命期

“项目生命期”的概念如上文所述；而产品生命期是“总体上连续的，没有重叠的各个产品阶段的总和，产品阶段的名称与数量由组织机构的生产产量与控制需要所决定。”产品生命期的最后阶段是“升级”或者“退出”。

由此可见，项目生命期与产品生命期是一对既相互关联又相互区别、容易混淆的概念。当一个项目的目的是为了研制某一种产品时，有着三种不同的情形：

（1）**大中型项目**。对于大中型新产品研发、制造或者建设项目，产品生命期有可能包含着多个项目生命期。

如图1－13所示，由于产品的生命期比较长，为了便于分工和管理控制，项目经理和项目执行组织通常把整个产品的生命期看作是一个大项目，把产品可行性研究、研发和升级/淘汰分别划分为项目－01、项目－02和项目－03这三个项目来对待。由此可见，当某一项工作是围绕某一个大中型新产品进行时，该产品的生命期就包含着若干个项目。

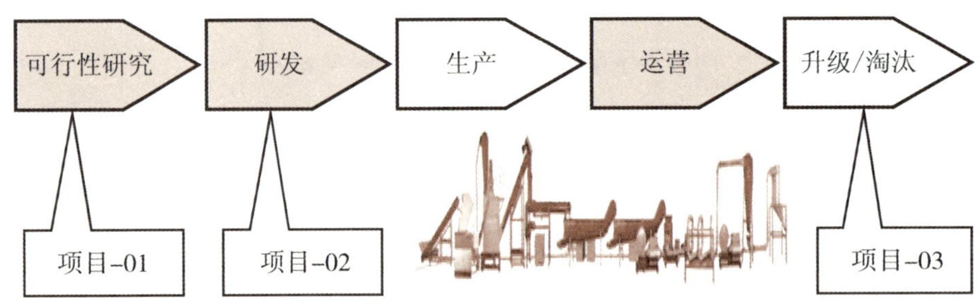

图1－13 大中型项目生命期与产品生命期的联系与区别

（2）**中小型项目**。对于中小型项目，项目的生命期属于产品生命期的一部分，产品生命期包含着项目生命期如图1－14的第2阶段到第5阶段所示；当产品通过最终验收，项目结束时，产品的售后服务等生命期仍在延续。

（3）**多产品建造**。当一个项目在进行的过程中涉及多个临时性的产品时，项目的生命期包含着多个临时性产品的生命期。例如，在进行企业基本建设时用于施工的临时道路、库房、脚手架、供电、供水、通信设施和设备等都可以看作是为项目服务的临时性产品，在项目生命期结束之前一般要予以拆除。

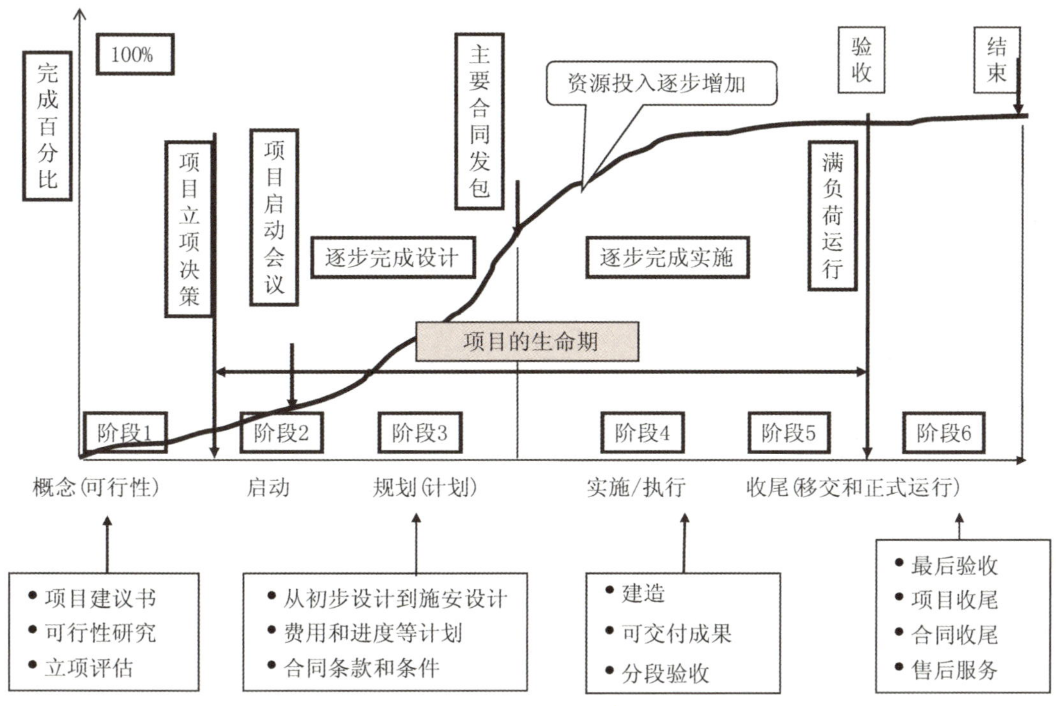

图 1-14　中小型项目生命期与产品生命期的联系与区别

有些企业已经为所有项目制定了标准化的结构，而有些企业则允许项目管理团队自行选择和裁剪最适合其项目的结构。这些在很大程度上取决于具体项目的特性及项目团队或组织的风格。

【应用案例 1-02】项目为王：张瑞敏与海尔的创业项目

20 世纪 80 年代，正值中国改革开放的第一波浪潮，而当时现实情况是：如果得到一个引进项目，企业就有了活路，因此，许多企业都把目光紧紧盯着引进项

图 1-15　项目为王：张瑞敏与海尔的创业项目

目，想方设法进入一个“项目为王”的时代。

1984年，德国“利勃海尔”姗姗来迟，到中国寻找合作厂家。张瑞敏为了争取这个项目东奔西走，还费尽周折到省里和轻工部争取，并保证“一定能做好”。最后，他总算把这个项目争到了，却遇到新的问题——这个项目没人干。

“利勃海尔”是一个需要900多万元贷款的项目，而当时青岛家电公司下属的青岛冰箱厂是一个亏损147万元的破败不堪的集体小厂，两个厂房废墟般地立在厂区里。当时，一个工人的收入不到40块钱，如果一个企业能从银行贷出10万块钱，就很不错了，所以很多厂长都无法挑起这个项目。德国冰箱生产线即将到位，已是十万火急，分管冰箱厂的张瑞敏接到冰箱厂厂长打来的电话：“你马上派人来，否则一周后厂里出了任何问题都与我无关。”这是一年之内要负气离开的第三位厂长。张瑞敏开始物色新的厂长人选，却没有人愿意接这个烂摊子。

临危受命，海尔新来的领头人为了兑现当初对有关部门“一定能做好”的承诺，也迫于上级领导的压力，张瑞敏在危急的形势下，决定亲自来操作这个项目。1984年12月26日中午，张瑞敏给妻子打了一个电话：“我下午就要到冰箱厂去了，你做一下思想准备吧，干得好也好不到哪里去，不好就不能回来了。”妻子的回答是：“无所谓，你自己的事情自己决定，愿意去就去，回不来我养活你。”与妻子电话之后，张瑞敏就到青岛电冰箱总厂走马上任。他当时的想法很简单，就是不能让这个引进项目“黄”了，一定要把自己承诺的事做好，这位山东大汉骨子里重视诚信。

从上述分析中，可以归纳出三条结论：

第一，企业的经营管理主要包括项目管理和日常运营两个主要方面；

第二，企业从事的重要的活动、紧迫的活动，以及重要而紧迫的活动都属于项目管理问题；

第三，项目成败，企业兴亡——在当前互联网、大数据、云计算、物联网时代，在知识经济与全球经济一体化时代，任何一家企业未来的成功与失败都与其领导层、管理层、执行层的项目管理能力息息相关。

现代企业的生存和发展、企业的重要问题、紧迫的问题、重要而紧迫的问题都无法回避项目。在“移动互联网＋机会”的时代，企业要么放弃项目，这等于放弃了公平竞争、生存和发展的机会；要么，勇敢地面对项目，学习和运用项目管理的规律，用项目管理方法论管理好项目，实现企业可持续、阶跃式的发展！

作如“百年管理的第三大里程碑”，我们已经步入一个前所未有的项目管理时代。正如前美国项目管理专业资质认证委员会前主席保罗·格瑞斯（Paul·Grace）所讲的那样：“**在当今社会中，一切都是项目，一切也将成为项目。**”**项目成败，企业兴亡！**

第2章

项目管理，兴业之道

【章节重点导图】“项目，企业大事，死生之地，存亡之道，不可不察也。”企业，尤其是高新技术企业要么选择好、管理好项目，要么选择导致企业衰败的项目，或者被项目管住，别无选择。本章应当掌握的重点如图 2－01 所示。

图 2－01　项目管理与组织发展

2.1　什么是项目管理

美国项目管理协会（PMI）在《PMBOK－2012》中对项目管理的定义：“**项目管理就是把各种知识、技能、手段和技术运用于项目活动之中，以满足项目的要求。**”如图 2－02 所示。

图 2－02　项目管理的定义

如图2－03所示。PMI的定义强调了项目管理的核心理念：项目经理和项目执行组织根据项目干系人的需求，把项目的无形资源（各种知识、技能、手段和技术等）与项目的有形资源有机的整合起来，对项目进行全程管控，最终实现项目干系人的需求和期望。

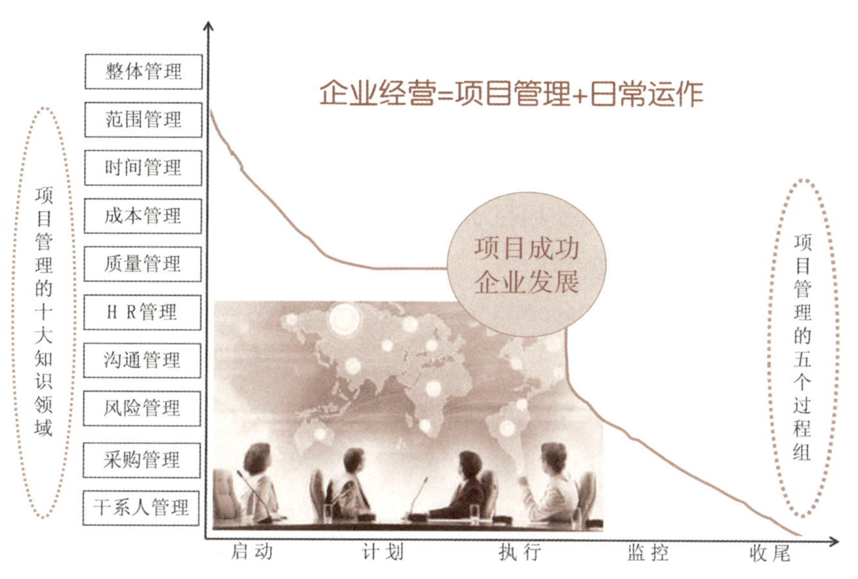

图2－03　项目管理的核心理念示意图

项目管理的组织形式在20世纪五六十年代开始被广泛应用，尤其是在高新技术企业、房地产、基本建设、电力、电子、信息技术、石油化工、水利水电、核工业、国防、航空航天和基本建设等工业领域中应用较多，目前项目管理已经应用在几乎所有的组织和企业领域中。

2.2　项目管理的五个过程组

项目管理的长期实践和理论研究表明：任何一个项目都可以分解为一系列子项目、任务和活动过程。对这些过程进行相应的管理称为项目管理过程。

2.2.1　项目管理的五个过程组

项目管理五个过程组的具体内容：启动、计划、执行、控制与收尾。

项目启动过程：启动过程包含定义一个新项目或现有项目的一个新阶段，授权开始该项目或阶段的一组过程。

在这一过程中，项目的决策组织（投资者、发起人、高级管理者，以后称管理层）通过对市场、客户需求、技术创新和投资回报等进行调研、分析和论证，通过立项会议等形式进行决策：任命项目经理；批准项目章程；确定项目范围——项目的最终目标和阶段性目标是什么？完成项目最终目标和阶段性目标的里程碑设在哪个时间点上？应当采用什么形式的项目组织结构？完成项目需要哪些内部和外部资源？何时举行项目启动会议，谁来代表项目决策组织宣布以上决策？

项目计划过程：计划过程组包含确定项目的需求、工作范围，定义和优化目标，为实现目标制定行动方案的一组过程。

项目执行过程：项目经理和项目团队整合资源，执行项目计划的过程，这一过程通常耗时最长、消耗资源最多。

项目控制过程：项目经理和项目团队主动、定期监控和测量项目的实施情况，及时沟通、发现和确定实施情况与计划存在的偏差，采取纠偏措施等活动的过程。

项目收尾过程：收尾工作过程是指制订一个项目或项目阶段需移交的文件，项目干系人对项目或项目阶段正式接收，进而使项目顺利结束的过程。

项目管理作为管理项目的科学，其价值在于它与时俱进的方法论和实际应用。

2.2.2 项目管理的五个过程组与生命期阶段之间的区别

（1）整个项目生命期有四个阶段：启动、计划、执行和收尾，这四个主要阶段是依次进行的，是单向的，既不能并行，也不能交叠。如图 2－04 所示。

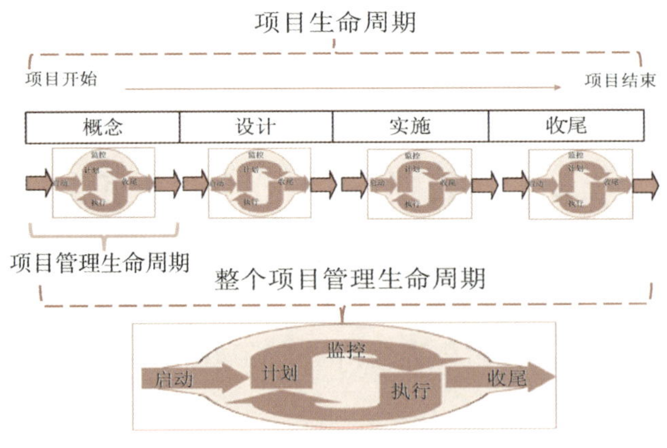

图 2－04　项目管理生命周期

（2）整个项目管理生命期有五个阶段：启动、计划、执行、监控和收尾，与整个项目的生命期相对应。

（3）整个项目生命期四个阶段的每一个阶段都可以用项目管理生命期的五个阶段来进行管理。

2.2.3 项目管理的五个过程组之间的三种衔接关系：顺序、交叠和迭代关系

第一种是顺序关系：当前一个阶段结束后，下一个阶段才能开始。其特点是：减少了项目阶段的不确定性；缩短项目进度的可能性比较小。

第二种是交叠关系：在前一个阶段尚未结束时，下一个阶段就已经开始。如图 2－05“波形图”所示。

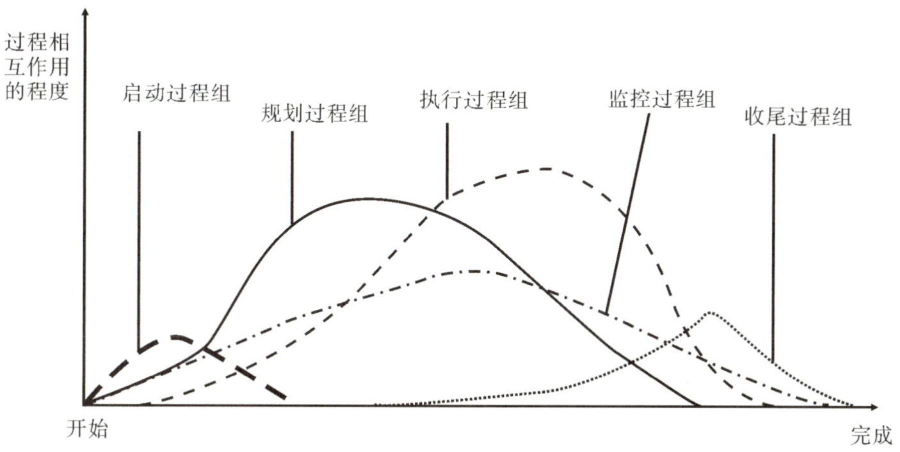

图 2－05　用“波形图”表示项目管理五个过程组之间的交叠衔接关系

为了提高工作效率，各个具体过程在时间、空间上会有不同程度的交叉和重叠。其特点是：可以缩短项目的工期；增加项目风险，有可能导致返工。

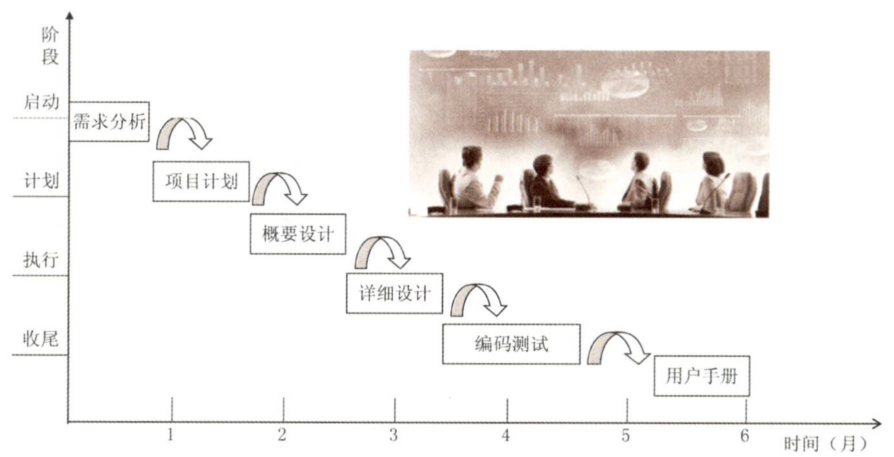

图 2－06　项目管理五个过程组之间的迭代衔接关系

第三种是迭代关系：见图2－06，形同“同一条河流中的阶梯形瀑布”，即在项目的前一个阶段完全结束时，再考虑下一个阶段是否开始。在某企业管理软件开发项目中，通常采用的“瀑布式开发模型”。迭代关系适合在项目范围、阶段性成果和过程很不明确、很不确定或快速变化的环境中使用，如企业技术含量比较高的新产品研发和试验项目，为了规避和减少风险，项目干系人有可能频繁参与项目。

2.3 项目管理的十大知识领域

可以将项目管理知识领域划分为十大知识领域，其中包括整合管理、范围管理、时间管理、成本管理、质量管理、人力资源管理、沟通管理、风险管理、采购管理和干系人管理。如图2－07所示。

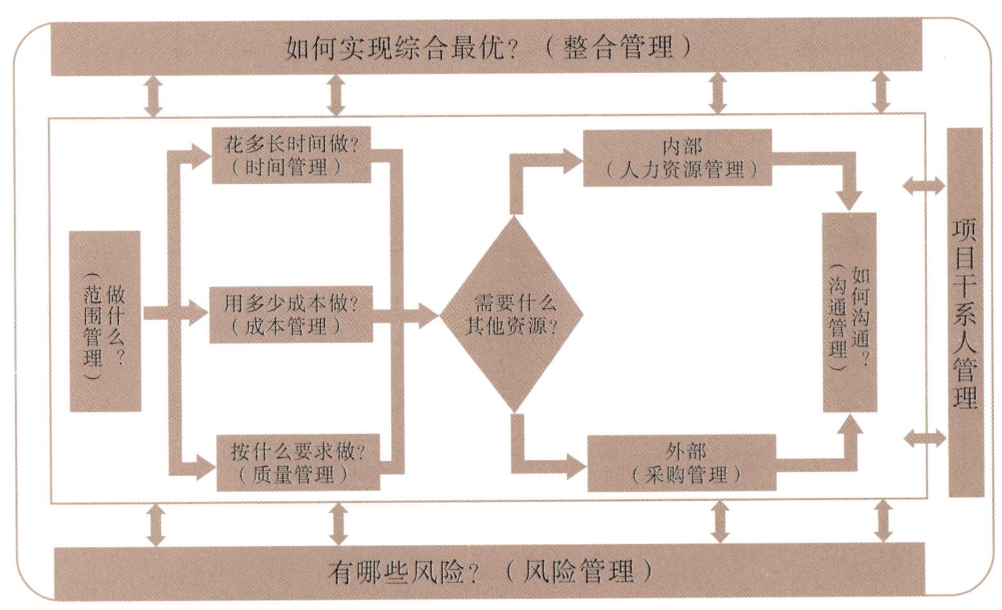

图2－07 项目管理的十大知识领域及其相互作用

（1）**项目整合管理：**分别由制定项目章程、制定项目管理计划、指导和管理项目的执行、监督和控制项目工作、实施整体变更控制和结束项目或阶段六个过程构成。如图2－08所示。

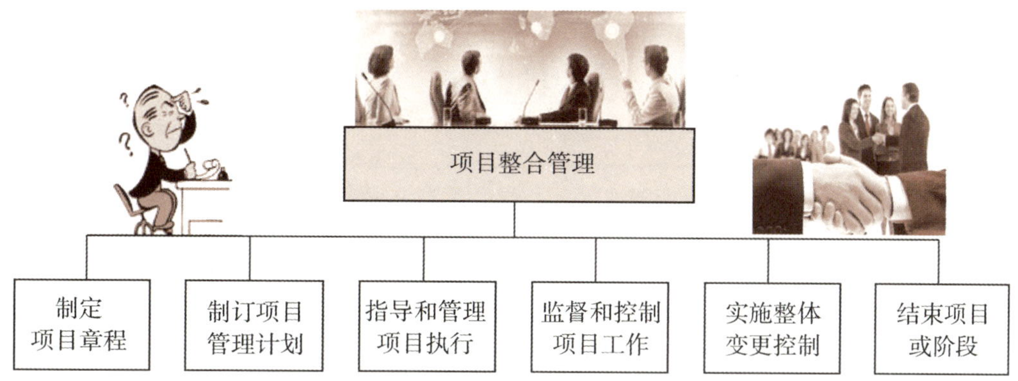

图 2－08　项目整合管理的六个过程

（2）**项目范围管理**：分别由规划范围管理、收集需求、定义范围、创建工作分解结构、确认范围、控制范围六个过程组成。如图 2－09 所示。

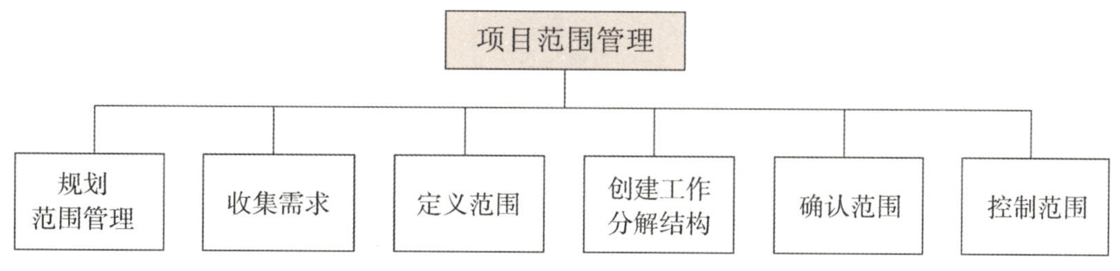

图 2－09　项目范围管理的六个过程

（3）**项目时间管理**：分别由规划进度管理、定义活动、排列活动顺序、估算活动资源、估算活动持续时间、制订进度计划和控制进度七个过程组成。如图 2－10 所示。

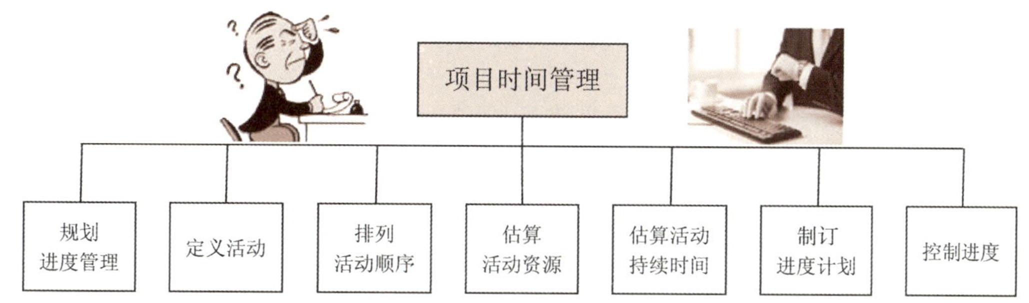

图 2－10　项目时间管理的七个过程

（4）**项目成本管理**：分别由规划成本管理、估算成本、制定预算和控制成本四个过程组成。如图 2－11 所示。

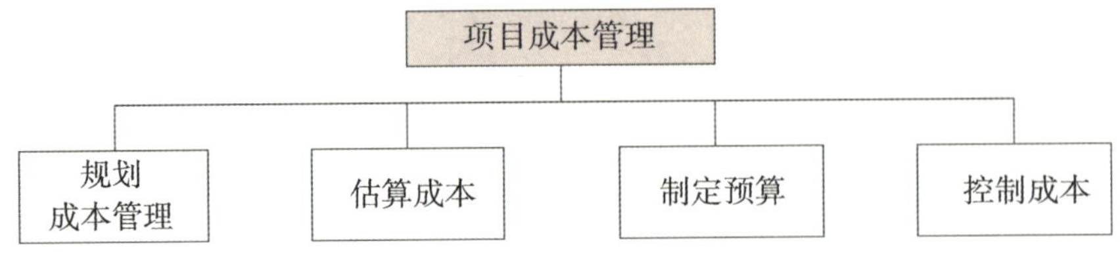

图 2－11　项目成本管理的四个过程

（5）**项目质量管理**：分别由规划质量、实施质量保证和控制质量三个过程组成。如图 2－12 所示。

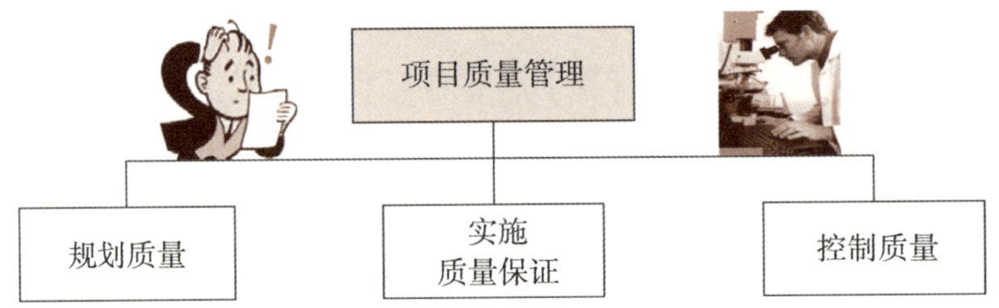

图 2－12　项目质量管理的三个过程

（6）**项目人力资源管理**：分别由规划人力资源管理、组建项目团队、建设项目团队和管理项目团队四个过程组成。如图 2－13 所示。

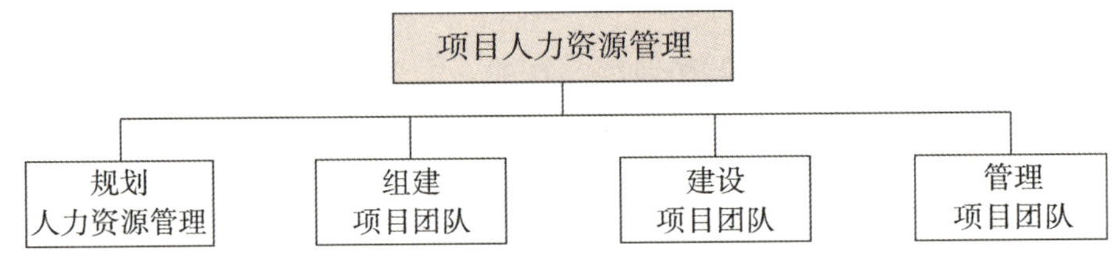

图 2－13　项目人力资源管理的四个过程

（7）**项目沟通管理**：分别由规划沟通管理、管理沟通、控制沟通三个过程组成，如图 2－14 所示。

图 2－14　项目沟通管理的三个过程

（8）**项目风险管理：**分别由规划风险管理、识别风险、实施定性风险分析、实施定量风险分析、规划风险应对和监控风险六个过程组成。如图 2－15 所示。

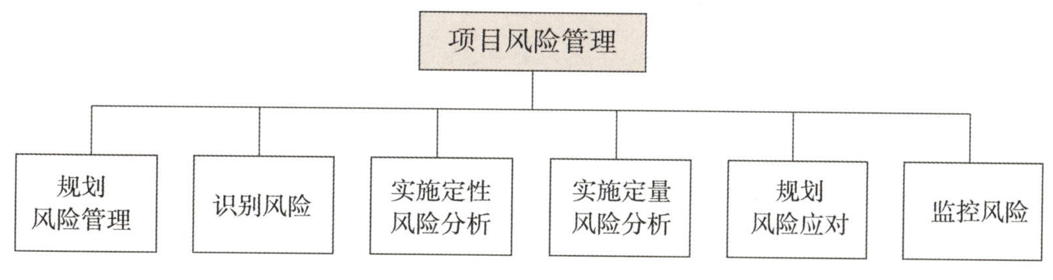

图 2－15　项目风险管理的六个过程

（9）**项目采购管理：**分别由规划采购、实施采购、管理采购和结束采购四个过程组成。如图 2－16 所示。

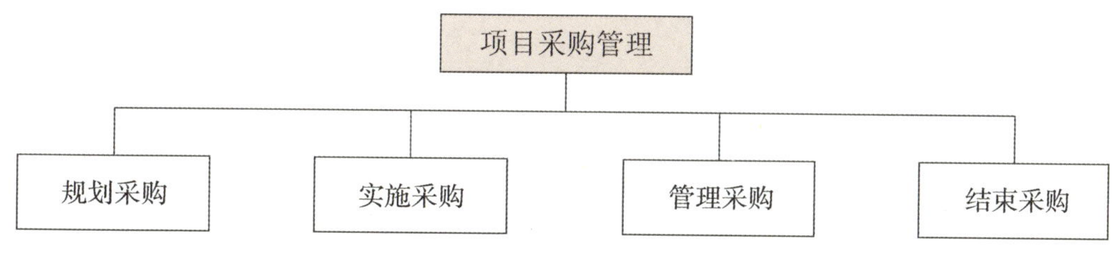

图 2－16　项目采购管理的四个过程

（10）**项目干系人管理：**分别由识别干系人、规划干系人管理、管理干系人参与和控制干系人参与四个过程组成。如图 2－17 所示。

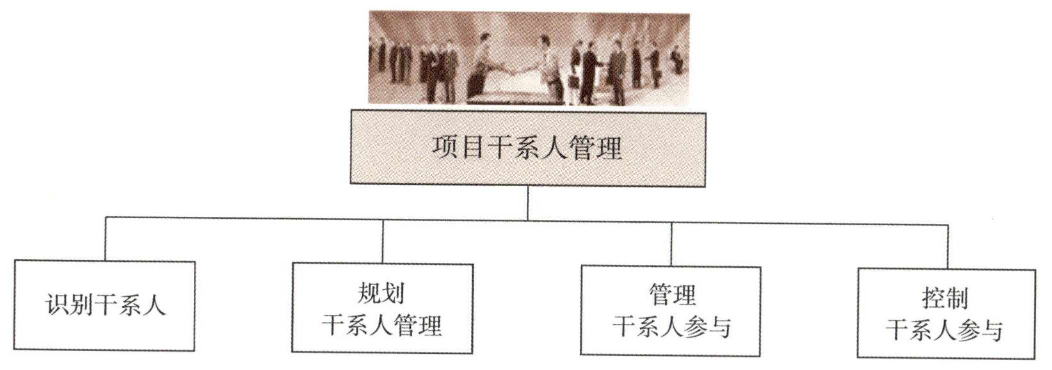

图 2－17　项目干系人管理的四个过程

项目管理的最新理念：应该把干系人满意度作为确保项目成败的一个关键目标来进行管理。

【应用案例2-01】任正非：华为将试点以项目为中心的管理

华为公司总裁任正非2014年11月6日在华为四季度区域总裁会议上发表讲话。在使用干部方面，任正非称华为公司目前项目管理水平还低，浪费较大，这是过去以功能部门为中心带来的弊病。

华为接下来将试点以项目为中心的管理，逐渐使作战团队拥有更多权利，监管前移，来配合授权体系的产生。任正非总结了华为未来胜利的三大保障：

（1）**项目领导班子**：有一个能听得进批评的坚强有力的核心领导集团；

（2）**卓越的项目团队**：有庞大的善于学习的奋斗群体；

（3）**项目制度和规范**：有严格有序的制度和规则。

在此次讲话中，任正非还再次提出要让听得见炮声的班长（项目经理）来呼唤炮火，称项目指挥权应该在区域，让BG（Business Group，指华为的一个业务集团、项目团队）作为资源中心支撑作战。

任正非表示，在人才培养方面，任正非认为应该要善于发现人才并加快干部的循环流动，同时还要鼓舞正气上升，让更多的人成为英雄。与此同时，还要给英雄以更多锻炼，送去艰苦的地方奋斗，取得成绩后再送去重大项目或项目管理资源池去培训，让英雄走上通往将军的正确之路，带领更多人去取得更好的业绩。**任正非的讲话精神实际上就是倡导华为推行以项目为中心的管理模式，向奋斗在一线的项目经理和项目团队放权，发挥他们的积极性和创造性。**

2.4 项目组合管理、项目集管理与项目的关系

2.4.1 项目组合管理

如图2-18所示。企业的高层决策者为了提高管理效能、实现特定的战略业务目标，把一个或多个项目集、项目、子项目有效地组合起来，进行宏观上的集中和调控，以便于进行优先级排序、资源分配、授权管控，甚至增减项目，以

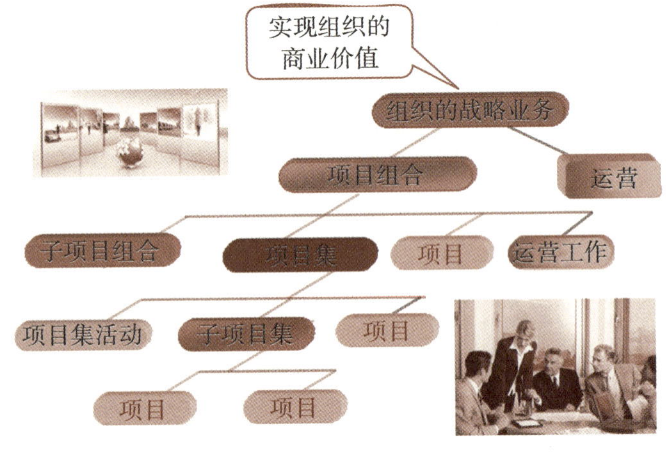

图2-18 项目组合与项目集之间的关系

取得更高的综合效益。注意：项目组合管理中所包括的项目集和项目之间的专业技术层面的联系和依赖关系并不是特别紧密。

2.4.2 项目集管理

项目集包含在项目组合中，其自身又包含需协调管理的子项目集、项目或其他工作，以支持项目组合。项目集是一组相互关联且被协调管理的项目、子项目集和项目集活动，以便获得分别管理所无法获得的综合效益。

项目组合、项目集与项目、子项目之间的区别如表2－01所示。

表2－01 项目组合、项目集与项目之间的区别

	项目组合管理 Portfolio Management	项目集管理 Program Management	项目与子项目 Project and Subproject
定义	项目或项目集与运营等其他工作的组合，便于有效管理、实现战略业务目标。组合元素可以没有专业内在联系	协调和统一管理一组相互关联的项目，组合元素具有专业内在联系，不含运营	一个项目可以被分成几个更容易管理的部分
目的	1. 实现战略经营目标 2. 关注项目优先级排序 3. 关注资源效益最大化	关注项目之间的相互专业依赖关系	项目利益，正确地完成单个项目
重点	战略的	战术的	战术的
计划	中长期（年度、季度）	短期（每天、每周）	短期（每天）
责任	高级管理层	项目集经理	项目经理

2.4.3 项目

项目是本书研究的主要对象，单个项目无论属于或不属于项目集，都是项目组合的组成部分。由项目执行组织通过项目经理负责实施，具有启动、计划、执行、控制和收尾独立完整的生命期，又能提交的独立的成果、产品和服务。

2.4.4 有关项目的其他概念

大项目：人们对“项目组合”或者“项目集”的统称。例如，人们通常把“南水北调”“西电东送”“西气东送”“三峡水利水电枢纽工程建设”“上海自贸区建设”“港珠澳大桥建设”和“南沙深水港建设”等都叫作大项目。

工程：在行政语言中对“项目集”的统称。例如，在行政语言中所说的“211

工程”就是全国211个重点高等院校建设项目集。注意：项目包括“工程”，而“工程”包括机场、公路、铁路和房地产等“基本建设工程”。

子项目：为了便于分工协作，通常按照项目的专业分工或者生命期、里程碑等方式，把项目分解成若干个较小的项目。

任务：把子项目分解成若干个更加微小的、容易管控的单元。如上述“市政桥梁建设子项目”建设中包括的桥基、桥面、车道、人行通道建设都属于任务。

活动：对项目的最小可交付成果（工作包）进行分解，形成完成工作包的具体思路、过程和步骤等，活动本身不一定是可交付成果，活动产生的结果一般是工作包。

【应用案例2－02】某城镇化建设过程中的项目组合管理

图2－19表示某城镇化建设过程中的项目组合管理，这种项目管理模式通常体现行政上的集中管理和宏观经济效能。项目组合管理中所包括的项目集和项目之间的专业技术层面的联系和依赖关系并不是特别紧密，如图2－19中的城镇化建设过程中的生命线工程如供电、供水、通信等，在行政和行业归属上具有区分和相对独立性。

项目组合管理关注的重点：通过审查项目和项目集，来确定资源分配的优先顺序，并确保对项目组合的管理与组织战略协调一致。例如在某城镇化建设过程中以社会、经济和环保综合效益最大化为战略目标的某基础设施公司，可以把油气、供电、通信、供水、道路、企业、商场、医院和学校等项目混合成一个项目组合。在这些项目中，地方政府又可以把相互关联的“某国家级高新技术企业示范区建设”看

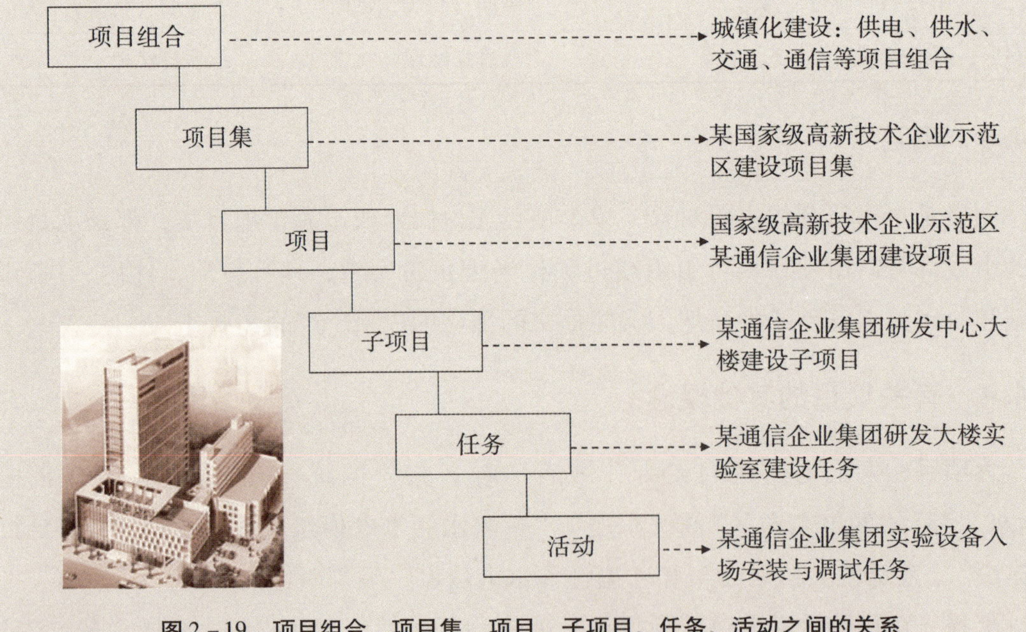

图2－19 项目组合、项目集、项目、子项目、任务、活动之间的关系

作是某一个项目集：其中，国家级高新技术企业示范区中的某通信企业集团建设可以视为一个项目；该企业研发中心大楼建设可以视为一个子项目；研发中心大楼中的实验室建设可以视为一个建设任务，其中某实验设备安装与调试可以视为一项活动。

2.5 组织战略、运营管理与项目管理的关系

（1）**组织战略依靠运营管理和项目管理来实现**。如图2－20所示：组织在其治理框架中确定了战略方向，设置了绩效指标，组织战略目标的实现要依赖于运营管理和项目管理这两个重要部分。

图2－20 组织战略、运营管理与项目管理的关系

（2）**组织战略对项目管理的指导关系**。组织战略方向规定了用于指导市场定位、核心业务、开展项目的目的、期望、目标和行动，战略方向应该与业务目标相协调。项目管理活动应该服从组织的总体战略方向，才能获得决策层的支持，确保项目的成功。

（3）**项目型组织通过项目管理来实现组织战略**。对于电信、移动、联通、广电、IT、航天工程、人工智能、机器人、新型材料工程、新能源开发工程、遗传工程、生物工程和移动互联网等高新技术企业，以及电力、石化、铁路、公路、桥梁、机场、房地产等依赖项目生存和发展的所谓“项目型”企业，组织的战略目标可以分解为每一年度的经营计划，而这些经营计划最终可以分解为一系列项目集和项目。

在新的不断变化的市场环境下，企业项目化管理已成为企业发展的有力保证。项目管理作为一种管理创新和团队执行力提升的变革方法，给传统职能型的管理组织模式带来了变革的活力，有效地提升了企业资源的利用效率和效益。项目化管理所带来的变革优势主要体现在：

①**组织管理的灵活性**。企业项目管理采取面向项目的管理模式，把项目本身作为一个组织单元，围绕项目来组织资源，打破了传统的固定建制的组织形式，项目成员协同工作，使组织具有较大的灵活性。

②**管理授权，责任到点**。各项目经理可以将项目分解为许多小的责任单元，这将有利于组织对项目的执行情况及成员工作的考核、监督，有利于企业整体目标的实现。

③以目标为导向的过程管理。企业负责人根据项目实施的目标和情况来考核项目经理；而项目经理只要求项目成员在约束条件下实现项目目标，强调项目实施的结果；导入项目管理使得目标管理成为现实。

④沟通效率的有效提升。在项目的实施过程中，团队成员能以项目目标的实现、客户满意度为动力，有效沟通，协同作战。

⑤个人与组织发展的有效结合。员工的成长可以从小项目的团队成员逐渐发展为大项目的经理，有利于员工发展为综合性的管理人才。项目管理的组织形式已经为个人和组织的发展，提供了一种新的发展空间。

【应用案例2－03】华为基于项目管理的三大核心业务流程

华为基于项目管理的三大核心业务流程如图2－21所示。

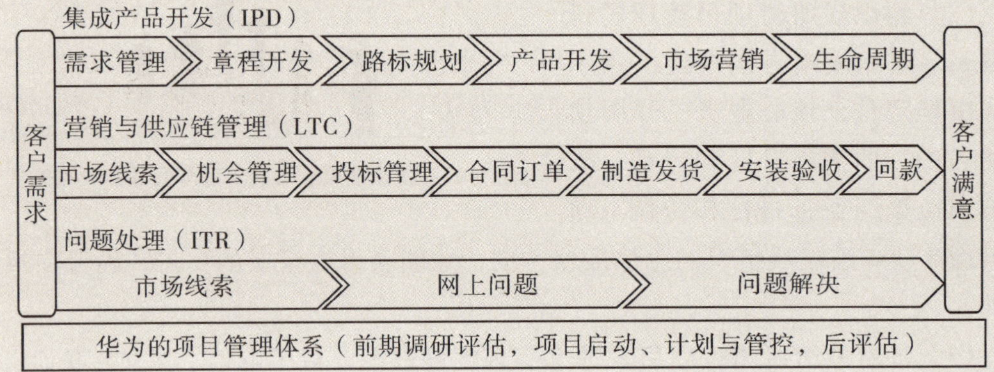

图2－21　华为基于项目管理的三大核心业务流程

许多管理者认为华为有许多核心业务流程，其实从“满足客户需求”这一核心价值观来说，华为只有基于项目管理的三大核心业务流程。其中：

IPD（集成产品开发）流程：各层级和各领域战略规划、需求管理、产品规划、项目任务书开发、产品开发、上市、生命周期管理。

LTC（从营销到回款）流程：包括机会点管理、客户关系维护、投标、商务、供应链、发货、安装、收款。

ITR（从问题到解决）流程：包括从客户问题产生到最终得到解决的流程。

华为之所以成功，就是其在国内开创性地应用了项目管理和IPD管理体系，同时又全面丰富了这个体系。

第3章
项目整合管理

【章节重点导图】“整合”一词隐含的哲理即领导或者统筹，“项目整合管理”过去也称作项目集成管理、项目整体管理等，其实质就是项目经理和项目管理团队对项目进行总体领导、统筹兼顾、平衡矛盾、整体最优，把项目的各个组成部分打包成一个有机整体来进行管理。

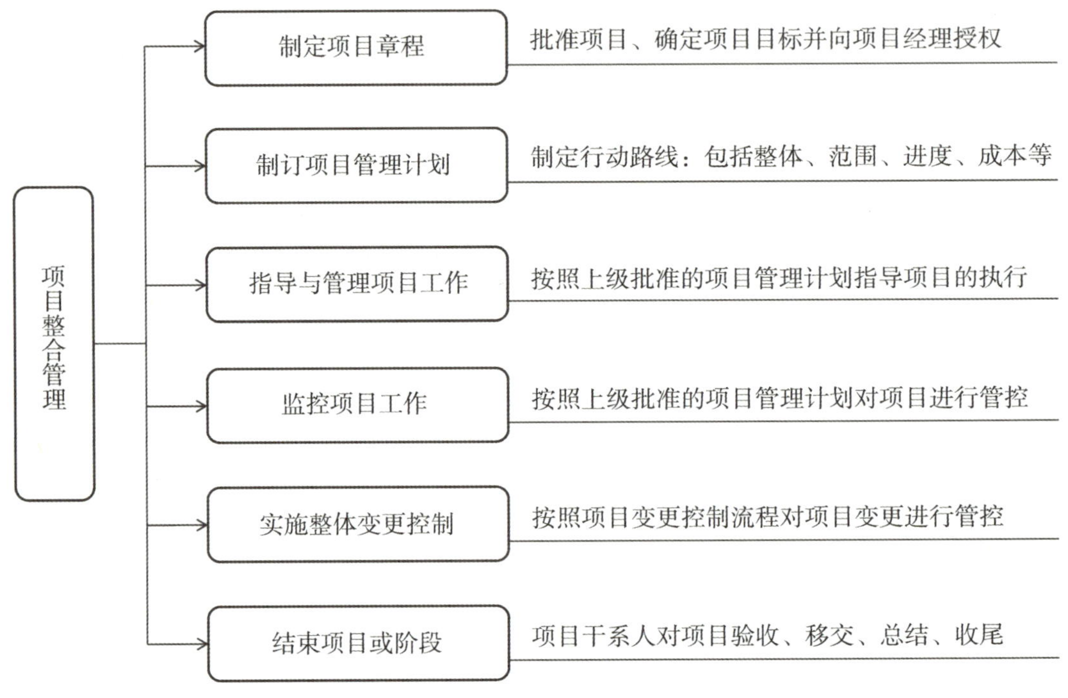

图 3－01　项目整合管理的六个过程

本章重点介绍对项目进行整合管理的思路、流程、方法、工具和应用。如图 3－01所示。

（1）**项目整合管理的重要性**。如表 3－01 所示，从项目管理十大知识领域看，项目整合管理位于首位，当然也是最重要的位置；从项目管理过程组来看，项目整合管理贯穿于整个项目管理的五个过程组。

（2）**项目整合管理的目的**。如表 3－01 所示，“项目整合管理”的目的，就是项目经理如何从整体上领导项目。

“整合管理”即统筹，就是项目领导者，尤其是项目经理高屋建瓴，统筹兼顾，协调项目干系人之间的关系，调动他们的积极性和创造性，整合资源，平衡项目各要素之间的矛盾和冲突，实现项目的目标，做到整体最优。

表 3－01　项目整合管理在项目管理中的位置

<table>
<tr><th rowspan="2"></th><th colspan="5">项目管理五个过程组</th></tr>
<tr><th>启动过程组</th><th>规划过程组</th><th>执行过程组</th><th>监控过程组</th><th>收尾过程组</th></tr>
<tr><td rowspan="10">项目管理十大知识领域</td><td colspan="5">项目整合管理</td></tr>
<tr><td></td><td>项目范围管理</td><td></td><td>项目范围管理</td><td></td></tr>
<tr><td></td><td>项目时间管理</td><td></td><td>项目时间管理</td><td></td></tr>
<tr><td></td><td>项目成本管理</td><td></td><td>项目成本管理</td><td></td></tr>
<tr><td></td><td colspan="3">项目质量管理</td><td></td></tr>
<tr><td></td><td colspan="2">项目人力资源管理</td><td></td><td></td></tr>
<tr><td colspan="4">项目沟通管理</td><td></td></tr>
<tr><td></td><td>项目风险管理</td><td></td><td>项目风险管理</td><td></td></tr>
<tr><td></td><td colspan="4">项目采购管理</td></tr>
<tr><td colspan="5">项目干系人管理</td></tr>
</table>

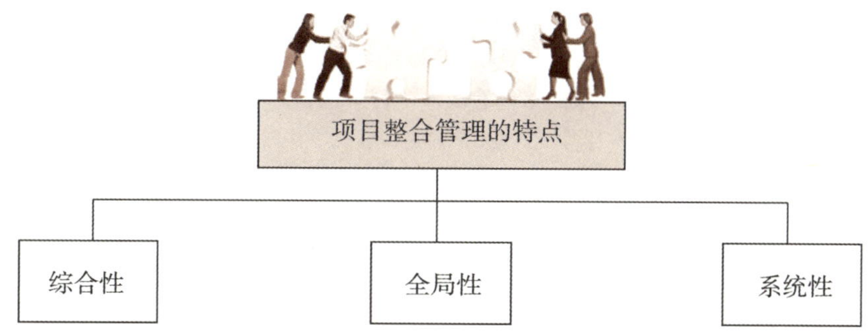

图 3－02　项目整合管理的特点示意图

（3）**项目整合管理的特点**。如图 3－02 所示，项目整合管理与其他的项目单项要素管理（如项目范围、时间、成本和质量管理等）相比，具有综合性、全局性和系统性的特点。

（4）**项目整合管理的意义：实现“五个平衡”**。在相互竞争的项目各分目标之间整合；在具有不同利益的各项目干系人之间整合；在项目所需要的不同技术专业之间整合；在项目管理的各过程之间的整合；在各种资源要素之间的平衡。

“平衡”一词对应的英文单词是“LEVEL”，中间一个“V”代表胜利“Victory”，“V”的左右两边都有“EL”，意味着项目经理和项目执行组织要想在实现项目既定目标中获得全面的胜利，就必须整合资源，做好以上“五个平衡”。

（5）**项目整合管理的过程**。项目整合管理的核心思想如图 3－03 所示。

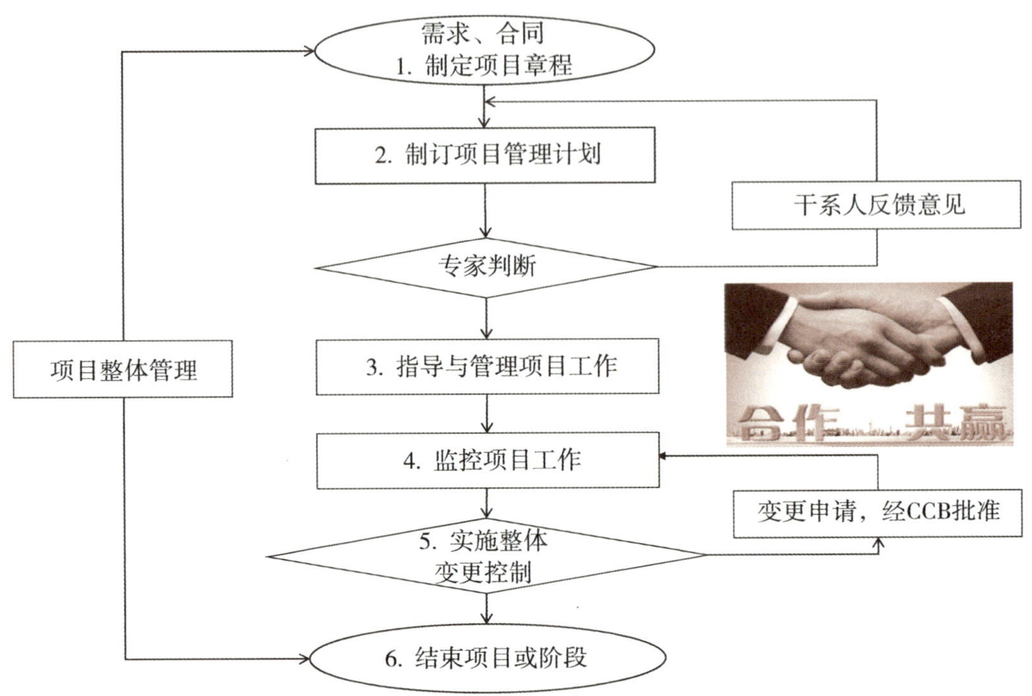

图 3－03　项目整合管理六个管理过程之间的关系

①**制定项目章程**：编写一份正式批准项目并授权项目经理在项目活动中可以使用组织资源、实现预定项目目标文件的过程。

②**制订项目管理计划**：编制项目需求管理计划、范围管理计划、进度管理计划，将其进行整合和协调成为统一的、有机联系的计划过程。

③**指导与管理项目的执行**：领导项目团队实施项目管理计划中已经确定的各项工作，并实施已批准变更，以实现项目目标的过程。

④**监控项目工作**：对项目的进展情况进行跟踪、审查、报告和控制，及时发现偏差、纠正偏差，实现项目管理目标的过程。

⑤**实施整体变更控制**：审查所有变更请求，批准变更，管理对可交付成果、组织过程资产、项目文件和项目管理计划的变更，并对变更处理结果与项目干系人进行及时沟通的过程。

⑥**结束项目或阶段**：项目干系人对项目的产品、服务和成果进行验收，项目经理和项目团队向管理层释放资源，结束项目管理范围内所有活动的过程，并将项目的产品、服务和成果提交给项目干系人，正式结束项目的过程。

3.1　制定项目章程

制定项目章程的任务就是由项目发起人，或者授权项目经理编写的一份正式批准项目、确定项目总体目标并授权项目经理在项目活动期间使用组织资源的文件的过程。其主要内容如图 3－04 所示，它是项目管理过程中的最高纲领性文件和项目生命期关键性的里程碑，表明项目干系人和项目执行组织的重大决策。

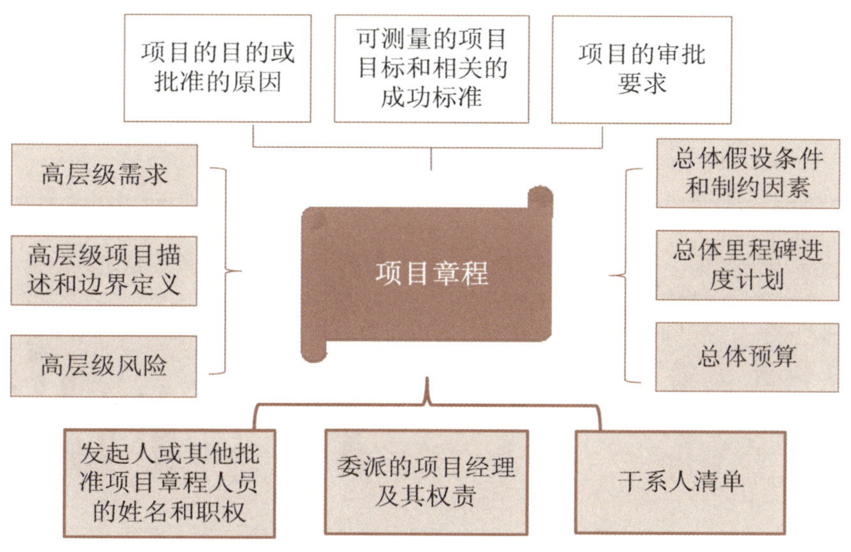

图 3－04　项目章程包括的主要内容

（1）**宣布项目正式立项**。项目发起人、投资者、委托组织、执行组织等高层项目干系人宣布批准某项目已经正式立项，批准项目的背景和原因、项目的目标、成果和验收标准。

（2）**确定项目经理的责任边界**。高层项目干系人明确定义项目开始、确定项目经理和项目管理团队的责任边界，确立项目在组织中的正式地位，向其他项目干系人公布他们对项目和项目经理的授权和支持态度。

（3）**高层项目干系人确定项目的需求、总体目标和阶段性目标**。其中包括确定项目干系人清单、需求分析、项目将要提交的产品、服务和成果清单，对项目的范围、进度、成本、质量标准等进行总体描述，组织在项目启动阶段，通常用项目的生命期、里程碑图来表示项目进度。

（4）**项目执行组织（以后称“管理层”）选择和委派项目经理，并确定其职**

责。在项目中，应尽早确认并任命项目经理，最好在制定项目章程时就任命，最好让项目经理也参加项目章程的编制；管理层对于项目经理的任命最晚也必须在项目计划开始之前。

（5）**项目章程应该由高层项目干系人批准**。高层项目干系人是项目经理的上级管理层，他们在批准项目章程之后选择合适的时机召开项目启动会议，宣布项目章程，对项目进行正式启动。

无论是在项目启动前，还是在项目启动后，只有高层管理者（项目章程的签发人）才能对项目章程进行修改。另外，如果修改，这就意味着项目将会有重大变更。

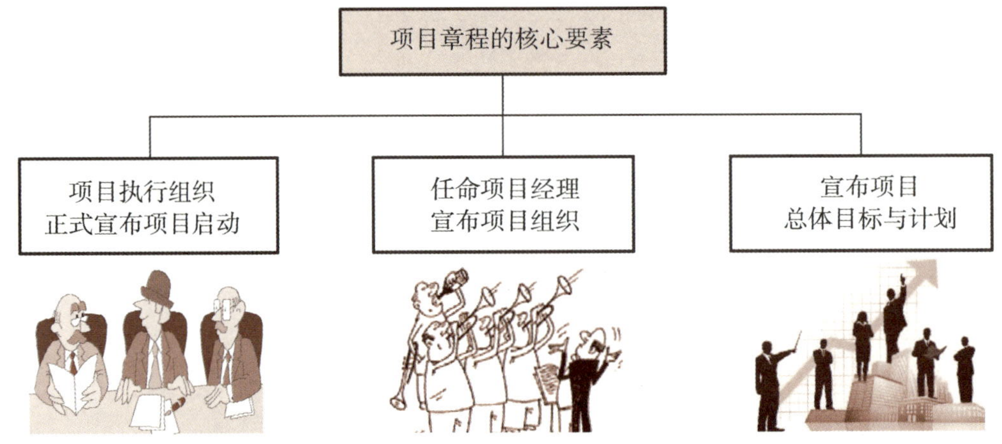

图 3－05　制定项目章程的核心要素

项目通常由项目团队以外的组织来启动，如发起人、项目集或项目管理办公室（PMO）成员等，他们应该具有一定的职权，能为项目提供资金和资源支持。项目章程的核心要素如图 3－05 所示。

通过编制项目章程，可以确认项目符合组织战略和日常运营的需要。表 3－02 描述了本过程的输入、工具与技术和输出。

表 3－02　制定项目章程：输入、工具与技术和输出

输入	工具与技术	输出
1. 项目工作说明书（SOW）	1. 专家判断	1. 项目章程
2. 商业论证	2. 引导技术	
3. 协议		
4. 事业环境因素		
5. 组织过程资产		

3.1.1 制定项目章程：输入

（1）**项目工作说明书**。项目工作说明书（Statement of Work，SOW）是对项目需要提交的产品、服务或成果进行叙述性的说明。

对于内部项目，项目发起人根据业务需要及对产品或服务的需求，来提供工作说明书。对于外部项目，工作说明书则由客户提供，可以是招标文件（如建议邀请书、信息邀请书、投标邀请书），或合同的一部分。

表3－03是华为公司编制项目工作说明书（SOW）时的主要内容、案例和模板，项目执行组织可以根据项目干系人的实际需要进行裁剪或者添加相关内容。

表3－03 项目工作说明书（SOW）的主要内容模板

项目名称		项目产品描述	
发起人		项目验收标准	
项目客户代表		项目假设条件	
项目经理		项目制约因素	
项目团队分工		项目主要风险	
项目支持部门		项目风险对策	
项目立项结论		冲突解决	
项目总体目标		项目变更管理	
项目阶段性目标		主要干系人签字	

（2）**商业论证**。如图3－06所示，包括项目技术可行性的分析和论证、项目投

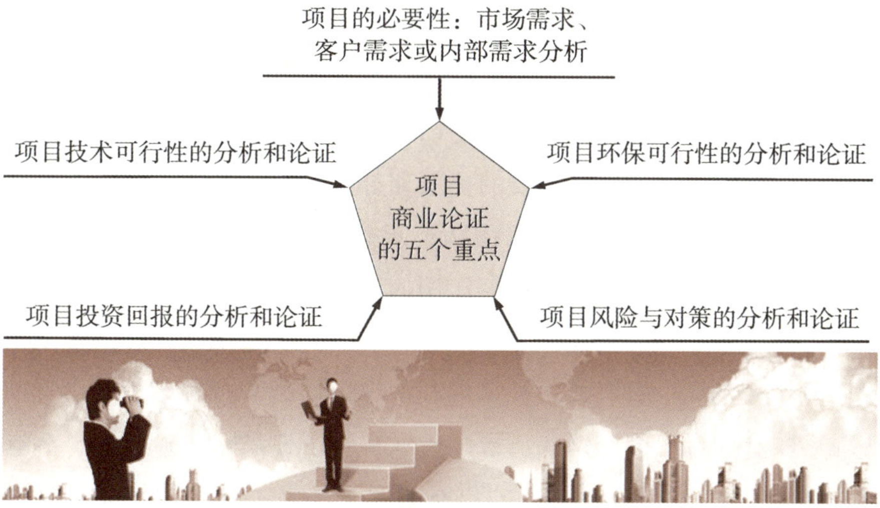

图3－06 制定项目商业论证的主要内容、思路和流程

资回报的分析和论证、项目环保可行性的分析和论证以及项目风险与对策的分析和论证。项目的投资者等主要干系人往往使用该文件作为决策的依据。

（3）协议。多种形式的商务协议如图3－07所示。商务协议表明了启动和开展项目的主要目的。在项目管理工作中尽量使用正式的书面法律合同。如果项目的执行组织是在为外部客户做项目时，协议通常就是合同。

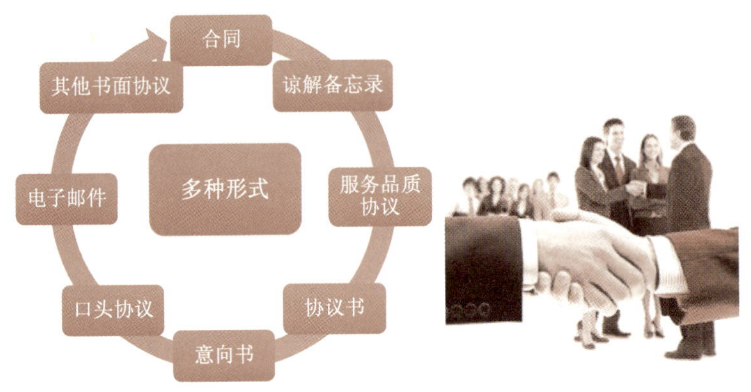

图3－07　多种形式的协议

（4）组织过程资产。项目执行组织所特有并使用的计划、流程、政策、程序和知识库，包括来自任何（或所有）项目参与组织的，可用于执行或治理项目的任何产物、实践或知识。

①流程与程序：包括指南和标准、产品和项目的生命周期、风险登记册、工作分解结构、进度网络图、风险控制程序、沟通方式、正式或非正式的计划、流程、政策和程序；

②共享知识库：如经验教训和历史信息；可能还包括完整的项目技术档案、进度计划、风险数据和挣值数据；是人们主动要利用的；在项目全过程中，团队成员通常有责任对组织过程资产进行必要的更新和补充。

（5）事业环境因素。它是指项目团队不能控制的，项目执行组织、公司、地方政府等将对项目产生影响、限制或指令作用的各种条件，包括：大多数规划过程的输入；可能提高或限制项目管理的灵活性；可能对项目结果产生积极或消极的影响。事业环境因素包括：组织文化、结构和治理；设施和资源的地理分布；现有人力资源状况；政府或行业标准；政治氛围；人事管理制度；基础设施；公司的工作授权系统；市场条件；干系人风险承受力；组织已有的沟通渠道；商业数据库；项目管理信息系统等。

3.1.2 制定项目章程：工具与技术

如图3－08所示，编制项目章程的主要工具与技术：一是专家判断，二是引导技术。这样做的好处是专业、全面，高屋建瓴、兴利除弊，即把专家的专业判断与项目干系人的集体智慧相结合。

（1）**专家判断**。专家判断常用于评估制定项目章程的前提条件。专家判断可以对项目过程中的所有的里程碑、专业技术和管理细节进行判断。专家判断可来自具有专业知识或受过专业培训的任何小组或个人，可从许多渠道获取，主要包括：组织内的其他部门、管理或者技术顾问、干系人，还包括客户或发起人、专业与技术协会、行业团体、主题专家（SME）和项目管理办公室（PMO）等。

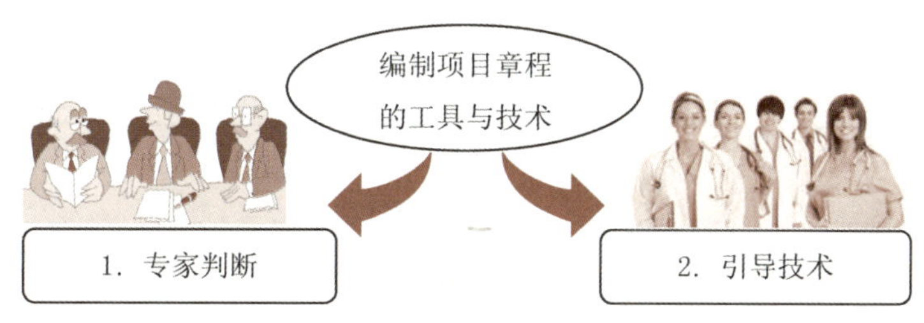

图3－08 制定项目章程的工具与技术：专家判断与引导技术

专家判断法的优点是能利用专家个人的创造能力，不受外界影响，简单易行，成本不高。为了防止局限性，这种方法最好与群体引导技术结合使用。

（2）**引导技术**。引导技术可用于指导项目章程的制定。常见的引导技术有头脑风暴、冲突处理、问题解决和会议管理等办法，集思广益，确保项目章程切实可行。

3.1.3 制定项目章程：输出

项目章程。它是由项目启动者或发起人发布的，正式批准项目成立，并授权项目经理动用组织资源开展项目活动的文件。记录了项目的业务需要、假设条件、制约因素、对客户需要和高层级需求的理解、需要交付的新产品、服务或成果。下面以华为的项目章程模板为例，见图3－09。

项目章程（1）

项目名称　：________________

项目发起人：______　准备日期：______

项目经理　：______　项目客户：______

项目目的或批准项目的原因

高层级项目描述

高层级需求

高层级风险

项目章程（2）

	项目目标	成功标准	批准人员
范围			
时间			
成本			
其它			

总体里程碑	到期日

项目章程（3）

预算

干系人	角色

项目经理职权层级

人员配备决策

预算管理和偏差

项目章程（4）

技术决策

冲突解决

批准

项目经理签字：______　发起人或委托人签字：______

项目经理姓名：______　发起人或委托人姓名：______

日　　期　：______　日　　期：______

图 3－09　华为制定项目章程的模板

【应用案例 3－01】华为校园招聘项目章程模板样例

笔者在给华为项目经理进行 PMP 培训过程中发现：华为的项目经理在开展项目管理的过程中特别注意组织开发、积累和共享项目管理模板。“华为校园招聘项目章程模板”如表 3－04 所示。本案例可以作为企业制定“项目章程”时参考的主

要内容、案例和模板，读者可以根据项目干系人的实际需要进行裁剪或者添加相关内容。

表 3-04　华为校园招聘项目章程模板

项目名称	校园招聘人才	项目起止时间	2017 年 5 月 1-30 日
项目发起人	李婷	项目成本预算	X 万元
项目客户代表	XX 大学学生管理处	项目验收标准	品格良好、成绩优异 乐观上进，技能熟练
项目经理	赵志成	项目假设条件	与 XXXX 大学 的毕业生推荐约定不变
项目团队分工	李婷指导 赵志成、何军平等执行	项目制约因素	同时保证应聘人员 的质量和数量
项目支持部门	HR 部、5G 研发部销部	项目成功激励	对项目团队成员 每人增加季度绩效奖 2%
项目立项结论	总经理会议李婷批准 按项目计划完成校园招聘	失败负激励	对项目团队成员 每人减少季度绩效奖 1%
项目总体目标	招聘 36 名合格人才 补充科研人才梯队需求	风险预案	联系 20 名有意应聘者 作为人才库的备选人才
项目成果描述	新人品格良好、成绩优异 乐观上进，专业技能熟练	主干系人签字	赵志成、何军平

3.2　制订项目管理计划

（1）**什么是项目管理计划？**如图 3-10 所示，项目管理计划是对项目所进行的预先安排，是为实现项目目标而设计和选择的最佳行动路线。

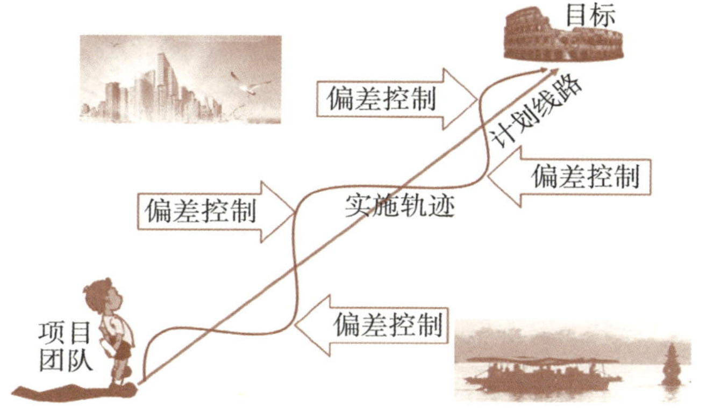

图 3-10　项目管理计划示意图

（2）**为什么要编制项目管理计划？**有句格言说得好：“凡事预则立，不预则废”。其中，“预”就是对“计划”的最简明的定义。

项目管理实践表明，“先谋后动，计划先行”是决定项目成败的关键因素之一。凡是有计划，则项目成功就有保证；凡是无计划，则项目成功就毫无把握。

如图 3－11 所示，项目组织认真制订项目管理计划的表现为：有切实可行的计划，先难后易，反之亦然。项目计划的要点和作用可以归纳为：

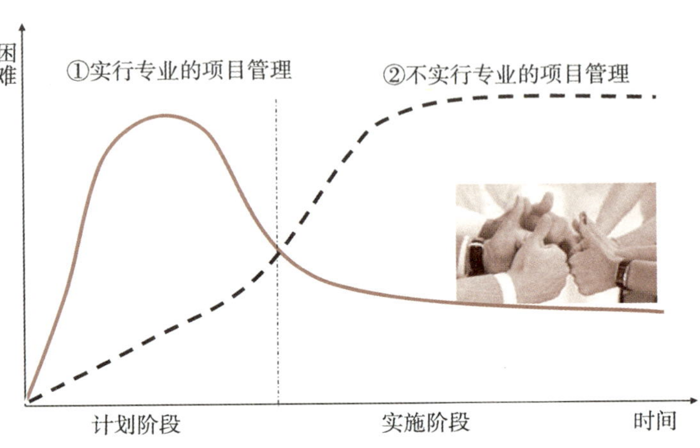

图 3－11　组织是否认真制订项目管理计划的差别

①项目经理和项目团队共同制订项目管理计划，其中，项目经理起到总负责和整合的作用。

②需要项目干系人正式认可的、经过管理层批准的、切实可行的、正式的管理计划；为项目执行、管理控制和绩效考核提供了范围、进度、成本等基准线。

③项目管理计划奠定了管理层、客户等全体项目干系人进行有效沟通的基础；在项目执行中，项目管理计划的变更必须经过变更控制委员会（CCB）批准。

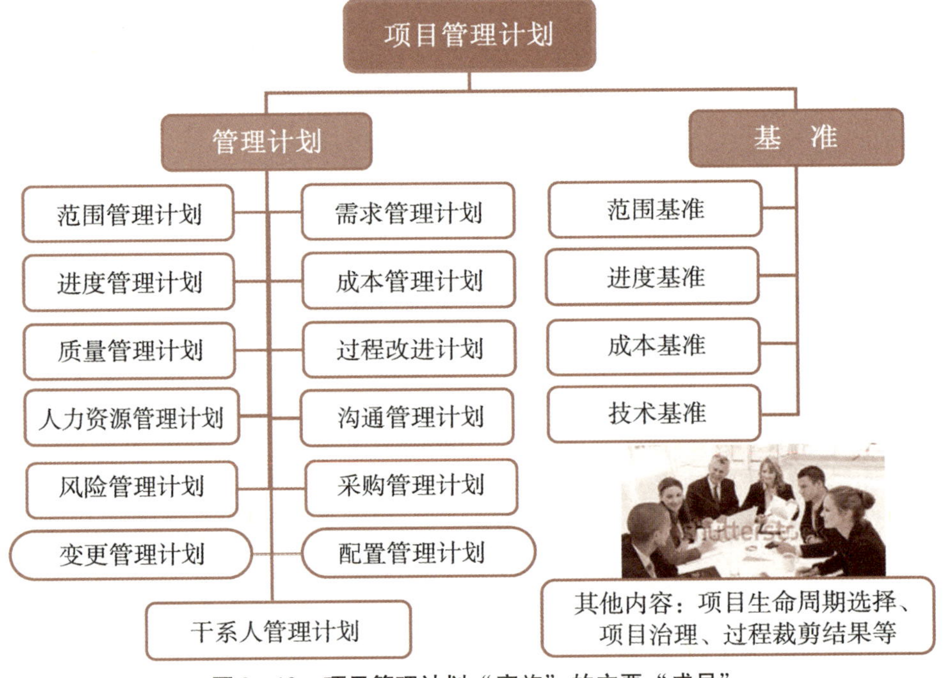

图 3－12　项目管理计划“家族”的主要“成员”

（3）**项目管理计划的构成**：我们平时说的“项目管理计划”实质上是“项目管理计划家族”，它是由一组有机联系和协调的项目整合管理计划、范围管理计划、时间管理计划、成本管理计划和基准计划构成。如图3－12所示。

（4）**基准**：基准是经过批准的项目管理计划加上或减去经批准的变更，作为比较的基础，考核项目执行情况的好坏，确定实际绩效是否在可接受的偏差范围内。

①**基准的内涵**：是一种特殊版本的项目管理计划，其中包括范围基准、进度基准、成本基准和技术基准（选择的质量标准）；通常，把范围基准、进度基准和成本基准整合起来，形成“绩效测量基准”；在绩效测量基准中，有时也可以包括技术基准。

②**基准的应用**：基准必须经过高级管理层和主要项目干系人批准；除非另行说明，否则都是以已经批准的最新版本的项目管理计划作为当前基准；计划用于指导实施，内容更新与时俱进；基准用来测量绩效，其变更需要更严格的审批手续；基准的变更，只有变更控制委员会才有权批准，项目经理无权随意变更。

（5）**对于项目管理计划的误区**：计划赶不上变化，因而可以不做计划；做计划浪费时间，不如干活；只做进度计划，忽视质量、成本和资源计划；做计划是给领导和客户看的，做了计划便束之高阁；把计划扭曲成了事后的记录；不强调计划的严肃性，不严格地按照计划执行等。

（6）**制订项目管理计划**：本过程的主要作用是，生成一份核心文件，作为所有项目工作的依据。如表3－05所示。

表3－05 制订项目管理计划：输入、工具、技术和输出

输入	工具与技术	输出
1. 项目章程	1. 专家判断	1. 项目管理计划
2. 其他过程的输出	2. 引导技术	
3. 事业环境因素		
4. 组织过程资产		

3.2.1 制订项目管理计划：输入

（1）**项目章程**。项目章程是制订项目管理计划的主要依据。

（2）**其他过程的输出**。编制项目管理计划需要整合诸多项目管理子计划的输出。

（3）**事业环境因素**。包括政府或行业标准、纵向市场或专门领域的项目管理知识体系、项目管理信息系统、组织的结构、文化、管理实践和可持续发展，基础设施（如现有设施和固定资产）和人力资源管理制度等。

（4）**组织过程资产**。主要包括：标准化的指南、工作指示、建议书评价准则和绩效测量准则；项目管理计划模板；变更控制程序；以往项目的项目档案（如范围、成本、进度与绩效测量基准、项目日历、项目进度网络图等）；历史信息与经验教训知识库；配置管理知识库，包括组织标准、政策、程序和项目文件的各种版本。

3.2.2 制订项目管理计划：工具与技术

（1）**专家判断**。专家判断可用于：根据项目需要而裁剪项目管理过程；编制应包括在项目管理计划中的技术与管理细节；确定项目所需的资源与技能水平；确定项目工作的优先级，确保把项目资源在合适的时间分配到合适的工作环节上。

（2）**引导技术**。广泛应用于各项目管理过程，可指导项目管理计划的制定。头脑风暴、冲突处理、问题解决和会议管理等。

3.2.3 制订项目管理计划：输出

项目管理计划：项目管理计划一旦被确定为基准，就只有在提出变更请求并经实施整体变更控制过程批准后，才能变更。下面以华为项目管理计划模板为例，见图 3－13。

项目管理计划（1）

项目名称：________ 准备日期：________

项目生命周期

阶段	关键可交付成果

项目管理过程和裁剪决策

知识领域	过　程	裁剪决策
整合		
范围		
时间		
成本		
质量		
人力资源		
沟通		
风险		
采购		

项目管理计划（2）

过程工具与技术

知识领域	工具与技术
整合	
范围	
时间	
成本	
质量	
人力资源	
沟通	
风险	
采购	
干系人	

偏差和基准管理

范围偏差临界值	范围基准管理
进度偏差临界值	进度基准管理
成本偏差临界值	成本基准管理

图 3－13　华为项目管理计划的模板样例

3.3 指导与管理项目工作

为实现项目目标而领导和执行项目管理计划中所确定的工作，并实施已批准变更的过程。如表 3－06，描述了本过程的输入、工具与技术和输出。

表 3－06 指导与管理项目工作：输入、工具与技术和输出

输入	工具与技术	输出
1. 项目管理计划	1. 专家判断	1. 可交付成果
2. 批准的变更请求	2. 项目管理信息系统	2. 工作绩效信息
3. 事业环境因素	3. 会议	3. 变更请求
4. 组织过程资产		4. 项目管理计划（更新）
		5. 项目文件（更新）

3.3.1 指导与管理项目工作：输入

（1）**项目管理计划**：包括与项目各个方面相关的子计划。

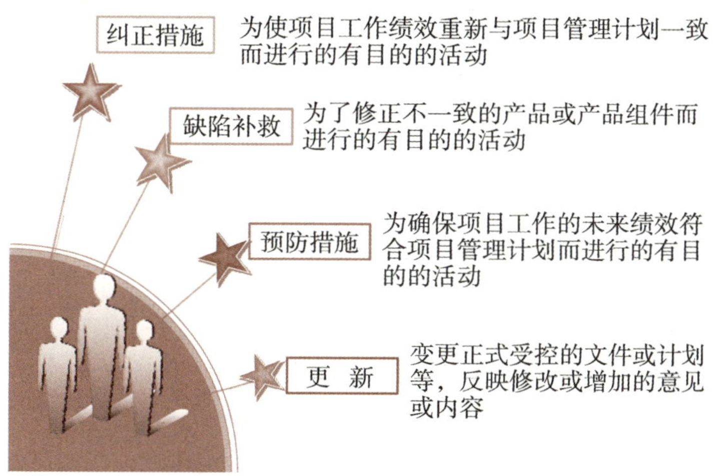

图 3－14 项目变更请求的内涵

（2）**批准的变更请求**：

①变更请求：关于修改可交付成果、基准或任何文档的正式提议，通常涉及：

修改项目程序；项目范围；项目成本；项目进度或项目质量。

②变更请求的规则：任何项目干系人都可提出变更请求；变更请求也可口头提出；所有的变更请求都必须以书面形式记录；提交实施整体变更控制过程审批。

③对于变更请求的态度：项目的不确定因素决定了变更是不可避免的；项目经理和项目团队、项目干系人应积极主动地去影响引起变更的要素；确保变更对项目有利，尽量防止不必要的变更。

④变更请求的内涵：如图3－14所示。

（3）**事业环境因素**：包括组织文化、公司文化或客户文化，执行组织或发起组织的结构；组织的基础设施；组织人事管理制度和项目管理信息系统等。

（4）**组织过程资产**：相关的工作流程、资源库等。

3.3.2 指导与管理项目工作：工具与技术

（1）**专家判断**。专家判断由项目经理和项目管理团队依据其专业知识或培训经历做出，也可从其他许多渠道获得。

（2）**项目管理信息系统**（PMIS）。作为事业环境因素的一部分，项目管理信息系统提供下列工具：进度计划工具、工作授权系统、配置管理系统、信息收集与发布系统等，可用于自动收集和报告关键绩效指标（KPI）。

（3）**会议**。在指导与管理项目工作时，可以通过会议来讨论和解决项目的相关问题。参会者可包括项目经理、项目团队成员，以及与所讨论问题相关或会受该问题影响的干系人。项目管理会议通常可分为三类：交换信息；头脑风暴、方案评估或方案设计；制定决策。

【应用案例3－02】华为在项目整合管理过程中常用的“三个平衡”

华为始终奉行“为客户服务是华为存在的唯一理由”的企业核心价值观，在项目整合管理过程中，项目经理和项目团队成员特别注意以下三个方面的平衡，如图3－15所示。

（1）**在有着不同需求和期望的项目干系人（尤其是客户）之间寻求平衡**。项目涉及不同的干系人，包括项目投资者、直接客户、间接客户、供应商、承包商、项目团队、项目所在的社区以及政府的相关部门，他们的要求和期望往往各不相同，有时甚至相互冲突。比如，项目投资者、客户的需求和期望是以最小的资源投资来获取最大的利益，供应商的需求和期望则是获得更多的销售利润，承包商的需

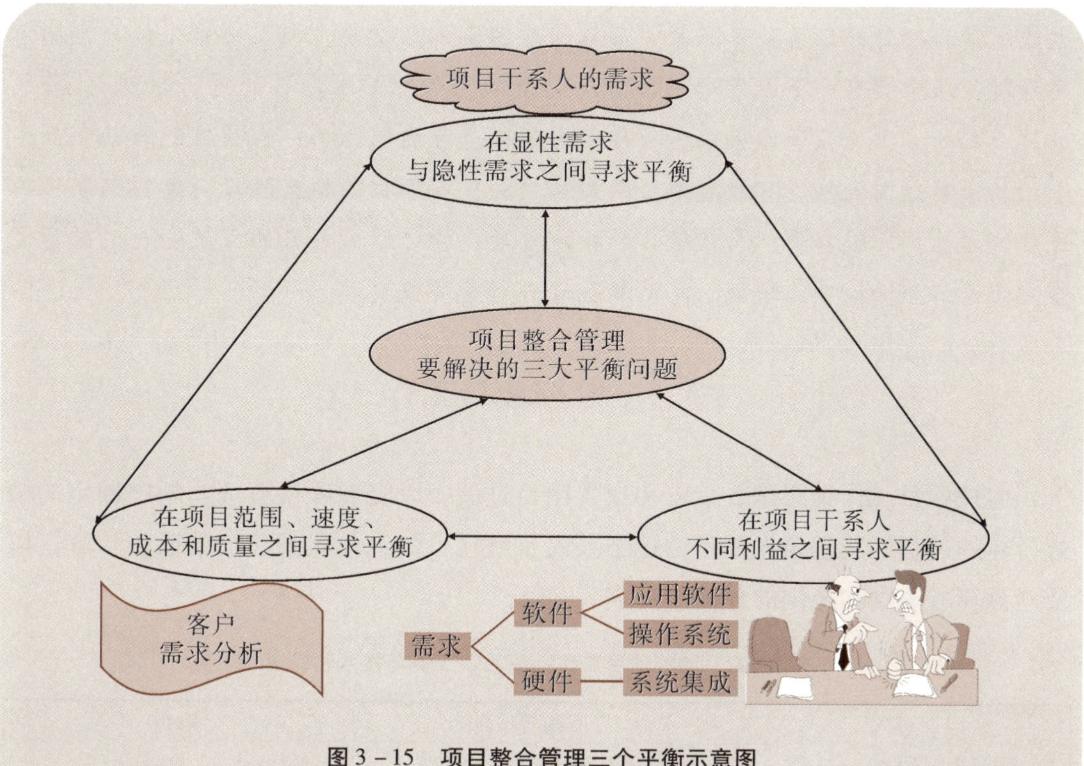

图 3－15 项目整合管理三个平衡示意图

求和期望是以尽可能低的成本和较快的速度实现客户的质量要求，政府和社区要求满足社会的公共需求等。项目管理的目的和主要方法之一就是解决不同项目相关人员需求和期望之间的冲突，在他们之间寻求需求和利益的平衡区间。

（2）**在客户明确表示出来的要求（需求）和未明确表达的要求（期望）之间寻求平衡**。明确表示出来的要求（需求）是指项目各种文件明确规定的直接要求，例如，根据委托方的要求，项目团队已经明确了项目要提交的产品、项目工期、项目成本和质量规范等。未明确表达的要求（期望）是指项目各种文件没有明确规定，但它是项目干系人普遍的要求和期望，如通过做项目提高组织的品牌美誉度、培养项目管理人才梯队，兼顾社会效益和环境要求等。项目经理和项目团队要兼顾客户的需求和期望，寻求干系人需求和期望之间的平衡。

（3）**在客户要求的范围、时间、成本和质量之间寻求平衡**。如图 3－15 所示，项目的“范围、时间、成本和质量”构成了一个既相互联系又相互制约的所谓“魔鬼三角形”。在项目管理过程中，范围、时间、成本和质量目标是相互制约、甚至是冲突的，调整其中任何一个目标都会影响其他的目标，如扩大项目的范围，可能导致项目的进度滞后、成本超支；缩短项目进度计划，可能导致成本超支、项目过程质量和项目产品质量下降等。虽然这些因素都很重要，但在项目生命周期的不同阶段，通常会有一个因素对项目有决定性的影响。如在项目的可行性研究阶段，项目成本的多少、投资回报分析往往决定项目是否能够立项；在项目的启动和开发阶段，项目范围的确定可能对项目的影响较大；在项目的执行阶段，怎样落实项目进度计划显得比较重要；而在项目的收尾阶段，按计划对项目的成果和产品的质量等方面进行全面检查、培训、总结和验收可能是关键要素。

3.4 监控项目工作

监控项目工作是跟踪、审查和报告项目进展，以实现项目管理计划中确定的绩效目标的过程。其主要作用是，让干系人了解项目的当前状态、已采取的步骤，以及对预算、进度和范围的预测。见表3－07。

表3－07 监控项目工作：输入、工具与技术和输出

输入	工具与技术	输出
1. 项目管理计划	1. 专家判断	1. 变更请求
2. 进度预测	2. 分析技术	2. 工作绩效信息
3. 成本预测	3. 项目管理信息系统	3. 项目管理计划更新
4. 确认的变更	4. 会议	4. 项目文件更新
5. 工作绩效信息		
6. 事业环境因素		
7. 组织过程资产		

3.4.1 监控项目工作：输入

输入包括项目管理计划、进度预测、成本预测、确认的变更、工作绩效信息、事业环境因素、组织过程资产。

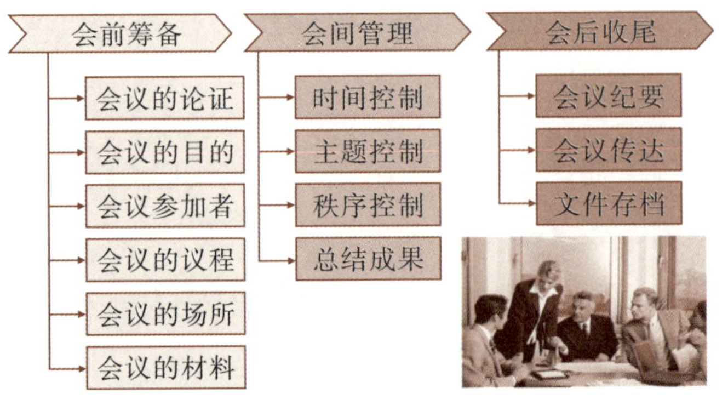

图3－16 项目团队工作会议

3.4.2　监控项目工作：工具与技术

（1）**专家判断**。项目管理团队借助专家判断，来解读由各监控过程提供的信息，确保项目绩效达到预期要求。

（2）**分析技术**。在项目管理中，根据可能的项目或环境变量的变化，以及它们与其他变量之间的关系，采用分析技术来预测潜在的后果。

（3）**项目管理信息系统**。项目管理信息系统为监控项目工作过程提供自动化工具，如进度、成本和资源工具，以及绩效指标，数据库，项目记录和财务数据等。

（4）**会议**。如图 3－16 所示，项目工作会议可以是面对面或远程会议，正式或非正式会议。参会者可包括项目经理、项目团队成员、干系人及参与项目或受项目影响的其他人。

3.4.3　监控项目工作：输出

监控过程的主要输出是变更请求、工作绩效信息、项目管理计划更新、项目文件更新。

3.5　实施整体变更控制

本过程的主要作用是：从整合的角度考虑记录在案的项目变更，从而降低因未考虑变更对整个项目目标或计划的影响而产生的项目风险。见表 3－08。

表 3－08　实施整体变更控制：输入、工具与技术和输出

输入	工具与技术	输出
1. 项目管理计划	1. 专家判断	1. 批准的变更请求
2. 工作绩效信息	2. 变更控制会议	2. 变更日志
3. 变更请求	3. 变更控制工具	3. 项目管理计划更新
4. 事业环境因素		4. 项目文件更新
5. 组织过程资产		

项目的任何干系人都可以提出变更请求，都必须以书面形式记录，并纳入变更管理或配置管理系统中进行处理。引起项目整体变更的五个主要原因见表 3－09。

表 3－09 引起项目整体变更的五个主要原因

项目整体变更的主要原因	举例说明
1. 一个外部事件（an external event）	市场环境变化、竞争对手举动引发的变更
2. 产品范围（product scope）定义的错漏（error/omission）	软件需求分析时，对某个模块定义不清楚
3. 项目范围（Project scope）定义的过失或者疏忽（Error/Omission）	原来考虑的项目实施方法，遇到了技术问题，不能如期执行
4. 一个有增加值（value－adding change）的变更	市场研发出了新的材料，可以替代原来材料，而且成本低
5. 应对风险的紧急计划或回避计划（contingency plan or workaround plan）	由于发生特定风险，需要调整项目计划

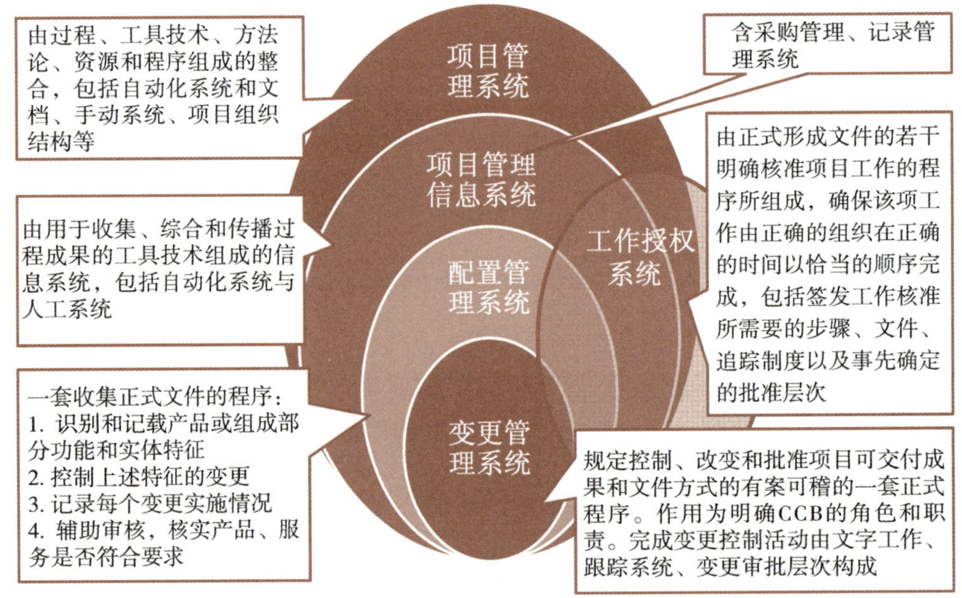

图 3－17 项目管理信息系统、配置管理系统和变更控制系统的关系

CCB 是一个正式组成的团体，由主要的项目干系人构成，其角色和职责在配置控制与变更控制程序中明确规定，并经相关干系人一致同意。所有变更都要进行整体变更控制，但基准变更必须提交变更控制委员会。评审、批准、推迟或否决。

关于“项目管理系统”“工作授权系统”“项目管理信息系统”“配置管理系统”和“变更控制系统”之间的关系，如图 3－17 所示。

（1）**事业环境因素**：包括项目的工作授权系统和项目管理信息系统。

（2）**项目管理信息系统**：包括变更控制系统和配置管理系统。

（3）**配置管理系统**：包括项目在正常运作情况下的技术规范、流程和可交付成果，以及变更控制系统。

（4）**变更控制系统**：主要包括对变更的识别、实施流程跟踪和记录。

配置控制重点关注可交付成果及各个过程的技术规范；而变更控制则着眼于识别、批准或否决对项目文件、可交付成果或基准的变更、记录。

3.5.1 实施整体变更控制：输入

输入包括项目管理计划、工作绩效报告、变更请求。

3.5.2 实施整体变更控制：工具与技术

（1）**专家判断**。除了项目管理团队的专家判断外，也可以邀请干系人贡献专业知识和加入变更控制委员会（CCB）。

（2）**会议**。通常是指变更控制会议。根据项目需要，可以由变更控制委员会开会审查变更请求，并做出批准、否决或其他决定。CCB 的任何决定都应记录在案，并向干系人传达，以便其知晓并采取后续措施。

（3）**变更控制工具**。为了便于开展配置和变更管理，可以使用一些手工或自动化的工具，其中包括变更的流程、文件及计划版本更新和通知等。

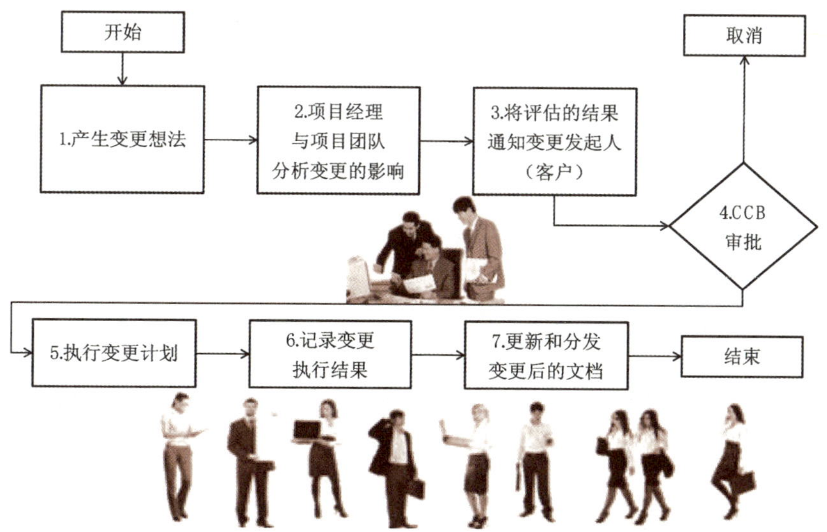

图 3－18 项目变更控制的示意图

①项目整体变更控制的示意图和操作流程如图 3－18、图 3－19 所示。

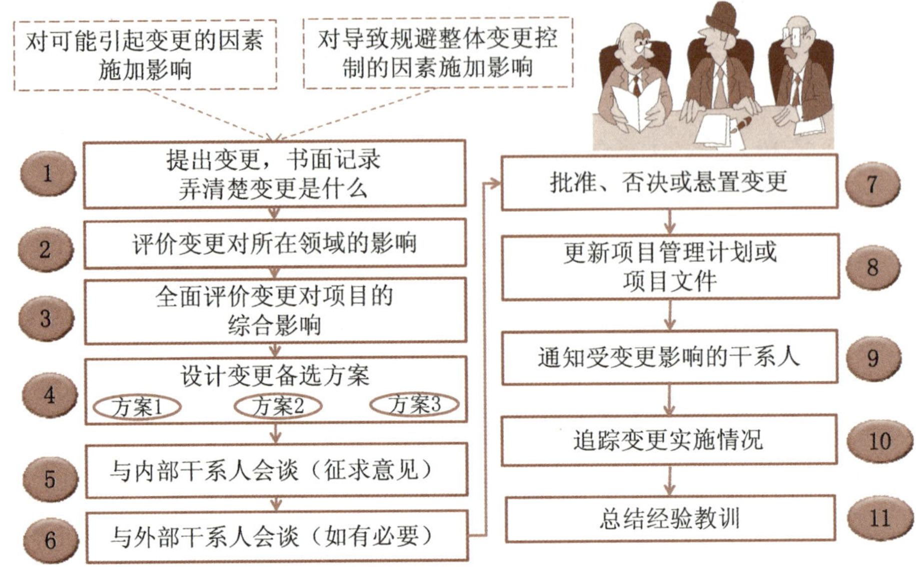

图 3－19　项目变更控制的操作流程图

②项目整体变更的管理权限如表 3－10 所示。

表 3－10　项目整体变更的管理权限图

变更类型	批准	备注
项目章程	签署或批准该章程的人	
目标或基准的变更	变更控制委员会	PM 可分析变更的情况提出意见
与合同相关的变更	买卖双方	
项目计划内的变更（可通过赶工或快速跟进来解决）	项目经理	
紧急情况下变更	项目经理	后补相关手续

3.5.3　实施整体变更控制：输出

输出包括批准的变更请求、变更日志、项目管理计划更新和项目文件更新。

3.6 结束项目或阶段

本过程的主要作用是：总结经验教训，正式结束项目工作，为开展新工作而释放组织资源。表3－11描述本过程的输入、工具与技术和输出。

表3－11 结束项目或阶段：输入、工具与技术和输出

输入	工具与技术	输出
1. 项目管理计划	1. 专家判断	1. 最终产品、服务或成果移交
2. 验收的可交付成果	2. 分析技术	2. 组织过程资产更新
3. 组织过程资产	3. 会议	

3.6.1 结束项目或阶段：输入

输入包括项目管理计划、验收的可交付成果和组织过程资产。

3.6.2 结束项目或阶段：工具与技术

会议：参会者可包括项目团队成员及参与项目或受项目影响的其他干系人。会议的类型包括：经验教训总结会议、验收会议、用户小组会议和用户审查会议。

3.6.3 结束项目或阶段：输出

（1）**移交项目最终产品、服务或成果**。在项目阶段收尾时，移交该阶段所产出的中间产品、服务或成果；全部结束时，移交项目所产出的最终产品、服务或成果。

（2）**组织过程资产更新**。作为结束项目或阶段过程的结果，需要更新的组织过程资产包括：项目档案、项目收尾、项目或阶段收尾文件和历史信息。

【应用案例3－03】任正非、华为与“都江堰项目管理”启示录

作为人类历史上最成功的“项目整合管理案例”，图3－20所示的世界著名的都江堰水利工程项目，是公元前256年秦昭襄王在位期间，蜀郡郡守李冰父子率领蜀地各族人民创建的。它是全世界迄今为止，年代最久、唯一留存、以无坝引水为特征的宏大水利工程项目。其建设过程持续了几十年，是一个典型的项目管理过

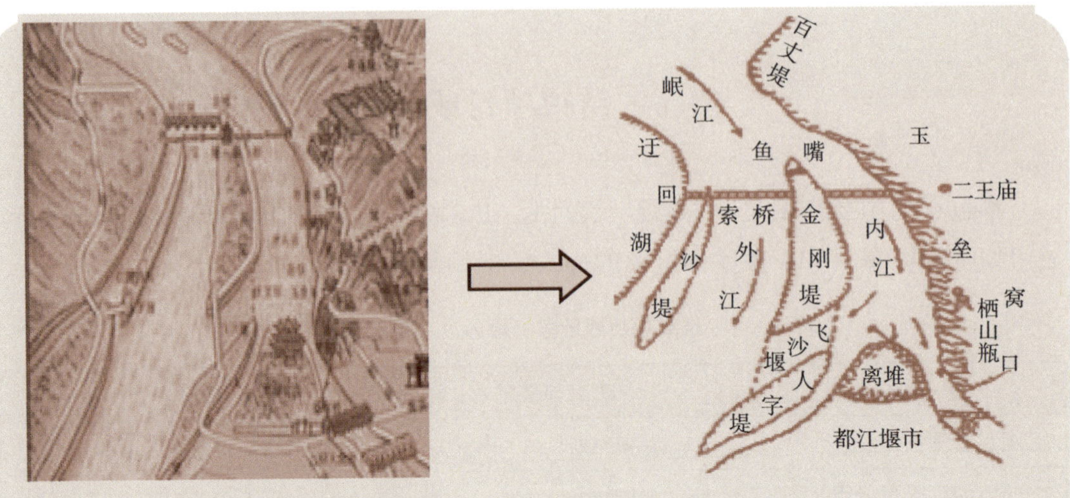

图3－20　项目整合管理的典型案例：都江堰水利工程

程。另外，它的项目管理成果及其带来的社会、经济效益和生态环境效益已经超过了两千两百年，成为人类历史上最著名的“天人合一，造福千年”的、最伟大的精品水利工程项目。

都江堰水利工程项目充分利用当地西北高、东南低的地理条件，根据岷江出山口处特殊的地形、水脉、水势，因势利导，无坝引水，自流灌溉，使堤防、分水、泄洪、排沙、控流相互依存，共为体系，保证了防洪、灌溉、水运和社会用水综合效益的充分发挥。都江堰建成后，成都平原沃野千里，“水旱从人，不知饥馑，时无荒年，谓之天府”。四川的经济文化由此具有很大发展。其最伟大之处是建堰两千多年来经久不衰，而且发挥着愈来愈大的效益。都江堰的创建，以保护自然资源，充分利用自然资源为人类服务为前提，变害为利，使人、地、水三者高度协调统一。

“深淘滩，低作堰”——是先贤总结都江堰治水项目管理秘诀的一句名言。“深淘滩”是指飞沙堰一段、内江一段河道要深淘，深淘的标准是古人在河底深处预埋的“卧铁”。岁修淘滩要淘到卧铁为止，才算恰到好处，才能保证灌区用水。“低作堰”就是说飞沙堰有一定高度，高了进水多则涝，低了进水少则旱，两者都不合适。我国古圣先贤认为：治国先治水，水利则民安；治国如治水，因势而利导。其实，先贤的治水哲理对于我们经营企业、管理项目都是行之有效的。

2009年，华为公司创始人任正非在游览四川都江堰时，从李冰父子治水的故事中得到启示，写了一篇《深淘滩，低作堰》的文章，第一次明确提出：李冰留下“深淘滩，低作堰”的治堰准则，是都江堰长盛不衰的主要“诀窍”。其中蕴含的

图3－21 任正非、华为与“都江堰项目管理”

伟大智慧和哲理，远远超出了治水本身。华为公司若想长存，这些准则也是适用于我们的。“深淘滩”，就是不断地挖掘内部潜力，降低项目运作成本，为客户提供更有价值的服务。客户决不肯为你的光鲜以及高额的福利，多付出一分钱的。我们的任何渴望，除了用努力工作获得外，别指望天上掉馅饼。公司短期的不理智的福利政策，就是饮鸩止渴。“低作堰”，就是节制自己的贪欲，在做项目时，自己留存的利润低一些，多一些让利给客户，以及善待上游供应商。

如图3－21所示，任正非提出的“深淘滩，低作堰”，可以有多重意义的解读。“深淘滩，低作堰”是对华为商业模式和项目管理的一种概括。高科技企业“高投入、高回报”的传统商业模式，已经深入人心。当科技企业持续在研发项目上“高投入”，形成了一定形式的成本优势，企业无不正大光明地把“高回报”装入袋中。有些巨无霸一旦形成垄断，就千方百计地制造壁垒，压制创新技术的应用。任正非不认同这样的哲学。2008年中国电信CDMA网络工程项目招标，阿尔卡特朗讯、北电等巨头，纷纷投出了70亿～140亿元的标，而华为却只报了不到7亿元的超低价。一时间华为“裸奔”“不正当竞争”等评论铺天盖地，而任正非则很淡然。这既是华为成本优势地头力的集中体现，又是华为一贯经营战略的具体体现。华为历来秉持的是“低作堰”，与运营商形成共生的关系，用低价格减轻运营商的成本压力，让利给运营商，赢得其长期信任与合作，最终定能取得合理的回报。

“深淘滩，低作堰”是对华为内部运营模式和项目管理模式的一种概括。从一线摸爬滚打出来的任正非，最重视一线的“深淘滩”。当公司一个一个的业务现场，都具备了很强的突破能力，都能做到精进、极致，作为所有业务现场突破能力的集合的公司竞争力，就会特别强大。要形成这样一种局面，最为重要的是让业务现场所有层级的高管，都戒掉不良的工作方式，真正成为一线的服务生或仆人。这样就会形成一个上下心身合一的氛围。任正非作为创始人，从来不缺乏贴近一线的激情和对一线的敬重。企业的命脉在项目一线。任正非的意识从不停留在理念和哲学层面上，他习惯于把意识转化为具体行动。作为创始人，他不断缩小自己的持股比例，不断扩大着华为股东的群体，许多海内外著名的企业家都做不到这一点。他不断把公司利润转移为员工的福利，以至于华为员工的高工资成为中国的一道独特风景。

“深淘滩，低作堰”还是对华为学习型组织的一种概括。任正非是一个学习能力很强的人。学习能力强的一个最重要的标志，是能够随时清空那些既定的经验和做法。20 年从一家 2 万元的小公司，跻身世界一流公司军团，是中国现代企业史上的一个奇观。而任正非却能清醒地认识到，现在到了一个转折点，到了要否定以前助推华为成功的经验、做法、体制、流程等既定东西的时候了。华为只有“低作堰”，才能把公司积沉下的淤泥不断排除，才能让“成人”华为保持一双单纯的眼睛，才能把公司外部新的东西不断引进来。有了这样的氛围，才能使华为上下坚定不移地“深淘滩”。他呼唤本土化的优势和力量，呼唤一线追求极致的创造，就是这种不断精进精神的体现。“深淘滩，低作堰”，才能在公司内外形成一个强势的正能量，充分释放公司全员的地头力，勇于承当起做好每一个项目、提升人类福祉的使命。

由此可见，一个成功的项目整合管理，不但可以为人类带来长久的物质财富，也可以带来巨大而持久的精神财富。

第 4 章
项目需求管理

【章节重点导图】如图 4－01 所示。需求是项目管理的龙头，收集项目需求是项目成败的关键。下面就此问题进行专题讨论。

图 4－01　项目需求管理的主要过程

4.1　项目需求的概念

（1）**项目需求的定义：**

①项目需求是根据特定协议或其他强制性规范，提出项目必须满足的条件或能力，或者产品、服务或成果必须具备的条件或能力；

②项目需求包括发起人、客户和其他干系人的已量化且书面记录下来的需要和期望；是 WBS 的基础，是成本、进度和质量规划的基础，也是采购工作的基础；

③项目需求的分类有：业务需求、干系人需求、解决方案需求、过渡需求、项目需求和质量需求等；项目需求来源于社会和经济活动的各种需求。

（2）**收集需求：**收集需求是为实现项目目标而确定、记录并管理干系人的需要和需求的过程。收集项目干系人需求是项目管理的“龙头”。

①收集需求的目的：使需求明确化、具体化和书面化；

②项目需求的来源：始于对项目章程、干系人登记册和干系人管理计划中相关信息分析；把项目干系人对项目的需要、想要（关注）与期望尽可能地具体化，并记录下来；让干系人积极参与需要发掘和分解工作（分解成需求），并仔细确定、记录和管理对产品、服务或成果的需求，能直接促进项目成功。

（3）**需求的分类：**许多组织把需求分为不同的种类，如业务解决方案和技术解决方案。前者是干系人的需要，后者是指如何实现这些需要。把需求分成不同的类别，有利于对需求进行进一步的完善和细化。如图4－02中所示。

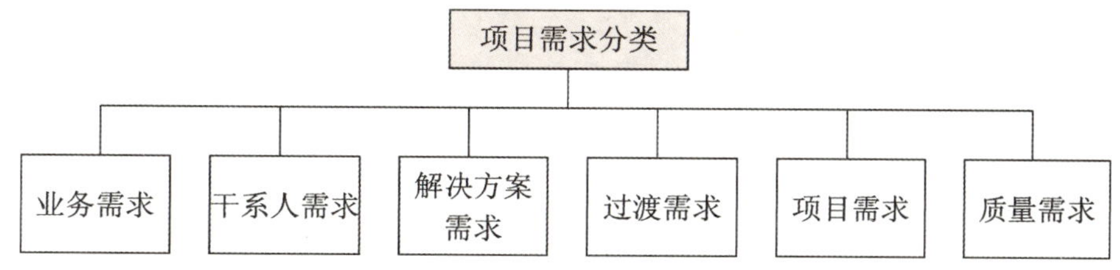

图4－02 项目需求的主要分类

①业务需求：整个组织的高层级需要，例如，抓住市场和业务机会、研发新产品、参加项目招投标、开拓新业务和解决业务问题等。

②干系人需求：项目干系人或项目干系人团体的需要。

③解决方案需求：为满足业务需求和干系人需求，产品、服务或成果必须具备的特性、功能和特征。

④过渡需求：从“当前状态”过渡到“将来状态”所需的阶段性能力提升，如数据转换和培训需求等。

⑤项目需求：项目需要满足的行动、过程或其他条件。

⑥质量需求：用于确认项目可交付成果的成功完成或其他项目需求实现的技术标准和相应的指标。

【应用案例4－01】华为早期需求管理的经验教训

（1）缺乏完整的需求定义和描述框架。华为的项目经理在长期的项目管理实践中发现：与需求相关的概念实在是非常多，比如客户欲望、客户要求、问题、客户抱怨、客户意见、客户需求、用户需求、市场需求、系统需求、设计需求、子系统需求、规格、参数等，不一而足，它们分别是什么含义？相互之间是什么关系？

在华为早期阶段，缺乏整体需求的概念和描述框架。客户需要的是一个完整的产品包，无论B2B（商家对商家）还是B2C（商家对客户）均是如此。比如手机，客户购买的不仅仅是能够满足各种功能的有形实体，还包括软件、安全性、售后服务、品牌、使用体验、视觉体验等。如何描述这些方方面面的需求，需要有一个统一的框架。缺乏这个框架的结果就是自以为产品开发完成了，但是客户还是不认同。

需求描述不当可能导致失去市场机会，比如：2003年3月，某省运营商向华为区域客户经理提出希望在GSM网上开发针对生产制造系统的位置服务业务，最好能在3个月内提供，以便率先开通。区域客户经理立即通过公司“客户需求电子流”提出申请。需求描述如下：“该业务是业界领先的信息技术，相对其他运营商具有差异化，但要尽快实施，3个月开通实验局。”

需求接收部门对该申请的评价是：“业务申请对业务特性的描述不清楚，听不懂客户需求；该业务目前还没有应用实例，最终用户使用不能形成规模，市场前景不乐观；存在很大的开发风险，建议答复对方：华为不准备立项。”

三个月后：某竞争对手与运营商合作开发了该项业务，并很快开通了实验局！

（2）**错误地认为需求是创造出来的**。有一种流行的说法是客户并不清楚自己需要什么，需求是创造出来的，尤其是由一些像乔布斯这样的天才创造出来的，持这种观点的人忽视市场和需求调研，并且振振有词地说“乔布斯从来不做市场调研”。可惜的是并不是每家企业都拥有像乔布斯这样的人才，其实乔布斯本人和苹果公司也并非不做市场调研。

（3）**“无节制、无底线”地满足客户需求**。某电源企业靠快速满足客户需求，尤其是满足客户提出的特殊需求而迅速发展。但在这个过程中，如果没有正确的理念和方法作为引导，导致了一系列问题：产品数量众多，它们看似不同，却又存在共通之处，给企业带来大量维护成本，这是国内企业存在的典型问题，初期企业以客户需求为中心得以发展，同时过度以特定需求为中心又给进一步发展埋下隐患，可谓“成也萧何，败也萧何”。满足客户需求还需要和另一个理念相结合，企业才能长久生存下去，那就是：持续的赢利能力！

（4）**长中短期需求分布不合理**。很多以客户需求为中心的企业都非常忙，忙于满足客户提出的短期需求，尤其是针对现有产品提出的问题和改进建议，忽视了客户中长期的需求和竞争对手的动向，以及周边领域发展对本行业的影响。为了做到长中短期需求的均衡，华为在对规划和需求管理团队的考核上，有一个指标是“长期需求所占比重”。

（5）**以产品为中心而非以需求为中心经营企业**。作为满足客户需求的载体，产品有生命周期。既然如此，那产品所满足的客户需求也应当有生命周期，否则产品生命周期便无从谈起。管理产品生命周期的核心在于认识并管理需求的生命周期。所以，以产品、技术来定义自己所处行业的企业要特别注意：你的客户的需求是否被“其他行业”的产品和技术满足了？

4.2　项目需求的来源

组织出于市场定位、市场竞争与核心业务等方面的需求，通过做好项目来实现自己的战略目标。如图 4－03 所示。

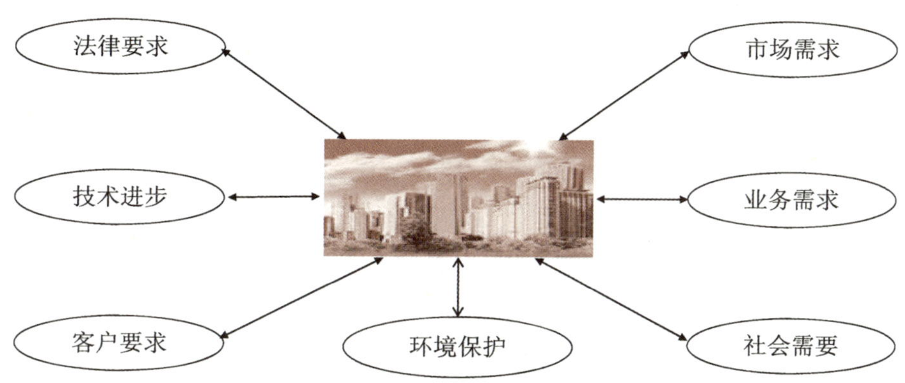

图 4－03　项目需求的主要来源

（1）**市场需求**。即由市场变化而引起的需求。如某制药厂经过市场分析发现我国急需预防 H7N9 禽流感疫苗，于是立项并组织技术攻关小组研制。

（2）**业务需求**。即由社会、经济和市场变化而引起的商业机会。如某太阳能热水器厂经过调查发现国家将大力支持节能环保企业的发展，某城市的日照时间长，住宅小区急需太阳能热水器，该厂积极组织研发人员研制新型的太阳能热水器。

（3）**社会需要**。如南方某城市中间穿越的河流较多，为了缓解上下班高峰期桥梁的堵车问题，该市规划在两年之内需要在交通主干道上增加 6 座跨河大桥。

（4）**环境保护**。如某风景游览区为了提高游客对于园区空气质量的满意度，正在规划一个项目，即用新型的太阳能电动环行旅游车取代原来的燃油车。

（5）**客户要求**。例如，客户出于对工程项目群进行统筹管理的需要，计划设计和安装一套工程项目管理软件。

（6）**技术进步**。即基于技术创新而引起的需求。随着技术的进步，公司技术落后的产品不断被市场所淘汰，为了维持公司的生存就必须开发技术含量更高的新产品。

（7）**法律要求**。即由一个国家或地区的法律变化而引起的需求。如某城市环保部门颁布了一项要求在某一条河段迁出造纸厂的法律条款，导致相关造纸厂定期搬迁的项目需求。

【应用案例 4－02】华为怎样构建完整的分层需求描述方法

（1）**客户需求是分层次的**。华为项目需求管理计划样例模板如图 4－04 所示。

需求管理计划(1)
项目名称：__________ 日期：__________
需求收集
需求分析
需求分类
需求记录
需求排序

需求管理计划(2)
需求测量指标
需求跟踪结构
需求跟踪
需求报告
需求确认
需求配置管理

图 4－04　华为项目需求管理计划样例

先看看下面这几段话，区别一下哪些是客户的需求，哪些不是。有哪些“需求管理”的对象？

“这台手机配置太低，希望屏幕是 6 英寸、内存是 2G、CPU 是 4 核的。”……

上面这些话表达了客户愿望、遇到的问题、期望、对产品的抱怨及对产品提出的改进建议。在进行需求管理前，首先要构建一些概念，来对需求进行分层次管理。

在客户角度，当没有相应的购买力前，需求最先表现出来的是一种愿望和期待，这部分需求不能马上转化为购买力。但是必须关注，一旦他们有相应的购买力，这种愿望就会转化为真实的市场，虽然当初的愿望有可能发生改变。

相应厂家可以把需求分为长、中、短期需求，有的需求立刻就要满足，有的需求可以在下一代产品中满足；有的需求需要很长时间才能满足。对于供应商来说，既要关注短期需求，也要关注中长期需求。

（2）**需求的分层描述**。需求＝问题＋解决方案：需求最终来源于客户要解决的问题（problem）。问题是期望和现状之间的差距。所以，需求最终与客户的期望和对现状的感知相关。对客户而言，要有相应的支付能力。这是产品需求的第一个层次。产品就是解决客户问题的方案，但是，是否解决了问题，有支付能力的客户就一定会买呢？客户购买产品的理由，也就是产品的卖点是什么？对客户而言，就是买点是什么？这是产品需求的第二个层次。

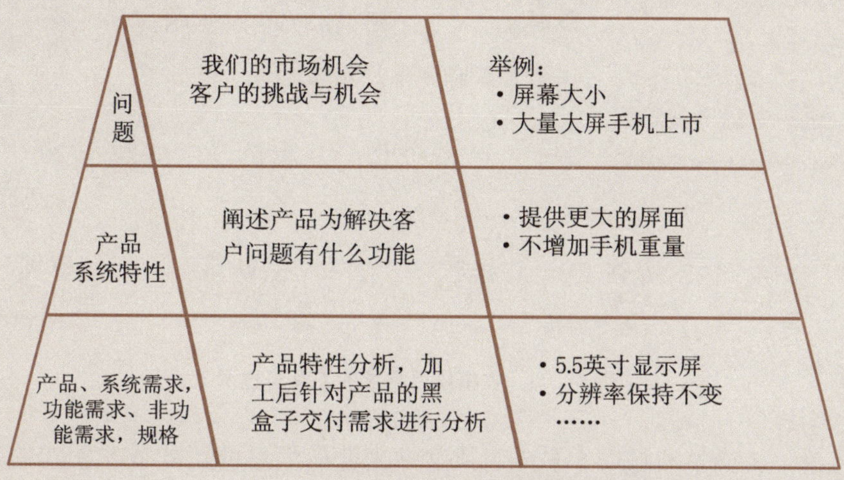

图4-05　华为的项目分层需求描述方法

需求的第三个层次才是对产品本身的狭义的需求（requirement），也就是把产品作为一个黑盒子提出的要求，称之为系统需求，分为功能性需求和非功能性需求。

如图4-05所示，在需求的这三个层次之间还必须建立起跟踪关系，也就是系统需求实现后必须能提供某种功能或能力，帮助形成产品的特性，也就是产品的卖点或客户的购买理由，并最终解决客户的问题。我们在这个基础上进行创新和需求管理，而不是直接满足客户提出的指标参数需求，因为客户不是产品专家！

（3）**用一致的框架完整描述客户需求**。每个人都有这样的体验：看中了某款产品，但价格实在太高；价格和质量都不错，却因为“没听说过这个牌子”而犹豫不决；这些都不是问题，维修却又不太方便……任何一个客户关注的方面没有做好，都会影响购买决定。一个产品究竟需要满足客户哪些方面的需求？是否有通用的框架来描述客户需求？

4.3　怎样收集项目需求

（1）**收集需求的输入**：包括范围管理计划、需求管理计划、干系人管理计划、项目章程、干系人登记册。

（2）**收集需求的工具与技术**：如图 4－06 所示。

图 4－06　收集项目需求的工具与技术

①**访谈**：访谈是通过与干系人直接交谈来获取信息的正式或非正式的方法。访谈的典型做法是向被访者提出预设和即兴的问题，并记录他们的回答。通过直接与主要干系人谈话的方式来获取项目的相关信息，它有助于项目团队对所需项目可交付成果的特征、功能的识别和确定。访谈的方法和流程如图 4－07 所示。

项目需求分析访谈工作方法与流程图

①在访谈开始前：做好访谈和需求分析准备，写出访谈提纲，发给客户

②在访谈过程中：要注意聆听、记录和引导客户罗列出全部需求

让被访者上司安排
两个人去访谈
聆听不要指导
复述，复述，复述
旁敲侧击的方式
多看、多听、再问

③在访谈结束后：要给客户发送需求确认函和感谢信

图 4－07　收集项目需求的工具与技术：访谈法

②焦点小组：焦点小组是召集预定的干系人和主题专家，了解他们对所讨论的产品、服务或成果的期望和态度。由一位训练有素的主持人引导大家进行互动式讨论。焦点小组往往比访谈更热烈、更容易获得详尽的需求信息。

焦点小组访谈法通常是由 8 ~ 12 人组成焦点小组，并在一位主持人的引领下，由焦点小组成员共同对某一主题或观点展开深入讨论。焦点小组访谈法的目的在于了解所有项目参与者对一种产品、观点的想法。访谈法的具体过程：选择主持人；编制讨论指南；编写焦点小组访谈报告。访谈报告既可以是口头报告，也可以是正式的书面报告。

③引导式研讨会：引导式研讨会把主要干系人召集在一起，通过集中讨论来定义产品需求。引导式研讨会提供了一个使得项目干系人彼此充分理解和信任的氛围。在引导式研讨会上，与会的项目干系人通过建立信任、改进关系、各抒己见、互动交流，最终达成共识，并形成一致意见。

④群体创新技术：通过组织一些群体思维创新活动来识别项目和产品需求。

· 头脑风暴法。如图 4 – 08 所示。一种用来产生和收集对项目需求与产品需求的多种创意的技术。头脑风暴法本身不包含投票或排序，但常与其他群体创新技术一起使用。它是借助于专家的经验，从而获得一份客户需求清单。

用来产生和收集对项目需求与产品需求的多种创意的技术，本身不包含投票或排序，但常与包含该环节的其他群体创新技术一起使用

基本原则：

欢迎各抒己见

探索取长补短和改进办法

专家的选取应考虑有不同的专业背景

追求数量

庭外判决

领导人不应参加

头脑风暴法

图 4 – 08　收集项目需求的工具与技术：头脑风暴法

· 名义小组技术。该方法通过一个有组织的群体会议，以实现将个体想法和判断整合为一致意见的目标。与参加传统会议一样，团队成员（以 5 ~ 10 人为宜）也需要出席会议，但他们彼此之间并不进行直接交流，而是独立思考。

名义群体法一般是由主持者做记录，从问题的表述开始，期间要求团队成员准

备个人备选方案列表，这一阶段被称为“沉默——产生”阶段。此过程结束后，主持者召集每位参与人轮流陈述其方案列表上的想法，并将每个人的阐述记录下来。最后，用投票的结果产生团队一致意见。

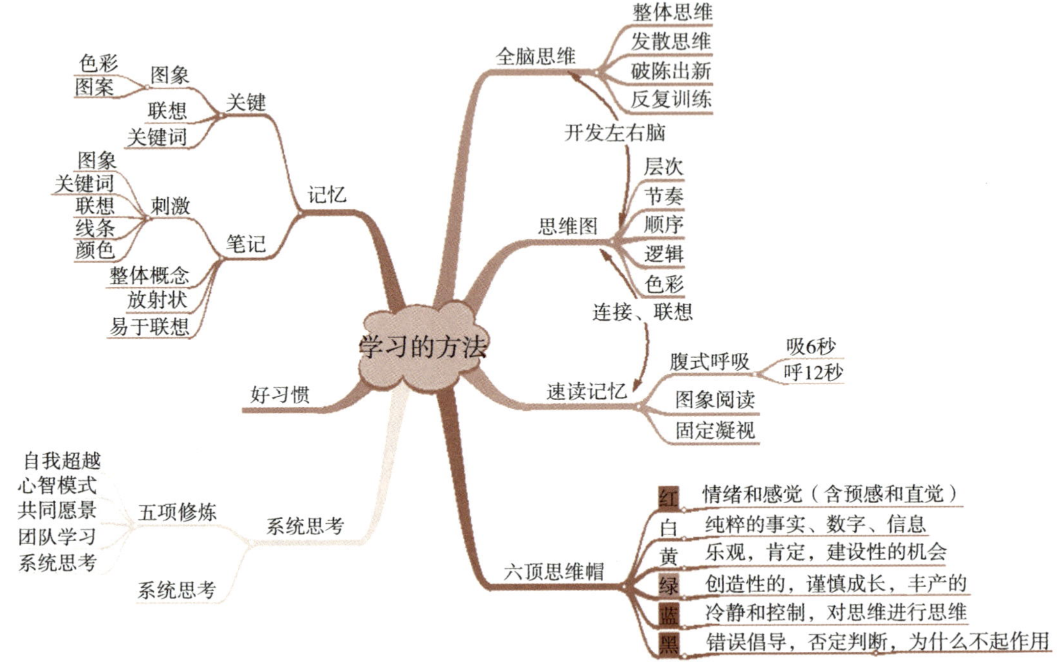

图 4－09 收集项目需求的工具与技术：思维导图法

· 思维导图法。如图 4－09 所示。把从头脑风暴中获得的创意整合成一张图的技术，以反映创意之间的共性与差异，激发新创意。它能够将各种想法以及它们之间的关联性以图像视觉的景象呈现。它是将中心概念与关联概念连接起来的一种方法，它通过训练运用全脑思考，来刺激人们的想象力和创造力，具有简单易用、可视化、容易记忆、提纲挈领等优点。思维导图法的功能主要包括：

· 亲和图。用来对创意进行分类、分组的技术，以便进一步审查和分析。

· 多标准决策分析。如图 4－10 所示。借助决策矩阵，用系统分析方法建立诸如风险水平、不确定性和价值收益等多种标准，从而对众多方案进行评估和排序的一种技术。

⑤群体决策技术：群体决策系统是指一个群体，在对项目活动方案分析、评价、比较的基础上，最终对方案做出选择的一种工具。用于生成产品需求，并对产品需求进行归类和优先级排序。达成群体决策的方法有很多，例如：

· 一致同意。每个人都同意某个行动方案。达成一致同意的一种方法就是德尔

图 4－10 收集项目需求的工具与技术：多标准决策分析法

菲技术，由一组选定的专家回答问卷，并对每轮需求收集的结果给出反馈。只有主持人可以看到专家的答复，以保持匿名状态。

· 大多数原则。获得群体中超过 50% 人员的支持，就能做出决策。把参与决策的小组人数定为奇数，防止因平局而无法达成决策。

· 相对多数原则。根据群体中相对多数者的意见做出决策，即便未能获得大多数人的支持。通常在候选项超过两个时使用。

· 独裁。在这种方法中，由某一个人为群体做出决策。

该系统由决策者（项目经理和项目团队）、决策对象（项目方案）、决策信息（项目信息系统）、决策的理论和方法（项目团队决策方法）以及决策结果（最终选定的方案）等基本要素构成。

群体决策技术还包括“德尔菲法”，如图 4－11 所示，可以与群体创新技术

· 用来获得专家意见的常用方法，减少偏见和个人意见对结果的不合理影响
· 用途多：风险、范围、时间、成本、质量
· 使用问卷征求意见，然后收集各匿名专家的意见
· 遵守下列基本规则：
—一人一票
—专家之间背靠背
—专家以匿名形式提出意见
—旨在取得一致意见（Consensus）

图 4－11 收集项目需求的工具与技术：德尔菲法

联合使用。

⑥问卷调查：问卷调查法是通过问卷形式间接搜集研究材料的一种调查手段。研究者以问卷形式给出一系列与所要研究的目的有关的问题，让被调查者做出回答，通过对问题答案的回收、整理、分析，获取有关信息。

问卷一般不要求署名，便于得到真实情况。问卷调查多采用科学的抽样方法，通过选取少量的调查样本，了解样本的总体情况，故能以较少的经费开展较大范围的调查工作。相比之下，它更节省人力、经费和时间。问卷调查方法非常适用于以下情况：受众多样化、需要快速完成调查、受访者地理位置分散、并且适合开展统计分析。

⑦观察：观察调研法是在不提出任何问题和不与被观察者交流的情况下，凭借调查人员的直观感觉或借助于某些摄录设备和仪器，分析、记录被观察者的行为模式、调研包括观察人，又包括观察现象。为确保成功，所需信息必须是通过观察得到的，被调查的行为必须是重复性的、经常性的，并且在一定程度上是可预测的。

⑧原型法：通过实物模型来揭示项目产品原型的形态、特征和本质的方法称为实物模型法。实物模型法是借助于与项目产品原型相似的物质模型或抽象反映项目产品原型本质的思想模型，间接地研究项目产品原型的性质和规律。

也就是说，它是通过引入实物模型（能方便解释那些难以直接观察到的事物的内部构造，事物的变化以及事物之间的关系的符号、公式、表格、实物等）将物理问题实际化。在收集客户需求的过程中，通过建立一个能反映客户主要需求的实物模型，可以让客户真实地看到项目完成后的可交付成果的概貌，以便判断哪些是符合要求的，哪些是需要改进的，然后对实物模型反复改进，最终能够很好地反映客户产品需求的相关信息。

⑨标杆对照：标杆对照将实际或计划的做法（如流程和操作过程）与其他可比组织的做法进行比较，以便识别最佳实践，形成改进意见，并为绩效考核提供依据。标杆对照所选用的可比组织可以是内部的，也可以是外部的。

⑩系统交互图：如图 4 – 12 所示，系统交互图是范围模型的一个例子，它是对产品范围的可视化描绘，显示业务系统（过程、设备、计算机系统等）及其与人和其他系统（行动者）之间的交互方式。

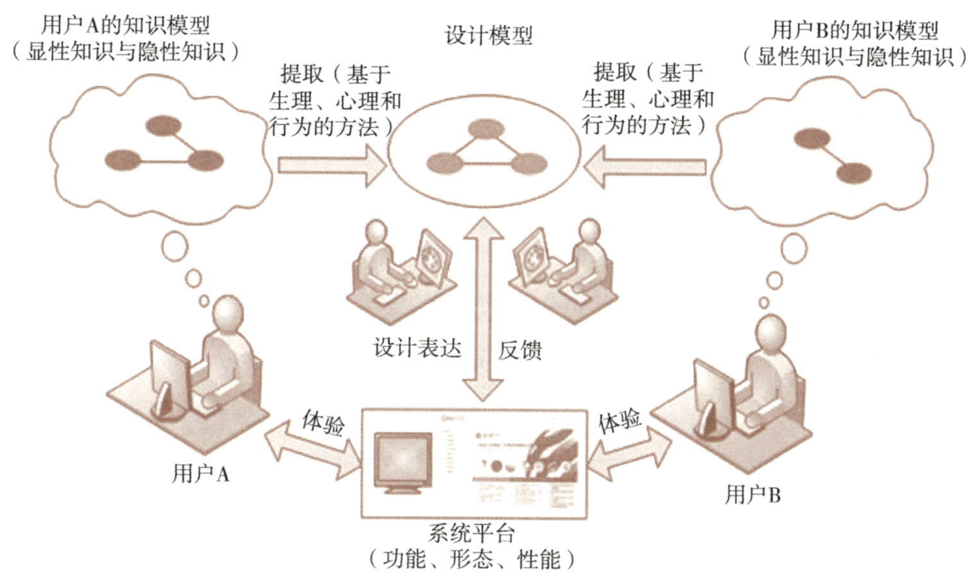

图4-12 收集项目需求的工具与技术：系统交互图法

（3）收集需求的结果：

①需求文件：与项目需求相关的文件图4-13所示。

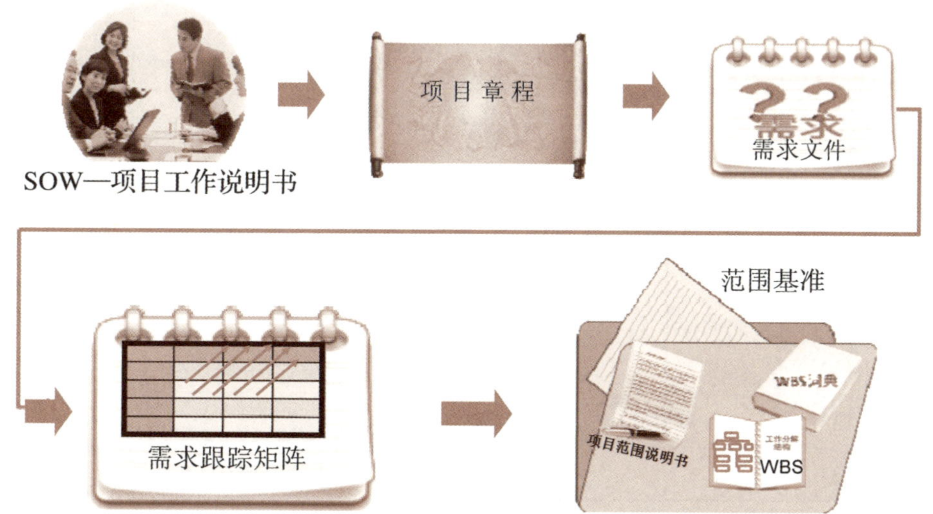

图4-13 项目需求的相关文件

项目需求文件的模板样例如表4-01所示。项目需求文件描述各种单一需求将如何满足与项目相关的业务需求。

表 4－01　项目需求文件的模板样例

编号	需求	干系人	排序	验收标准	确认方法

②需求跟踪矩阵：如表 4－02 所示，需求跟踪矩阵是把产品需求从其来源连接到能满足需求的可交付成果的一种表格。使用需求跟踪矩阵，把每个需求与业务目标或项目目标联系起来，有助于确保每个需求都具有商业价值。

表 4－02　项目需求跟踪文件的模板样例

需求跟踪矩阵								
项目名称								
成本中心								
项目描述								
编号	关联编号	需求描述	机会目标	项目目标	WBS	产品设计	产品开发	测试用例
110	111							
	112							
	113							
	114							
120	121							
	122							
	123							
130	131							
	132							
	133							
	134							

应在需求跟踪矩阵中记录每个需求的相关属性。这些属性有助于明确每个需求的关键信息。需求跟踪矩阵中记录的典型属性包括唯一标示、需求的文字描述、收录该需求的理由、所有者、来源、优先级别、版本、当前状态（如进行中、已取消、已推迟、新增加、已批准、被分配和已完成）和状态日期。为确保干系人满意，可能需要增加一些补充属性，如稳定性、复杂性和验收标准。

【应用案例4－03】华为公司把客户需求作为整个企业运营的根基

（1）**华为公司把客户需求作为整个企业运营的根基**。不同的记者，在不同场合问过任正非三个问题：

①华为的商业模式是什么？

②华为成功的秘诀是什么？

③华为的价值观是什么？

任正非对这三个问题的回答是统一的：

①满足客户需求是我们生存的唯一理由。

②我们的商业模式是以客户需求为导向。

任正非传递的是一种理念，相信很多企业家也有类似的理念，但更为重要的是如何落地，真正做到以客户需求为中心。与很多企业把“以客户需求为中心”作为口号不同，在华为内部专门针对“需求”设定了流程和组织，以及相应的绩效管理和激励机制，以确保整个公司都围绕客户需求进行运作。

互联网时代很多企业都争相进行商业模式创新，华为也不例外，它也在发展过程中不断探索新的商业模式。但在任正非眼里，华为的商业模式就是“以客户需求为中心”。这无疑是所有商业模式创新的核心，很多企业正是因为没有牢牢抓住这点而在商业模式创新中迷失了方向。华为用“端到端”的需求管理流程确保所有客户需求得到有效跟踪和有步骤地实现，最终让所有商业模式创新不偏离以客户为中心这一轨道。

（2）**需求端到端管理流程**。需求也是有生命的！“全心全意满足客户需求”“以客户为中心”称得上是一种“高大上”的理念，但在如何满足客户需求上，却要“现实”一些，不是所有客户提出的需求都要满足，不是客户提出的所有需求都要满足，也不是要立即满足。对需求管理而言，就是要规划好在什么时候，满足哪些客户的哪些需求。其中涉及3个方面的工作：

①满足哪些客户的需求：市场细分和定位。

②满足哪些需求：需求收集，需求分析。

③什么时候满足：需求分配、产品的路标规划。

④沿着这条线索形成需求管理流程，包括需求的收集、分析、分配、实现和验证等五个阶段。

（3）**需求的探索和收集**。从源头杜绝污染。客户需要的不仅仅是具备某种功能及性能的产品实体本身，而是一个完整交付，并且这个交付是企业内部可以实现的。这决定了需求信息的来源非常广泛，总体上包括内部和外部两个渠道。外部来源包括客户、行业分析报告、竞争对手、各种展览、报纸杂志、第三方认证和监管机构等。内部来源包括公司高层、公司规划部门、产品开发项目团队、市场部门、研发部门、售后服务部门、质量管理部门等。

客户是需求来源的最重要渠道，在需求调研前，要进一步分析调研对象，列出需求干系人，针对需求干系人设计调研提纲。无论 B2B 还是 B2C 均如此，客户往往是一个群体，称之为“决策链”或“采购中心”，包括使用者、采购者、维护者、投资者、影响者、最终决策者等，他们的关注点不同，对同一关注点的关注强度也不同，客户需求必须转化为这些“活生生的人”的需求。如果不采用直销，客户还包括批发商、零售商、电商等渠道，当渠道强大到一定程度时，还会左右最终的客户需求。

明确了需求的来源渠道，就可采用各种方法进行需求的探索和收集工作，包括调研访谈、客户满意度调查、现场客户支持、客户高层交流、招投标、专家交流、竞争对手产品研究等。从需求收集渠道和收集方法的多样性可以看出，参与需求收集的人员也是跨部门的，包括公司高层、市场人员、销售人员、售后服务人员、研发人员、各领域专家等。

（4）**需求分析**。对原始需求进行加工提炼。需求收集阶段得到的需求信息构成原始需求库，这些需求往往是随机、零散、鱼龙混杂的，也没有进行优先级排序。同时，因为需求来源于不同渠道，描述也不是非常专业。所以，需要通过深入分析对需求进行“二次加工”。需求分析包括对需求进行解释、过滤、分类、排序和证实：

①解释：用正式的语言对需求进行描述，并使需求可度量和可验证。

②过滤：包括“去粗取精”和“去伪存真”，前者是对各种需求信息进行归纳总结，后者是去掉虚假信息和个别客户需求，抓住细分市场的共同需求。

③分类：可按时间、类别和层次维度进行分类。根据时间维度可把需求分为长、中、短期需求。按类别维度可把需求进行分类。在类别的基础上，还可把需求更进一步分解为更多的层次。比如客户对汽车的需求可分为价格、性能、配置等，性能可分为安全性、操控性等，安全性又可进一步分为主动安全和被动安全。

④排序：不同细分市场客户对需求各维度的重视程度是不同的，比如中低端客户对价格更加敏感，中高端客户对品牌和产品性能更加看重。为了让产品的投入产

出比更高，需要对需求的重要性和投入产出比进行排序。

⑤证实：在需求收集和分析过程中，信息可能被误读，传递过程也可能失真，所以需要对经过分析的需求进行验证，确保和客户的真实需求保持一致。需求验证是一个端到端的过程。

需求的收集和分析是一个探索过程，也是需求管理的核心工作。这两个阶段的工作往往相互交叉，收集的同时要进行分析，在分析的过程中如果发现需求不够完整，就要及时启动新的需求收集活动。

(5) 需求的实现和验证。与其他流程并行。在产品开发流程的概念阶段，来自各方面的需求形成产品包需求，同时来自各领域的系统工程师在产品系统工程师（SE）的带领下探索产品包需求的实现方案，也就是产品概念。产品包需求和产品概念在概念阶段同步发展，最终形成产品包的系统需求（system requirement）。在概念阶段结束前，冻结产品包需求和系统需求，也就是基线化。需求的实现和验证主要通过产品和技术的研发流程实现。

如图4－14所示，V模型有助于我们理解需求的实现和验证的端到端过程。在这个V模型中，我们把商业计划实现这条线也加入其中，称之为“双V”模型。V模型的精妙之处在于，从水平线上，“V”左边的需求逐层分解过程和“V”右边的逐层测试验证过程相互对应。

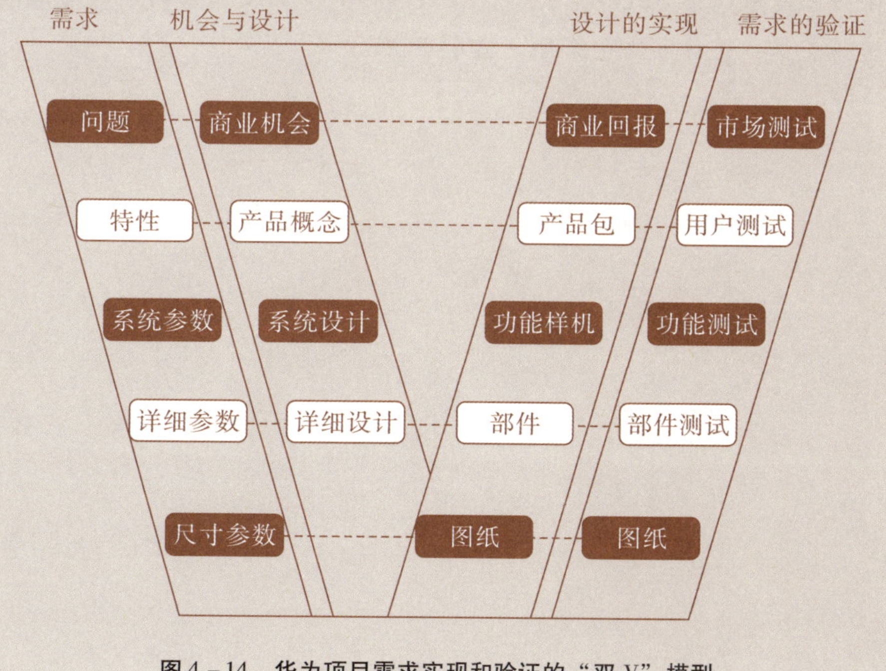

图4－14 华为项目需求实现和验证的“双V”模型

计划阶段的工作是通过系统设计把系统需求转化为设计需求，也就是对各个子系统的设计需求，形成规格参数。针对复杂系统，在计划阶段还要完成各个子系统的概要设计，甚至详细设计，最终形成产品的详细规格参数。

概念和计划阶段的工作方法论是系统工程，系统工程师是这两个阶段在技术上的主角，负责将产品包需求转化为产品包，最终满足客户需求。对于复杂产品，往往是一个系统工程师团队负责系统设计工作。系统工程的工作质量决定了产品开发过程的效率和效果，也决定了测试过程是否可以结构化地有效开展。

研发流程的开发和验证阶段是实现设计方案的过程，同时也是测试和验证的过程，通过零部件/单元测试、部件/子系统测试、系统设计验证、集成测试、客户验证、第三方认证等逐层进行测试验证，也叫“渐增测试”。逐层测试的目的是及时定位和解决局部问题，避免问题积累到系统层面。

（6）需求管理需要团队作战。企业所有工作都是围绕需求展开的，整个就是一部“需求加工机”，所以需求工作一定是跨部门的。

需求管理是一项日常工作，需要有特定的部门或岗位来承担，把跨部门需求工作协同起来。在组织形式上，市场调研与分析、需求管理、产品规划等职能密切相关，为了减少不必要的跨部门沟通和协调，可统一管理，对于规模不大或者产品比较简单的公司，甚至由一个岗位来承担这些工作。

为了防止需求在传递过程中失真，当面沟通和确认是必需的，而不仅仅依靠纸面文件进行交接，这种方法也简称“需求串讲”。

第5章
项目范围管理

【章节重点导图】项目范围包括完成项目的产品、服务和成果必须做的、全部的工作。本章重点介绍项目范围进行管理的思路、流程、方法、工具和应用。如图 5－01 所示。

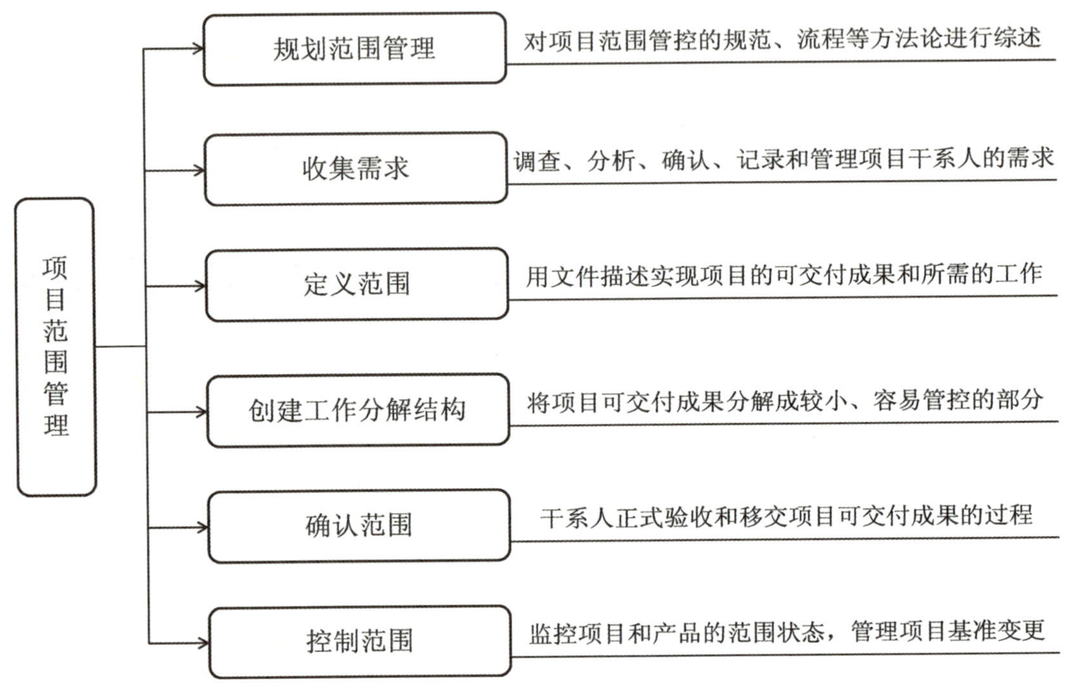

图 5－01　项目范围管理的六个过程

我们在项目阶段性验收或者最终验收阶段，可能会遇到四种不同的结果：该做的工作没有按计划完成；该做的工作没有按计划完成，做了许多客户需求和计划之外的工作；该做的工作全部完成，刚好按客户需求和计划完成，没有浪费资源；该做的工作全部完成，还做了许多客户需求和计划之外的工作（镀金浪费）。

按照项目管理的原则，在上述四种情况中只有第三种是必须做的，这也是项目经理与项目团队应当追求的目标。由此可见，项目范围管理包括确保项目团队做且只做所需的全部工作，以成功完成项目的各个过程。某项目必须做的实际范围如图 5－02 中的内部椭圆部分所示。

项目范围管理过程细化和量化客户的需求，逐步形成项目的目标，其主要作用在于确定、计划和监控哪些工作应该包括在项目内？哪些不包括在项目内？

（1）**项目范围的定义**：项目范围是指为了成功地实现项目目标所必须完成的全

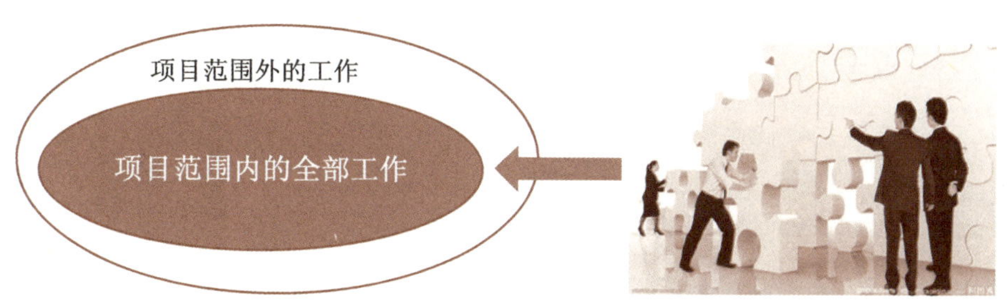

图5－02 项目范围内的全部工作

部且必做的工作。该定义包含以下两层含义：

①全部的——为了实现该项目目标而必须做的“所有的工作”。任何工作都不能遗漏，否则将会导致项目范围的“萎缩”，可能会在将来查漏补缺中导致项目的进度拖延、成本超支、返工和企业品牌美誉度降低等风险。

②必做的——为了完成该项目目标而必须进行的“必须做”的工作。如果不进行此项工作就无法最终完成项目目标；工作范围不含那些超出项目可交付成果需求的多余工作，否则将导致项目范围的“蔓延”、失控，造成资源浪费等风险。

（2）**产品范围与项目范围的区别：**

①产品范围：项目投资者、业主等干系人对项目最终产品、服务或者成果所期望包含的特征和功能的总和，通常用SOW（产品说明书）或者P－SOW（项目工作说明书）提供的产品、服务和成果需求和各项技术、功能指标来确定、计划、监控和验收产品范围。验收产品依照需求、功能。

②项目范围：项目承包者、执行组织等干系人为了交付满足产品范围要求的产品或服务所必须完成的全部工作的总和。通常用项目范围说明书、项目工作分解结构、项目工作分解结构词典等形成的项目范围基准计划来确定、监控和验收项目范围。项目范围有时也包括产品范围。验收项目依据计划和成果。

例如，图5－03展示了某集团总部办公楼作为产品范围与项目范围的主要区别：前者强调大楼的各项技术、功能指标；后者强调建成大楼所必须完成的勘测、设计和施工等工作任务的总和。

（3）**项目范围基准：**如图5－04中所示，项目范围基准由管理层批准的“该项目的范围标准”，由“项目范围说明书＋项目工作分解结构＋项目工作分解结构词典”三要素构成，其中项目工作分解结构是关键要素。

（4）**项目范围管理的作用：**包括了干系人对项目的需求和目标等要求，是项目

某集团总部办公楼
产品范围与项目范围的区别

办公楼作为产品的功能范围：

①地下停车场、机电设备
②一楼公共展示厅、服务厅
③二楼市场营销部办公区
④三楼行政人事部办公区
⑤四楼仪器设备部办公区
⑥五楼工程服务部办公区
⑦六楼研发设计部办公区
⑧七楼图书资料部办公区

办公楼作为项目的工作范围：

①基础工程勘测、设计与施工
②结构工程勘测、设计与施工
③机电工程勘测、设计与施工
④幕墙工程勘测、设计与施工
⑤装修工程勘测、设计与施工
⑥电气工程勘测、设计与施工
⑦水务工程勘测、设计与施工
⑧装饰工程勘测、设计与施工

图 5－03　某集团总部办公楼产品范围与项目范围的区别

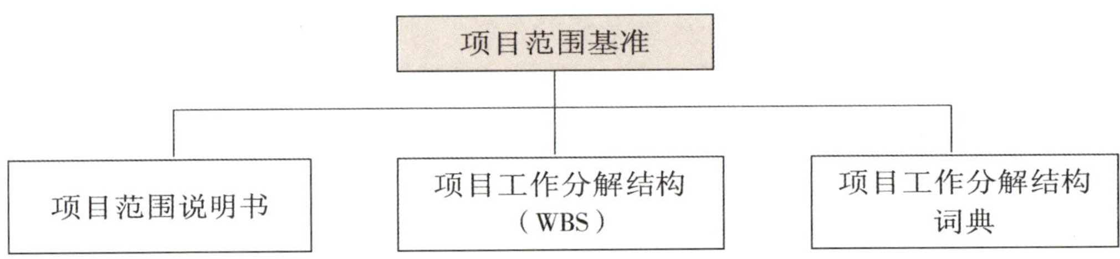

图 5－04　项目范围基准包括的三要素

能否成功的决定性因素，项目执行组织在与客户界定项目范围时，还必须同时确定“本项目应当做什么，不做什么”的问题。项目范围管理的具体作用如下：

①为项目实施提供了范围基准。项目范围管理最重要的作用就是为项目实施提供了范围、责任边界和基准，并通过该边界和基准去规范项目组织的行动，在澄清了项目工作范围和条件之后，就可以让项目团队成员避免错漏或者资源浪费。

②提高资金、时间、人力和其他资源预算的准确性。项目的具体工作内容明确以后，就可以较为准确地对整体和各项工作的资源需求进行预算。一旦项目范围界

定了，就确定了项目的具体工作任务，为进一步分派任务奠定了基础。

③确定进度计划和控制的基准。确定项目范围，也就为项目进度、成本计划的执行和控制确定了基础，便于实施有效的控制，从而可以采取相应的纠偏行动。

（5）**项目范围管理的过程**：项目范围管理过程如表5－01所示。

5.1 规划范围管理

本过程的主要作用是：对如何管理项目范围提供指南和方向。表5－01描述本过程的输入、工具与技术和输出。

表5－01 规划范围管理：输入、工具与技术和输出

输入	工具与技术	输出
1. 项目管理计划	1. 专家判断	1. 范围管理计划
2. 项目章程	2. 会议	2. 需求管理计划
3. 事业环境因素		
4. 组织过程资产		

5.1.1 规划范围管理：工具与技术

（1）**专家判断**。具有与制订范围管理计划相关的专业学历、知识、技能、经验或培训经历的任何个人或者组织，都可以提供专家判断。

（2）**会议**。召集项目管理会议，通过“头脑风暴”“思维导图”和“集思广益”的办法来制定范围管理计划。参加会议的人员可能包括项目发起人、选定的项目经理、项目团队成员和其他项目干系人。

5.1.2 规划范围管理：输出

（1）**范围管理计划**。范围管理计划是制订项目管理计划的基础。其中包括：制定详细的项目范围说明书；根据详细的项目范围说明书创建工作分解结构WBS；维护和批准WBS；正式验收已完成的项目可交付成果和项目范围变更处理等。下面以华为项目范围管理计划模板为例，如图5－05。

（2）**需求管理计划**。需求管理计划是管理项目需求的正式文件，是项目管理计

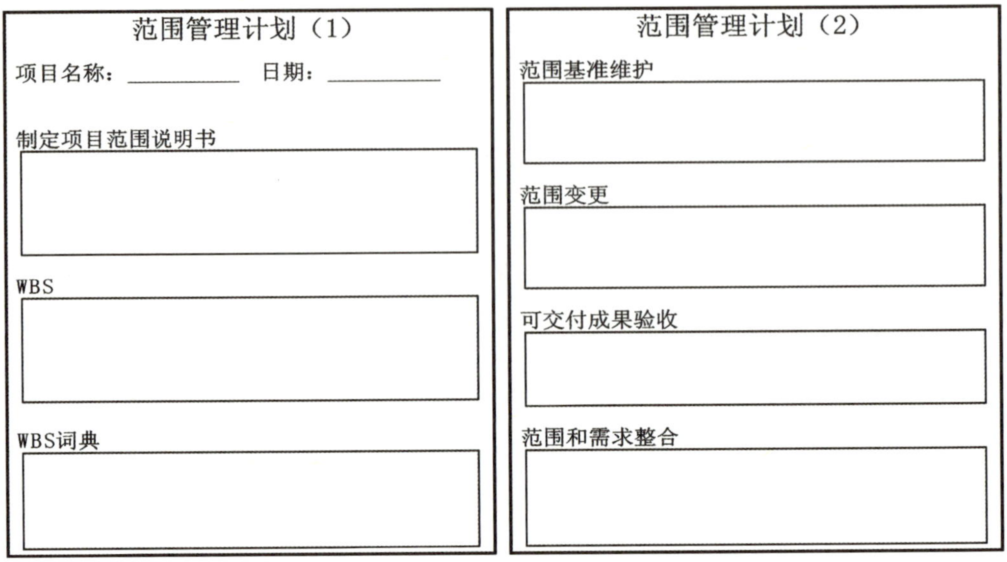

范围管理计划（1）

项目名称：__________ 日期：__________

制定项目范围说明书

WBS

WBS词典

范围管理计划（2）

范围基准维护

范围变更

可交付成果验收

范围和需求整合

图 5－05　华为项目范围管理计划模板样例

划的重要组成部分，描述将如何分析、记录、跟踪和管理项目的需求。

5.2　定义范围

定义范围是确定并制定项目和产品、服务详细描述清单的过程。

表 5－02　定义范围：输入、工具与技术和输出

输入	工具与技术	输出
1. 项目管理计划	1. 专家判断	1. 项目范围说明书
2. 项目章程	2. 产品分析	2. 项目文件更新
3. 需求文件	3. 备选方案生成	
4. 组织过程资产	4. 引导式研讨会	

如表 5－02 所示，其主要作用是，明确所收集的需求哪些将包含在项目范围内，哪些将排除在项目范围外，从而明确项目、服务或成果的边界。

5.2.1　定义范围：工具与技术

（1）**专家判断**。专家判断和专业知识可用来处理范围说明书所需的信息和各种技术细节。

（2）**产品分析**。产品分析技术包括产品分解（PBS）、系统分析、需求分析、系统工程、价值工程和价值分析（价值V=功能F/成本C）等。

（3）**备选方案生成**。制定多种备选方案，进行经济技术比较，选择最优方案。生成备选方案的方法：头脑风暴、横向思维、备选方案分析等。

（4）**引导式研讨会**。具有不同专业知识的关键人物参与这些工作会议，有助于项目目标和项目资源限制达成跨职能部门的沟通和共识。

以华为定义项目范围的有关文件为例，如图5-06。

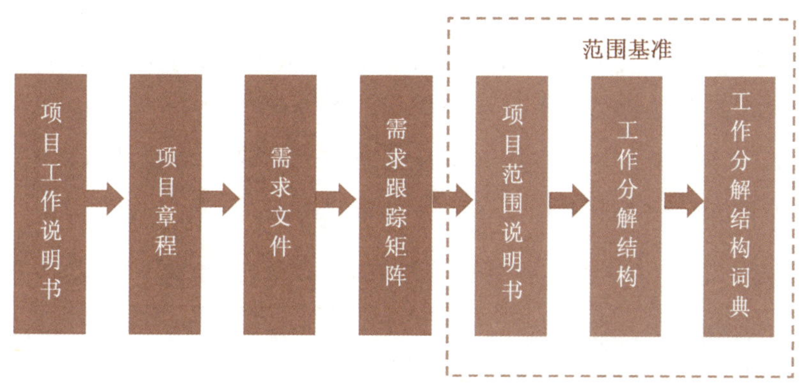

图5-06 华为定义项目范围的有关文件

5.2.2 定义范围：输出

（1）**项目范围说明书**。项目范围说明书示意图如图5-07所示。

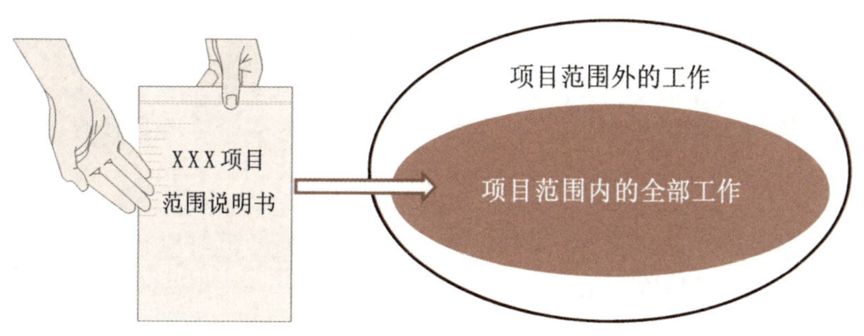

图5-07 ×××项目范围说明书

它说明了为什么要开展这个项目、项目的主要负责人、主要范围、进度里程碑、总体预算、主要可交付成果、验收标准、项目成功的奖励、项目失败的负激励标准、假设条件和制约因素等。明确指出哪些工作不属于本项目范围；为评价变更请求或额外工作是否超出项目边界提供基准；项目干系人之间就项目范围达成的共识。

（2）**项目文件更新**。包括干系人登记册、需求文件、需求跟踪矩阵。

【应用案例5－01】华为校园招聘项目范围说明书模板样例

华为在从事项目管理近30年的实践中，总结出了许多通用模板。典型的企业项目范围说明书包含的具体内容和要素见表5－03所示。

项目范围说明书以正式的组织文件方式确定了项目范围的基本框架。为了便于管理干系人的期望，项目范围说明书还可以明确指出哪些工作不属于本项目范围。一般来说，项目范围说明书要由项目经理组织项目团队骨干人员编制初稿，在定稿前征求管理层、客户代表和项目团队成员的意见和建议。项目范围说明书可以作为项目经理、项目班子和任务委托者之间签订协议的基础。

表5－03　华为校园招聘项目范围说明书模板

项目名称	华为从校园招聘人才	项目起止时间	2017.3.23—2017.4.3
项目发起人	李志军	项目成本预算	X元
项目客户代表	XX大学	项目验收标准	品格良好、成绩优异 乐观上进，技能熟练
项目经理	何平	项目假设条件	与XX大学的毕业生推荐约定不变
项目团队分工	李志军指导，何平、李文等执行	项目制约因素	同时保证应聘人员的质量和数量
项目支持部门	人力资源部 招聘员工的职能部门	项目成功激励	对项目团队成员每人奖励A元
项目立项结论	用人部门总经理批准按项目计划完成校园招聘	项目失败负激励	对项目团队成员每人扣除B元
项目总体目标	招聘360名合格人才补充部门人才梯队需求	风险预案	网络联系36名有意应聘者作为人才库的备选人才
项目成果描述	新员工品格良好、成绩优异 乐观上进，专业技能熟练	干系人签字	李志军、何平、李文

在使用以上模板时注意项目范围说明书的两个要素：

①制约因素：对项目的计划和执行过程有影响的限制性因素，包括客户或者执行组织事先确定的计划、强制性日期、组织结构、合同条款等。如图5－08所示。

（1）制约因素：对项目或过程的执行有影响的限制性因素，包括客户执行组织事先确定的计划、强制性日期、进度里程碑、合同条款、组织结构等。

（2）制约因素的特征：

- 通常事先知道；
- 限制团队做选择的因素；
- 不改变、不渐进明细。

图5－08 项目范围说明书——制约因素

制约因素的特征：通常事先知道；限制项目团队选择的因素；通常不会改变、不会渐进明细。

②假设条件：不需要验证即可视为正确、真实或者确定的因素。其特点是：以当时所能得到的准确信息为基础；渐进明细，具有时限；往往涉及一定的风险；应当记录在案，并经常检查回顾。如图5－09所示。

（1）假设条件：在制订计划时，不需验证即可视为正确、真实或确定的因素。

（2）假设的特点：

- 以当时所能得到的最准确信息为基础；
- 渐时明细、具有时限；
- 往往与风险联系在一起；
- 应该文字记录并经常回顾。

图5－09 项目范围说明书——假设条件

5.3 创建工作分解结构（WBS）

（1）**工作分解结构**（WBS—Work Breakdown Structure）**的意义**：如图5－10所示。工作分解结构是对项目团队为实现项目目标、创建可交付成果而需要实施的全部工作范围的层级分解。创建工作分解结构，就是按照“自上而下”的方法把整个项目和项目可交付成果（较大的工作单元）按照层级规则，分解成较小的、可视化的、便于计划、管理和控制的工作单元的过程。

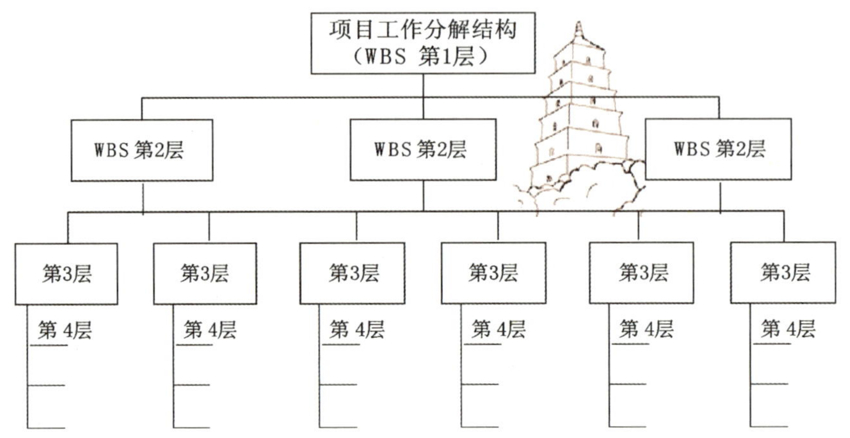

图 5－10　工作分解结构的意义

（2）**工作分解结构的特点**：定义了项目的总范围，包含全部的产品和项目工作；以可交付成果为导向的工作层级分解；每下降一个层级就是对项目工作的更详细定义；是项目计划和管控的基础、项目绩效考核的依据。

（3）**工作分解结构的对项目干系人的沟通作用**：利用图表的清晰、直观表达方式，让项目干系人通过简明易懂的图形对项目的成果达成共识。如图 5－11 所示。

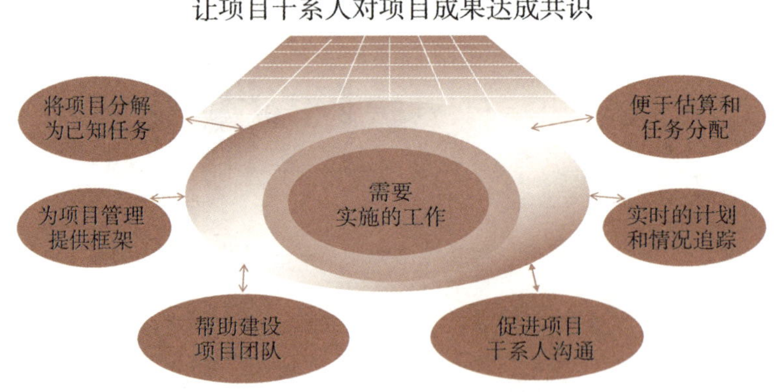

图 5－11　工作分解结构对项目干系人的沟通作用

（4）**工作分解结构对项目计划和管控的作用**：首先，工作分解结构是项目管理的基础和前提，如果一个项目组织无法编制出工作分解结构，最好不要开始接下来的其他项目规划工作，更不要开始实施工作，以免目标不清导致资源浪费。其次，进行工作分解是非常重要的工作，它在很大程度上决定项目能否成功。如果项目工作分解得不好，在实施的过程中就会执行不到位，难免要进行修改，甚至有可能会打乱项目的进程，造成返工、延误工期和增加成本等问题。第三，工作分解结构是一种层次化的树形结构，是将项目按一定的方法划分为更容易管理的项目单元，通过控制这些单元的费用、进度和质量目标，使它们之间的关系协调一致，从而达到控制整个项目目标的目的。

如图 5－12 所示，工作分解结构的特点和对项目计划和管控的主要作用是：

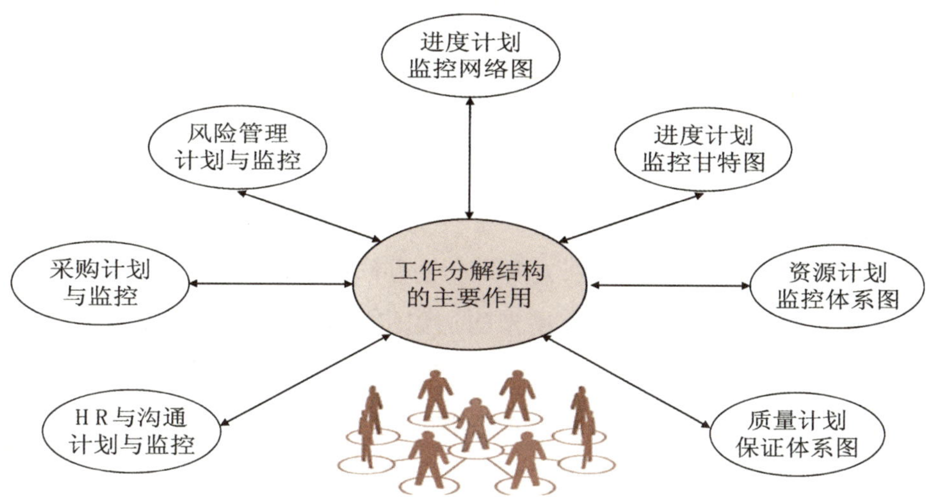

图 5－12 工作分解结构对项目计划和管控的作用

①简明易懂，把握范围——一图解千文，WBS 的树形结构图，使项目的内涵和层级关系更加直观、透明，使人们对项目一目了然，使项目的概况和组成明确、清晰。这使得项目经理和项目团队，甚至不懂项目管理的业主、投资者也能把握整个项目的目标和范围体系。

②进度计划基础——在创建 WBS 的树形结构图之后，使用同样的分解方法可以把 WBS 的工作包分解为相应的活动，并在此基础上确定完成各项活动所需的持续时间，准确的编制项目进度计划网络图、甘特图和里程碑图，找到决定项目进度的关键路径，为控制项目进度、赶工、压缩工期奠定良好的基础。

③资源分配基础——根据工作分解结构的成果（WBS 的树形结构），可以直接编制账目分解结构（ABS—Account Breakdown Structure），进一步编制项目的精确预算和采购计划，按照轻重缓急将项目所需要的人力资源、设施、设备、仪器、材料、资料等资源合理地分配到各个项目单元，统筹兼顾、优化资源。

④风险分解基础——通过 WBS 的树形结构，可以直接编制风险分解结构（RBS—Risk Breakdown Structure），有利于项目干系人清晰地识别有可能发生风险的部位、层级和根源，进行定性风险分析、进行定量风险分析并设计出相应的风险对策，开展具有针对性的项目风险监控。

⑤组织分工基础——根据 WBS 的树形结构，可以直接编制项目组织分解结构（OBS—Organization Breakdown Structure），工作分解结构 WBS 可与项目组织分解结构 OBS 有机地对应、结合在一起，使得组织分解结构可以满足各层次项目参与者的需要。为各独立单元分派人员，规定这些人员的相应职责。

⑥沟通协作基础——作为项目报告系统的对象，WBS 是进行各部门、各专业沟通、协调的主要手段。尤其是在现代大中型复杂项目中，一般要涉及大量的资源，涉及许多公司、供应商、承包人等等，有时还会有政府部门的高技术设施或资金投入，因而要求的综合信息和信息沟通的数量往往相当大。

这就要求所有的有关项目干系人要有一个共同的信息沟通基础，一种各有关干系人从项目一开始到最后完成都能用来沟通信息的工具。这些干系人包括：业主、供应商、承包人、项目管理人员、设计人员以及政府有关部门等等。而一个设计恰当的工作分解结构将能够使得这些集团或用户有一个较精确的信息沟通平台，成为一种相互交流的共同基础。

⑦过程管控基础——WBS 的树形结构，为系统综合与控制提供了有效手段。树形的项目控制系统包括进度、费用、人员分工等不同的子系统。这些子系统在某种程度上是相互独立的，但是各个子系统之间的系统信息转移是不可缺少的，必须将这些子系统很好地综合起来，才能够真正达到项目管理的目的。而工作分解结构的应用可以提供一个这样的手段。

表 5－04 描述本过程的输入、工具与技术和输出。

表 5－04　创建工作分解结构：输入、工具与技术和输出

输入	工具与技术	输出
1. 范围管理计划	1. 分解	1. 范围基准
2. 项目范围说明书	2. 专家判断	2. 项目文件更新
3. 需求文件		
4. 事业环境因素		
5. 组织过程资产		

5.3.1 创建 WBS：工具与技术

（1）分解。分解是一种把项目范围和项目可交付成果逐步划分为更小、更便于管理的组成部分的技术。工作包是 WBS 最低层的工作，可对其成本和持续时间进行估算和管理。把一个项目分解为几层比较合适，分解的程度（层级）取决于所需的控制程度，以实现对项目的高效管理，对于周期为2～3个月完成的中小型项目，分解到3～4层即可；对于周期为4个月以上完成的大中型项目，通常分解到5～6层即可。工作包的详细程度因项目规模和复杂程度而异。

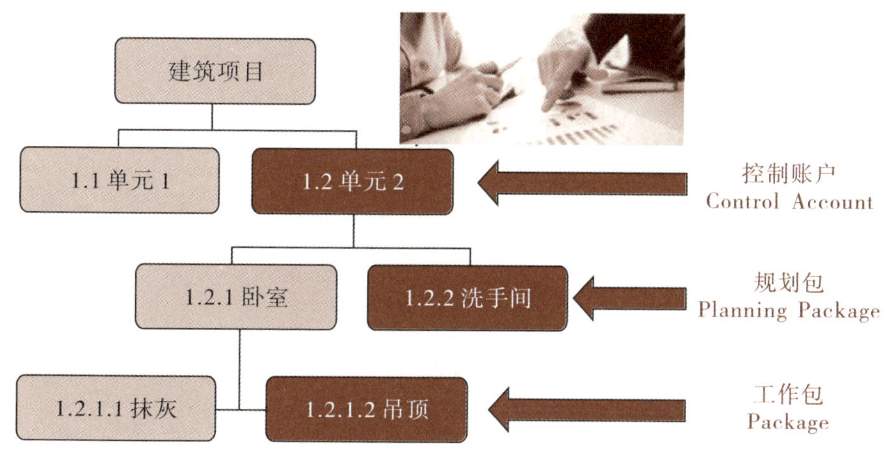

图 5－13 创建 WBS 的控制账户、规划包、工作包

要把整个项目工作分解为工作包，通常需要开展以下活动：识别和分析可交付成果及相关工作；确定 WBS 的结构和编排方法；尽量使用已有的 WBS 模板、事半功倍；使用组织特定的指南；自上而下逐层细化分解；为 WBS 组件制定和分配标识编码；核实可交付成果分解的程度是否恰当。

（2）专家判断。需要依据各种信息，把项目可交付成果分解为更小的组成部分。专家判断常用于分析这些信息，以便创建有效的 WBS。专家判断和专业知识可用来处理有关项目范围的各种技术细节，并协调各种不同的意见，以便用最好的方法对项目整体范围进行分解。

①WBS 的结构：可以采用多种形式。例如：在家居装修过程中，以项目生命周期的各阶段或者控制账户作为分解的第二层；把产品和项目的规划包（可交付成果）放在第三层。如图 5－13 所示。

②控制账户：是一个管理控制点。在该控制点上，把范围、预算、实际成本和

进度加以整合，并与挣值相比较，以测量绩效。控制账户设置在 WBS 中选定的管理节点上。每个控制账户可能包括一个或多个工作包，但是一个工作包只能属于一个控制账户。把每个工作包分配到一个控制账户，并根据“账户编码”为工作包建立唯一标识，是创建 WBS 的最后步骤。

③规划包：位于控制账户之下，工作内容已知，但详细的进度活动未知；一个控制账户可以包含一个或多个规划包。

④工作包：是 WBS 最底层的组件，可以外包。工作包只是在工作分解结构中不再细分，通常还要由负责具体工作包的人把它分解成活动（在 WBS 外进行）；如项目规模比较大，工作包可相当于子项目。

· 潜规则：划分的工作包必须在 80 小时（10 个标准工作日）或 40 小时（5 个标准工作日）可以完成，否则分成两个或者多个工作包，以便于管控和验收。

· 工作包的特征：规模较小，可以在短时间内完成；从逻辑上讲，不能再分了；所需要的资源、时间、成本等已经可以比较准确地估算，可以对其进行有效的时间、成本、质量、范围、风险等控制了；也可以准备把工作外包出去的，由承包者来细分。

⑤创建 WBS 的方法：常用的方法包括自上而下的方法、使用组织特定的指南和使用 WBS 模板。可以使用自下而上方法对 WBS 子组件进行整合。

⑥分解到可以执行的层次：对 WBS 上层的组件进行分解，就是要把每个可交付成果或组件的工作分解为最基本的单元即可核实的产品、服务或成果。工作分解得越细致，对工作的规划、管理和控制就越有力。但是，过细的分解会造成管理努力的无效耗费、资源使用效率低下、工作实施效率降低，同时造成 WBS 各层级的数据汇总困难。通常 WBS 分解到 4 ~ 5 层。

⑦滚动式规划：在编制 WBS 和其他项目管理计划时，由于受客户需求变化等诸多不确定因素的制约，第一轮计划很难做到“一步到位”，需要两次甚至多次刷新，这一过程称作滚动式规划。

⑧100% 规则：WBS 包含了全部的产品和项目工作，包括项目管理工作。通过把 WBS 底层的所有工作逐层向上汇总，来确保既没有遗漏的工作，也没有多余的工作。这有时被称为 100% 规则。

5.3.2 创建 WBS：输出

（1）范围基准。范围基准是经过项目经理的上级管理层批准的范围说明书、工

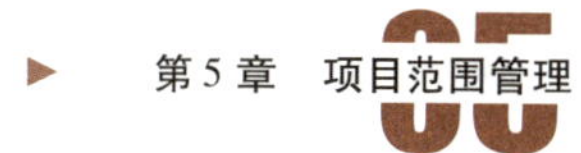

作分解结构（WBS）和相应的WBS词典，只有通过正式的变更控制程序才能进行变更，它被用作比较的基础。其中包括：

①项目范围说明书——项目范围说明书包括对项目范围、主要可交付成果、假设条件和制约因素的框架性描述。

②WBS——WBS是对项目团队为实现项目目标、创建所需可交付成果而需要实施的全部工作范围的层级分解。

③WBS词典——WBS词典是针对每个WBS组件，详细描述可交付成果、活动和进度信息的文件。WBS词典中的内容可能包括：账户编码标识；工作描述；假设条件和制约因素；对工作包负责的小组；进度里程碑；相关的进度活动；所需资源；成本估算；质量要求；验收标准；技术参考文献和协议信息。

（2）项目文件更新。可能需要更新的项目文件包括需求文件。

【应用案例5－02】华为校园招聘项目工作分解结构树形图模板样例

用“树形图法”表示《华为客户校园招聘项目工作分解结构》，如图5－14所示。

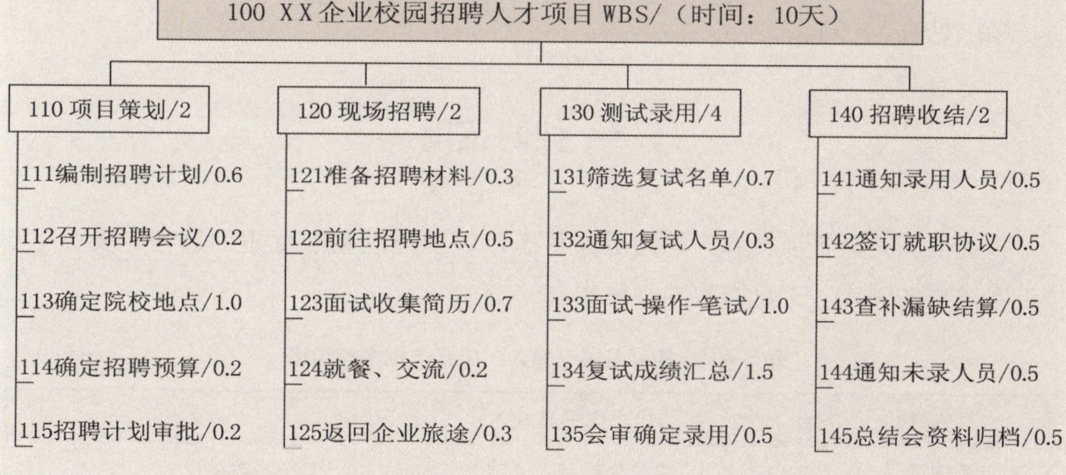

图5－14 华为校园招聘项目工作分解结构树形图模板样例

5.4 确认范围

确认范围是项目干系人正式验收已完成的项目可交付成果的过程，见表5－05。

表 5－05　确认范围：输入、工具与技术和输出

输入	工具与技术	输出
1. 范围管理计划	1. 检查	1. 范围基准
2. 项目范围说明书	2. 群体决策技术	2. 项目文件更新
3. 需求文件		
4. 事业环境因素		
5. 组织过程资产		

5.4.1　确认范围：工具与技术

①检查：检查是指开展测量、审查与确认等活动，来判断工作和可交付成果是否符合需求和产品验收标准。

②群体决策技术：当由项目团队和其他干系人对项目范围进行确认时，可以使用这些技术。

5.4.2　确认范围：输出

输出见表 5－05。

5.5　控制范围

控制范围是监督项目和产品的范围状态，管理范围基准变更的过程。表 5－06 描述本过程的输入、工具与技术和输出。

表 5－06　控制范围：输入、工具与技术和输出

输入	工具与技术	输出
1. 项目管理计划	1. 偏差分析	1. 工作绩效信息
2. 需求文件		2. 变更请求
3. 需求跟踪矩阵		3. 项目管理计划更新
4. 工作绩效数据		4. 项目文件更新
5. 组织过程资产		5. 组织过程资产更新

5.5.1 控制范围：工具与技术

偏差分析。有比较才能有鉴别。偏差分析就是把项目执行的实际范围与范围基准进行比较，检查实际与计划的偏差。开展测量、审查与确认等活动，来判断工作和可交付成果是否符合需求和产品验收标准。项目范围变更的核心流程如图 5－15 所示。

5.5.2 控制范围：输出

控制范围变更的核心流程见图 5－15。

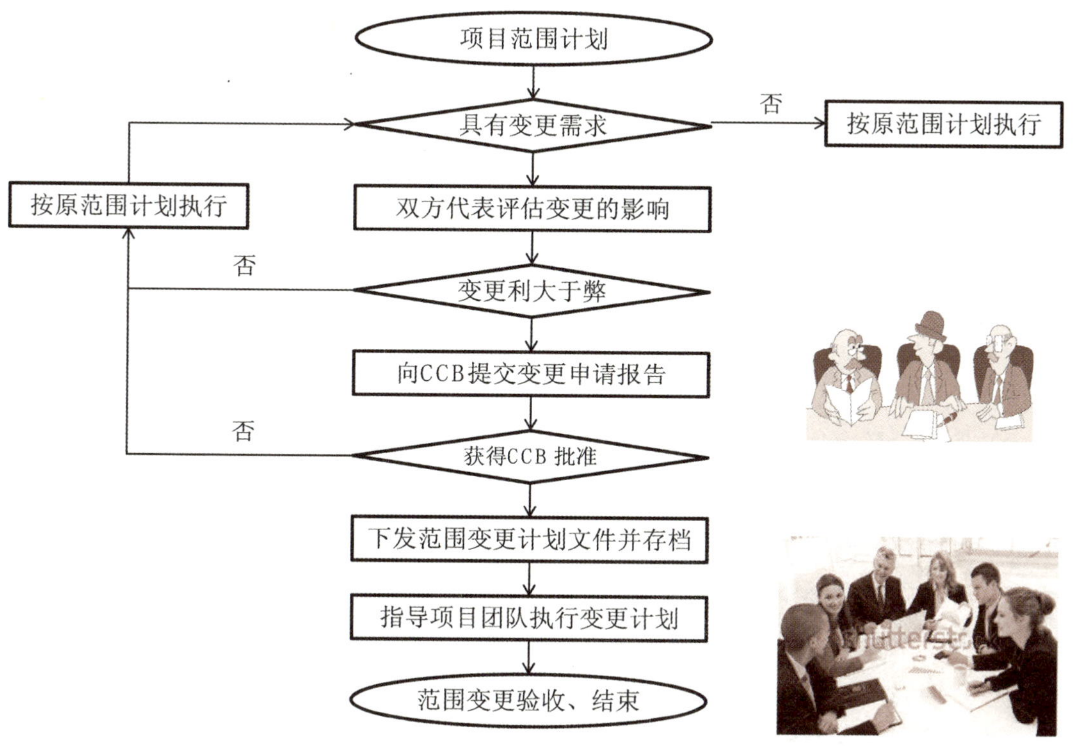

图 5－15　项目控制范围变更的核心流程

5.6 创建 WBS 的步骤

5.6.1 创建 WBS 的基本思路

创建 WBS 的基本思路流程图如图 5－16 所示。

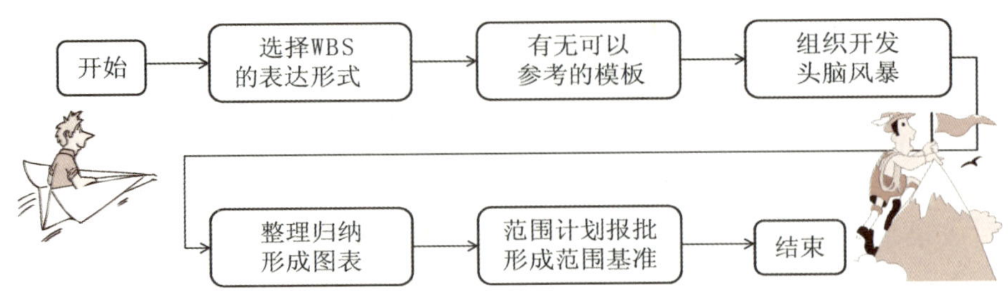

图 5-16　创建 WBS 的基本思路流程图

（1）关于 WBS 的表达形式。通常可以根据项目的特点和项目管理的需要，按照项目的工作过程、工作成果、产品或者服务的功能来选择其中某一种。如图 5-17 至图 5-19 所示。

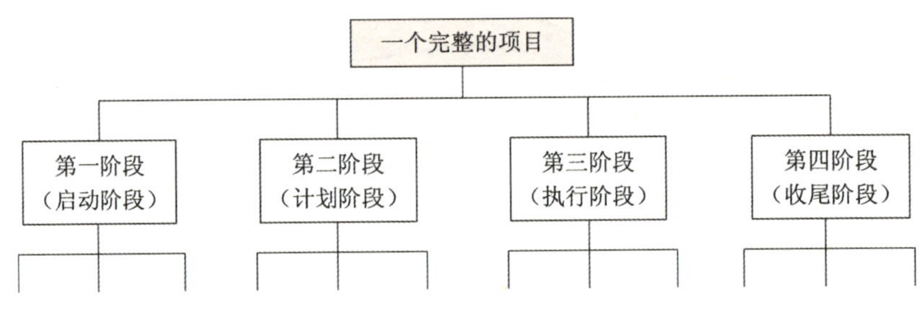

图 5-17　基于项目工作过程（项目生命期）的工作分解结构

①基于项目工作过程的工作分解结构：如图 5-17 所示。如果项目执行组织、管理层、管理经理和项目团队的关注焦点在于项目的启动、计划、执行、监控与收尾整体过程和资源分配，通常使用基于项目工作过程的工作分解结构。注意：这种工作分解结构特别强调从第二层开始，按照项目的生命期进行排列。

②基于项目工作成果的工作分解结构：如果项目发起人、投资者、业主、客户代表、监理公司代表的关注焦点在于项目的可交付成果是否符合要求，能否通过验收，通常使用基于项目工作成果的工作分解结构。如图 5-18 所示。

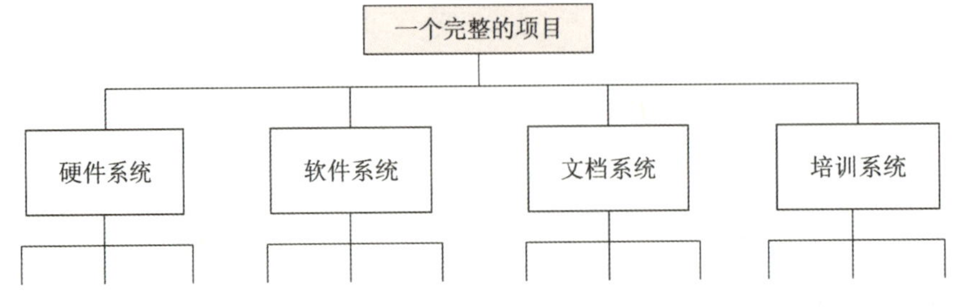

图 5-18　基于项目工作成果的工作分解结构

③基于项目产品或者服务功能的工作分解结构：

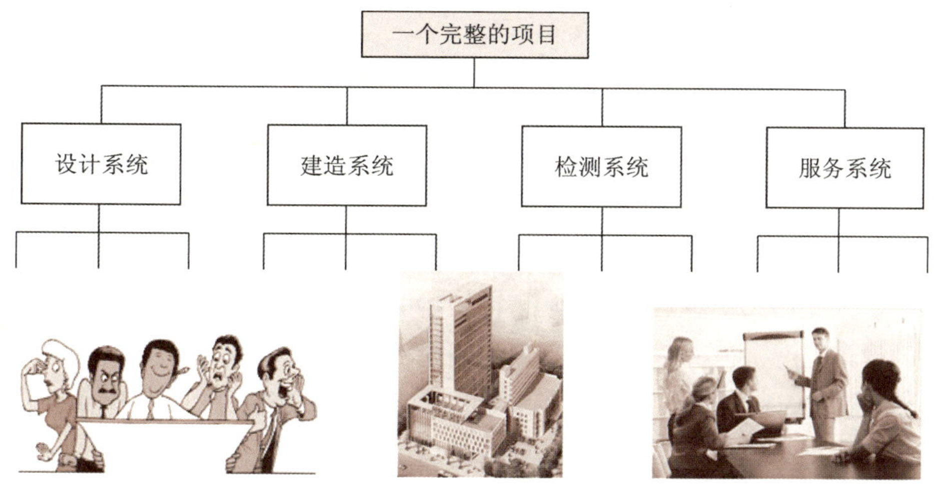

图 5－19　基于项目产品或者服务功能的工作分解结构

如图 5－19 所示，如果项目委托方、监理公司、执行组织的总工程师、技术总监、工程技术和研发人员的关注焦点在于项目可交付成果能否实现预期的功能，通常使用基于项目产品或者服务功能的工作分解结构。

（2）关于 WBS 的参考模板。如图 5－20 所示，一个组织过去所实施项目的工作分解结构中常常可以作为新项目的工作分解结构的样板。虽然每个项目都是独一

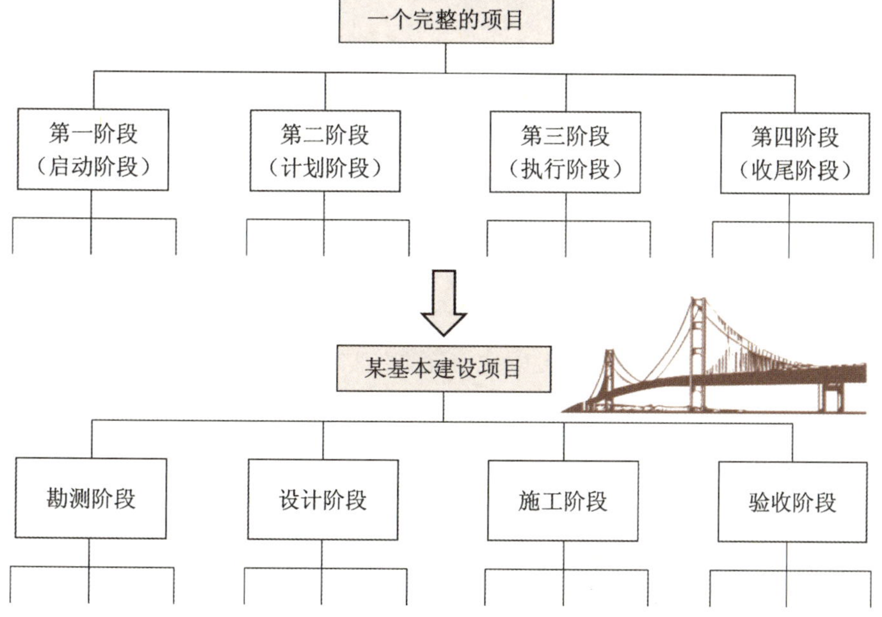

图 5－20　利用过去的 WBS 模板开发新的工作分解结构

无二的，但仍有许多项目或者子项目彼此之间都存在着某种程度的相似之处。

5.6.2 创建 WBS 的主要步骤

（1）创建 WBS 的主要步骤如图 5－21 所示。

第一步（图中第 1 层）：确定的项目名称（目标、可交付成果、服务的总和）。

第二步（图中第 2 层）：WBS 的规划包，确定项目生命期阶段性目标、可交付成果和服务。

第三步（图中第 3 层）：确定项目生命期可交付子成果和服务；确定每个可交付成果的详细程度是否已经达到了足以编制恰当的成本和历时估算。对每个可交付成果，如果已经足够详细，则进入到第四步，否则继续第三步，在同层内分解；这意味着不同的可交付成果可能有不同的分解层次。

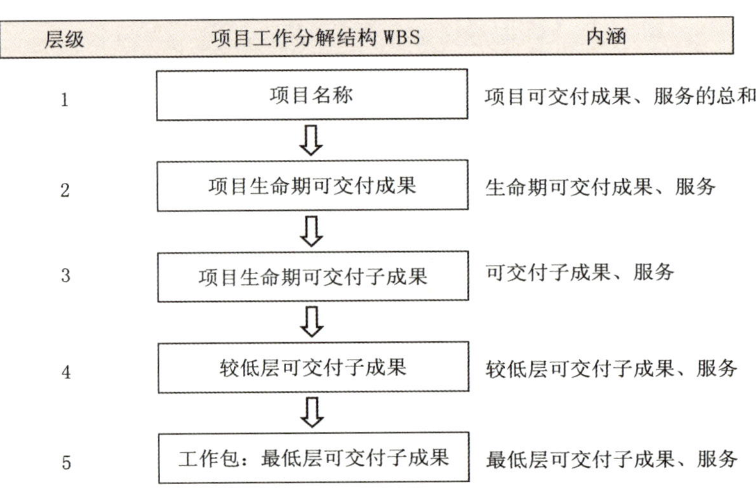

图 5－21 创建 WBS 的主要步骤

第四步（图中第 4 层）：确定项目生命期较低层可交付子成果和服务。

第五步（图中第 5 层）：确定工作包——项目生命期最低层可交付子成果和服务。这一步要解决的问题是：要完成上述各组成部分，有哪些更具体的工作要做。对于各组成部分的更小的构成部分，应该说明需要取得哪些可以核实的结果以及完成这些更小组成部分的先后顺序。最后，还要检查、核实工作分解结构的正确性。重点检查下列问题：

①最低层对项目分解来说是否是必需而且充分的呢？如果不是，则必须修改组成元素（添加、删除或重新定义）；

②每项的定义是否清晰完整？如果不完整，描述则需要修改或扩展；

③每项是否都能够恰当地编制进度和预算？是否能够分配到接受职责并能够圆满完成这项工作的具体组织单元（例如部门、项目队伍或个人）？如果不能，需要做必要的修改，以便于提供合适的管理控制。

（2）大中型项目创建 WBS 时应当注意的问题。

①有些简单的基本建设项目可以直接以工程分解结构（EBS—Engineering Breakdown Structure）作为 WBS，但是在很多情况下，由于考虑到由不同的承发包方式、采购模式和分包合同内容所确定的合同分解结构（CBS），所以就不能直接以 EBS 作为 WBS。

②WBS 应当综合考虑 OBS、ABS 等进行联合策划。OBS（项目组织分解结构）描述每个项目活动对应的组织单元。ABS（项目账目分解结构），都是按照与 WBS 与 OBS 相适应的规则将投资进行分解而形成的相应的、便于管理的分解结构。ABS 是组织单元承担分项工作而对其投资进行管理的一种工具，可以作为项目投资测定、衡量和控制的基准。确定项目的 WBS 就是将项目的产品或服务、组织和过程这三种不同的结构综合为项目 WBS 的过程。应该将项目的 WBS、OBS 和 ABS 加以综合运用。

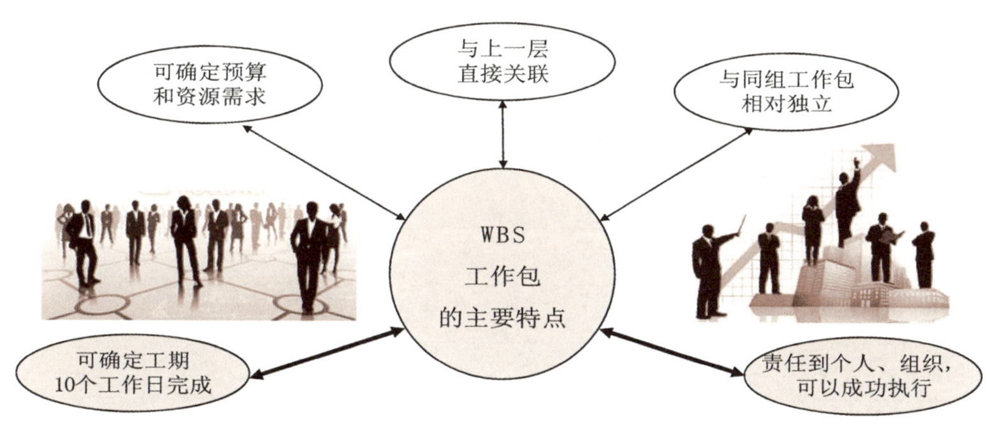

图 5－22　WBS 工作包的主要特点

③建立 WBS 的工作包必须满足的条件和主要特点如图 5－22 所示。

· 任何一个工作包都必须与上一层分解的可交付成果直接关联。

· 某一个工作包与同组的其他工作包在责任人、进度、预算、可交付成果和验收等方面具有明确的独立性，所以可以把工作包外包出去，由承包者完成。

· 工作包的关键点就是必须责任到人和组织，可以成功地把可交付成果外包和执行。任何一个工作包都有一个责任人，责任人具有工作积极性、组织能力和执行能力，能够保质保量、按时提交工作包对应的可交付成果。

·根据工作包能够确定实际成本估算、预算、人员和资源等方面的需求。对于工作包，一般要有全面、详细和明确的文字说明。因为对于较大的项目来说，可能会有许多的工作包，因此，常常需要把所有的工作包的文字说明汇集到一起，编成一个项目工作分解结构词典，如表 5－07 所示。工作分解结构词典中一般包含工作包描述以及计划编制信息，如进度计划、成本预算和人员安排，以便于在需要时随时查阅。

表 5－07　华为项目工作分解结构词典模板样例

<table>
<tr><th colspan="10">WBS 词典样例</th></tr>
<tr><td colspan="5">项目名称：</td><td colspan="5">准备日期：</td></tr>
<tr><td colspan="5">工作包名称：</td><td colspan="5">账户代码：</td></tr>
<tr><td colspan="5">工作描述：</td><td colspan="5">假设条件和制约因素：</td></tr>
<tr><td colspan="5">里程碑：</td><td colspan="5">到期日：</td></tr>
<tr><td rowspan="2">编号</td><td rowspan="2">活动</td><td rowspan="2">资源</td><td colspan="3">人工</td><td colspan="3">材料</td><td rowspan="2">总价</td></tr>
<tr><td>小时</td><td>单价</td><td>合计</td><td>数量</td><td>单价</td><td>合计</td></tr>
<tr><td></td><td></td><td></td><td></td><td></td><td></td><td></td><td></td><td></td><td></td></tr>
<tr><td></td><td></td><td></td><td></td><td></td><td></td><td></td><td></td><td></td><td></td></tr>
<tr><td></td><td></td><td></td><td></td><td></td><td></td><td></td><td></td><td></td><td></td></tr>
<tr><td colspan="10">质量需求：</td></tr>
<tr><td colspan="10">验收标准；</td></tr>
<tr><td colspan="10">技术信息：</td></tr>
<tr><td colspan="10">合同信息：</td></tr>
</table>

·根据工作包可确定工期，时间跨度最短，通常规定在 10 个工作日（80 个小时规则）完成。时间跨度的长短反映组织对该工作包项目进度控制的要求，其时间跨度的上限应根据这个原则制定。

·在战略目标正确的前提下细节可以决定成败，但是这不等于说项目工作分解结构做得越细就越好。实践证明：工作分解结构分为 3～5 层比较合适，如果分得太粗糙，将会导致基层执行人员难于实施；如果一个工作包的工期超过 10 个工作日，就应该在这个工期内设立检查或监视点。

④关于工作分解结构图的变更问题。工作分解结构图一旦确定下来之后，除非特殊情况，否则不能随便加以改动。如遇到必须加以改动的情况，就得召开各方会议，由部门主管、项目经理、执行人员、客户和承包商等参与的大会，就项目目标、工作分解结构等情况共同磋商，并达成一致意见，且加以确认。注意：变更前的 WBS－01，在变更之后的新版本用 WBS－02 表示，并且立刻通知项目干系人开始执行 WBS－02 版本。

（3）怎样编制 WBS 词典。

由于大中型项目有许多工作包，为了进一步把它们分解为一系列活动、编制项目进度、成本、质量等计划，需要对它们有全面、详细和明确的文字说明，并且汇总在一起，形成项目的工作分解结构词典（WBS dictionary），以便需要时查阅。如表 5－07 所示。

（4）怎样选择制定 WBS 的“数位法”编码系统

工作分解结构中的每一项工作单元都要编上号码，用来唯一确定每一个单元，这些号码的全体叫作编码系统。WBS 有两套常用的编码系统：“数位法”和“图书目录法”。图 5－23 分别表示用“数位法”编码系统编制 WBS 树形图和列表法的典型案例。

利用“数位法”编码技术对 WBS 进行信息交换，可以简化 WBS 的信息交流过

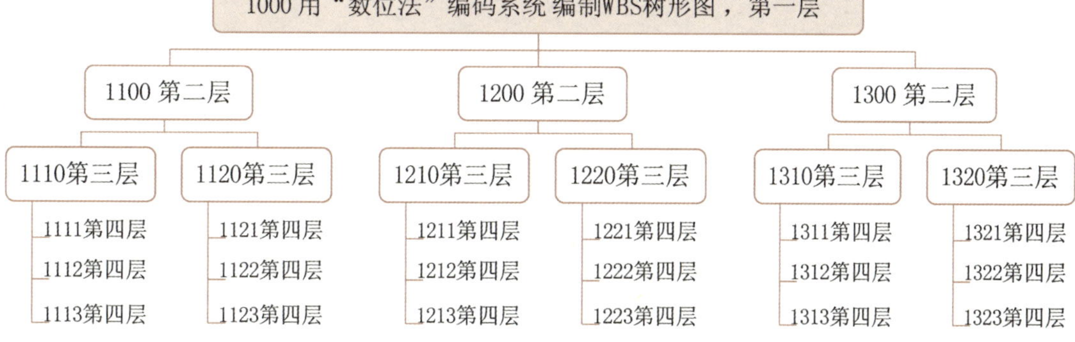

1000 用“数位法”编码系统 编制WBS列表法（同缩进法表示不同的层次）

1100 第二层		1200 第二层		1300 第二层	
1110 第三层	1120第三层	1210 第三层	1220第三层	1310 第三层	1320第三层
1111第四层	1121第四层	1211第四层	1221第四层	1311第四层	1321第四层
1112	1122	1212	1222	1312	1322
1113	1123	1213	1223	1313	1323

图 5－23　用“数位法”编码系统编制 WBS 树形图和列表法

程。编码设计与结构设计是有对应关系的。结构的每一层次代表编码的某一位数，有一个分配给它的特定的代码数字。结合图 5 – 23 不难看出“数位法”编码系统的编码规则：

①WBS 分解为几层，就用几个数位。例如图 5 – 23 的 WBS 分解为四层，采用的数位就是 1000 四个数位，其中个位数“1”代表第一层，十位数“0”代表第二层，以此类推，用这种办法编码可以覆盖到 1 ~ 4 层的各个分解单元。

②如果 WBS 分解的层级增加几层，就增加几个数位。如果图 5 – 23 的 WBS 分解增加为五层，采用的数位就增加为 10000 五个数位，用这种办法编码可以覆盖到第 5 层的工作包。

③WBS 的分解单元在第几层，其编码系统就包含几个非零数字。例如图 5 – 23 中 WBS 的第一层：1000 包含一个非零数字；第二层：1100，1200，1300 各包含两个非零数字；第四层：1111，1211，1311 各包含四个非零数字。

④100% 法则。在 WBS 编码中，任何一层的工作单元，是其余全部下一层工作单元的总和。如第二个数字代表子工作单元（或子项目），也就是把原项目分解为更小的部分。于是，整个项目就是子项目的总和。所有子项目的编码的第一位数字相同，而代表子项目的数字不同，紧接着后面两位数字是零。再下一级的工作单元的编码依次类推。

5.7 创建 WBS 模板案例

下面分别举几个典型的模板案例供读者参考。

【应用案例 5 – 03】华为客户需求调研项目范围说明书模板样例

《华为 XX 产品客户需求调研项目范围说明书》如表 5 – 08 所示。

表 5 – 08　华为 XX 产品客户需求调研项目范围说明书模板样例

项目名称	XX 产品客户需求调研	项目起止时间	2017. 5. 1—2017. 10. 30
项目发起人	市场总监 刘新平	项目成本预算	X 万元
项目客户代表	电信、移动、联通、广电	项目验收标准	按时提供客观、全面的 XX 产品客户需求调研报告

（续表）

项目名称	XX 产品客户需求调研	项目起止时间	2017. 5. 1—2017. 10. 30
项目经理	陈志刚	项目假设条件	与电信、移动、联通等客户代表的合作意向书不变
项目团队分工	陈志刚指导，万城、徐丽等执行	项目制约因素	职能型组织难以保证调研人员的专项工作时间
项目支持部门	销售部、售后服务部 研发、工艺、生产部	项目成功激励	对项目团队成员每人奖励 A 元
项目立项结论	投资 1500 万元，两个月完成产品升级前期调研	项目失败负激励	对项目团队成员每人扣除 B 元
项目总体目标	投资 1500 万元，两个月完成产品升级前期调研	风险预案	委托专业市场调研公司
项目成果描述	客观、全面的需求报告	干系人签字	刘新平、陈志刚

【应用案例 5－04】华为客户需求调研 WBS 树形图＋数位编码法模板

用“树形图法”表示《华为客户需求调研项目工作分解结构 WBS》，用“数位法”进行编码。如图 5－24 所示。

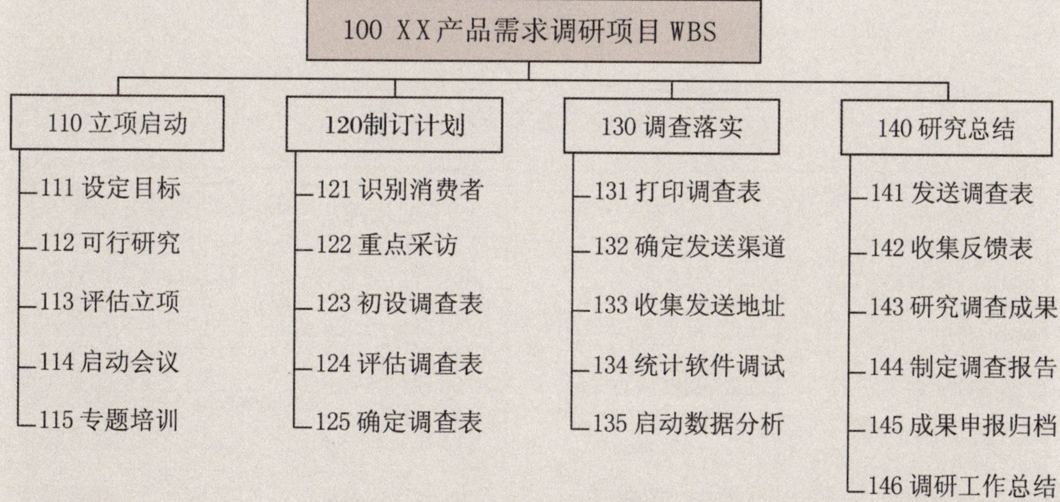

图 5－24　华为客户需求调研工作分解结构数位编码法模板样例

【应用案例5-05】华为客户需求调研工作分解结构列表法模板

（1）用“列表法”表示《华为客户需求调研项目工作分解结构WBS》，用“图书目录法”进行编码。如表5-09所示。

表5-09 华为客户需求调研工作分解结构列表法模板样例

产品需求调研工作分解结构 WBS（1）	产品需求调研工作分解结构 WBS（2）
1. XX需求调研项目 WBS	1.3 调查落实
1.1 立项启动	1.3.1 打印调查表
1.1.1 设定目标	1.3.2 确定发送渠道
1.1.2 可行性研究	1.3.3 收集发送地址
1.1.3 评估立项	1.3.4 统计软件调试
1.1.4 启动会议	1.3.5 启动数据分析
1.1.5 专题培训	1.4 研究总结
1.2 制订计划	1.4.1 发送调查表
1.2.1 确定客户	1.4.2 收集反馈表
1.2.2 重点采访	1.4.3 研究调研成果
1.2.3 初设调查表	1.4.4 制定调查报告
1.2.4 评估调查表	1.4.5 成果申报归档
1.2.5 确定调查表	1.4.6 调研工作总结

（2）用“树形图法”表示WBS，用“图书目录法”进行编码。如图5-25所示。

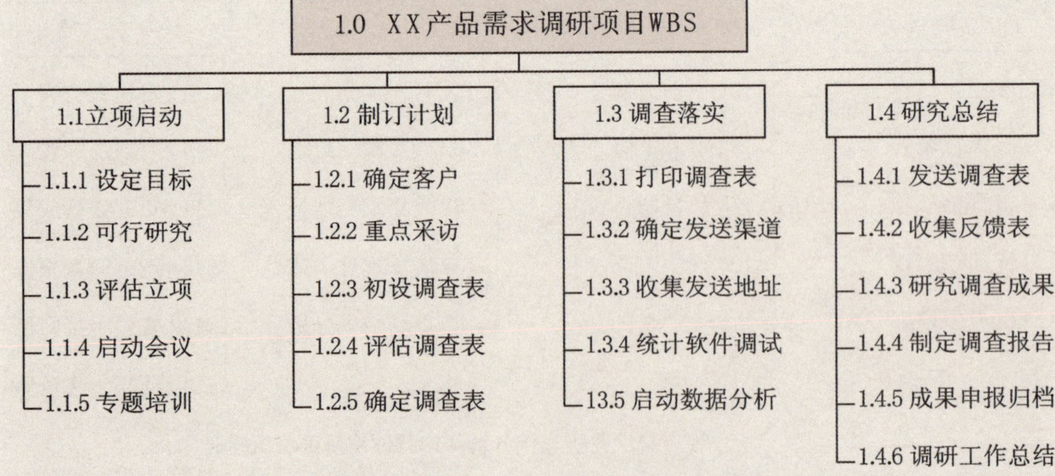

图5-25 华为客户需求调研工作分解结构图书目录编码法模板样例

第 6 章
项目时间管理

【章节重点导图】《孙子兵法》作战原则之一就是“兵贵神速”。本章重点介绍项目时间管理的思路、流程、方法、工具和应用。如图 6－01 所示。

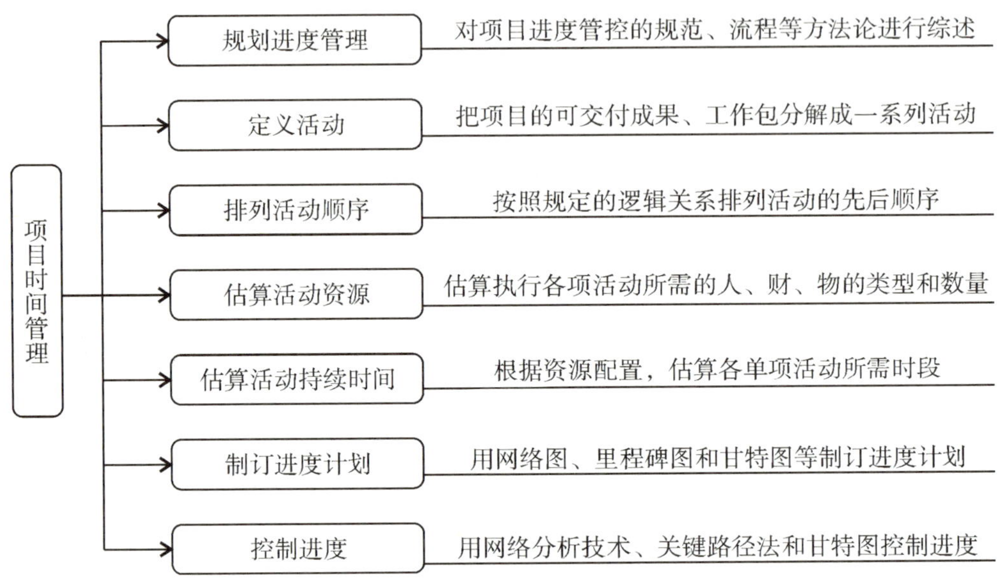

图 6－01　项目时间管理的七个过程

项目时间管理是指为了确保能够在规定的时间内实现项目目标，对项目活动进度及日程安排所进行的管理过程。如图 6－02 所示，包括以下七个过程。

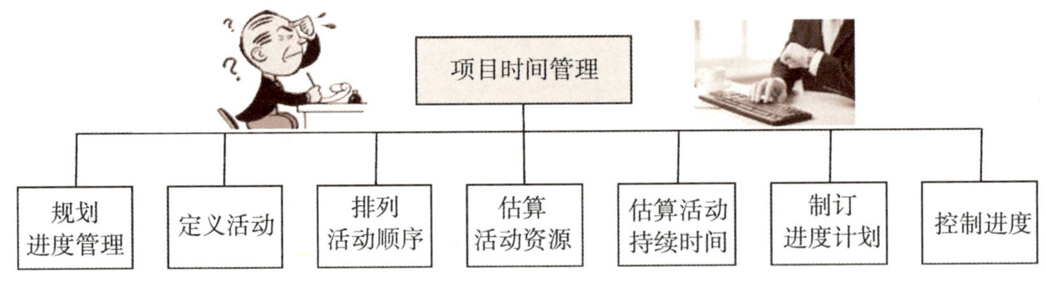

图 6－02　项目时间管理的七个过程

6.1　规划进度管理

规划进度管理是为规划、编制、管理、执行和控制项目进度而制定政策、程序和文档的过程。见表 6－01。其主要作用是为管理整个项目的进度、保证项目按时完成任务提供方向和方法论。

表 6－01　规划进度管理：输入、工具与技术和输出

输入	工具与技术	输出
1. 项目管理计划	1. 专家判断	1. 进度管理计划
2. 项目章程	2. 分析技术	
3. 事业环境因素	3. 会议	
4. 组织过程资产		

6.1.1　规划进度管理：工具与技术

（1）**专家判断**。基于历史信息，专家判断可以对项目环境、行业等的专业知识、以往类似项目的信息提供有价值的见解。

（2）**分析技术**。在规划进度管理过程中，可能需要选择项目进度估算和规划的战略方法，例如，进度规划方法论、进度规划工具与技术、估算方法。还需详细描述对项目进度进行快速跟进或赶工的方法，如并行或者交叉工作方式。

（3）**会议商定**。项目团队可能举行规划会议来制定进度管理计划。参会人员可能包括项目发起人、项目客户代表、项目经理、项目团队核心成员、选定的干系人、进度规划或执行负责人等。

6.1.2　规划进度管理：输出

进度管理计划。进度管理计划是项目管理计划的组成部分，为编制、监督和控制项目进度建立准则和明确活动。如表 6－02 所示。

表 6－02　规划进度管理：项目进度计划样例

<table>
<tr><th colspan="3">进度管理计划</th></tr>
<tr><td colspan="3">进度方法：</td></tr>
<tr><td colspan="3">进度工具：</td></tr>
<tr><td>准确度：</td><td>计量单位：</td><td>偏差临界值：</td></tr>
<tr><td colspan="3">进度报告信息和格式：</td></tr>
<tr><th colspan="3">过程管理</th></tr>
<tr><td>活动识别</td><td colspan="2"></td></tr>
<tr><td>活动排序</td><td colspan="2"></td></tr>
<tr><td>估算资源</td><td colspan="2"></td></tr>
</table>

（续表）

进度管理计划	
估算人力投入和持续时间	
更新、管理和控制	

6.2 定义活动

定义活动的实质就是把工作分解结构（WBS）的工作包进一步细分为更小的组成部分，即“活动”。活动代表着为完成工作包所需的工作过程。

表 6－03　定义活动：输入、工具与技术和输出

输入	工具与技术	输出
1. 项目进度管理计划	1. 分解	1. 活动清单
2. 范围基准	2. 滚动式规划	2. 活动属性
3. 事业环境因素	3. 专家判断	
4. 组织过程资产		

本过程的主要作用是将工作包分解为活动，作为对项目工作进行估算、进度规划、执行、监督和控制的基础。见表 6－03。

6.2.1 定义活动：工具与技术

（1）**分解**。在“定义活动”过程中的分解是一种把项目范围和项目可交付成果（工作包）逐步划分为更小、更便于管理的活动过程的技术。定义项目活动与定义项目范围的对象和结果具有原则的区别：定义范围的结果是可交付成果和工作包等，是可以测量和验收的；而定义活动通常是针对实现工作包过程进行分解，其最终输出是一系列活动过程而不是可交付成果。

（2）**滚动式规划**。如图 6－03 所示，滚动式规划是一种渐进明细的规划技术，即详细规划近期要开展的活动，对于信息还不够明确的中远期活动暂时只在 WBS 的较高层次上做粗略规划，待今后信息明确之后再予以增补。如图 6－03－（A）所示深色模块中的斜体字部分，在早期的进度规划阶段，由于掌握的信息资料不够明确，对于某些工作包只能分解到具有“不确定”或者“待定”的水平；此后，随着了解到更多的信息，近期即将实施的工作包就可以分解到全部“确定”的活动，见图 6－03－（B）。

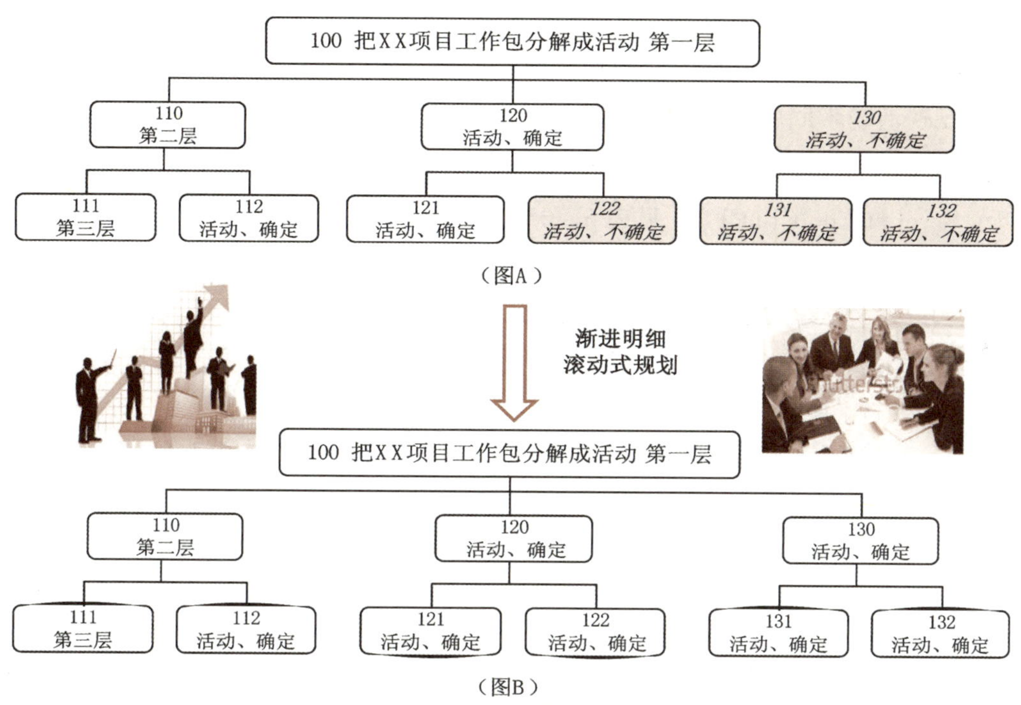

图 6－03　定义活动、滚动式规划示意图

6.2.2　定义活动：输出

（1）**活动清单**。活动清单是一份包含项目所需的全部进度活动的综合清单，包括每个活动具体内容的标识及工作范围详述。

表 6－04　项目活动属性模板样例

<table>
<tr><th colspan="6">活动属性</th></tr>
<tr><td colspan="2">编号：</td><td colspan="4">活动名称：</td></tr>
<tr><td colspan="6">工作描述：</td></tr>
<tr><td>紧前活动</td><td>关系</td><td>提前量或滞后量</td><td>紧后活动</td><td>关系</td><td>提前量或滞后量</td></tr>
<tr><td></td><td></td><td></td><td></td><td></td><td></td></tr>
<tr><td colspan="2">资源需求的类型和数量：</td><td colspan="2">技能需求：</td><td colspan="2">其他资源需求：</td></tr>
<tr><td colspan="6">人力投入的类型：</td></tr>
<tr><td colspan="6">执行的地点：</td></tr>
<tr><td colspan="6">强制日期或其他制约因素：</td></tr>
<tr><td colspan="6">假设条件：</td></tr>
</table>

（2）**活动属性**：见表6－04，包括活动持续时间、工作内涵和资源等。注意：

①同样一项活动的属性可能会随着项目的推进而改变；

②反映活动不同属性的三种类型包括独立型活动（分立型投入）Discrete Effort（DE）、依附型活动（分摊型投入）Apportioned Effort（AE）、支持型活动（人力投入型）Level of Effort（LOE），见表6－05。

表6－05 项目活动的三种类型

类型	特点	事例
DE	对于具体的工作分解结构组成部分的完成，有能够直接识别的贡献	编写书的某一章用了30天
AE	分配在项目工作上的投入，且此投入对该工作来说不易再分解成可分立型投入但与可计量的分立型的工作投入成正比	为了保证所编书的质量，而进行的校对工作
LOE	不产生有形的终端产品的支持性活动上的投入。一段时间内匀速前进，LOE任务不会产生进度偏差	与供货商或顾客的联系：为编一本书，每周召开编辑人员会议

【应用案例6－01】企业厂房结构图设计活动类型预算方法

计划：18天设计100张图，总费用200000元。在第6天结束后，共设计40张图。另外该项目还将产生图纸审查费10000元，设计院行政管理费10000元。问：目前（第6天结束时）的DE，AE，LOE?

（1）厂房结构设计是独立型活动，按实际完成情况计费：

$DE = 40 \times (200000 \div 100) = 80000$

（2）图纸审查工作属于依附型活动，与实体工作的完成比例对应：

$AE = 10000 \times (40 \div 100) = 4000$

（3）行政管理属于支持型活动，根据时间进展计算：

$LOE = 10000 \times (6 \div 18) = 3333.3$

6.3 排列活动顺序

排列活动顺序的主要作用是定义活动之间的先后顺序，以便在既定的所有项目制约因素下获得最高的效率。表 6－06 描述本过程的输入、工具与技术和输出。

表 6－06 排列活动顺序：输入、工具与技术和输出

输入	工具与技术	输出
1. 项目进度管理计划	1. 紧前关系绘图法（PDM）	1. 项目进度网络图
2. 活动清单	2. 确定依赖关系	2. 项目文件更新
3. 活动属性	3. 提前量与滞后量	
4. 里程碑清单		
5. 项目范围说明书		
6. 事业环境因素		
7. 组织过程资产		

6.3.1 排列活动顺序：工具与技术

（1）**紧前关系绘图法**。紧前关系绘图法（PDM）过去也称为前导图法，是用节点表示活动，用一种或多种箭线逻辑关系连接活动，以显示活动的实施顺序。PDM 包括四种依赖关系或逻辑关系典型案例如图 6－04 所示：其中紧前活动 A 是排在活动 B 前面的活动。

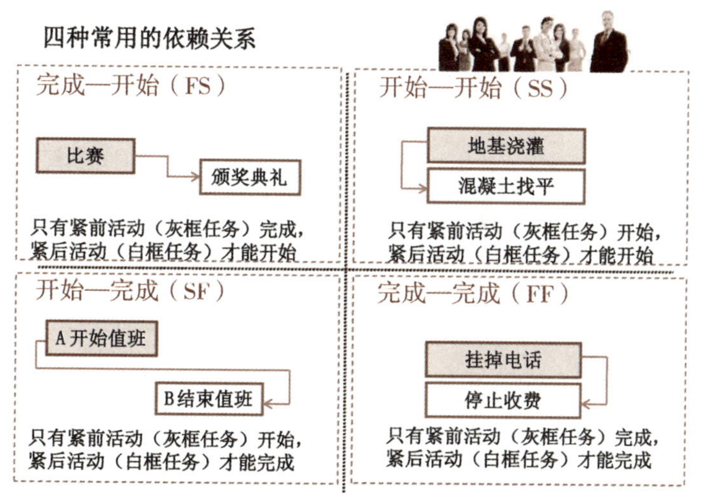

图 6－04 四种常用的依赖关系案例图（PDM）

①完成到开始（F－S）。表示只有在紧前活动 A 完成后，紧后活动 B 才能开始的逻辑关系。例如，在企业咨询管理过程中，只有诊断问题（紧前活动）结束，提出解决方案（紧后活动）才能开始。

②开始到开始（S－S）。只有紧前活动 A 开始，紧后活动 B 才能开始的逻辑关系。例如，开始某种产品试验之后，才能开始进行产品试验记录。

③完成到完成（F－F）。只有紧前活动 A 完成，紧后活动 B 才能完成的逻辑关系。例如，只有完成文件的编写（紧前活动），才能完成文件的汇总（紧后活动）。

④开始到完成（S－F）。只有紧前活动 A 开始，紧后活动 B 才能完成的逻辑关系。例如，只有第二班的值班人员 A 开始接班，上一班的值班人员 B 才能结班。

在 PDM 图中，“完成到开始”是最常用的逻辑关系类型；“开始到完成”关系已经很少使用。

（2）**确定依赖关系**。依赖关系可能是强制的或选择的，内部的或外部的。这四种依赖关系可以组合成强制性外部依赖关系、强制性内部依赖关系、选择性外部依赖关系和选择性内部依赖关系。举例如图 6－05 所示。

活动的四种依赖关系	
①**强制性依赖关系：**合同要求的或工作本身的内在性质所决定的依赖关系。往往与客观限制有关。又叫硬逻辑关系或硬依赖关系。比如上图的建筑活动，先打地基	②**选择性依赖关系：**由团队自由选择的，基于应用领域的最佳实践。又叫首选逻辑关系、优先逻辑关系或软逻辑关系。比如上图的选择体育运动
③**外部依赖关系：**项目活动与非项目活动之间的依赖关系。往往不在项目团队的控制范围内，而是依赖于其他因素，比如在上图中，滑冰运动对冰雪的依赖关系	④**内部依赖关系：**项目活动之间的紧前关系，通常在项目团队控制下的项目活动，比如在上图中，项目团队无法在机器装配前开展测试

图 6－05　四种典型的活动依赖关系图（PDM）

①强制性依赖关系：强制性依赖关系往往与客观限制有关。例如，在设备制造过程中，只有在生产者、生产图纸、设备和零部件等都到位之后，才能进行总装；在计算机软件安装过程中，必须先安装好操作系统，然后才能安装应用软件。强制性依赖关系又称硬逻辑关系，用这种活动画出的流程图多具有“从完成到开始”或

者“串联”的特点。

②**选择性依赖关系**：选择性依赖关系有时又称首选逻辑关系、优先逻辑关系或软逻辑关系。基于具体应用领域的最佳实践（专业经验、标准）来建立选择性依赖关系，可以提高企业的劳动生产率。比如在企业组建计算机网络时，一方面组建机房；另一方面开发应用软件，用这种活动画出的流程图多具有“并联”或者“交叉”的特点。

③**外部依赖关系**：外部依赖关系是项目活动对于非项目活动之间的依赖关系。这些依赖关系往往不在项目团队的控制范围内。例如，某高新技术企业的投资项目立项论证工作，可能要在地方建设部门和环保部门检查审批之后才能开始。

④**内部依赖关系**：内部依赖关系是项目活动之间的紧前关系，通常在项目团队的控制之中。例如，只有生产设备组装完毕，专家才能对其测试，这是一个内部的强制性依赖关系。

（3）**提前量与滞后量**。提前量是相对于紧前活动，紧后活动可以提前的时间量。滞后量是相对于紧前活动，紧后活动需要推迟的时间量。例如，图6－06所示的左边表示活动B在A结束之前3天开始，用“FS－3”表示；右边表示活动B在A开始之后3天开始，用“FS＋3”表示。项目管理团队应该明确哪些活动需要加入提前量或滞后量，以便准确地表示活动间的逻辑关系。

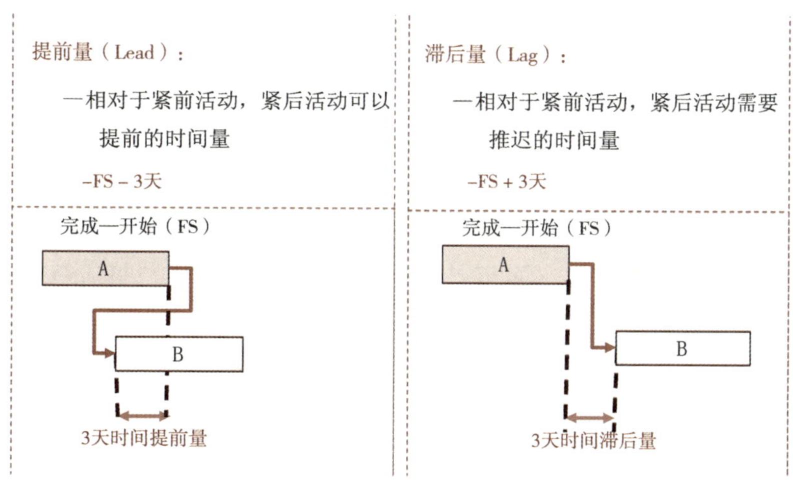

图6－06 典型的活动提前量与滞后量关系图

【应用案例6－02】企业项目活动排序工具与技术的演进过程

在绘制项目活动排序流程图时，许多教材经常表达的过于复杂，甚至出现错误，有必要说明项目活动排序方法的演进过程。1960 年导入“网络分析”技术时，项目管理者经常用图 6-07 上图所示的“数轴 + 不等式”的方法表示项目活动，其优点是直观易懂，缺点是按比例绘制工作量比较大、打印也有一定难度。最近几年，逐步形成了图 6-07 下图的“数字法”表示项目活动的标准。

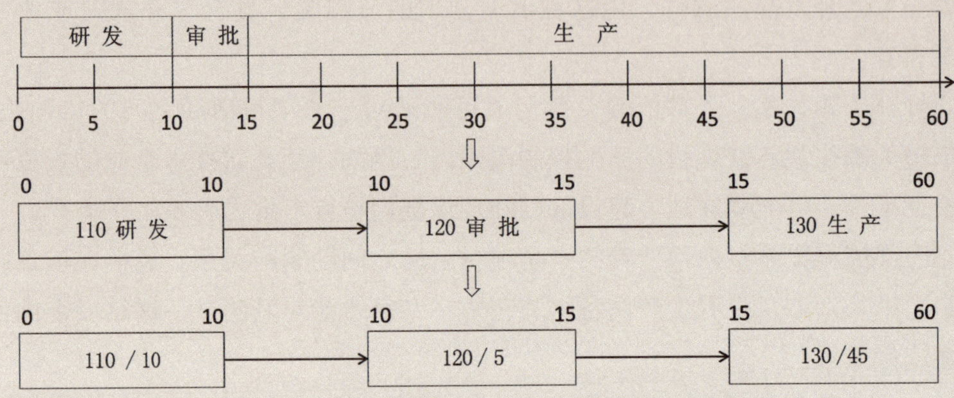

图 6-07 企业项目活动排序工具与技术的演进过程

其中，图中的 110、120、130 分别表示活动编码，斜线后面的数字 10、5 和 45 分别表示各个活动所需的工作日；各个活动模块的左上角和右上角分别表示该活动对应的坐标起点和终点，例如，图中模块之二的 10 和 15 表示“审批”从第 10 天以后开始，到底 15 天结束。注意：“审批”不包括第 10 天，而是“15 - 10 = 5 天”，即第 11 到第 15 天这 5 天进行审批。

6.3.2 排列活动顺序：输出

（1）**项目进度网络图**。项目进度网络图是表示项目进度活动之间的逻辑关系（依赖关系）的图形。图形网络图可以是没有工期的；加上工期估算的信息，再放到日历上去，才能形成进度计划；可包括项目的全部细节，也可只列出概括性活动。

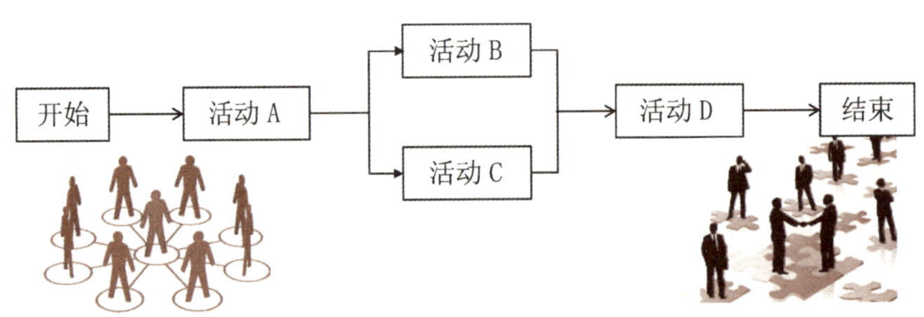

图 6-08 典型的项目进度网络图

图 6－08 是项目进度网络图的一个示例。其中活动 A、D 与其他活动具有“串联”关系；而活动 B 与 C 具有“并联”或者“交叉”关系。

（2）**项目文件更新**。包括活动清单、活动属性、里程碑清单、风险登记册等。

6.4　估算活动资源

资源是一切具有实际和潜在价值的事物。根据市场细分趋势，未来企业的胜出者有三大类：资源的开发者；资源的整合者；资源的放大者。资源主要包括：自然资源、人造资源；内部资源、外部资源；有形资源、无形资源等。

通常资源可以用 7 M 来表示，分别为：Man（人）、Material（材料）、Machine（机器）、Money（资金）、Message（信息）、Method of Science & Technology（科学技术方法）、Market（市场）。

表 6－07 描述本过程的输入、工具与技术和输出。

表 6－07　估算活动资源：输入、工具与技术和输出

输入	工具与技术	输出
1. 项目进度管理计划	1. 专家判断	1. 活动资源需求
2. 活动清单	2. 备选方案分析	2. 资源分解结构
3. 活动属性	3. 发布的估算数据	3. 项目文件更新
4. 资源日历	4. 自下而上的估算	
5. 风险登记册	5. 项目管理软件	
6. 活动成本估算		
7. 事业环境因素		
8. 组织过程资产		

6.4.1　估算活动资源：工具与技术

（1）**专家判断**。具有资源规划与估算专业知识的任何小组或个人，都可以提供这种专家判断。

（2）**备选方案分析**。备选的实施方案包括使用能力或技能水平不同的资源、不同规模或类型的机器、不同的工具，以及自制、租赁或购买相关资源。

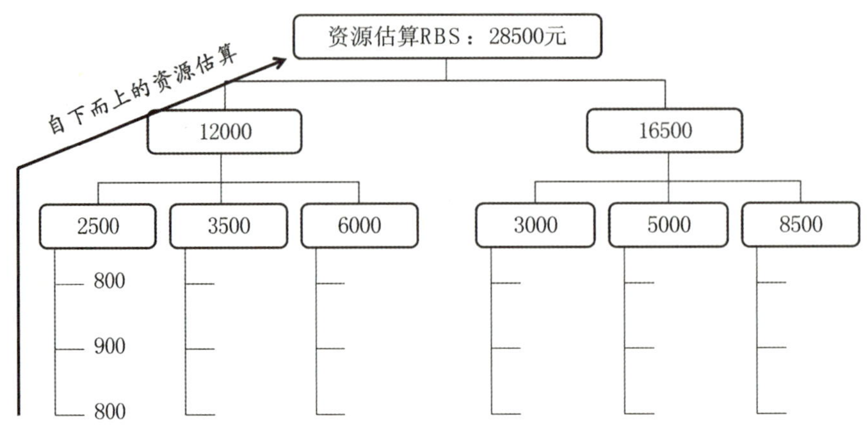

图 6-09　估算活动资源的工具与技术：自下而上法

（3）**自下而上估算**。如图 6-09 所示，自下而上估算是一种估算项目持续时间或成本的方法，通常是从工作包开始，自下而上逐层汇总 WBS 组件的估算而得到项目估算。这种方法简明易行，比较流行。

（4）**发布的估算数据**。一些组织会定期发布最新的生产率信息与资源成本信息，涉及门类众多的人力资源、材料和设备，覆盖许多国家及其所属地区。

（5）**项目管理软件**。利用先进的进度规划软件，可以确定资源分解结构、资源可用性、资源费率和各种资源日历，从而有助于优化资源使用。

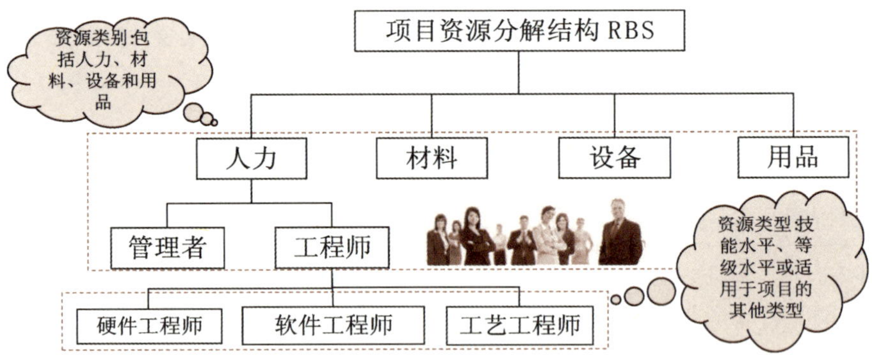

图 6-10　估算活动资源的工具与技术：资源分解结构

6.4.2　估算活动资源：输出

（1）**活动资源需求**。活动资源需求明确了工作包中每个活动所需的资源类型和数量。然后，把这些需求汇总成每个工作包和每个工作时段的资源估算。

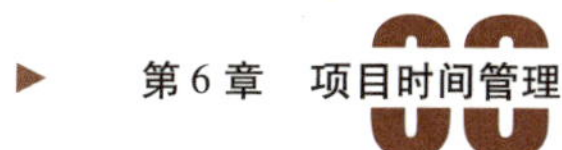

（2）**资源分解结构**。图6－10表示项目资源分解结构（RBS），把资源按照类别和类型的层级展现，包括人力、技术水平、材料、设备和用品等。

（3）**项目文件更新**。可能需要更新的文件：活动清单、活动属性、资源日历。

6.5 估算活动持续时间

估算活动持续时间是根据资源估算的结果，估算完成单项活动所需工作时段数的过程。本过程的主要作用是，确定完成每个活动所需花费的时间量，为制定进度计划过程提供主要输入。表6－08描述本过程的输入、工具与技术和输出。

表6－08 估算活动持续时间：输入、工具与技术和输出

输入	工具与技术	输出
1. 项目进度管理计划	1. 专家判断	1. 活动持续时间估算
2. 活动清单	2. 类比估算	2. 项目文件更新
3. 活动属性	3. 参数估算	
4. 活动资源需求	4. 三点估算	
5. 资源日历	5. 群体决策技术	
6. 项目范围说明书	6. 储备分析	
7. 风险登记册		
8. 资源分解结构		
9. 事业环境因素		
10. 组织过程资产		

6.5.1 估算活动持续时间：工具与技术

（1）**专家判断**。通过借鉴历史信息，专家判断能提供持续时间估算所需的信息，或根据以往类似项目的经验，给出活动持续时间的近似值。

（2）**类比估算**。类比估算是专家判断法的一种；对项目信息很少了解时使用，常用于项目初期；是一种粗略的估算方法，通常成本较低、耗时较少，但准确性也较低。如果以往活动是本质上而不是表面上类似，并且从事估算的项目团队成员具备必要的专业知识，那么类比估算就最为可靠。

（3）**群体决策技术**。如图6－11所示，项目经理和骨干人员事先绘制好活动分

解结构草图，召集项目团队采用头脑风暴、德尔菲技术或名义小组技术等方法估算项目活动持续时间，可以通过图像激发项目团队成员的创造性思维，以提高估算的全面性和准确度，并提高他们对估算结果的认同感和责任感。

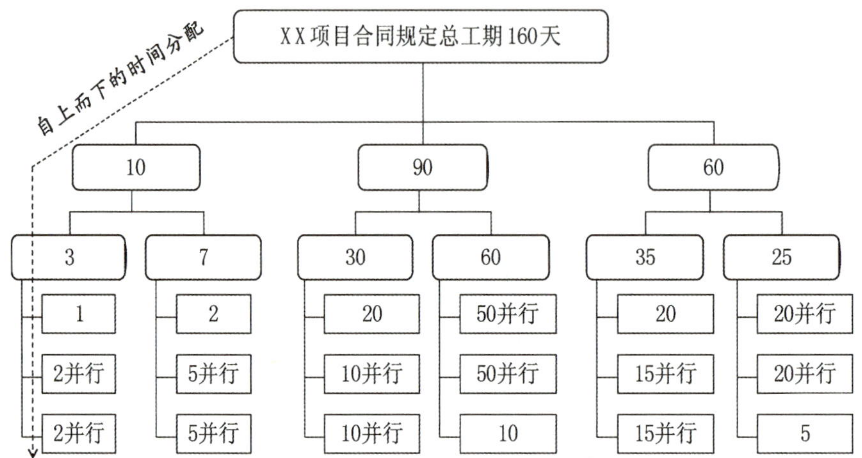

图 6－11　估算活动持续时间的工具与技术：群体决策技术

（4）**参数估算**。参数估算是一种基于历史数据和项目参数（如建筑施工中的平方米），使用某种算法来计算成本或持续时间的估算技术。把需要实施的工作量乘以完成单位工作量所需的工时，即可计算出活动持续时间。例如，对于电缆铺设项目，将电缆的长度乘以铺设每米电缆所需的工时。又例如，如果所用的资源每小时能够铺设 25 米电缆，那么铺设 2000 米电缆的持续时间是 80 小时（2000 米除以 25 米/小时）。

（5）**储备分析**。在进行持续时间估算时，需考虑和管理储备。

①**应急储备**：有时称为时间储备或缓冲时间；用来应对进度方面的“已知—未知风险”；列入进度基准的一部分；看项目的进展，不确定因素带来的风险逐渐减少，项目执行组织可以逐步减少或取消应急储备。

例如，某组织对于具有一定风险的研发项目，规定其应急储备时间为研发总工期的 5% ~10%，其中对于风险比较大的、创新和技术含量高的、涉及户外受天气等自然环境影响的、安装调试周期长的项目取值为总工期的 8% ~9%。

②**管理储备**：是用来应对项目范围中不可预见的工作；应对会影响项目的“未知—未知”风险；不包括在进度基准中，但属于项目总持续时间的一部分；使用管理储备可能需要变更进度基准。

（6）**三点估算法**。通过概率计算方法，考虑估算中的不确定性和风险，可以提高活动持续时间估算的准确性。其计算公式和概率分布如图6－12、6－13所示。

■通过考虑估算中的不确定性和风险，可以提高活动持续时间估算的准确性

期望值：$Mean = \frac{P+4M+O}{6}$

标准差公式：$\delta = \frac{P-O}{6}$

方差公式：$\delta^2 = \left(\frac{P-O}{6}\right)^2$

O：最乐观时间 Optinistic

M：最可能时间 Most likely

P：最悲观时间 Pessinistic

基于三角分布时，

Te＝（To＋Tm＋Tp）/3

图6－12　估算活动持续时间的工具与技术：三点估算法计算公式

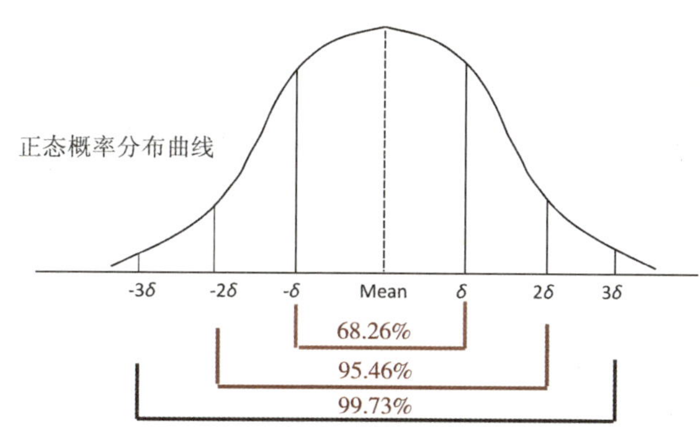

概率通过标准正态分布表，查表求出

图6－13　估算活动持续时间的工具与技术：正太概率分布曲线

（7）**各种估算方法的比较**。如表6－09所示。

表6－09　估算活动持续时间的工具与技术：计算方法比较

	说明	解释	估算准确条件
类比估算	属专家判断 自上而下估算	以过去类似项目的要素，来估算当前项目要素	结合历史数据与专家判断。要实质上类似，估算人员经验足
参数估算	常采用 数学模型	以历史数据与其他变量之间的统计关系来估算当前项目	准确度取决于模型成熟度和基础数据可靠性

（续表）

	说明	解释	估算准确条件
自下而上估算		从底层工作包或活动逐层往上估算 只有在项目工作分解完成后才能进行	单个活动和工作包的规模和复杂程度
三点估算	采用概率计算方法	活动存在多种可能和不确定因素	选三个特殊点，计算百分百

【应用案例6－03】华为怎样通过“并—交—串”模式提高工作效率

图6－14（A）（B）表示华为编制“客户洽谈会”项目范围工作分解结构WBS、进度计划网络图的典型过程。

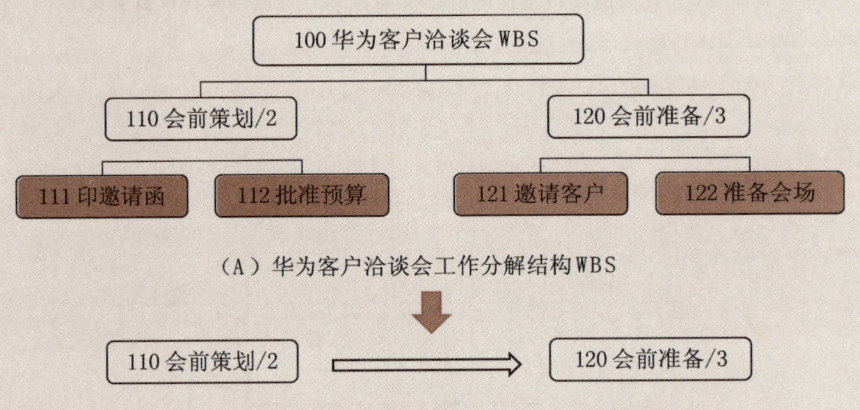

图6－14　华为编制项目范围、进度计划网络图的典型过程－1

图6－15表示编制“客户洽谈会”项目进度计划网络图的典型过程。

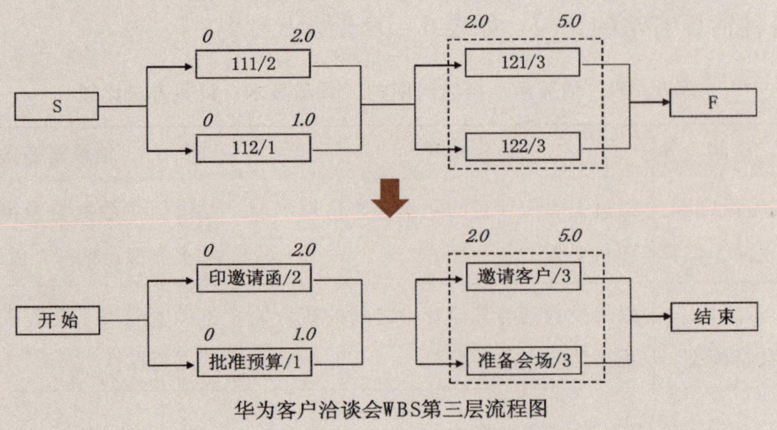

图6－15　华为编制项目范围、进度计划网络图的典型过程－2

其中的活动：印邀请函111工期2天，批准预算112为1天，它们之间属于局部并联的“交叉连接”关系；而邀请客户121工期3天，准备会场122也是3天，可以并行工作，它们之间属于“并联”关系，所以，在绘图时可以采用虚线辅助方式可以减少一次时间坐标的重复标注。

在项目范围、进度计划网络图设计、审核、审批完成后，向项目团队成员发布时，应当注意把图6-14中的（A）（B）与图6-15结合在一起发布，这样团队成员就可以全面理解图6-15中代码111、112，121、122所对应的具体活动内容。

我们注意到“并行工作比交叉工作、串行工作效率高；而交叉工作比串行工作效率高。”所以，为了提高工作效率，在绘制项目活动排序图时，要特别注意采用“先选择并行、再选择交叉、最后考虑串行活动”，尽可能采用所谓的“并—交—串模式。”

6.6 制订进度计划

表6-10描述本过程的输入、工具与技术和输出。

表6-10 制订进度计划：输入、工具与技术和输出

输入	工具与技术	输出
1. 项目进度管理计划	1. 进度网络分析	1. 进度基准
2. 活动清单	2. 关键路径法	2. 项目进度计划
3. 活动属性	3. 关键链法	3. 进度数据
4. 项目进度网络图	4. 资源优化技术	4. 项目日历
5. 活动资源需求	5. 建模技术	5. 项目管理计划更新
6. 资源日历	6. 提前量与滞后量	6. 项目文件更新
7. 活动持续时间估算	7. 进度压缩	
8. 项目范围说明书	8. 进度计划编制工具	
9. 风险登记册		
10. 项目人员分配		
11. 资源分解结构		
12. 事业环境因素		
13. 组织过程资产		

6.6.1 制订进度计划：工具与技术

（1）**进度网络分析**。详见 6.8.4。

（2）**关键路径法**。详见 6.8.4。

（3）**关键链法**。关键链是资源约束状态下的关键路径。关键链法是一种进度规划方法，允许项目团队在任何项目进度路径上设置“非工作进度活动”等缓冲时间，以应对资源限制和项目不确定性带来的风险。这种方法建立在关键路径法之上，考虑了资源分配、资源优化、资源平衡和活动历时不确定性对关键路径（通过关键路径法来确定）的影响。如果某项工作要靠人工去完成，则工作量、工作人数、工期三者的关系为：工作量 = 工作人数 × 工期。

上述公式表明：如果一个项目在工作量已经确定的前提下，存在着资源（人、设施、设备、资料、原料）等方面的不确定性风险，就有可能延长工期。

在项目受到资源约束的前提下，为了预防项目延期风险，关键链法设置了缓冲时段（缓冲时间或储备时间）和缓冲管理的概念。在关键链法中，也需要考虑活动持续时间、逻辑关系和资源可用性，其中活动持续时间中不包含安全冗余。它用统计和经验方法确定缓冲时段，作为各活动的集中安全冗余，放置在项目进度路径的特定节点，用来应对资源限制和项目不确定性。如图 6 – 16 中的深色模块所示。

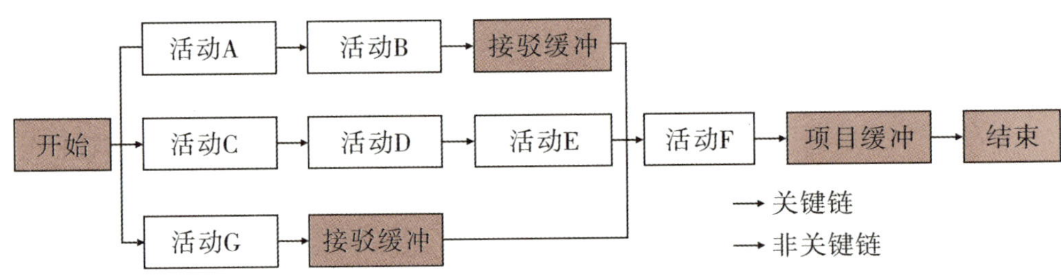

图 6 – 16　关键链法示意图

①项目缓冲。放置在关键链末端的缓冲称为项目缓冲，用来保证项目不因关键链的延误而延误。

②接驳缓冲。放置在非关键链与关键链的活动接合点，用来保护关键链不受非关键链延误的影响。

应该根据相应活动链持续时间的不确定性，来决定每个缓冲时段的长短。一旦确定了“缓冲进度活动”，就可以按可能的最晚开始与最晚结束日期来安排计划活动。

（4）**资源优化技术**。资源优化技术是根据资源供需情况来调整进度模型的技术，包括资源平衡和资源平滑，如图6－17所示。

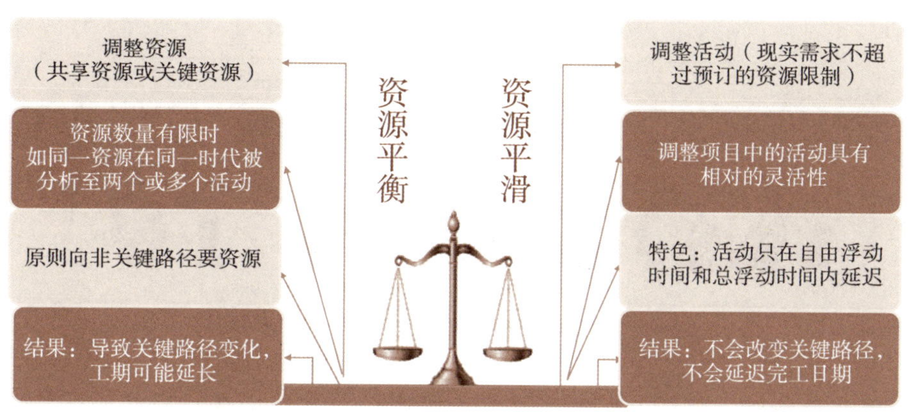

图6－17　资源优化技术：资源平衡与资源平滑

①**资源平衡**：资源平衡是为了在资源需求与资源供给之间取得平衡，根据资源制约对开始日期和结束日期进行调整的一种技术。

②**资源平滑**：资源平滑是一种对进度模型中的活动进行调整，从而使项目资源需求不超过预定资源限制的一种技术。相对于资源平衡而言，资源平滑不会改变项目关键路径，完工日期也不会延迟。也就是说，活动只在其自由和总浮动时间内延迟。因此，资源平滑技术可能无法实现所有资源的优化。

（5）**建模技术**。

①**假设情景分析**：假设情景分析是对各种情景进行评估，预测它们对项目目标的影响。假设情景分析就是对“如果情景X出现，情况会怎样”这样的情景进行预测分析。例如，推迟某主要部件的交货日期，怎么办？延长某设计工作的时间，怎么办？或加入外部因素影响，怎么办？

②**模拟**：模拟技术基于多种不同的活动假设（通常使用三点估算）计算出多种可能的项目工期，以应对不确定性。最常用的模拟技术是蒙特卡洛分析，通过每个活动的可能持续时间概率分布，推算出整个项目的可能工期概率分布。

（6）**提前量和滞后量**。提前量和滞后量是网络分析中使用的一种调整方法，通过调整紧后活动的开始时间来编制一份切实可行的进度计划。提前量用于在条件许可的情况下提早开始紧后活动；而滞后量是在某些限制条件下，在紧前和紧后活动之间增加一段不需消耗资源的自然时间。

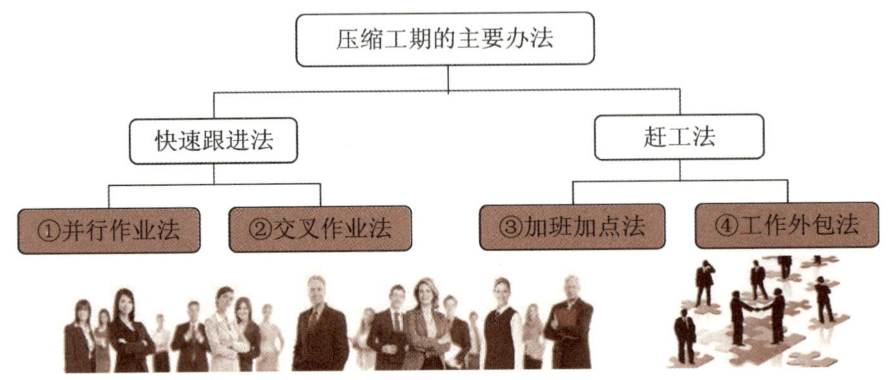

图 6－18　压缩工期的四种主要办法

（7）**进度压缩**。如图 6－18 所示，进度压缩技术是指在不缩减项目范围的前提下，缩短进度工期，以满足进度制约因素、强制日期或其他进度目标。在进行进度压缩时，项目经理和项目团队应当画出流程图、找出关键路径并且把关注的焦点放在关键路径和资源分配上。其中包括：

①快速跟进法：见图 6－18 中的①并行作业法和②交叉作业法。快速跟进法是一种进度压缩技术，将正常情况下按顺序进行的活动或阶段改为至少是部分并行或者交叉（局部并行）的方式进行。例如，具备施工条件之后，对某小区的几幢建筑物同时施工，这属于并行作业；但是，“在企业总部大楼的建筑图纸尚未全部完成审批前就开始建地基”这种交叉作业方式要防止有可能造成返工等风险，在多数项目管理规范中通常不允许这种“三边”项目。

②赶工法：其中包括图 6－18 中的③加班加点法和④工作外包法。赶工通过增加资源，以最小的成本增加来压缩进度工期的一种技术。赶工的方法包括：工作外包、批准加班、增加额外的优势人力资源、设施、设备、原料或支付加急费用，来加快关键路径上的活动。赶工只适用于那些通过增加资源就能缩短持续时间的，且位于关键路径上的活动。赶工并非总是切实可行的，它可能会导致资源、质量计划和监控风险、人员的协作配合问题或项目成本的增加。

（8）**进度计划编制工具**。进度计划编制工具包括进度模型，用活动清单、网络图、资源需求和活动持续时间等作为输入，进度计划编制的主要工具有网络图法、甘特图法、里程碑图法和列表法。进度计划编制工具可与手工方法和项目管理软件联合使用，通常小项目用手工方法，大中型项目用项目管理软件方法。

6.6.2 制订进度计划：输出

（1）**进度基准**。进度基准是经过批准的进度计划模型，只有通过正式的变更控制程序才能进行变更，用作与实际结果进行比较的依据。

（2）**项目进度计划**。项目进度计划展示活动之间的相互关联，以及计划日期、持续时间、里程碑和所需资源。项目进度计划中至少要包括每个活动的计划开始日期与计划结束日期。通常采用以下一种或多种图形来呈现：

①项目进度网络图：这些图形通常用节点法绘制，显示活动及其相互关系。标准网络图（紧前关系图）的演进过程如图6－19所示，在编制网络图之前已经完成了项目的工作分解结构（WBS），图中的111、112和113在WBS中分别代表项目的设计、审核和安装三项活动。

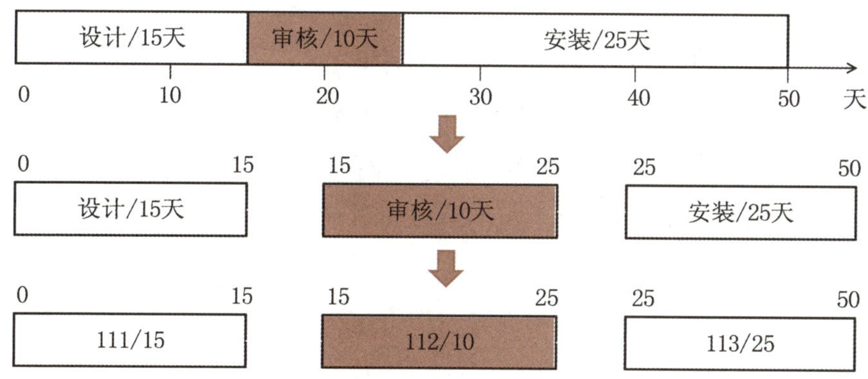

图6－19 标准网络图（紧前关系图）的演进过程示意图

②横道图：也称为甘特图，是展示进度信息的一种图表方式。在横道图中，日期排于横轴，进度活动列于纵轴，活动持续时间则表示为按开始和结束日期定位的水平条形。横道图容易制作、简明易懂，既可常用于向管理层汇报情况，又可用于对执行人员进行项目时间安排。

③里程碑图：与横道图类似，但仅标示出主要可交付成果和关键外部接口的计划开始或完成日期。

图6－19流程图对应的甘特图与里程碑图如图6－20所示。在最后的甘特图表

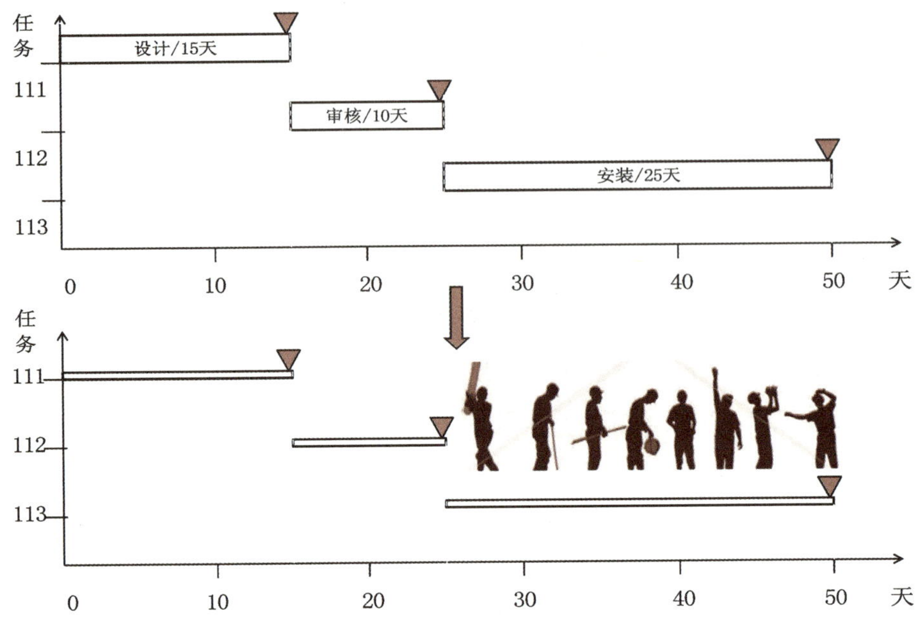

图 6－20 从流程图到标准甘特图、里程碑图的演进过程示意图

中纵坐标中的工作编码 111、112 和 113 分别代表项目的设计、审批和安装三个过程，倒立的三角形表示这三个过程对应的项目主要成果里程碑。

④进度表：用传统列表的方式表示进度，适合于小型、工期比较短的项目。

（3）**进度数据**。进度数据至少包括进度里程碑、进度活动、活动属性，以及已知的全部假设条件与制约因素。

（4）**项目日历**。在项目日历中规定可以开展进度活动的工作日和工作班次，把可用于开展进度活动的工作日与非工作日区分开来。

（5）**项目管理计划更新**。项目管理计划中可能需要更新的内容包括进度基准。

（6）**项目文件更新**。活动资源需求；资源平衡可能对所需资源类型与数量的初步估算产生显著影响；如果资源平衡改变了项目资源需求，就需要对其进行更新。

6.7 控制进度

控制进度是监督项目活动状态，更新项目进展，管理进度基准变更，以实现计划的过程。表 6－11 描述本过程的输入、工具与技术和输出。

表6－11 控制进度：输入、工具与技术和输出

输入	工具与技术	输出
1. 项目管理计划	1. 绩效审查	1. 活动持续时间估算
2. 项目进度计划	2. 项目管理软件	2. 项目文件更新
3. 工作绩效数据	3. 资源优化技术	3. 变更请求
4. 项目日历	4. 建模技术	4. 项目管理计划更新
5. 进度数据	5. 提前量与滞后量	5. 项目文件更新
6. 组织过程资产	6. 进度压缩	6. 组织过程资产更新
	7. 项目进度计划编制工具	

该过程的主要作用是提供发现计划偏差的方法、纠正和预防措施，以降低风险。进度基准的任何变更都必须经过实施整体变更控制过程的审批。

6.7.1 控制进度：工具与技术

（1）**绩效审查**。如图6－21所示，绩效审查是指测量、对比和分析进度绩效，如实际开始和完成日期、已完成百分比及当前工作的剩余持续时间。

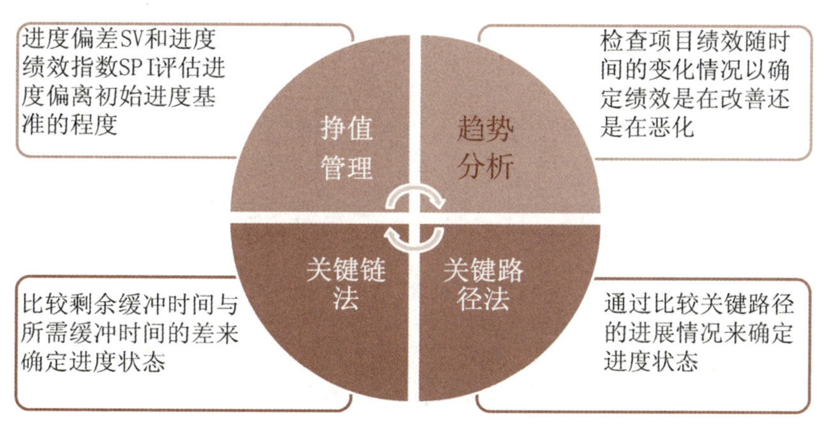

图6－21 控制进度的工具与技术：绩效审查

图中左上角的挣值管理：采用进度绩效测量指标，如进度偏差和进度绩效指数，评价偏离初始进度基准的程度。确定是否需要采取纠正或预防措施。

（2）**项目管理软件**。借助项目管理软件，对照进度计划，跟踪项目执行实际日

期，报告与进度基准相比为差异和进展，并预测各种变更对项目进度模型的影响。

（3）**资源优化技术**。资源优化技术是在同时考虑资源可用性和项目时间的情况下，对活动和活动所需资源进行进度规划。

（4）**建模技术**。使用建模技术，通过风险监控，对各种不同的情景进行审查，以便使进度模型与项目管理计划和批准的基准保持一致。

（5）**提前量和滞后量**。在网络分析中调整提前量与滞后量，设法使进度滞后的活动赶上计划。

（6）**进度压缩**。采用进度压缩技术使进度落后的活动赶上计划，可以对剩余工作使用快速跟进或赶工方法。

（7）**进度计划编制工具**。需要更新进度数据，并把新的进度数据应用于进度模型，来反映项目的实际进展和待完成的剩余工作。

6.7.2 控制进度：输出

见图 6－22。

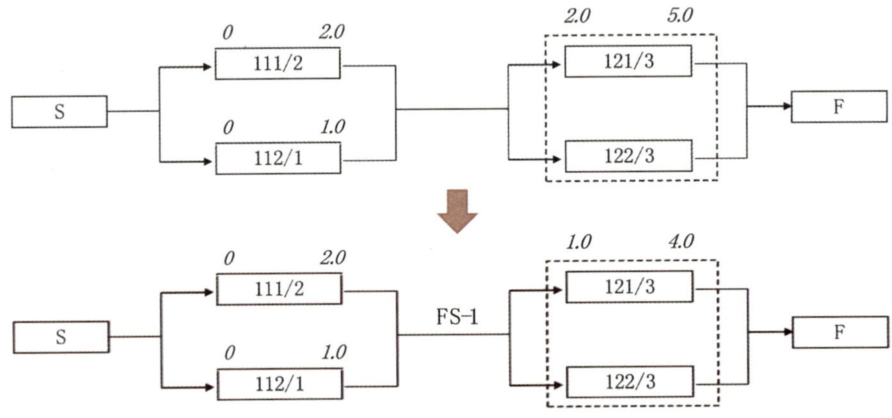

图 6－22 怎样表示项目活动排序过程中的提前量

【应用案例 6－04】怎样表示企业项目活动中的“提前”与“滞后”

在图 6－22 中，分别用 110（包含 111，112），120（包含 121，122）表示前后两个活动，如果活动 120 比原图提前一天，怎样表示？答案见图 6－22 下图，项目原计划 5 天完成，因进度计划提前，实际 4 天完成。

如果在 6－23 上图中，活动 120 比原图滞后 3 天，怎样表示？答案见图 6－23 下图，项目原计划 5 天完成，因进度计划滞后，实际 8 天完成。

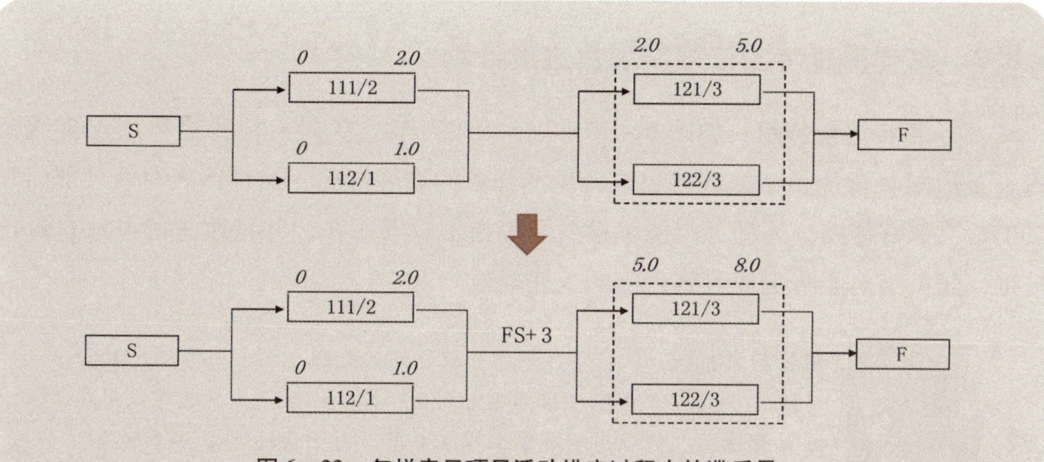

图6-23 怎样表示项目活动排序过程中的滞后量

在企业项目活动中的进度变更，导致进度的“超前”或者“滞后”，在绘制流程图时，通常采用“桥接”的方法加以解决。图6-22中的“FS-1”表示把后续活动120（121、122）提前1天的“桥接”；图6-23中的“FS+3”则表示把后续活动120（121、122）推迟3天的“桥接”。

6.8 制订进度计划的方法论

如图6-24所示，目前制订项目进度计划主要有五种方法：列表法、甘特图法、里程碑图法、关键路径法（CPM）、计划评审技术法。

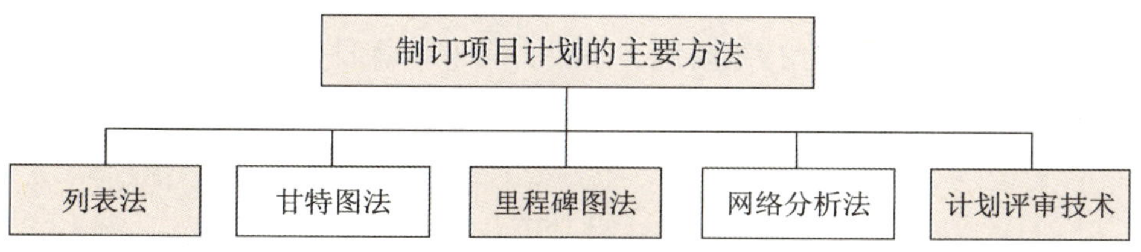

图6-24 制订项目进度计划的五种主要办法

6.8.1 怎样用列表法编制项目进度计划?

列表法是制订项目进度计划最常用的方法。采用这种方法的主要前提是：项目的目标、总工期与投资规模比较明确；以前做过类似项目，在完成工作包、活动的时间上具有成功的经验借鉴。

6.8.2 怎样用甘特图法编制项目进度计划?

(1) **甘特与甘特图:** 如图 6－25 所示。1917 年，亨利·甘特最早用水平线条图（条形图）说明员工完成项目或者生产任务的进展情况，这种图表对管理部门和员工本人都有帮助，管理部门能够根据图表指出缺点所在，并把改进的办法告诉给员工；而员工也能直观地看到自己的工作成效。

甘特与甘特图: 1917年，科学管理运动的先驱者之——亨利·甘特（Henry Gantt）发明了著名的甘特图（Ganti Chart），既可以用在项目管理，也可以用于日常工作流安排。由于甘特过去当过教师、工程师、军工企业管理者，注重理论联系实际，因而他注意用简单的图表方法对复杂的项目管理和日常运营管理进行生动地说明。

活动标识	活动描述	日历单元	项目进度计划时间表				
			时段1	时段2	时段3	时段4	时段5
1.1	研发新产品Z（可交付成果）	120					
1.1.1	工作包1——研发组件1	67					
1.1.2	工作包2——研发组件2	53					
1.1.3	工作包3——整合各组件	53					

图 6－25 怎样编制项目计划：甘特与甘特图

(2) **甘特图的主要内涵:**

①是以图形或表格的形式显示各种活动；

②是一种通用的、直观的显示项目或者任务进度的方法；

③应包括实际日历天和持续时间，不要将周末和节假日算在进度之内。

(3) **绘制甘特图的主要步骤:** 首先明确项目涉及的各项活动、项目。

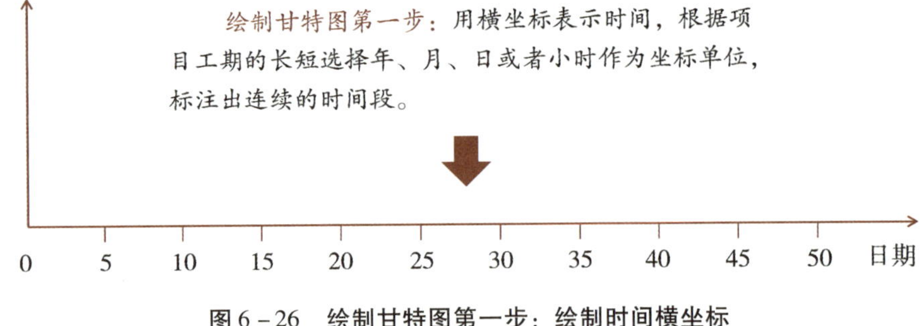

图 6－26 绘制甘特图第一步：绘制时间横坐标

内容包括项目名称（包括顺序）、开始时间、工期、任务类型（依赖/决定性）

和依赖于哪一项任务。绘图的四个步骤如图6－26至图6－29所示。

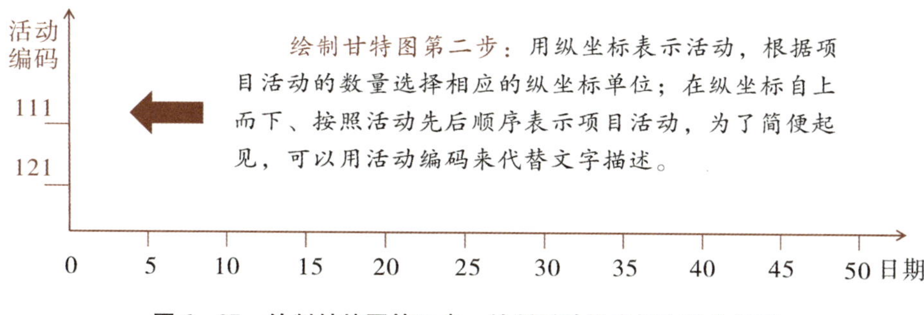

图6－27　绘制甘特图第二步：绘制活动纵坐标和活动编码

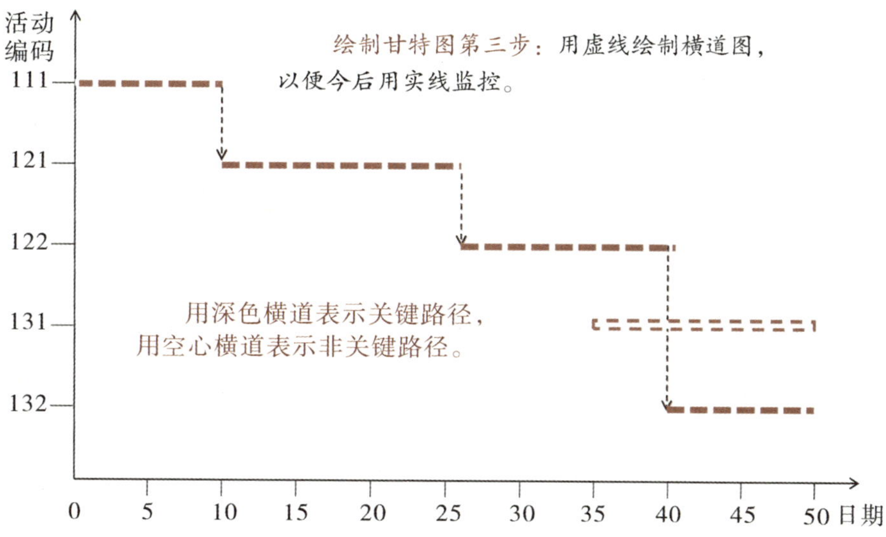

图6－28　绘制甘特图第三步：在坐标平面上依次绘制各项活动

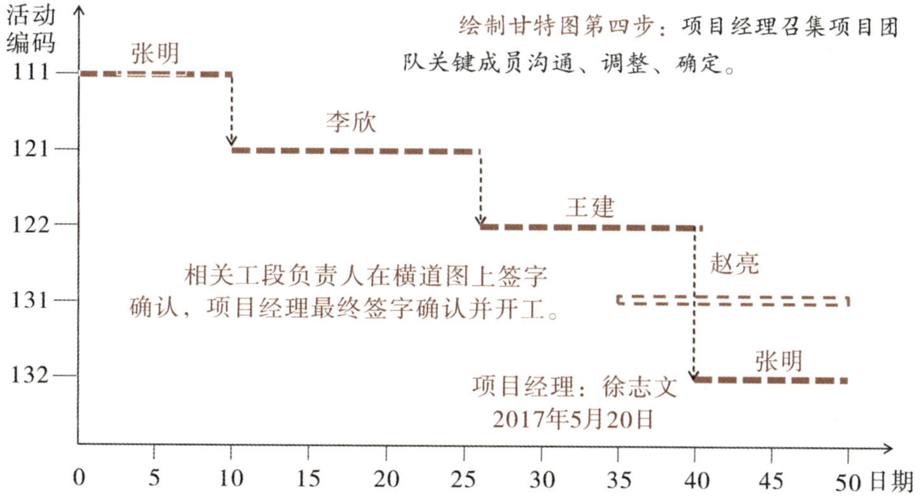

图6－29　绘制甘特图第四步：项目经理召集团队成员调整、确认、签字

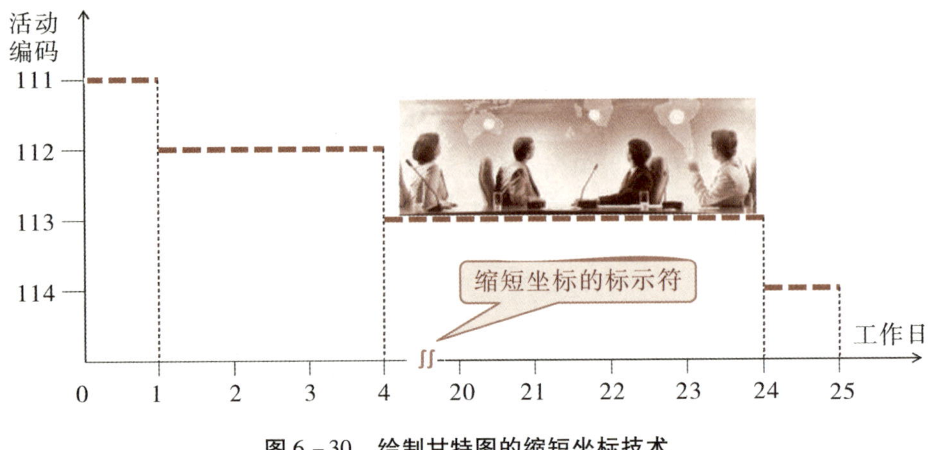

图 6－30　绘制甘特图的缩短坐标技术

（4）**绘制甘特图时的缩短坐标技术：**例如某小型项目工期为25天，其中启动（111）1天，制订计划与审批（112）3天，执行（113）20天，验收（114）1天。怎样绘制甘特图？怎样用甘特图表示执行（113）20天？

解决方法如图6－30所示，采用“压缩横坐标法则”，即在横坐标上用“SS”压缩符号表示缩短坐标，就可以避免因延长横坐标而导致的绘图困难。

（5）**怎样用项目管理软件工具绘制甘特图？**甘特图直观、简单、容易制作、便于理解。在资源优化过程中，一般都借助于甘特图。但是，甘特图也存在很多弱点，例如，甘特图不能系统地表达一个项目所包含的各项工作之间的复杂关系，难以进行定量的计算和分析，难以进行计划的优化等。最近十几年相继开发出项目管理软件来弥补这些弱点。因本书篇幅所限，详细内容参见微软 Project－2003、2007、2010和2013版相关培训资料。

6.8.3　怎样用里程碑图法编制项目进度计划？

（1）**里程碑：**如本书1.2.3所述，里程碑表示项目重要可交付成果的时间点。

（2）**里程碑编码图：**如图6－31的各甘特图线条终点编码①~④所示。

（3）**里程碑控制图：**在编制项目进度计划时，把里程碑图与甘特图、里程碑控制图结合起来，事先设定项目里程碑测光提交时间点、提交人、验收人、是否通过，再次验收时间等信息。简明易懂，对项目重要节点控制可以起到事半功倍的效果。如图6－32所示。

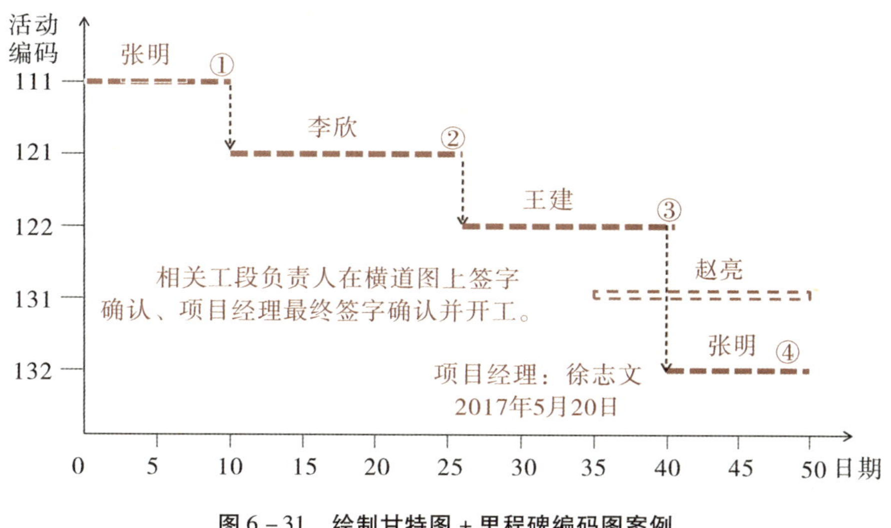

图6－31 绘制甘特图＋里程碑编码图案例

里程碑号	提交人	验收成果				验收人	备注
		提交时间	通过	未通过、原因	再验收日期		
①	张明					徐志文，李思	
②	李欣					徐志文，李思	
③	王建					徐志文，李思	
④	张明					徐志文，李思	

图6－32 绘制里程碑控制图案例

6.8.4 怎样用关键路径法编制项目进度计划？

（1）**进度网络分析（网络计划技术）**：起源于20世纪50年代末期，随着科学技术和生产的迅速发展，出现了许多庞大而复杂的科研和工程项目，它们工序繁多，跨行业、跨专业、跨部门协作面广，常常需要动用大量的人力、物力、财力等资源。因此，如何合理而有效地把它们组织起来，使之相互协调，在有限资源下，以最短的时间和最低费用，逐步形成的一种数学分析技术。主要包括：

①关键路径法：项目不受资源制约环境下的进度计划方法；

②关键链法：项目受资源制约环境下的进度计划方法；

③假设情景分析：考虑风险的进度计划方法；

④资源优化技术：根据资源制约对项目进度计划进行调整，保证资源平滑。

其中最常用的是关键路径法，该方法是 1957 年美国杜邦公司在兰德公司的配合下，首次提出的用图解理论的方法来制定一个投资上千万美元的化工项目计划。结果该项目不但缩短了建设周期，还节省了近 10% 的投资费用。当时用的图解理论方法就是今天的关键路线法（CPM – Critical Path Method）。

（2）进度网络分析的有关术语：

活动（Activity）：项目过程中的工作单元。一个活动通常具有预计的时间、预计的成本和预计的资源需求。活动也可以细分为单个任务。

节点（Node）：网络图中被定义的点，它与其他点通过独立的路径连接起来。

路径（Path）：项目网络图中一组顺序相连的活动。

项目网络图（Project Network Diagram）：任何表示项目活动逻辑关系的图形。为了反映项目和活动历时，项目网络图总是从左向右、从上往下绘制。

关键路径（Critical Path）：项目网络图中，决定项目最早完成时间的所有活动形成的路径，也是项目网络图中最长的路径。关键路径可能随着某些活动提前完成或延迟完成而改变。关键路径上的活动具有最少浮动时间，即总时差为 0。

关键活动（Critical Activity）：位于关键路径上的活动。

最早开始时间（Earliest Start Time，用 ES 代替）：根据网络逻辑和进度限制，未完成部分的一项活动最早可能开始的时间。最早开始时间会随着项目进展和项目计划的变化而变化。

最晚开始时间（Latest Start Time，用 LS 代替）：在不延迟项目完工时间的前提下，一项活动最晚可能开始的时间。

总时差（Total Float，TS）：在不延误项目完成时间的情况下，一项活动从其最早时间算起，可以延迟的时间，也被称为总浮动时间。总时差等于最晚开始时间和最早开始时间之差。

自由时差（Free Float，FS）：在不推迟任何后续活动最早开始时间的情况下，本活动可以推迟的时间。

正推法（Forward Pass）：确定每项活动最早开始时间和最早完成时间的网络计算方法，通过沿着网络逐步向前对每个活动进行计算而得到。

逆推法（Backward Pass）：确定所有未完成活动的最晚开始时间和最晚完成时间的网络计算方法，通过从后往前推导得到。

前置活动（Predecessors）：在其后面的活动启动之前必须完成的活动，与某活动直接相连的前置活动称为它的紧前活动。

后续活动（Successors）：在前面的活动没有完成之前不能开始的活动，这些活动跟在前置活动的后面，与某活动直接相连的后续活动称为它的紧后活动。

计划评审技术（Program Evaluation and Review Technique，PERT）：一种基于事件和可能性技术，一种基于事件和涉及位于不同地区多个组织的大型项目。

（3）**关键路径**：关键路径是项目网络图中耗时最长的路径，它决定了项目工期的长短。如图6－33的深色图标所示，连接活动序列A－C－D的长箭头就形成了关键路径。

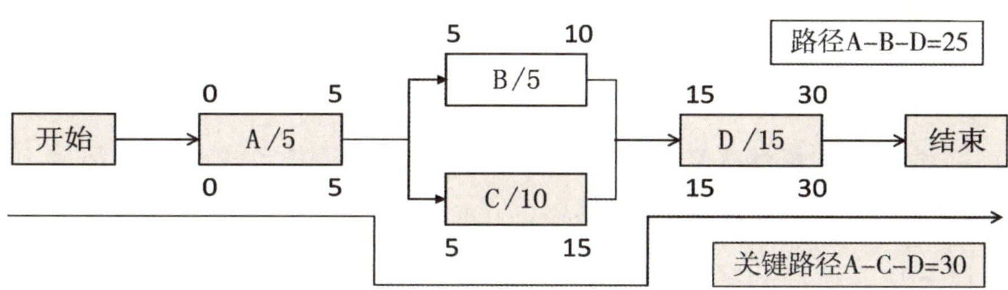

图6－33 关键路径与关键路径法示意图

· 关键路径是项目进度计划网络图中总工期最长的那条路径；
· 关键路径决定了完成项目的最短工期；
· 项目的关键路径至少有一条，通常不止一条；
· 项目的关键路径可能随时发生变化；
· 关键路径越多，项目的进度风险就越大。

（4）**关键路径法**：关键路径法用来在进度模型中估算项目最短工期，确定逻辑网络路径进度灵活性大小的一种方法。这种进度网络分析技术在不考虑任何资源限制的情况下，用直接观察耗时最长路径的方法，或者采用沿进度网络路径顺推与逆推分析的方法，计算出所有活动的最早开始、最早结束、最晚开始和最晚结束日期。

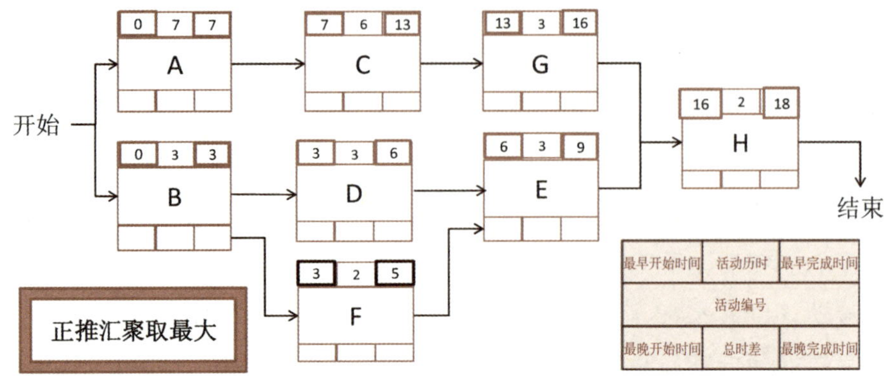

图 6－34　正推法示意图：计算各项活动的最早开始、最早结束时间

（5）**正推法**：正推法（Forward Pass）：确定每项活动最早开始时间（Earliest Start Time，用 ES 代替）和最早完成时间（Earliest Finish Time，用 EF 代替）的网络计算方法。通过沿着网络逐步向前对每个活动进行计算而得到。如图 6－34 所示，用正推法得出，该活动的最早完成时间 EF＝18 天。

①最早完成时间 EF＝最早开始时间 ES＋活动持续时间 DU；

②紧后活动的最早开始时间 LS＝紧前活动的最早结束时间 EF。

（6）**逆推法**：逆推法（Backward Pass）：确定所有未完成活动的最晚开始时间（Latest Start Time，用 LS 代替）和最晚结束时间（Latest Finish Time，用 LF 代替）的网络计算方法，通过从后往前推导得到。如图 6－35 所示，用逆推法得出，该活动的最迟完成时间 LF＝18 天。

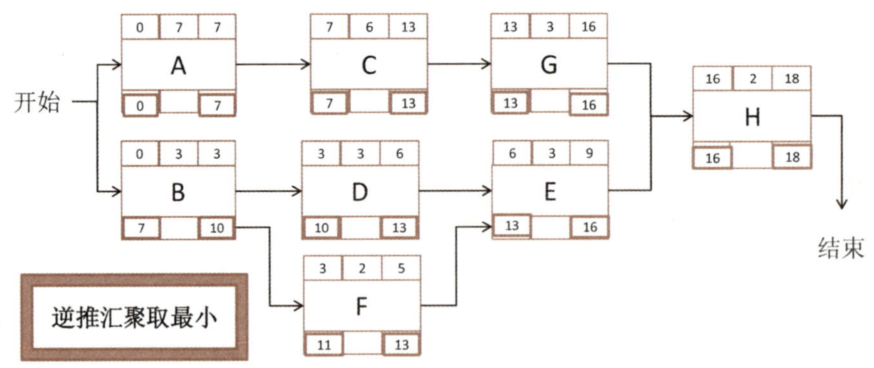

图 6－35　逆推法示意图：计算各项活动的最迟开始、最迟结束时间

①最迟开始时间 LS＝最迟结束时间 LF－活动持续时间 DU；

②紧前活动的最迟结束时间 LF ＝紧后活动的最早开始时间 ES。

（7）**总时差**：总时差（Total Slack，TS），也叫浮动时间（Float）、总浮动时间（Total Float）或路径浮动时间（Path Float），是在不延误项目完成日期的情况下，活动自其最早开始时间起可以推迟的时间。如图 6－36 所示。

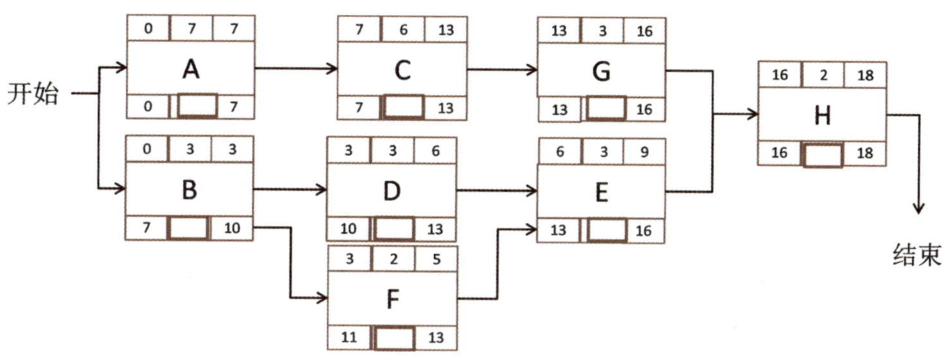

图 6－36 关键路径法：总时差示意图

根据总时差的含义，如果活动的持续时间是不变的，则活动的最早和最迟开始时间的差值与其最早和最迟结束时间的差值是一样的，即总时差也可以按如下公式计算：

①总时差 TS ＝最迟开始时间 LS－最早开始时间 ES；

②总时差 TS ＝最迟结束时间 LF－最早结束时间 EF。

参见图 6－36，用“正推法”和“逆推法”可以算出：非关键路径 B－D－E－F 与 B－F－E－H 的总时差都是 7 天。

以上计算总时差的公式表明总时差可以是负值，当最迟开始时间晚于最早开始时间或最迟结束时间晚于最早结束时间时，总时差就为负值。负的总时差意味着项目将要延迟。

总时差的应用：总时差 TS 表明了在保证项目如期完成的情况下，各项活动的机动时间或时间潜力，总时差越大说明时间潜力也越大。

①如果总时差为正值（TS＞0）：表明该条路径上各项活动花费时间总量可以延长，而不会影响项目的如期完工；

②如果总时差为负值（TS＞0）：则表明该条路径上的顶活动要加速完成以减少整个路径上花费的时间总量，保证项目按期完成；

③如果总时差为零（TS＝0）：则该条路径上的各项活动不用加速完成，但也不能拖延时间。

注意在某一路径上总时差TS的“公用特性”：某一路径上的总时差是由该路径上的所有活动共有的，如果某项活动占用了该条路径上的部分或全部总时差，则此路径上的其他活动的可用时差就会相应减少，正因为如此，总时差也叫路径浮动时间或路径时差。认识到总时差是在活动之间共同分享的是非常重要的，如果此点未明确，项目小组成员就可能会认为他们执行的活动可以毫无顾虑地使用总时差。实际上，只要他们使用了总时差，其他组员执行活动的机动余地就会相应减少（自由时差存在时的情况有所不同，具体参见自由时差的介绍）。

（8）**自由时差**：在总时差中我们讨论过，如果一项活动所用的时间长于其估计的持续时间，也就是说如果该活动占用了总时差，相应路径上其他活动的可用时差就会减少。然而，有时候某些活动有另一种时差（如图6－34中的活动E），活动对该种时差的使用不会对其后续活动产生任何影响，这种时差就是自由时差。

自由时差（Free Slack），也叫自由浮动时间（Free Float），是指某项活动在不推迟其任何紧后活动的最早开始时间的情况下可以延迟的时间量。

根据自由时差的含义，其计算可采用如下公式：

①自由时差＝紧后活动的最早开始时间ES－本活动的最早结束时间EF－0（第一个活动从0开始）；

②自由时差＝紧后活动的最早开始时间ES－本活动的最早结束时间EF－1（第一个活动从1开始）。

显然，当活动的紧后活动有多个的情况下，公式中“活动的紧后活动的最早开始时间”应取最早开始时间的值最小的那个紧后活动的最早开始时间值，只有这样才会不推迟活动的任何紧后活动的最早开始时间。

总时差与自由时差的区别如图6－37所示。

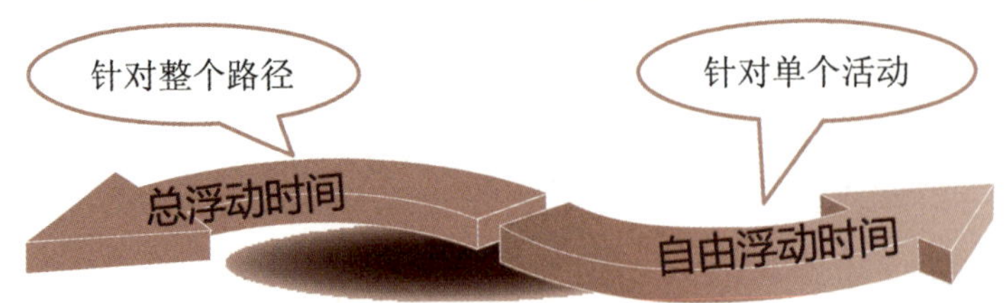

总浮动时间＝最迟开始时间－最早开始时间＝最迟完成时间－最早完成时间

自由浮动时间＝紧后活动最早开始ES－本活动最早完成EF－1（第一个活动始于1）

图6－37 关键路径法：总时差与自由时差的区别示意图

（9）绘制网络图的基本规则：

①构造网络图之前，必须先确定活动的优先次序，即所有的活动必须按照逻辑连接起来，一些是前置活动，另一些是后续活动。

②一般来说，网络图的流向是从左至右。

③一项活动必须等到与它关联的所有前置活动结束后才能开始。

④网络图上的箭线代表优先次序和逻辑流向。箭线可以交叉，但为了使网络图更清晰，应尽量避免交叉。

⑤每个活动都应有一个唯一的标识与之对应，比如用数字、字母、编码等标识。简单起见，这些标识应该按照升序排列，即每个活动的标识都应大于其前导活动的标识。

⑥网络图中不允许存在活动回路。

【应用案例6－05】华为怎样在大型项目网络分析中平衡和优化资源

华为怎样用关键路径法优化资源、缩短项目工期？遵循以下几个步骤：

（1）确定项目目标。是指决定将网络计划技术应用于哪一个项目，并提出对项目和有关技术经济指标的具体要求。如在工期、成本方面要达到什么要求。

（2）项目工作分解、活动分解，列出活动清单。一个项目是由许多活动组成的，在绘制网络图前就要将项目分解成各项活动。活动项目划分的粗细程度视项目内容以及不同单位要求而定，通常情况下，活动所包含的内容多，范围大多可分粗些，反之细些。活动项目分得越细，网络图的结点和箭线就越多。对于高层领导和管理者，网络图可绘制的粗些，主要是通观全局、分析矛盾、掌握关键、协调工作、进行决策；对于基层管理部门，网络图就可绘制得细些，以便具体组织和指导工作。在项目分解成活动的基础上，还要进行活动分析，以便明确先行活动（紧前活动），平行活动和后续活动（紧后活动）。即在该活动开始前，哪些活动必须先期完成，哪些活动可以同时平行地进行，哪些活动必须后期完成，或者在该活动进行的过程中，哪些活动可以与之平行交叉地进行。

（3）绘网络图，进行结点编号。根据活动时间明细表，可绘制网络图。网络图的绘制方法有顺推法和逆推法。

顺推法——即从始点时间开始根据每项活动的直接紧后活动，顺序依次绘出各项活动的箭线，直至终点事件为止。

逆推法——即从终点事件开始，根据每项活动的紧前活动逆箭头前进方向逐一绘出各项活动的箭线，直至始点事件为止。

同一项任务，用上述两种方法画出的网络图是相同的。一般习惯于按反工艺顺序安排计划的企业，如机器制造企业，采用逆推较方便；而建筑安装等企业，则大多采用顺推法。按照各项活动之间的关系绘制网络图后，要进行结点的编号。

（4）**计算网络时间，确定关键路径**。根据网络图和各项活动的活动时间，就可以计算出全部网络时间和时差，并确定关键路径。具体计算网络时间并不太难，但比较烦琐。在实际工作中影响计划的因素很多，要耗费很多的人力和时间。

（5）**进行网络计划方案的优化**。找出关键路径，也就初步确定了完成整个计划任务所需要的工期。这个总工期，是否符合合同或计划规定的时间要求，是否与计划期的劳动力、物资供应、成本费用等计划指标相适应，需要进一步综合平衡，通过优化，择取最优方案。然后正式绘制网络图，编制各种进度表，以及工程预算等各种计划文件。

网络计划的优化方法：根据资源限制条件不同，可分为时间优化、时间—费用优化和时间—资源优化三种类型。

①时间优化：在人力、物力、财力等条件基本上有保证的前提下，寻求缩短工程周期的措施，使项目周期符合目标工期的要求。主要包括压缩活动时间、进行活动分解和利用时间差三个途径。

②时间—费用优化：是指找出一个缩短项目工期的方案，使得项目完成所需总费用最低。并遵循关键线路上的活动优先；直接费用变化率小的活动优先；逐次压缩活动的活动时间以不超过赶工时间为限三个基本原则。

③时间—资源优化：分为两种情况：第一，资源一定的条件下，寻求最短工期；第二，工期一定的条件下，寻求工期与资源的最佳结合。

（6）**网络计划的贯彻执行**。网络计划工作不仅要正确地编制计划，更重要的是组织计划的实施。要发动项目团队成员讨论计划，加强实施管理工作，采取切实有效的措施，保证计划任务的完成。在应用电子计算机的情况下，可以利用计算机对网络计划的执行进行监督、控制和调整，只要将网络计划及执行情况输入计算机，它就能自动运算、调整，并输出结果，以指导项目的执行与控制。

资源平衡的第一种情况是在项目工期不变的前提下，尽可能合理、均衡地分配每天投入的资源，减少资源的波动性和浪费。图6－38表示在某通信网络优化建设

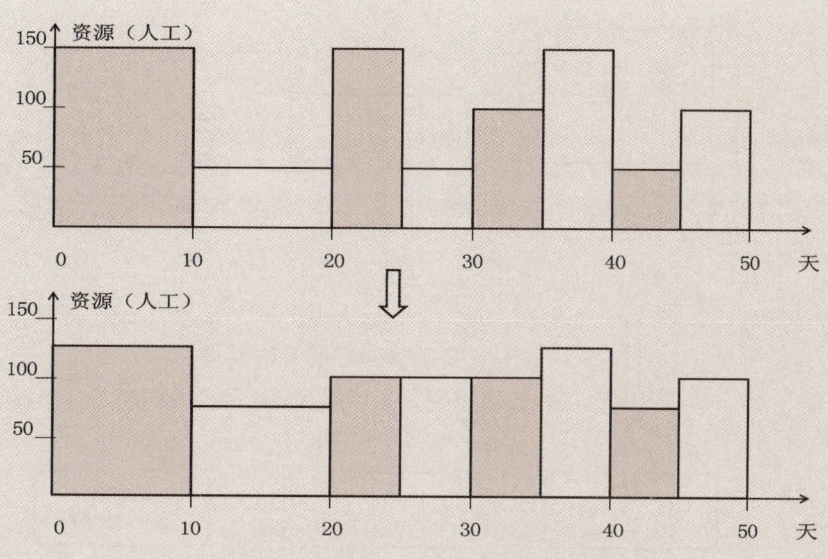

图6－38 资源优化：资源平滑示意图

项目中的两个可选方案，其中方案二是在不改变资源总量（总工作量＝∑人工数×工作日）的前提下，采取“削峰填谷”的方法进行资源平滑，调整后前后的工作量A1＝A2，分别为：

A_1＝（150×10）＋（50×10）＋（150×5）＋（50×5）＋（100×5）＋（150×5）＋（50×5）＋（100×5）＝5000（人工日），其中有20天的时间人力资源需求峰值达到150人；

A_2＝（125×10）＋（75×10）＋（100×5）＋（100×5）＋（100×5）＋（125×5）＋（75×5）＋（100×5）＝5000（人工日），其中只有15天人力资源需求峰值达到125人；

对比A_2与A_1，很明显，进行资源平滑后的A_2可以更有效的降低人力资源和其他资源峰值，在项目资源安排方面更加切实可行。

【应用案例6－06】华为怎样在中小型项目流程设计中平衡和优化资源

图6－39表示某小型项目既可以在两天完成，也可以在三天完成。显然，进行资源平衡后，三天完成比较合理。

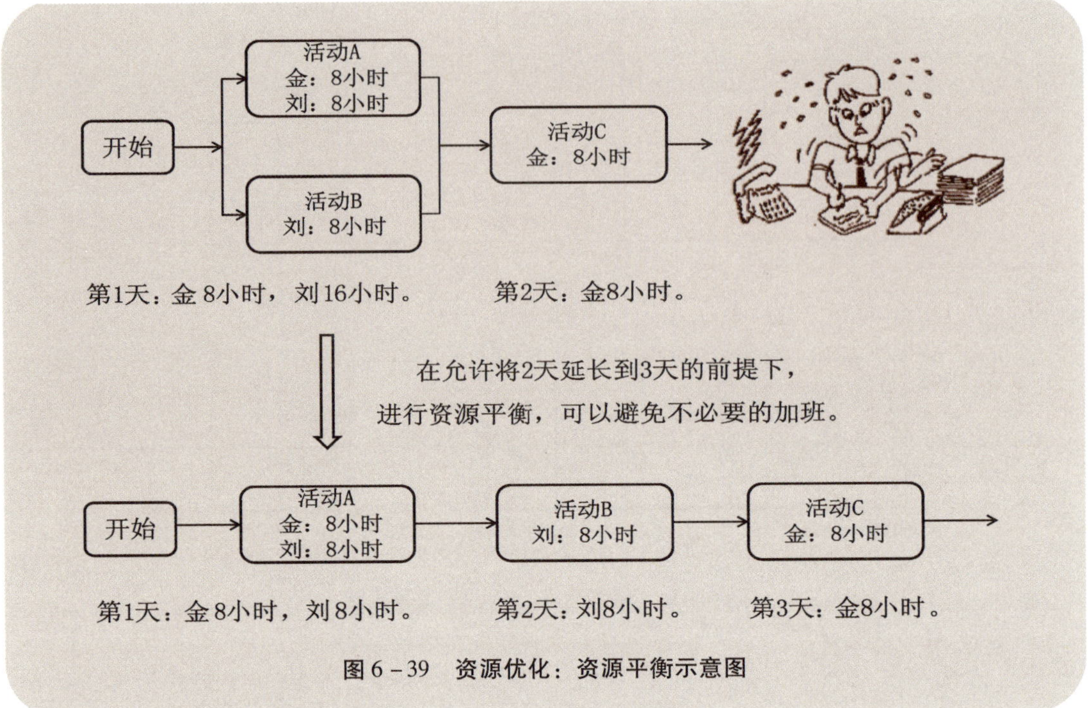

图 6-39 资源优化：资源平衡示意图

6.8.5 怎样用计划评审技术法编制项目进度计划

如果一个项目包括的绝大多数活动没有历史数据，则估算的困难将非常大，这种情况下最好的解决办法是利用任何可获得的相关经验进行可能性评估，在这种情况下需要考虑降低估算风险的问题。为此，在 1957 年左右美国最早出现了计划评审技术（Program Evaluation and Review Technique，PERT），这一技术首先应用在北极星潜艇项目上。从以下几个方面可以了解计划评审技术。

（1）**PERT 的活动持续时间估算**：PERT 把各项目活动时间看成服从某种概率分布的独立随机变量，因此可以采用三点估计法来估算活动的持续时间。

采用三点估计法，分别用 to、tm 和 tp 最乐观时间、最可能时间和最悲观时间，则 PERT 确定活动持续时间期望值 te 的计算公式为：

$$te = \frac{to + 4tm + tp}{6}$$

进一步可以计算活动持续时间的标准差 σ，其计算公式为：

$$\sigma = \frac{tp - to}{6}$$

方差越大，即活动的悲观和乐观持续时间之间的差别越大，表明项目团队对该项活动真正需要的时间把握越小，应当采取措施。

图 6－40　计划评审技术：三点法典型案例

在图 6－40 所示、由活动 ABC 构成的简单网络图中，假定项目的开始时间为 0，并且必须在第 40 天之前完成，项目各活动的三个时间估计如表 6－12 所示。

表 6－12　PERT 计算举例中各项活动的三个时间估计值

活动			
A	2	4	6
B	5	13	15
C	13	18	35

各项活动的平均持续时间计算如下：

活动 A：$te = (2+4\times4+6)\div6=4$ 天

活动 B：$te = (5+4\times13+15)\div6=12$ 天

活动 C：$te = (13+4\times18+35)\div6=20$ 天

各项活动的方差计算如下：

活动 A：$\sigma^2=\left[\frac{6-2}{6}\right]^2=0.444$

活动 B：$\sigma^2=\left[\frac{15-5}{6}\right]^2=2.778$

活动 C：$\sigma^2=\left[\frac{35-13}{6}\right]^2=13.444$

（2）**ERT 中活动的最早与最晚时间计算：**在 PERT 中，通过三点估计法估算确定了活动的持续时间后，PERT 网络的计算就与 CPM 的计算相同了，所以用正推计算可得到活动的最早时间，用逆推计算可得到活动的最晚时间。

（3）**PERT 的关键路径消耗时间估算和项目的最早期望结束时间：**确定关键路径时 PERT 用活动持续时间的数学期望代替 CPM 的活动持续时间。PERT 认为项目完成时间是服从正态分布的随机变量，其数学期望和方差分别等于关键路径上各活动持续时间数学期望和方差之和，即：

$$\sigma_{cp}=\sqrt{\sigma1^2+\sigma2^2+\cdots+\sigma n^2}$$

接着考虑图6－21所示的例子，网络图的关键路径A－B－C的平均消耗时间等于活动A、B、C的平均持续时间之和，即4＋12＋20＝36天。关键路径A－B－C消耗时间的标准差等于活动A、B、C的方差之和的平方根，即：

$$\sigma_{cp}=\sqrt{0.444+2.778+13.444}=4.08$$

项目的最早期望结束时间取决于网络图中的关键路径，等于项目预计开始时间加上关键路径的平均消耗时间。

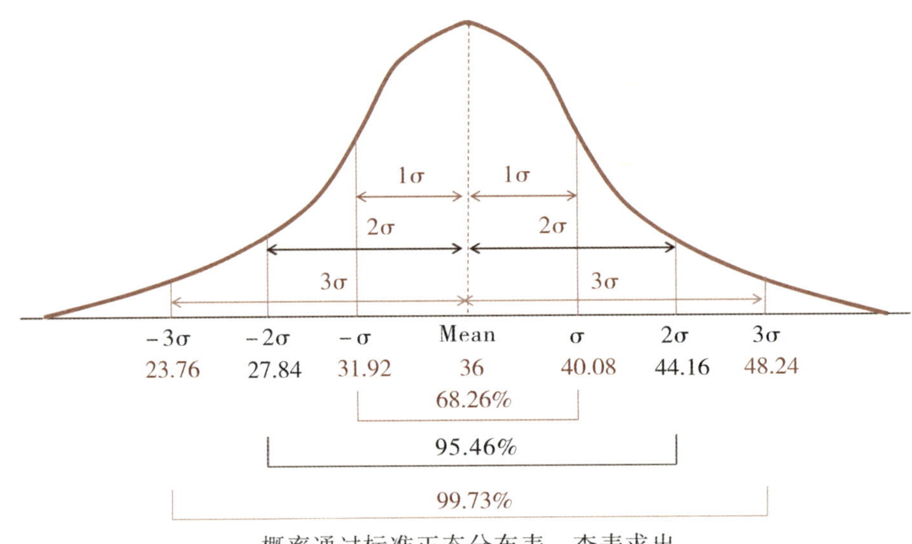

图6－41　关键路径消耗时间的正态概率分布图

（4）**ERT中项目完成的概率计算**：进一步考虑图6－40所示的例子，将该网络图关键路径的平均消耗时间及其标准差反映到关键路径消耗时间这一随机变量的概率分布上，如图6－41示。

图6－41中：关键路径消耗的平均持续时间是36天。在±σ范围内即在31.92天与40.08天之间包含了正态曲线下总面积的68.26%；在±2σ范围内即在27.84天与44.16天之间包含了正态曲线下总面积的95%；±3σ范围内即在23.76天与48.24天之间包含了正态曲线下总面积的99%。因此，在31.92天与40.08天之间完成项目的概率为68%；在27.84天与44.16天之间完成项目的概率为95%；在23.76天与48.24天之间完成项目的概率为99%。

另外，还可以计算项目在要求完工时间之前完成的概率。通过上面的介绍可知，关键路径消耗时间（T_{cp}）的均值（t_{cp}）和标准差（σ_{cp}）是可以得到的，这样

T_{cp}这一随机变量的正态分布也就确定了，因此可以进一步计算在项目的要求完工时间（r_t）前关键路径完成的概率。由于关键路径完成之时也就是项目完成之时，因此所计算的概率也就是项目在要求完工时间之前完成的概率。

具体计算方法为首先计算下式中的参数，然后查标准正态分布的数值表就可以得到结果。下式中，F 表示 T_{cp}的分布函数，是由 F 通过变量代换化成的标准正态分布函数：

$P(T_{cp} \leqq r_t) = F(r_t) = \Phi$

继续考虑图 6－40 所示的例子，项目要求完工时间是 42 天，项目网络图中关键路径消耗时间的均值是 te 是 36 天，标准差 σ_{cp}是 4.08 天，则：

$P(T_{cp} \leqq 42) = F(r_t) = \Phi = \Phi(1.47)$

查表得 $\Phi(1.47) = 0.92922$，表明项目在要求完工时间之前完工的概率是 92.922%。

6.8.6 两种网络分析技术的比较

关键路径法 CPM 实际上假设了项目持续时间以及整个项目完成时间的长短是确定的，不存在其他可能。而计划评审技术法 PERT 则认为它们是随机的，服从某种概率分布。PERT 利用活动逻辑关系和项目持续时间的加权估计，即项目持续时间的数学期望计算项目时间。

从表面上看，CPM 侧重活动，而 PERT 侧重事件。PERT 可以估计整个项目在某个时间内完成的可能性大小，即概率。而 CPM 则不能。PERT 做出来的时间进度计划要比 CPM 原来使用最大可能估计做出的更现实。CPM 是一种确定型的网络分析方法，PERT 则属于非确定性的网络分析技术。表 6－13 对这两种网络分析技术作了一个简单的比较。

表 6－13 两种网络分析技术的比较

比较点 \ 网络技术	关键路径法	计划评审技术
技术类型	确定型	概率型
活动的流向	所有活动均由始点流向终点，不允许有回路	所有活动由始点流向终点，不允许有回路

（续表）

比较点 \ 网络技术	关键路径法	计划评审技术
活动的持续时间	活动的持续时间是确定的	活动的持续时间为概率型，计算时用其期望值
逻辑关系	所有节点及活动都必须实现	所有节点及活动都必须实现，但条件改变时可预测实现概率
适用情况	适于项目活动的持续时间有历史数据的项目	适用于项目活动的持续时间受到较多的不可预见因素的项目：从未做过的新的项目或复杂的项目

6.8.7 三种进度计划图的比较

表 6－14 对三种进度计划图作了一个简单的比较。

表 6－14　三种进度计划图的比较

	优势	作用	备注
项目进度网络图	表示活动之间的逻辑关系	详细的进度计划，供项目团队实际执行使用	用节点法绘制，有时叫逻辑横道图
甘特图	追踪概括性活动进度和项目进展	1. 常用于向管理层或客户汇报 2. 追踪活动进度	概括性活动有时也叫汇总活动
里程碑图	标示出主要可交付成果和关键外部结构的计划开始或完成日期	也可向管理层或客户汇报	一系列活动完成，一定阶段结束的标志，它本身没有工期

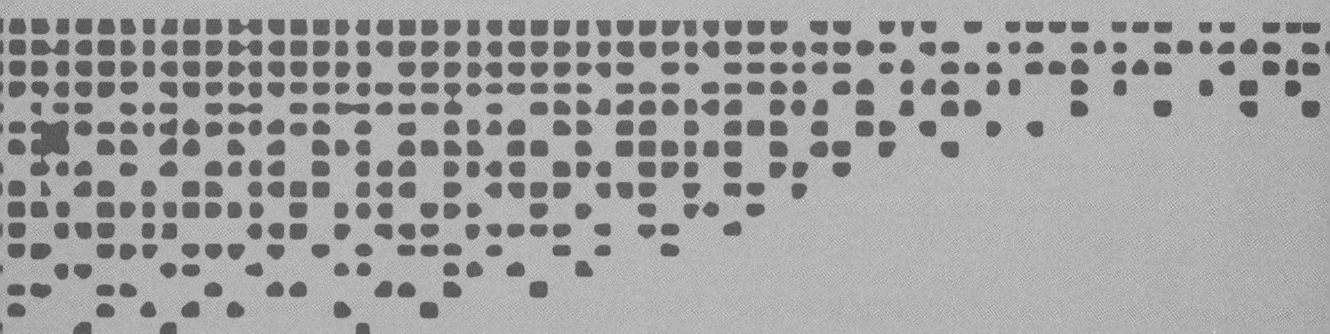

第7章
项目成本管理

【章节重点导图】做项目是组织为了获得合理合规的利润，而项目的利润 = 总合同额 - 总成本。可见，对成本进行估算、预算和控制的重要性。本章应当掌握的重点是项目成本估算、预算和控制的思路、流程、方法、工具和应用，如图 7 - 01 所示。

图 7 - 01　项目成本管理过程

项目成本（Project Cost），也称项目费用或项目造价，是指为实现项目目标而开展各项活动所消耗资源的货币总和。项目成本管理包含为保证项目在批准的预算范围内完成而对成本进行规划、估算、预算、融资、筹资、管理和控制的各个过程，从而确保项目在批准的预算内完工。项目成本管理过程，见图 7 - 02。

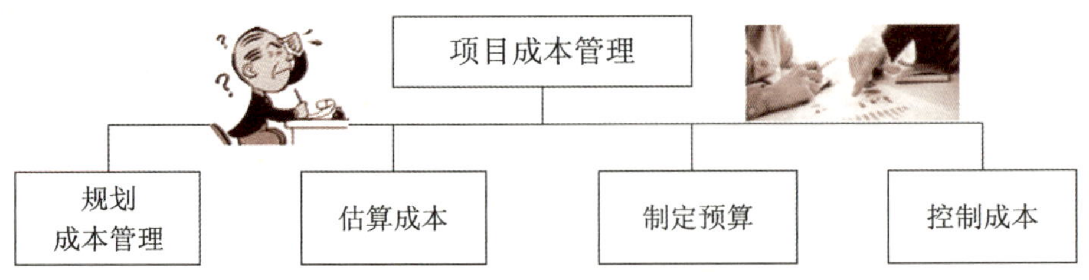

图 7 - 02　项目成本管理的四个过程示意图

7.1 规划成本管理

规划成本管理是为规划、管理、花费和控制项目成本而制定政策、程序和文档的过程。表 7－01 描述本过程的输入、工具与技术和输出。

表 7－01 规划成本管理：输入、工具与技术和输出

输入	工具与技术	输出
1. 项目管理计划	1. 专家判断	1. 成本管理计划
2. 项目章程	2. 分析技术	
3. 事业环境因素	3. 会议	
4. 组织过程资产		

本过程的主要作用是：在整个项目中为如何管理项目成本提供指南和方向。

7.1.1 规划成本管理：工具与技术

（1）**专家判断**。基于历史信息，专家判断可以对项目环境及以往类似项目的信息提供有价值的见解。

（2）**分析技术**。在制定成本管理计划时，可能需要选择项目筹资的战略方法，如自筹资金、股权投资、借贷投资等。可用的方法包括回收期、投资回报率、内部报酬率、现金流贴现和净现值。

（3）**会议**。项目团队可能举行规划会议来制定成本管理计划。参会人员可能包括项目发起人、项目经理、选定的项目团队成员、选定的干系人、项目成本负责人，以及其他相关人员。

7.1.2 规划成本管理：输出

成本管理计划。成本管理计划是项目管理计划的组成部分，描述将如何规划、安排和控制项目成本。

①项目成本的类别：如表 7－02 所示。

表 7－02　规划成本管理：项目成本的类别

名称	含义	举例
直接成本	可以直接记录某项目的成本	材料费、人工资
间接成本	不易直接记录、多项目分摊成本	水电、通信、房租一、管理费用
固定成本	不会随着产品生产数量而变动	写字楼、计算机
可变成本	随着生产产品的数量变动而变动	人工、原材料、能耗
机会成本	因为选择一个项目而必须放弃另一个项目，另一个项目可以带来的利益就是被选项目的机会成本	如：项目 A 净现值是 1 万元，项目 B 净现值是 2 万元，选择项目 B、放弃项目 A，则选择 B 所产生的机会成本为 1 万元。做决策时，应考虑机会成本
沉没成本	任何已经发生的成本，与是否合理无关	在决定项目是否应该立项时，立项前的调研就属于沉没成本。做决策时，不能考虑沉没成本
生命周期成本	考虑整个产品生命周期的成本	设计、建造、安装、运维、处置

②成本管理计划模板：如表 7－03 所示。

表 7－03　规划成本管理：成本管理计划模板

<table>
<tr><th colspan="3">成本管理计划</th></tr>
<tr><td>准确度：</td><td>计量单位：</td><td>控制临界值：</td></tr>
<tr><td></td><td></td><td></td></tr>
<tr><td colspan="3">绩效测量规则：</td></tr>
<tr><td colspan="3">成本报告信息和格式：</td></tr>
<tr><th colspan="3">过程管理</th></tr>
<tr><td>成本估算</td><td colspan="2"></td></tr>
<tr><td>制定预算</td><td colspan="2"></td></tr>
<tr><td>更新、管理和控制</td><td colspan="2"></td></tr>
</table>

7.2　估算成本

估算成本是对完成项目活动所需资金进行近似估算的过程，通常用于项目投资决策分析过程。表 7－04 描述本过程的输入、工具与技术和输出。

表 7－04　估算成本：输入、工具与技术和输出

输入	工具与技术	输出
1. 项目成本管理计划	1. 专家判断	1. 活动成本估算
2. 人力资源管理计划	2. 类比估算	2. 估算依据
3. 项目基准	3. 参数估算	3. 项目文件更新
4. 项目进度计划	4. 自下而上分析	
5. 风险登记册	5. 三点估算	
6. 事业环境因素	6. 储备分析	
7. 组织过程资产	7. 质量成本	
	8. 项目管理软件	
	9. 卖方投标分析	
	10. 群体决策技术	

7.2.1　估算成本：输入

估算成本的输入包括项目成本管理计划、人力资源管理计划、范围基准、项目进度计划、风险登记册、事业环境因素、组织过程资产。此时应当注意的问题有：

（1）**在项目生命周期中，项目成本估算的准确性将随着项目的进展而逐步提高**。例如在启动阶段可得出项目的粗略量级估算，其区间为［－25%，＋75%］。之后，随着信息越来越详细，确定性估算的区间可缩小至［－5%，＋10%］。某些组织已经制定出相应的指南，规定何时进行优化，以及每次优化所要达到的置信度或准确度。按照项目不同阶段进行的成本估算有三种类型，如表 7－05 所示。

表 7－05　项目成本估算的类型与准确性

估算类型	精确度	发生的时间和用途	其他表示方法
量级估算	－25% ～ ＋75%	通常发生在概念形成与启动阶段，用于可行性研究	可行性估算 棒球场估算
预算估算	－10% ～ ＋25%	通常发生在计划阶段，是自上而下的估算方法，用于项目获得批准	类比估算 自上而下估算

（续表）

估算类型	精确度	发生的时间和用途	其他表示方法
确定性估算	-5% ~ +10%	在计划阶段进行，最准确用于投标、评估和合同变更，用 WBS 进行的自下而上的估算	WBS 估算 控制估算 详细估算 确定性估算

①量级估算。量级估算提供了项目成本的一个粗略概念，它在项目早期评估，甚至是项目正式开始之前进行，用来帮助项目选择决策，但精确度较低。

②预算估算。预算估算是用来将资金划入一个组织的预算，通常发生在计划编制阶段。

③确定性估算。确定性估算则提供了一个精确的项目成本估算，常用于许多采购决策的制定，其精确度非常高。

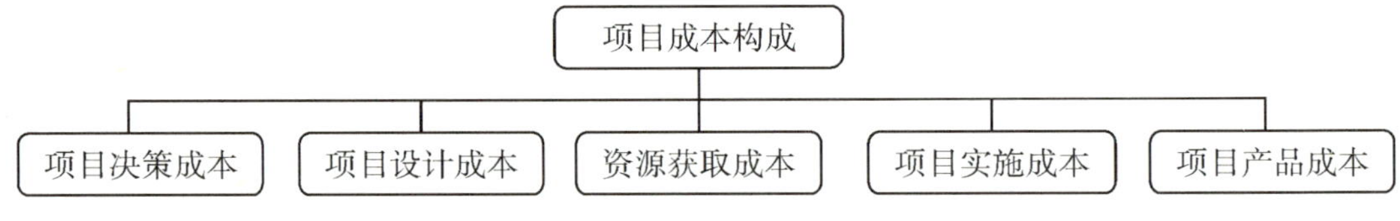

图 7 – 03　按生命期划分项目成本示意图

（2）**项目生命期成本的构成**：项目生命期的成本是指贯穿于整个项目生命周期的总成本。对于大型项目，为了便于管控，通常按项目生命期阶段来划分成本，如图7 – 03所示。

①项目立项决策和界定成本。它是指在项目启动过程中，用于信息收集、可行性研究、项目选择以及项目目标确定等一系列的决策分析活动所消耗的成本。

②项目勘测设计成本。它是指用于项目勘测设计工作所花费的成本，如项目现场勘查成本、初步设计成本和技术施工设计成本、新产品开发成本等。

③项目资源获取成本。它是指为了获取项目的各种资源需花费的成本，如对于项目所需物资设备的建议书、招标、询价、供应商选择、合同谈判与合同履约等的管理所发生的成本（人力、财力、物力），但不包括所获资源的价格成本。

④项目实施与监控成本。它是指为完成项目的目标而耗用的各种资源所发生的成本，是项目总成本的主要构成部分。项目实施成本具体包括人力资源成本、物料成本、设备成本、顾问成本、其他成本和不可预见成本等。

⑤项目产品、服务运行与维护成本。项目产品、服务在验收后的运维成本。在

进行项目成本估算时，应当统筹兼顾项目生命期的成本。

7.2.2 估算成本：工具与技术

（1）专家判断。基于历史信息，专家判断可以对项目环境及以往类似项目的信息提供有价值的见解。

（2）类比估算。见图7－04，成本类比估算是指以过去类似项目的参数值（如范围、成本、预算和持续时间等）或规模指标（如尺寸、重量和复杂性等）为基础，来估算当前项目的同类参数或指标。在估算成本时，这项技术以过去类似项目的实际成本为依据，来估算当前项目的成本。

通常，在项目的早期阶段或者当项目的详细资料难以得到时，这是一种估计项目总费用的行之有效的方法。相对于其他估算技术，类比估算通常成本较低、耗时较少，但准确性也较低。可以针对整个项目或项目中的某个部分，进行类比估算。类比估算可以与其他估算方法联合使用。

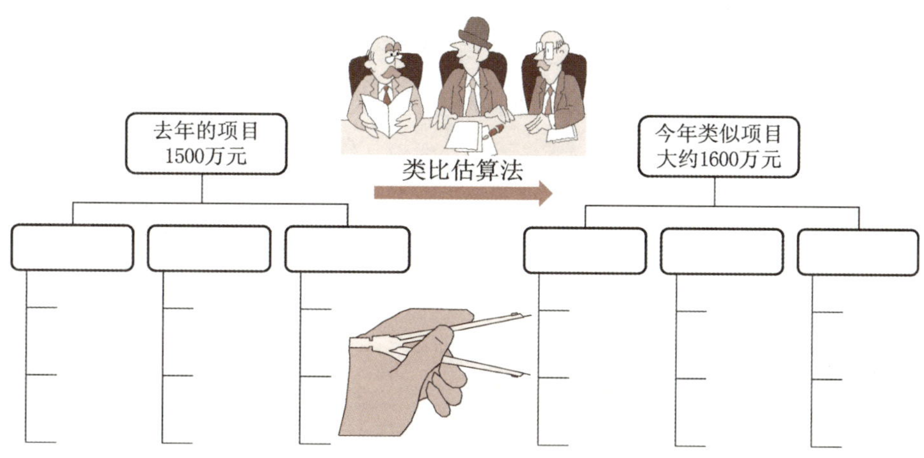

图7－04 项目成本估算：类比估算法示意图

适用范围：当先前的项目与目前的项目不仅在形式上，而且在实质上相同时或者对所进行的项目进行预估计时，类比估计法更为可靠和实用。

（3）参数估算。参数估算是指利用历史数据之间的统计关系和其他变量（如建筑施工中的平方米），来进行项目工作的成本估算。参数估算的准确性取决于参数模型的成熟度和基础数据的可靠性。参数估算可以针对整个项目或项目中的某个部分，并可与其他估算方法联合使用。

（4）自下而上分析。见图7－05，自下而上对工作组成部分进行估算的一种方法。

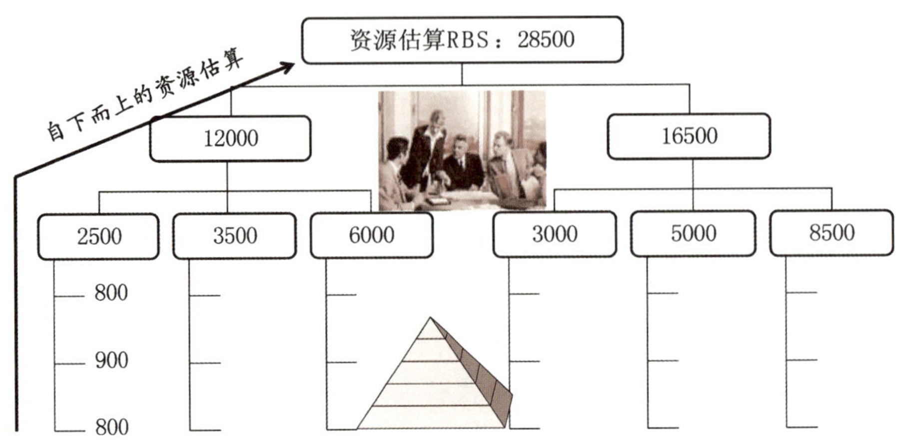

图 7－05　项目成本估算：自下而上估算法示意图（单位：元）

首先对单个工作包或活动的成本进行最具体、细致的估算；然后把这些细节性成本向上汇总或“合并”到更高层次，用于后续报告和跟踪。自下而上估算的准确性及其本身所需的成本，通常取决于单个活动或工作包的规模和复杂程度。

（5）**三点估算**。具体方法与“时间计划”相关章节相似。

表 7－06　项目成本估算：储备分析法

	应急储备	管理储备
属于的过程	估算成本的工具	制定预算过程的工具
用来应对哪类事件	处理预期但不确定的事件，即已知—未知事件	处理未计划但有可能需要的项目范围和成本变更，即未知—未知事件
是否属于成本基准	属于成本基准	不属于项目成本基准，但属于项目总预算
项目经理权限	项目经理可自由使用	项目经理需经管理层批准才可使用

（6）**储备分析**。如表 7－06 所示。为应对成本的不确定性，成本估算中可以包括应急储备（有时称为“应急费用”）和管理储备。详见“制定预算”章节。

（7）**质量成本**。在估算活动成本时，应当计入质量成本的各种假设。

（8）**项目管理软件**。项目管理应用软件、电子表单、模拟和统计工具等，可用来辅助成本估算。

（9）**卖方投标分析**。在成本估算过程中，可能需要根据合格卖方的投标情况，分析项目成本。

（10）**群体决策技术**。如头脑风暴、德尔菲技术和名义小组技术等，可以调动团队成员的参与，以提高估算的准确度，并提高对估算结果的责任感。

7.2.3 估算成本：输出

活动成本估算。活动成本估算是对完成项目工作可能需要的成本的量化估算。成本估算应该覆盖活动所使用的全部资源，包括直接人工、材料、设备、服务、设施、资料、信息技术，以及一些特殊的成本种类，如融资成本（包括利息）、通货膨胀补贴、汇率或成本应急储备。

【应用案例7－01】华为校园招聘项目成本估算RBS图

华为校园招聘项目成本估算RBS如图7－06所示。此图简明易懂，切实可行。通过财务分解结构图（ABS）把项目成本预算和控制落实到每一项工作细节。

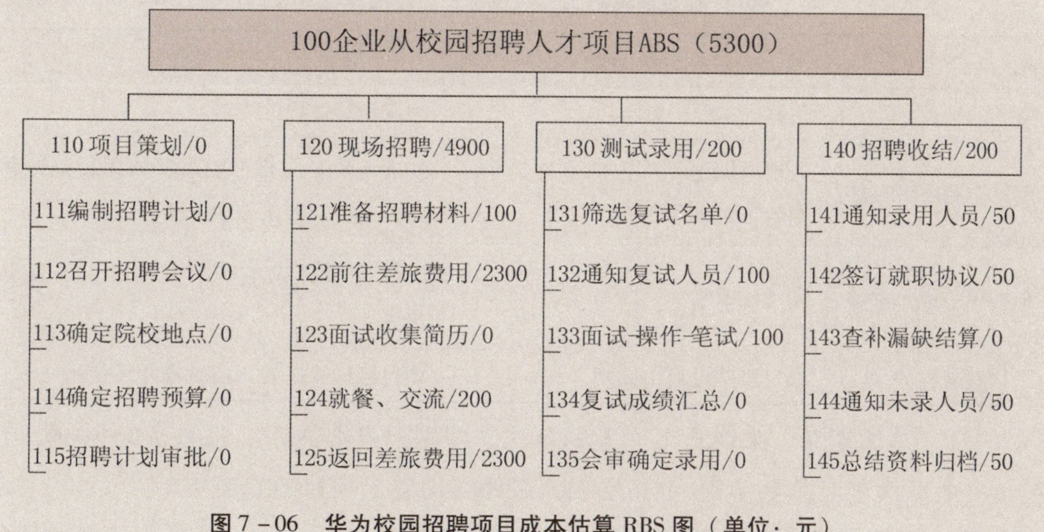

图7－06 华为校园招聘项目成本估算RBS图（单位：元）

7.3 制定预算

制定预算是汇总所有单个活动或工作包的估算成本，建立一个经批准的成本基准的过程。表7－07描述本过程的输入、工具与技术和输出。

表 7－07　制定预算：输入、工具与技术和输出

输入	工具与技术	输出
1. 成本管理计划	1. 成本汇总	1. 成本基准
2. 范围基准	2. 储备分析	2. 项目资金需求
3. 活动成本估算	3. 专家判断	3. 项目文件更新
4. 估算依据	4. 历史关系	
5. 项目进度计划	5. 资源限制平衡	
6. 资源日历		
7. 风险登记册		
8. 协议		
7. 组织过程资产		

7.3.1　制定预算：工具与技术

表 7－08　制定预算的工具与技术：应急储备与管理储备

	应急储备	管理储备
属于的过程	估算成本的工具	制定预算过程的工具
用来应对哪类事件	处理预期但不确定的事件，即已知的未知事件	处理未计划但有可能需要的项目范围和成本变更，即未知的未知
是否属于成本基准	属于成本基准	不属于项目成本基准，但属于项目总预算
项目经理权限	项目经理可自由使用	项目经理需经管理层批准才可使用

（1）**成本汇总**。采取自下而上的算法，即先把成本估算汇总到 WBS 中的工作包，再由工作包汇总至 WBS 更高层次，最终得出整个项目的总成本。

（2）**储备分析**。如表 7－08 所示。通过预算储备分析，可以计算出项目的应急储备与管理储备。

①**应急储备**。应急储备是包含在成本基准内的一部分预算，用来应对已经接受的已识别风险，以及已经制定应急或减轻措施的已识别风险。应急储备通常是预算的一部分，用来应对那些会影响项目的“已知—未知”风险。

应急储备用在项目费用中所占的比例一般为 5%～10%。这个比例是与项目的不确定性有关的：当项目缺乏经验，不确定性因素较多，风险较大时，则应急储备用就可取 10%；如果对于项目经验有类似经验，各方面信息齐备，风险较小时，就

可以取 5%。究竟准备多少应急储备用，应该视实际情况而定。

②管理储备。管理储备是为了管理控制的目的而特别留出的项目预算，用来应对项目范围中不可预见的工作。应对会影响项目的“未知—未知”风险。管理储备不包括在成本基准中，但属于项目总预算和资金需求的一部分。

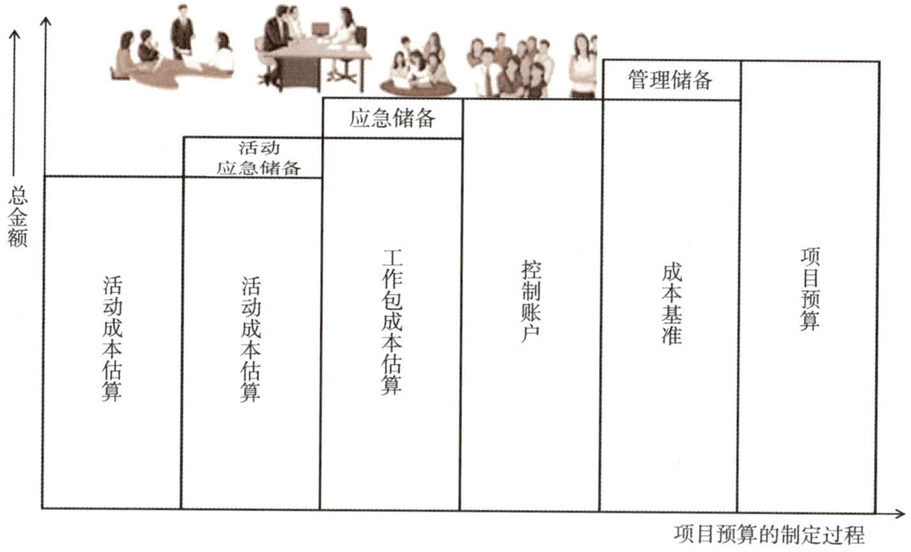

图 7－07　制定预算：项目成本的主要来源

7.3.2　制定预算：输出

（1）成本基准。如图 7－08 所示，成本基准是经过批准的、按时间段分配的项目总预算，不包括任何管理储备，用作与实际结果进行比较的依据。

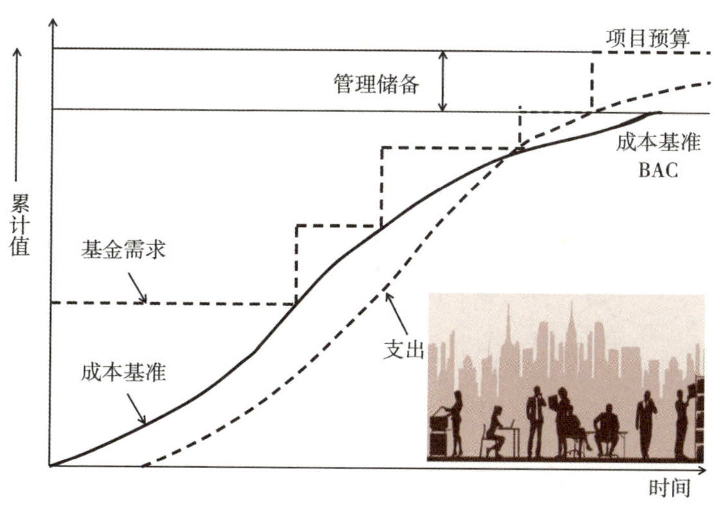

图 7－08　制定预算：项目成本基准、支出与资金需求

项目预算和成本基准的各个组成部分，先汇总各项目活动的成本估算和应急储备，得到相关工作包的成本。然后汇总各工作包的成本估算及其应急储备，得到控制账户的成本。再汇总各控制账户的成本，得到成本基准。

由于成本基准中的成本估算与进度活动直接关联，因此就可按时间段分配成本基准，得到一条 S 曲线，如图 7－08 所示。

当进度计划按所有活动的最早开始或最晚开始或者两者之间的某一个时点开始来安排时，就形成了不同形状的 S 曲线，又称为香蕉图，它反映了项目进度允许调整的余地。香蕉图不仅可以用于项目的费用控制，还可以用于进度控制。

【应用案例 7－02】华为某研发项目成本预算的“切段分配法”

华为为了抓住市场商机，满足客户的紧迫需求，希望赶在海外竞争对手之前完成某新产品研发项目，其进度按时间段来分配资金，如图 7－09 所示。

No	任务/月份	1	2	3	4	5	6
1	前期论证	10					
2	组建公司	22					
3	招聘员工	20					
4	员工培训		30				
5	软件开发		40				
6	加工样品		30				
7	系统测试			10			
8	制作模型			20			
9	申报检验			3			
10	通过检验				30		
11	委托加工					25	
12	试点安装						30
13	试点验收						3
	成本预算	250000	150000	200000	100000	150000	100000（元）
	成本累计	250000	400000	600000	700000	850000	950000（元）

图 7－09　制定预算：项目成本的切段分配方法

这种模式主要用于需要快速决策和执行重大项目任务的项目型组织结构或者强矩阵型组织结构，项目经理的财权比较集中，按进度绩效自上而下分配资金额度。其优点是能够有效地控制成本，财权集中，资金宏观使用效率较高；缺点是难以适应大项目的管理，灵活性较差，容易忽略一线的具体情况，难以适应突发事件。因此，切段分配法往往适合于时间紧迫和资金短缺的紧迫项目。

【应用案例7－03】华为某研发项目成本预算的“切块分配法”

切块分配法如图7－10所示，根据工作性质按分工部门分配资金。这种模式的特点是财权相对分散，按工作负荷自下而上申报开支预算。

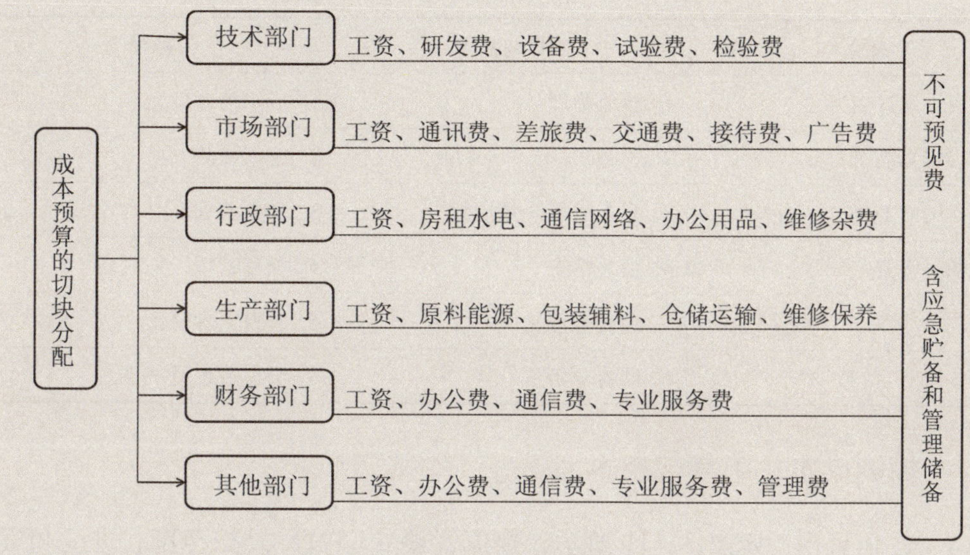

图7－10 制定预算：项目成本的切块分配方法

切块分配法适于工程项目型企业，其组织结构职能式组织架构的传统模式，其优点是能适应大项目的管理。由于财权分散，因而资金的使用相对灵活并比较切合实际，对突发事件反应迅速，切块法的缺点是难以控制成本，资金使用效率低，各下属单位本位利益作怪，为争夺资源，岁初虚报预算，岁末突击花钱，往往造成严重浪费。

在现实的项目管理中，小项目往往直接采用切段法效果比较好。而大项目采取纯粹的切块法或纯粹的切段法的情况都不多见，比较常见的做法是将两种方式结合使用，其原则是固定成本部分以切块分配法为主，而变动成本部分以切段分是比较明智的选择。

7.4 控制成本

控制成本是监督项目状态，以更新项目成本、管理成本基准变更的过程。表7－09描述了本过程的输入、工具与技术和输出。

表7－09 控制成本：输入、工具与技术和输出

输入	工具与技术	输出
1. 项目管理计划	1. 挣值管理	1. 工作绩效信息
2. 项目资金需求	2. 预测	2. 成本预测
3. 工作绩效数据	3. 完工尚需绩效指数	3. 变更请求
4. 组织过程资产	4. 绩效审查	4. 项目管理计划更新
	5. 项目管理软件	5. 项目文件更新
	6. 储备分析	6. 组织过程资产更新

7.4.1 控制成本：工具与技术

（1）**挣值管理**：如图7－11所示，挣值管理（EVM）是把范围、进度和资源

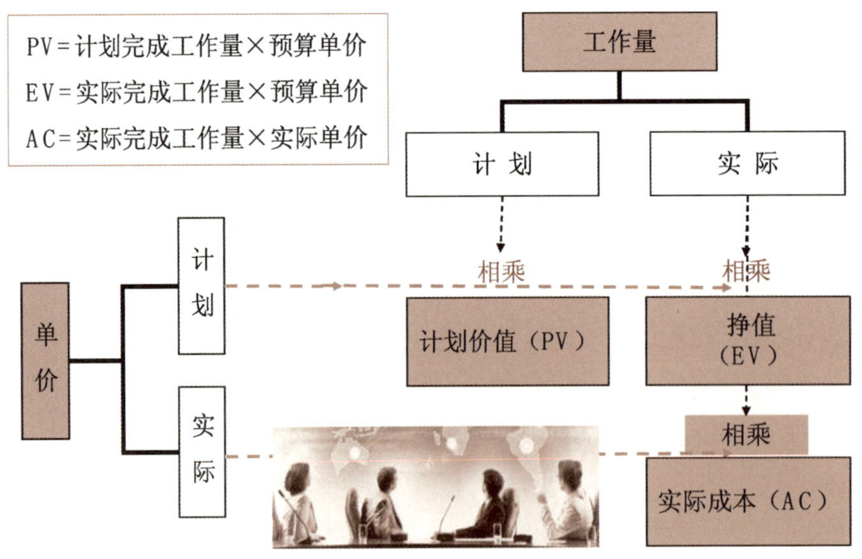

图7－11 挣值管理原理图

绩效综合起来考虑，以评估项目绩效和进展的方法，它是一种常用的项目绩效测量方法。它把范围基准、成本基准和进度基准整合起来，形成绩效基准，以便在既定的范围下追求进度和成本绩效的综合最优。

作为一种项目管理技术，挣值管理要求建立整合基准，用于测量项目期间的绩效。EVM 的原理适用于所有行业的所有项目。挣值管理示意图如图 7－12 所示。

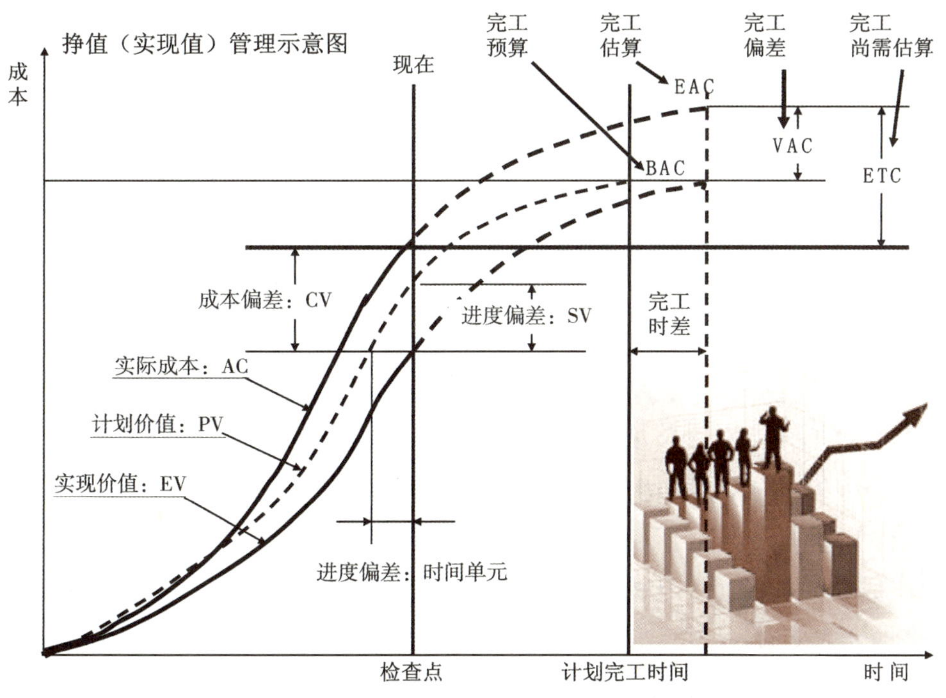

图 7－12 控制成本：挣值管理法示意图

（2）**挣值管理的三个关键指标**：挣值管理针对每个工作包和控制账户，计算并监测以下三个关键指标：

①**计划价值**。计划价值（PV）是为计划工作分配到的、经批准的预算。它是为完成某活动或工作分解结构组件而准备的一份经批准的预算，不包括管理储备。应该把该预算分配至项目生命周期的各个阶段。在某个给定的时间点，计划价值代表着应该已经完成的工作。PV 的总和有时被称为绩效测量基准（PMB），项目的总计划价值又被称为完工预算（BAC）。

②**挣值**。挣值（EV）是对已完成工作的测量值，用分配给该工作的预算来

表示，它是已完成工作相对应的、经批准的预算。EV 的计算应该与 PMB 相对应，且所得的 EV 值不得大于相应组件的 PV 总预算。EV 常用于计算项目的完成百分比。

③实际成本。实际成本（AC）是在给定时段内，执行某工作而实际发生的成本，是为完成与 EV 相对应的工作而发生的总成本。AC 没有上限，为实现 EV 所花费的任何成本都要计算进去。

（3）挣值管理的两个重要偏差——监测实际绩效与基准之间的偏差：

①进度偏差。进度偏差（SV）是测量进度绩效的一种指标，表示为挣值与计划价值之差。它是指在某个给定的时点，项目提前或落后的进度，等于挣值（EV）减去计划价值（PV）。进度偏差是一种有用的指标，可表明项目进度是落后还是提前子进度基准。

最好把进度偏差与关键路径法（CPM）和风险管理一起使用。公式：

SV = EV − PV。

②成本偏差。成本偏差（CV）是在某个给定时点的预算亏空或盈余量，表示为挣值与实际成本之差。它是测量项目成本绩效的一种指标，等于挣值（EV）减去实际成本（AC）。项目结束时的成本偏差，就是完工预算（BAC）与实际成本之间的差值。

由于成本偏差指明了实际绩效与成本支出之间的关系，所以非常重要。负的 CV 一般是不可挽回的。公式：CV = EV − AC。

（4）挣值管理的两个重要的绩效指数：

①进度绩效指数。进度绩效指数（SPI）是测量进度效率的一种指标，表示为挣值与计价值之比。它反映了项目团队利用时间的效率。有时与成本绩效指数（CPI）一起使用，以预测最终的完工估算。当 SPI 小于 1.0 时，说明已完成的工作量未达到计划要求，当 SPI 大于 1.0 时，则说明已完成的工作量超过计划。

由于 SPI 测量的是项目总工作量，所以还需要对关键路径上的绩效进行单独分析，以确认项目是否将比计划完成日期提前或推迟完工。SPI 等于 EV 与 PV 的比值。公式：SPI = EV/PV。

②成本绩效指数。成本绩效指数（CPI）是测量预算资源的成本效率的一种指标，表示为挣值与实际成本之比。它是最关键的 EVM 指标，用来测量已

完成工作的成本效率。当 CPI 小于 1.0 时，说明已完成工作的成本超支；当 CPI 大于 1.0 时，则说明到目前为止成本有结余。CPI 等于 EV 与 AC 的比值。该指标对于判断项目状态很有帮助，并可为预测项目成本和进度的最终结果提供依据。公式：CPI = EV/AC。对计划价值、挣值和实际成本这三个参数，既可以分阶段（通常以周或月为单位）进行监测和报告，也可以针对累计值进行监测和报告。

（5）**预测**：随着项目进展，项目团队可根据项目绩效，对完工估算（EAC）进行预测，预测的结果可能与完工预算（BAC）存在差异。如图 7－13 所示。

如果 BAC 已明显不再可行，则项目经理应考虑对 EAC 进行预测。预测 EAC 是根据当前掌握的绩效信息和其他知识，预计项目未来的情况和事件。预测要根据项目执行过程中所提供的工作绩效数据来产生、更新和重新发布。工作绩效信息包含项目过去的绩效，以及可能在未来对项目产生影响的任何信息。

在计算 EAC 时，通常用已完成工作的实际成本（AC），加上剩余工作的完工尚需估算（ETC）。项目团队要根据已有的经验，考虑实施 ETC 工作可能遇到的各种情况。把 EVM 方法与手工预测 EAC 方法联合起来使用，效果更佳。由项目经理和项目团队手工进行的自下而上汇总方法，就是一种最普通的 EAC 预测方法。

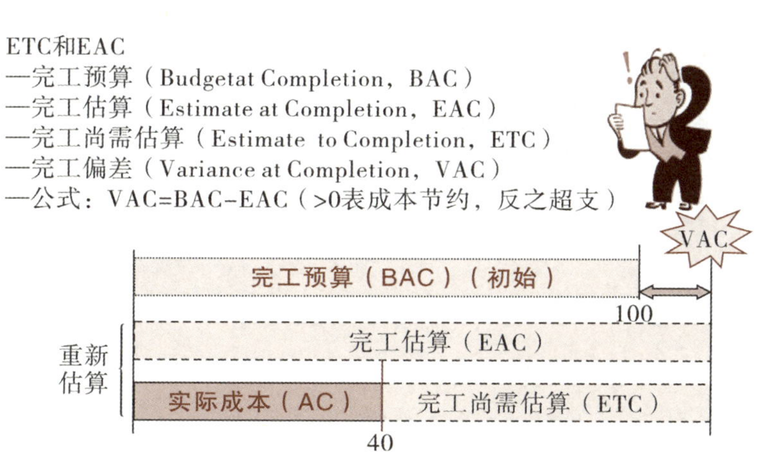

图 7－13　控制成本：预测原理图

项目经理所进行的自下而上 EAC 估算，就是以已完成工作的实际成本为基础，并根据已积累的经验来为剩余项目工作编制一个新估算。公式：完工估算（EAC）＝实际成本（AC）＋自下而上的完工尚需估算（ETC）。

项目绩效的预测不同情况下的计算公式如图 7－14 所示。

√ 假设将按预算单价完成ETC，项目将不会出现类似偏差：
ETC=BAC−EV
EAC=AC+（BAC−EV）

√ 假设当前CPI完成剩余工作，今后项目将按现在的偏差情况发展下去：
ETC=（BAC−EV）/CPI
EAC=AC+（BAC−EV）/CPI
=BAC/CPI

√ 全新估算，原有假设和预算不再适用
ETC=自下而上的ETC
EAC=AC+自下而上的ETC

√ 当前偏差已发生，而又必须按期完工，假设SPI和CPI将同时影响未来ETC工作，在这种预测中，需计算一个由CPI与SPI综合决定的效率指标，并假设今后项目按该效率指标完成。
CPI*SPI的结果又称关键比率（Critical Ratio, CR）
ETC=（BAC−EV）/（CPI*SPI）
EAC=AC+（BAC−EV）/（CPI*SPI）

图 7－14　控制成本：不同情况下的预测计算公式

（6）**完工尚需绩效指数（TCPI）**：完工尚需绩效指数是一种为了实现特定的管理目标，剩余资源的使用必须达到的成本绩效指标，是完成剩余工作所需的成本与剩余预算之比。

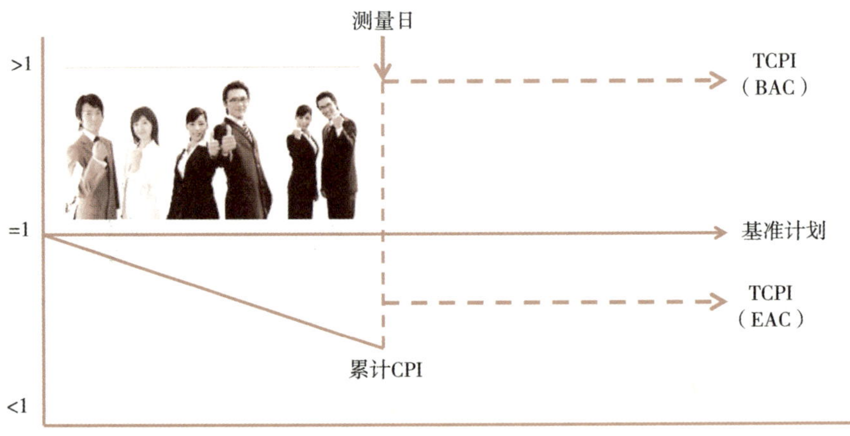

完工尚需绩效指数（TCPI）＝剩余工作（BAC－EV）/剩余资金（BAC－AC）

完工尚需绩效指数（TCPI）＝剩余工作（BAC－EV）/剩余资金（EAC－AC）

图 7－15　控制成本：完工尚需绩效指数（TCPI）

TCPI 是指为了实现具体的管理目标（如 BAC 或 EAC），剩余工作的实施必须达到的成本绩效指标。如果 BAC 已明显不再可行，则项目经理应考虑使用 EAC 进行 TCPI 计算。经过批准后，就用 EAC 取代 BAC。基于 BAC 的 TCPI 公式：TCPI＝

（BAC－EV）／（BAC－AC）。

TCPI的概念可用图7－15表示。其计算公式在图的下方，用剩余工作（BAC减去EV）除以剩余资金（BAC减去AC，或EAC减去AC）。

如果累计CPI低于基准（如图7－15所示），那么项目的全部剩余工作都应立即按TCPI（BAC）（图7－15中最高的那条线）执行，才能确保实际总成本不超过批准的BAC。至于所要求的这种绩效水平是否可行，就需要综合考虑多种因素（包括风险、进度和技术绩效）后才能判断。如果不可行，就需要把项目未来所需的绩效水平调整为CPI（EAC）线所示。基于EAC的TCPI公式：TCPI＝（BAC－EV）／（EAC－AC）。

（7）**绩效审查**：绩效审查的对象包括成本绩效随时间的变化、进度活动或工作包超出和低于预算的情况，以及完成工作所需的资金估算。如果采用了EVM，则需要进行以下分析：

①偏差分析。在挣值管理EVM中，偏差分析用以解释成本偏差（CV＝EV－AC）、进度偏差（SV＝EV－PV）和完工偏差（VAC＝BAC－EAC）的原因、影响和纠正措施。成本和进度偏差是最需要分析的两种偏差。对于不使用挣值管理的项目，可开展类似的偏差分析，通过比较计划活动成本和实际活动成本，来识别成本基准与实际项目绩效之间的差异。可以实施进一步的分析，以判定偏离进度基准的原因和程度，并决定是否需要采取纠正或预防措施。可通过成本绩效测量来评价偏离原始成本基准的程度。项目成本控制的重要工作包括：判定偏离成本基准的原因和程度，并决定是否需要采取纠正或预防措施。随着项目工作的逐步完成，偏差的可接受范围（常用百分比表示）将逐步缩小。

②趋势分析。趋势分析旨在审查项目绩效随时间的变化情况，以判断绩效是正在改善还是正在恶化。图形分析技术有助于了解截至目前的绩效情况，并把发展趋势与未来的绩效目标进行比较，如EAC与BAC、预测完工日期与计划完工日期的比较。

③挣值绩效。将实际的进度及成本绩效与绩效测量基准进行比较。如果不采用EVM，则需要对比分析已完成工作的实际成本与成本基准，以考察成本绩效。

（8）**项目管理软件**：项目管理软件常用于监测PV、EV和AC这三个EVM指标，绘制趋势图，并预测最终项目结果的可能区间。

（9）**储备分析**：在控制成本过程中，可以采用储备分析来监督项目中应急储备和管理储备的使用情况，从而判断是否还需要这些储备，或者是否需要增加额外的储备。随着项目工作的进展，这些储备可能已按计划用于支付风险或其他应急情形的成本。或者，如果风险事件没有如预计的那样发生，就可能要从项目预算中扣除未使用的应急储备，为其他项目或运营腾出资源。

7.4.2 成本控制：输出

（1）**工作绩效信息**。WBS 各组件（尤其是工作包和控制账户）的 CV，SV，CPI，SPI，TCPI 和 VAC 值，都需要记录下来，并传达给干系人。挣值管理计算公式如表 7－10 所示。

（2）**成本预测**。无论是计算得出的 EAC 值，还是自下而上估算的 EAC 值，都需要记录下来，并传达给干系人。

（3）**变更请求**。分析项目绩效后，可能会就成本基准或项目管理计划的其他组成部分提出变更请求。变更请求可以包括预防或纠正措施。

表 7－10 控制成本：挣值管理法计算公式

术语	描述	公式
SV	进度偏差	SV = EV－PV （计算偏差，EV 在前）
CV	成本偏差	CV = EV－AC （计算偏差，EV 在前）
SPI	进度绩效指标	SPI = EV/PV （计算指标，EV 在上）
CPI	成本绩效指标	CPI = EV/AC （计算指标，EV 在上）
ETC	完工尚需估算	ETC = EAC－AC
EAC	完工估算	EAC = AC + ETC　EAC = BAC/CPI
VAC	完工偏差	VAC = BAC－EAC
PC	完工百分率	EV/BAC，判断挣值良好的法则：偏差 >0；指数 >1
完工尚需绩效指数：基于 BAC：TCPI =（BAC－EV）/（BAC－AC） 基于 EAC：TCPI =（BAC－EV）/（EAC－AC）		

【应用案例 7－04】华为粉刷某实验室项目预算与挣值（EV）分析

参见表 7－11，华为 10 天内粉刷 10 间同样的实验室，总预算 20000 元（每天 1 间，每间 2000 元）。如果在第 5 天末实际成本支出 AC＝10000 元，分析以下三中情况下的进度与成本问题：

①如果到第 5 天实际支出 10000 元，粉刷了 5 间房，把实际支出与累计预算成本（10000 元，5 个房间）比较，没有超预算，不错！

②如果到第 5 天实际支出 10000 元，却只粉刷了 3 个房间呢？

③如果到第 5 天实际支出 10000 元，并且已经粉刷了 6 个房间呢？

表 7－11 是以上三种情况的分析对比图。

表 7－11　粉刷实验室三种情况的分析对比（单位：元）

状态 / 价值	完成 5 间	完成 3 间	完成 6 间
PV—计划价值	10000	10000	10000
AC—实际成本	10000	10000	10000
EV—实现价值	10000	6000	12000

①如果到了第 5 天下班，完成了 5 间实验室的粉刷任务，而且 EV＝AC＝PV＝10000，表明项目完全按照范围、进度和预算完成了第 5 天的任务。

②如果到了第 5 天下班，只完成了 3 间实验室的粉刷任务，有两间没有按计划完成，而且 AC＝PV＝10000，完成了 3 间实验室的粉刷任务对应的预算 EV＝6000，表明项目没有按照范围、进度和预算完成了第 5 天的任务。其差值：

进度偏差 SV＝ EV－PV＝6000－10000＝－4000 元，有 4000 元的工作任务没有完成。

成本偏差 CV＝ EV－PV＝6000－10000＝－4000 元，花费 10000 元，只完成 6000 元的工作任务，项目超支 4000 元。

③如果到了第 5 天下班，共完成了 6 间实验室的粉刷任务，超额完成 1 间，而且 AC＝PV＝10000，完成了 6 间实验室的粉刷任务对应的预算 EV＝12000，表明：项目按照范围、进度和预算超额完成了第 5 天的任务。其差值：

进度偏差 SV＝EV－PV＝12000－10000＝2000 元，多完成 2000 元的工作任务；

成本偏差 CV＝EV－PV＝12000－10000＝2000 元，花费 10000 元，完成 12000

元的工作任务，项目节省开支2000元。

从以上的分析可以看出，有一个很重要的变量：实际完成的工作量及其相应的预算成本，也就是实际完成工作对应的预算成本，这里称它为“挣值或者实现值”，(Earned Value，简称“EV”)。如果用粉刷完的房间所取得的预算成本PV（3个房间6000元，6个房间12000元），而不是预算成本10000元，与累计实际成本10000元相比，就能发现成本的真正问题了。

第 8 章
项目质量管理

【章节重点导图】有质量，才有口碑，质量是品牌的基础。本章的重点是项目质量规划、质量保证和质量控制的思路、方法、工具和应用。如图 8－01 所示。

图 8－01　项目质量管理过程

引言：关于质量管理理念

质量：国际标准化组织（ISO）认为：质量是“一系列内在特性满足要求的程度（ISO 9000）”。ISO 8402“质量术语”定义：反映实体满足明确或隐含需要能力的特性总和。

质量管理大师和主要观点：如图 8－02 所示。

●戴明（Deming）

· 发扬PDCA
· 目标不变持续改进知识积累
· 质量管理的14条原则

●朱兰（Juran）

· 质量是“适合作用”
· 质量与等级的区别
· 质量管理三元论
（策划、控制和改进）

●菲根鲍姆

全面质量管理TQM

●田口玄一（Taguchi）

· 质量损失函数
· 稳健设计方法
· 实验设计方法

●克劳斯比（Crosby）

· 质量是“符合要求”
· 零缺陷，第一次就把事情做对

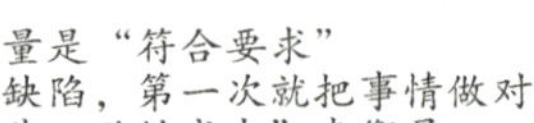

· “非一致性成本”来衡量
· 质量是免费的

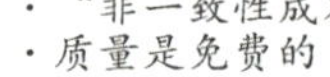

· 预防胜于检验

●石川磬（Ishikawa）

· 石川图/鱼骨图
· QC七工具

图 8－02　质量管理大师和主要观点

两种不同的质量理念：如表 8－01 所示。

表 8－01 两种不同的质量理念

传统质量观点	现代质量管理观点
质量是检查出来的	质量是规划出来的，而非检查出来的
质量就是指产品的质量	质量不只是产品还包括过程
缺陷是不可避免的	事情一次作对成本最低——零缺陷
质量管理是质量部门人员的事情	质量管理，人人有责
对于质量事故，基层人员负主要责任	质量责任高层管理者承担 85%
质量越高越好	质量就是符合要求、适用、客户满意，需要考虑成本与收益
改进质量主要靠检查和返工	改进质量靠预防和评估

质量与等级的区别：质量作为实现的性能或成果，是"一系列内在特性满足要求的程度（ISO 9000）"。而等级作为设计者针对用户的需求，对用途相同但技术特性不同的可交付成果的级别分类。比如电源插座，能接通还是接不通电路，属于质量问题；而设计制造两相接口、三相接口，多少个接口等问题属于功能等级问题，通常等级越高，功能越强。

组织质量政策：由高级管理层根据企业文化和质量理念颁布的，确定组织质量工作方向。对此，项目执行组织应当注意以下三种不同情况：

①尚未建立：如果组织没有质量政策，项目管理团队就要为项目制订一份质量政策。

②已经建立：如果组织已有质量政策，应直接使用。

③及时发布：项目管理团队要通过适当的信息发布，确保所有项目干系人完全了解项目所使用的质量政策。例如：以"客户为先，服务至上，全面品管，持续改善，不断满足客户需求"的质量方针。企业管理层在项目启动会议上对项目经理与项目团队重申企业质量政策。

组织质量投资效益分析：如图 8－03 所示。

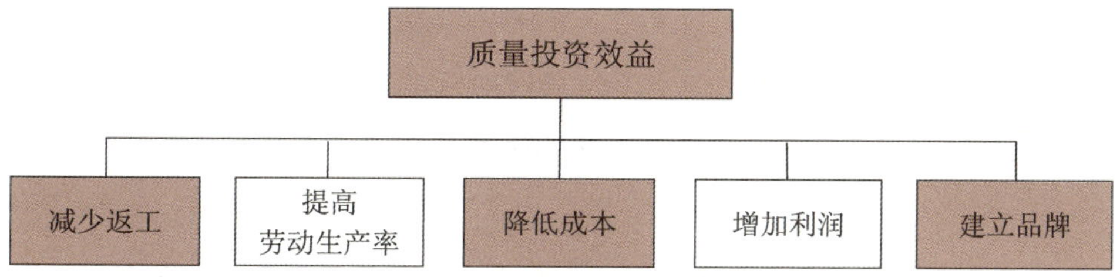

图 8－03 质量投资效益分析

项目质量管理：项目质量管理，就是在一定技术、经济、社会条件下，运用先进的科学原理、方法和技术，为保证和提高项目质量而进行的一系列运作活动。项目的质量管理是围绕项目质量所进行的指挥、协调和控制等活动。

【应用案例8－01】质量文化的顶层设计：张瑞敏砸冰箱启示录

企业要创世界品牌就必须抓项目和生产质量管理，但当时海尔生产的电冰箱质量一直很不稳定。虽然张瑞敏一再向工人们强调遵守质量管理对于企业发展的重要性，但工人们蔑视规则，不遵章守纪的陋习并没有完全改变。

1985年12月的一天，张瑞敏的一位朋友要买一台电冰箱，从海尔正在销售的电冰箱中，挑了很多台都有毛病，最后他只能勉强拉走了一台。与此同时，张瑞敏收到一封用户来信，反映海尔生产的电冰箱存在着严重的质量问题。

张瑞敏立即带领管理人员去仓库检查，发现仓库里同一批次的400多台电冰箱中，竟然有76台不合格（将近20%不合格）。张瑞敏的心被深深地刺痛了，他意识到是下决心彻底解决这个问题的时候了。

张瑞敏立即召集全体员工到仓库现场开会，他问大家对质量不合格的电冰箱该怎么办？当时多数人都提出，这些电冰箱都只有小问题，并不影响使用，建议作为福利便宜一点卖给厂里的职工，以挽回企业的损失。张瑞敏却说：“我要是允许把这76台冰箱卖了，就等于允许你们明天再生产760台、7600台这样的不合格冰箱。放行这些有缺陷的产品，就谈不上质量意识。今天我们不砸掉这些冰箱，明天客户就回来砸我们的工厂！”

张瑞敏立即宣布，把这些不合格的冰箱全部砸掉，说着他抡起大锤亲手砸毁了第一台。接着他又说，这些质量不合格的电冰箱是谁生产的，就由谁来砸。见状在场的很多老员工含泪砸掉了自己生产的电冰箱。有人事后做了计算，那76台电冰箱，如果按出厂价计算，相当于全厂职工两年的工资。但张瑞敏一声令下，它们就变成了一堆废铁。在接下来的一个多月里，张瑞敏主持了一个又一个会议，讨论的核心主题只有一个——“如何从我做起，提高产品质量”。讨论中，很多员工都表示，看着自己亲手做的冰箱就这么砸了，心里非常痛苦，今后自己会非常用心地做冰箱，再也不会出错了。讨论结束之后，海尔还制定了一整套质量管理规程和监督管理体系。很快，从青岛市电冰箱总厂车间里传出的质量管理的历史强音就传遍了全中国，甚至传遍了全世界。

启示：砸冰箱的事件，不仅砸醒了海尔人的质量意识，更砸出了海尔“要么不

干，要干争第一”的精神，使海尔成了当时注重质量管理的代名词，也使这家不知名小厂的命运得以彻底改变。张瑞敏的举动，同时也慑服了所有的海尔人，确立了张瑞敏在海尔的威信和领导地位。

张瑞敏后来在回忆“砸冰箱事件”时说：“当时，中国人头脑里有一个极荒唐的概念，就是把产品分为合格品、二等品、三等品，还有等外品，好东西卖给外国人，劣等品内销自己用。难道我们天生就比外国人差，只配用残次品？这种观念助长了我们的自卑、懒惰和不负责任，难怪人家看不起我们。自从砸冰箱之后，海尔的产品不再分等级了，有缺陷的产品就是废品，必须把这些废品都砸了，只有砸得心里流血，才能长点记性！”

8.1 规划质量管理

规划质量管理是识别项目及其可交付成果的质量要求或标准，并书面描述项目将如何证明符合质量要求的过程。

表 8－02 规划质量管理：输入、工具与技术和输出

输入	工具与技术	输出
1. 项目管理计划	1. 成本效益分析	1. 质量管理计划
2. 干系人登记册	2. 质量成本	2. 过程改进计划
3. 风险登记册	3. 七种基本质量工具	3. 质量测量指标
4. 需求文件	4. 标杆对照	4. 质量核对单
5. 事业环境因素	5. 实验设计	5. 项目文件更新
6. 组织过程资产	6. 统计抽样	
	7. 其他质量规划工具	
	8. 会议	

本过程的主要作用是，为整个项目中如何管理和确认质量提供指南和方向。表 8－02 描述这个过程的输入、工具与技术和输出。

8.1.1 规划质量管理：工具与技术

（1）**成本效益分析**。项目达到质量要求的主要效益包括减少返工、提高生产率、降低成本、提升干系人满意度及提升企业品牌和赢利能力、比较其成本与效益。

（2）**质量成本**。质量成本包括在产品生命周期中为预防不符合要求、为评价产品或服务是否符合要求，以及因未达到要求而发生的所有成本。失效成本常分内部（内部发现）和外部（客户发现）两类。失效成本也称为劣质成本。图 8－04 给出了质量成本的主要分类。其中：

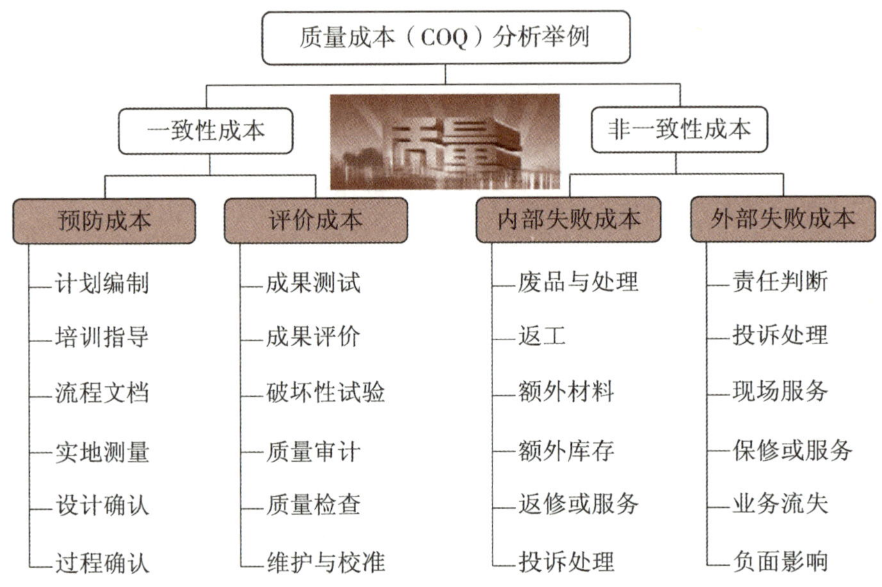

图 8－04　规划质量管理：输入、工具与技术和输出

一致成本是指预防性质量过程的成本，是为保证和提高产品/服务质量而发生的成本，是积极的质量管理过程。一致成本包括计划编制、培训、教导、过程控制、实地测量、设计确认、过程确认、测试与评估、质量审计、维护与校准等过程发生的质量成本。

不一致成本是指因质量缺陷造成的成本。不一致成本包括废料、返工、加速处理、额外材料或库存、现场服务、保修或服务、投诉处理、责任判定、产品取消、产品修正措施等过程发生的质量成本。

除此之外，项目质量成本一般可分为预防成本、评估成本、内部损失成本、外部损失成本：

①预防成本——计划和执行一个项目以使项目无差错或使差错保持在一个可接受范围内的成本。例如，培训、过程能力研究、对供应商质量调查等行为引起的成本都属于预防性成本。

②评估成本——评估各种过程及其成果所发生的成本，其目的在于确保一个项目无差错或使差错保持在一个可接受范围内。例如，产品检查和测试，设备检查、

测试和维护，处理和报告测试数据等行为都属于质量评估成本。

③内部失效成本——在客户收到产品之前，纠正已识别出的一个缺陷所引起的成本。废料与返工、与推迟付账有关的费用、缺陷存货（由于产品缺陷而直接导致的存货成本）、工程变动、根本设计错误变更（为纠正设计错误而引起的设计变更成本），纠正文档的成本等都属于内部损失成本。

④外部失效成本——指为在产品交付客户之前未被发现和更正的产品缺陷而支付的成本。担保费用、现场服务人员培训、产品责任诉讼、投诉处理、未来经营损失等所引发的成本都是外部损失成本的例子。

（3）**七种基本质量工具**。七种基本质量工具，也称 7QC 工具，用于在 PDCA 循环的框架内解决与质量相关的问题。七种基本质量工具分别是：

①因果图。又称特性要因图、因果关系图、树枝图、鱼骨图或石川图。

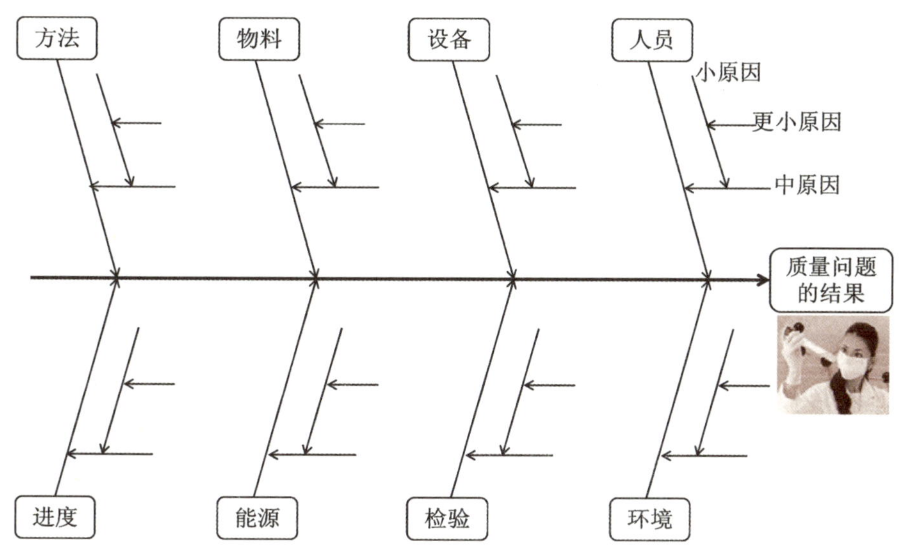

图 8-05　七种基本质量工具之一：因果关系分析图

如图 8-05 所示，把问题陈述放在鱼骨的头部，作为起点，用来事先预防质量问题，或者事后追溯问题的根源、进一步提出针对性的纠偏对策和办法。

因果关系图的三种类型，见图 8-06。

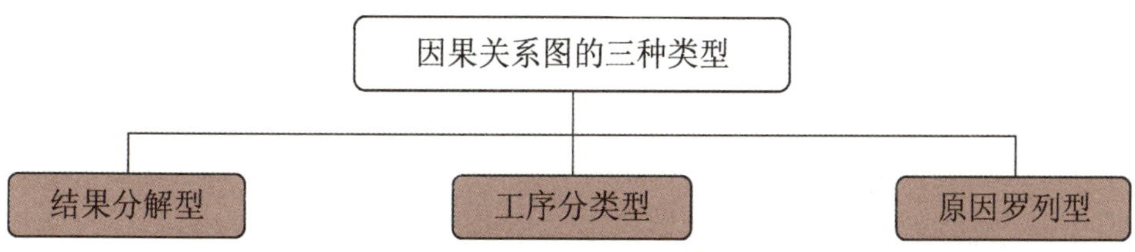

图 8-06　七种基本质量工具之一：因果关系的三种类型

结果分解型——这种类型的因果分析图的特点是沿着为什么会产生结果进行层层解析，可系统地掌握纵向的关系，但易遗漏或忽视某些平行关系。

工序分类型——按工序的流程，将各工序作为影响项目质量的平行的主干原因，再将各工序中影响工序质量的原因填写在相应的工序中。该分析图简单易行，但有可能会造成相同的因素出现在不同的工序中，难以反映因素间的交互作用。

原因罗列型——采用“头脑风暴法”等方法，使参与分析的人员自由发表意见，并将所有观点和意见都一一罗列起来，然后系统地整理出它们之间的关系，最后绘制出一致同意的因果分析图。如图8－07、图8－08、表8－03所示的因果分析图表，反映出的因素比较全面，在整理因素间的关系时，能客观地促使对各因素的深入分析，有利于问题的深化，但工作量较大。

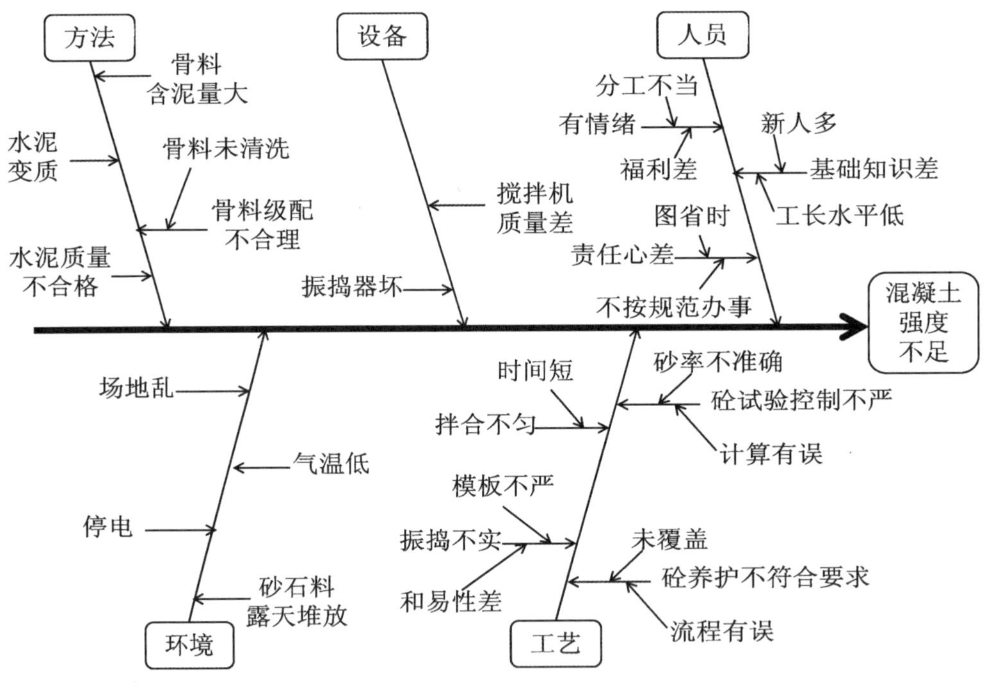

图8－07　用因果关系图分析混凝土强度不足的原因

因果分析图的绘制步骤：不同类型的因果分析图的绘制步骤有所不同。现以图8－07凝土强度不足的质量问题为例来说明原因罗列型因果分析图的绘制步骤。

第一步，确定质量问题。特性就是需要解决的质量问题，放在主干箭头的前面。本例的特性是混凝土强度不足。

第二步，确定影响质量特性的大原因（大枝）。影响混凝土强度的大原因主要

是人、材料、工艺、设备和环境五个方面。

第三步，确定中、小原因（中、小、细枝）。围绕着大原因进行层层分析，确定影响混凝土强度的中、小原因。

第四步，补充遗漏的因素。发扬技术民主，反复讨论，补充遗漏的因素。

第五步，制定对策。针对影响质量的因素，有的放矢地制定对策，并落实到解决问题的人和时间。对于大中型或者比较复杂的项目，可以通过对策计划图的形式加以图表示，见表 8－03。

表 8－03 混凝土强度不足的原因和对策图

序号	原因	对策	负责人	解决期限
1	人：基本知识差	对工人进行教育培训 做好技术交底工作 学习操作规程及质量标准		
2	人：责任心不强，有情绪	加强组织工作，明确责任 建立工作岗位责任制 关心工人生活		
3	机：振捣器、搅拌机常坏	加强维修，增加设备		
4	料：水泥用量不足	严格水泥计量		
5	料：骨料含泥量大	清洗过筛，用前检验		
6	法：配合比不准	重新设计、材料结构试验		
7	法：水灰比控制不严	严格计量		
8	环：场地乱	清理现场		
9	环：气温低	采取保温措施		

对于小型或者涉及的要素比较简单的项目，可以绘制“双头鱼骨图”分别描述质量问题的根本原因与对策，并限期改正。如分析提高在职学习考试成绩不高的原因和对策，见图 8－08。

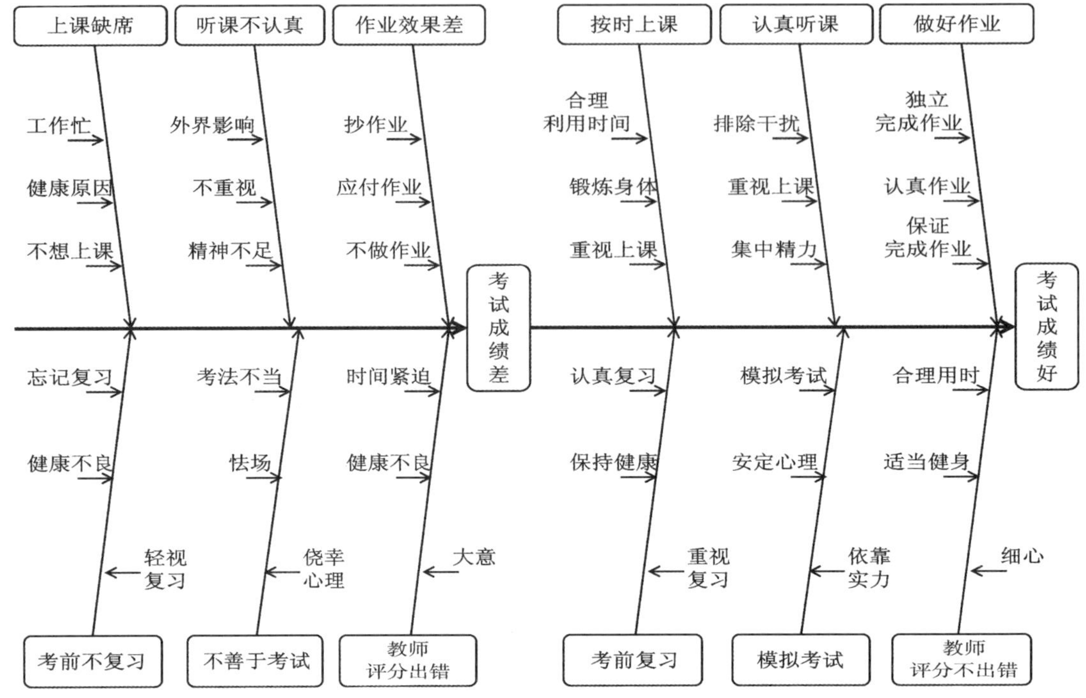

图 8－08　用“双鱼骨图”分析考试成绩不高的原因和对策

②流程图。流程图是由若干因素和箭头线相连的因素关系图。

图 8－09 是一个设计复查程序的流程图。借助于流程图，项目团队可以发现项目的工作流程及各活动之间可能产生质量问题的工作环节，图中的菱形表示质量控制点，有助于明确项目质量管理的责任，以便项目经理估计未来将在何时、何地发生质量问题，从而及时制定应对策略，提出解决质量问题的方法和措施。

③核查表。又称计数图，是用于收集数据的查对清单。它合理排列各种事项，以便有效地收集关于潜在质量问题的有用数据，用于检查以识别缺陷，又经常使用帕累托图来显示。表 8－04 是一些产品模型的问题和缺陷统计检查表。

④帕累托图。它是一种特殊的垂直条形图，用于识别造成大多数问题的少数重要原因。19 世纪晚期，意大利经济学家维弗雷多·帕累托发现，一个地区 80% 的财富都集中在不到 20% 的人手里。帕累托原则描述的是较多数结果是由少数原因造成的。该原则的重要性就在于它集中解决了产生重大结果的少数关键问题。集中力量解决产生主要结果的少数几个问题而不是将精力花在解决产生不重要结果的大量琐碎事务上，就可能取得更大的成功。

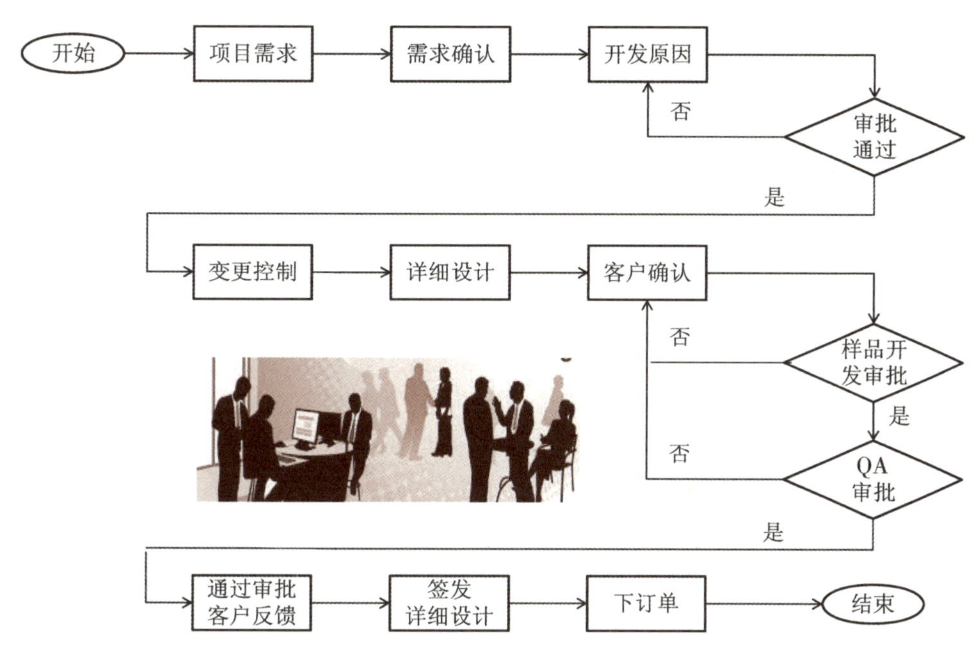

图 8－09 七种基本质量工具之二：流程图

表 8－04 七种基本质量工具之三：检查表

模型编号	种类	检查记录	小计	频率（%）
A	裂纹	正正正正正正正正正	45	19
B	气孔	正正正正正正	30	12.7
C	掉砂	正正正正正正正	35	14.8
D	刮伤	正正正正正正正正	40	17
E	饰纹不良	正正正正正正	30	12.7
F	模痕	正正正正正	25	10.6
G	油污	正正正正正正	30	12.7
问题合计			235	

帕累托分析指确认造成系统质量问题的诸多因素中最为重要的几个因素。它有时被称为 20/80 法则，意思是，80% 的问题经常是由于 20% 的原因引起的。

帕累托图排序的目的是为了发现质量问题，有重点地采取纠正措施；项目团队首先要处理那些导致最多缺陷的原因。

【应用案例8－02】借助因果图、帕累托图提高服务质量

某企业在对内部招待所工作进行两周访谈和问卷调研的基础上，决定研究其中存在的关键问题，以便采取改正措施。在同事们的帮助下将各个部门明显存在的问题列入了检查图。在接下来的两周里，开始记录投诉情况。他们使用了检查图来记录各种投诉类型的投诉次数，结果如表8－05所示。

表8－05　招待所服务质量等问题投诉调查表

餐厅		会客室	
投诉类型	投诉次数	投诉类型	投诉次数
饭菜凉		设备存在问题	
服务员工作效率低	10	茶水供应迟	10
消费高		座位不足	
酒中有软木塞屑		温度过低	1
食物烹调时间不足		员工礼貌不够	1
员工礼貌不够	4		
健康中心		**招待所**	
投诉类型	投诉次数	投诉类型	投诉次数
卫生状况差		床铺无人整理	
设施不完善	2	温度过低	
游泳池水温低		卫生差	6
过于拥挤		无法收看电视	
设备存在问题		没有卫生纸	1
员工礼貌不够	1	环境嘈杂	4

帕累托图的绘制：

- 原因按照其重要程度以降序排列，如表8－06所示。

表 8－06 招待所服务质量等问题投诉降序排列表

序号	投诉类型	投诉次数	百分比	累计百分比	序号	投诉类型	投诉次数	百分比	累计百分比
1	餐厅服务员工作效率低	10	25	25	6	健体设施不完善	2	5	90
2	会客室茶水供应迟	10	25	50	7	会客室员工礼貌不够	1	2.5	95
3	招待所卫生差	6	15	65	8	会客室温度过低	1	2.5	98
4	餐厅员工礼貌不够	4	10	75	9	健体室员工礼貌不够	1	2.5	100
5	招待所环境嘈杂	4	10	85	10	卧房没有卫生纸	1	2.5	100

● 画出有两条纵轴的条形图。在左边纵轴上标出频数的刻度，右边纵轴上标出累计频率的刻度。在横轴上按频率大小依次排列出各项。

● 横轴上按照频数大小绘制条形图。

● 在每个条形图右上方标出累计频数值，描点并用直线连接，画出累计频数折线即为帕累托曲线，见图 8－10。

通过案例中的图 8－10 可以看出，帕累托图是一种将数据按重要性和影响程度降序排列的简单直方图，有两个纵坐标标轴，左侧纵坐标轴图示累计频数（如累计不合格频数），右侧坐标轴图示累计计频率（如不合格品累计百分数）。图中横坐标轴图示影响产品或者服务质量的各个因素或项目，按影响质量程度的大小，从左到右依次排列。

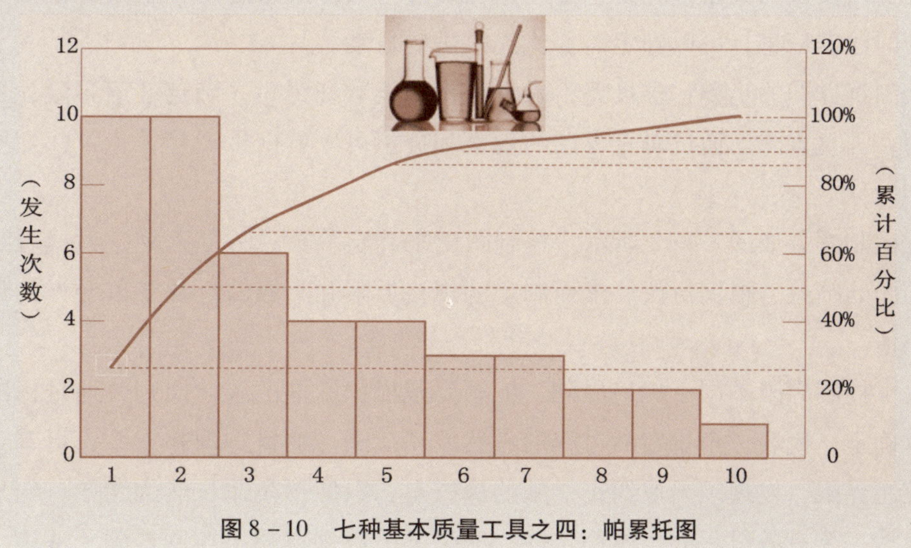

图 8－10 七种基本质量工具之四：帕累托图

每个直方形的高度图表示该因素影响的大小，在排列表上，通常把曲线的累计百分数分为三级，与此相应的因素分为三类：A 类为累计百分数在 70% ~80% 范围内的因素，它是主要的影响因素；B 类是除了 A 之外的累计百分数在 80% ~90% 范围内的因素，是次要因素；C 类为除 A、B 两类外百分比在 90% ~100% 范围的因素。因此帕累托图法也叫 ABC 分析法。运用排列表，便于分清矛盾的主次，将注意力集中在解决最关键的问题上，因此它可以协助作出决策。

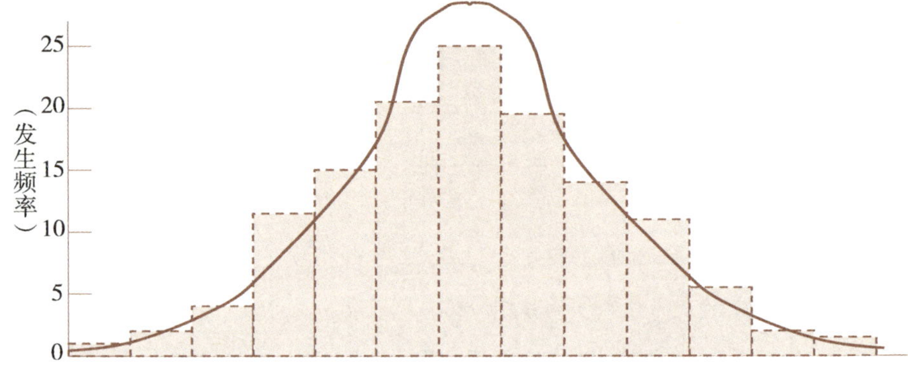

图 8 –11　七种基本质量工具之五：直方图

⑤直方图。如图 8 –11 所示，直方图是一种显示数据在一组连续值中的分布情况的条形图，也称频率分布图，用来描述集中趋势、分散程度和统计分布形状。

在图中，数据由一系列等宽不等高的条形图表示，代表某一问题、情景的一种属性或者特征；柱高表示特征发生的次数。直方图可以清晰地显示出频率最高的值所在位置以及数据分布情况，也是用于明确过程最佳效果的一种工具。根据有关过程行为的数据信息，可以确定需要优先改进的行动。

绘制直方图的步骤：求极差；确定分组的组数和组距；确定各组界限；做频数分布图；画直方图。通过对直方图的观察和分析可以看出生产是否稳定，即质量的情况如何。

⑥控制图。如图 8 –12 所示。控制图用来确定一个过程是否稳定，或者是否具有可预测的绩效。根据协议要求而制定的规格上限和下限，反映了可允许的最大值和最小值。

上下控制界限不同于规格界限。控制界限根据标准的统计原则，通过标准的统计计算确定，代表一个稳定的过程的自然波动范围。项目经理和干系人可基于计算出的控制界限，发现须采取纠正措施的检查点，以便预防非自然的绩效。纠正措施旨在维持一个有效过程的自然稳定性。如果某个数据点超出控制界限，或连续 7 个

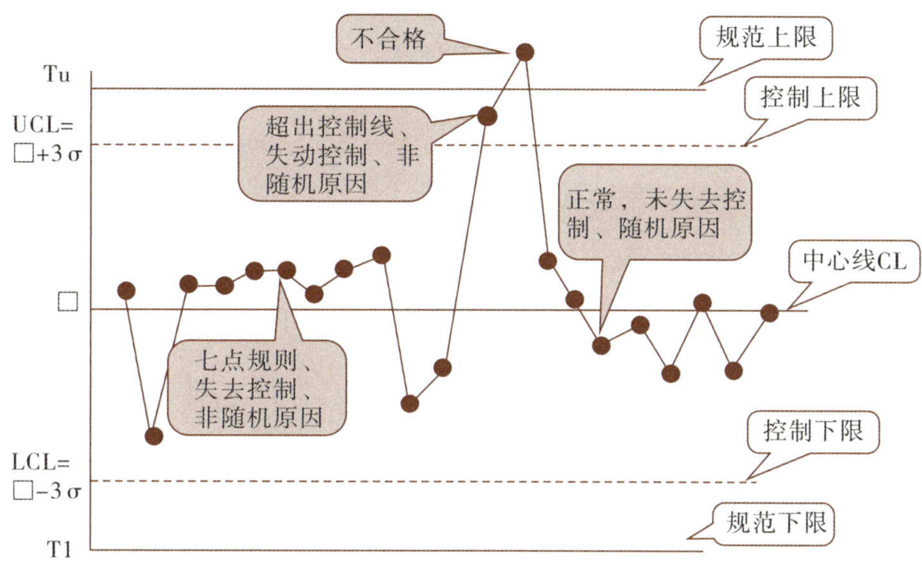

图 8－12　七种基本质量工具之六：控制图

点落在均值上方，或连续 7 个点落在均值下方，就认为过程已经失控。

⑦散点图。散点图（见图 8－13）显示两个变量间的关系。散点图又叫相关图，它是将两个可能相关的变数资料用点画在坐标图上，用来反映成对的资料之间是否有相关性。数据点越接近对角线，两个变量之间的关系就越密切。

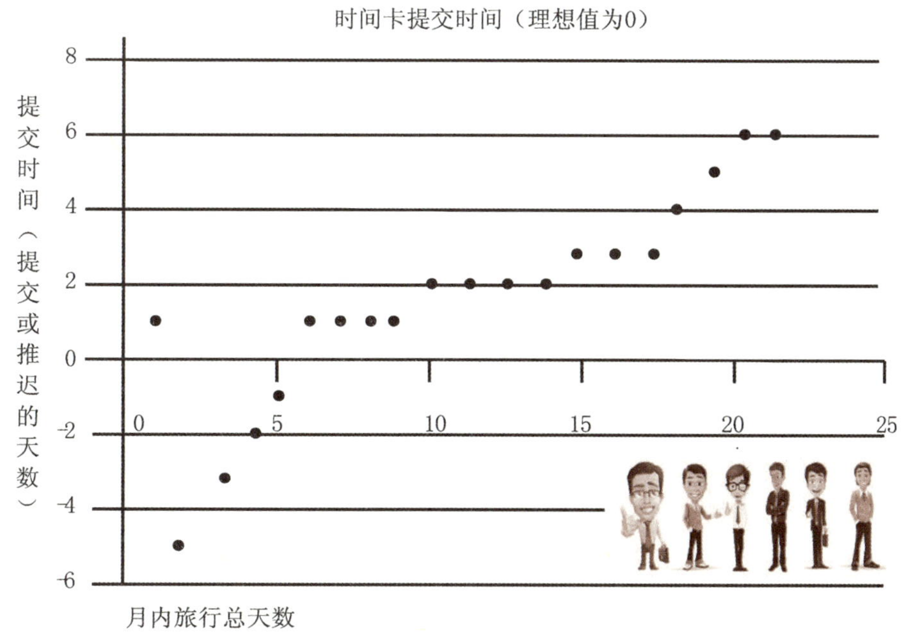

图 8－13　七种基本质量工具之七：散点图

这种成对的资料或许是特性—原因的关系。通过对其进行观察分析，来判断两个变数之间的相关关系。通过散点图，质量团队可以研究并确定两个变量之间可能存在的关系。

需要在散点图上标出因变量和自变量。数据点越接近对角线，两个变量之间的关系就越密切。两个变量之间可能存在的关系一般用正相关、负相关和不相关描述：点分布在某一条直线附近，若是从左下角区域分布到右上角区域，则是正相关，正比例；若是从左上角分布到右下角区域，则是负相关，负比例；点的分布无规律则不相关。

相关性还可以分强弱，点分布越靠近一直线，相关性也强，否则越弱。图 8－13 显示了时间卡提交日期与每月旅行天数间的关联性。

小结：七种质量管理工具如表 8－07 所示。

表 8－07　七大质量管理工具小结

因果图（鱼骨图）	显示各种因素对问题、结果所造成的影响，用来找出全部潜在的原因	找出所有原因	规划质量 保证质量 控制质量
控制图（过程控制图）	确定某个过程是否稳定，是否在控制之内	针对过程	
流程图（过程图）	帮助分析问题，显示系统各组成部分之间的逻辑关系	找原因	
直方图（条形图）	显示各变量的分布，每一栏代表一种变量，直观显示各变量所占比例		
帕累托图（垂直条形图）	特殊的直方图，按发生频率大小顺序排列，表示有多少结果是由已确定类型的原因	找出关键原因	
检查表（计数表）	用于收集潜在质量问题的有用数据的查对清单。收集来的缺陷和后果的数据，用帕累图显示		
散点图（相关图）	显示两个变量之间的关系与规律		

（4）**标杆对照**。榜样的力量是无穷的。对照分析法（Benchmarking）就是将本组织各项活动与从事该项活动最佳者进行比较，从而找出自己的差距，提出行动方法，以弥补自身的不足。标杆对照是将本组织经营的各方面状况和环节与竞争对手或行业内外一流的组织进行对照分析的过程，是一种评价自身组织和研究其他组织的手段。

（5）**实验设计**。实验设计（DOE）是一种统计方法，用来识别哪些因素会对正在生产的产品或正在开发的流程的特定变量产生影响。DOE 可以在规划质量管理过程中使用，以确定测试的数量和类别，以及这些测试对质量成本的影响。

（6）**统计抽样**。统计抽样是指从目标总体中选取部分样本用于检查（如从 75 张工程图纸中随机抽取 10 张），在保证抽样具备质量代表性的前提下，降低质量成本（COQ）。

（7）**其他质量规划工具**。为定义质量要求并规划有效的质量管理活动，也可使用其他质量规划工具，包括：头脑风暴——用于产生创意的一种技术；力场分析——显示变更的推力和阻力的图形。力场分析可以帮助项目组织分析那些赞成和反对意见的来源，评估这些意见对项目质量规划影响力的大小，以便有针对性地制定相应的措施来增加和扩大赞成意见的积极作用，排除和削弱反对意见的消极影响，或者将反对意见转化成中立甚至是赞成意见，从而使项目组织成员达成共识，确保项目的顺利进行。

（8）**会议**。项目团队可以召开规划会议来制定质量管理计划。参会人员可以包括项目经理、项目发起人、选定的项目团队成员、选定的干系人、负责项目质量管理活动（规划质量管理、实施保证或控制质量）等人员。

8.1.2 规划质量管理：输出

（1）**质量管理计划**。质量管理计划是项目管理计划的组成部分，描述将如何实施组织的质量政策，以及项目管理团队准备如何达到项目的质量要求，包括项目的质量保证、质量控制和持续过程改进方法；在项目早期对其评审可确保决策基于准确信息，从而降低因返工而造成的成本超支和进度延误。如表 8 – 08 所示。

表 8 – 08 质量管理计划

<table>
<tr><th colspan="2">质量管理计划</th></tr>
<tr><td>角色：</td><td>职责：</td></tr>
<tr><td colspan="2">质量规划方法：</td></tr>
<tr><td colspan="2">质量保证方法：</td></tr>
<tr><td colspan="2">质量控制方法：</td></tr>
<tr><td colspan="2">质量改进方法：</td></tr>
</table>

【应用案例8-03】任正非：华为怎样规划大质量管理体系

在华为一年一度的质量工作汇报会上，任正非对过去华为的工作进行了总结，并提出建立大质量管理体系这一持续的发展规划，华为自创立伊始便秉承“质量为最重要的基础”这一核心发展观念，也正是这一观念让华为在业界打下了扎实的根基，加之其自主研发的创新精神，一举成为行业的领军企业。以下为任正非在会上的演讲内容：

二十年前我去迪拜，当飞机降落时，西亚非洲司司长告诉我，下去就是中东的香港。当时我不相信，下去一看，然后就写了一篇文章《资源是会枯竭的，唯有文化才能生生不息》。迪拜是没有一滴油的沙漠，现在比阿联酋还出名，这就是文化造就的沙漠上的井喷。

华为公司也要加强质量文化的建设。目前公司在质量问题上的认识，仍然聚焦在产品、技术、工程质量……这些领域，而我认为质量应该是一个更广泛的概念。我们沿着现在的这条路，要走向新领域的研究，建立起大质量管理体系。

（1）**华为眼中的大质量管理体系**。首先，大质量管理体系需要介入到公司的思想建设、哲学建设、管理理论建设等方面，形成华为的质量文化。

你们讲了很多“术”，我想讲讲“道”。德国斯图加特工程院院长带我去参观一个德国工学院，大学一年级入学的学生，他们都在车间里面对着图纸做零件，把这些零件装到汽车上去跑，跑完回来再评价多少分。经过这一轮，再开始学习几何、理论力学、结构力学等学科，所以德国制造的汽车永远是天下无敌。

每个人都愿意兢兢业业地做一些小事，这就是德国、日本的质量科学，没有这种文化就不可能有德国、日本这样的精密制造。我们为什么不能有这种文化？我们要借鉴日本和德国的先进文化，最终形成华为的质量文化。如果公司从上到下没有建立这种大质量体系，你们所提出的严格要求则是不可靠的城墙，最终都会被推翻。

其次，我们要建立起大质量体系架构，在中国、德国、日本建立大质量体系的能力中心。日本的材料科学非常发达，你们不要轻视陶瓷，氮化镓就是陶瓷，那是无线电最主要的材料。我们要用日本的材料做全世界最好的产品；德国人很严谨，工艺、管理非常优秀；中国人善于胡思乱想，构架思维问题。我们把三者结合起来，就能支持华为全局性的质量。而且我们用工具、手段来代替人，购买世界上最好的工具，做出别人不可替代的产品，做到无敌，最后就能世界领先。

质量文化、质量哲学问题，其实德国、日本都是开放的，我们什么都能看到，为什么还是生产不出德国、日本那么好的产品呢？我们要敢于在这方面加快发展。即使我们的表格被别人拿去了，他们也不一定能读得懂，不要在非战略地方浪费力量。我在达沃斯讲话，说我自己“不懂技术，也不懂管理，也不懂财务”，有人就说我装萌。但是后面我说“提了桶糨糊，把十五万人粘在一起，力出一孔、利出一孔，才有今天华为这么强大”，他不看后面这句话，看不懂，因为他不懂儒家哲学，也不懂妥协、灰度这种文化。我不像西方公司 CEO 什么都要懂，因为任务就简单明了的那么几句话，然后就是目标，具体做事是业务部门的事情。其实我们的目的很简单，形成一种文化，共同奋斗构建公司，再加上质量管理。我们现在口号很厉害，大家很兴奋，要把这种热情转到积极的文化当中去。

（2）**质量是华为最重要的基础**。华为最重要的基础是质量，我们要从以产品、工程为中心的质量管理，扩展到涵盖公司各个方面的大质量管理体系。

第一，质量不能仅仅涵盖产品、工程，你们现在是基础性理解，这点我已经同意了，你们就先把这一阶段推出去。质量目标我不反对，质量方针“华为承诺向客户提供高质量的产品、服务和解决方案”这句话太有局限性，把我们约束起来了。我们的操作可以局限性，但是口号不能有局限性。比如，IT 汇报提纲第一句话就应是“要想富，先修路”，这就是 IT 部门的纲领，要超前各个部门的需求往前走。

第二，华为不能只有一个首席质量官，应该涵盖很多领域。比如国家层面、BG 层面、产品线层面等各级组织都应该有首席质量官，把相应的权利授给他，尽量把责任制落实到基层。这点你们的想法和我是一致的，我认为很好。

第三，在质量问题上，要永远记得七个反对，而且要坚决反对。我们要继续贯彻七个反对，反对完美主义，反对繁琐哲学，反对盲目创新，反对没有全局效益提升的局部优化，反对没有全局观的干部主导变革，反对没有业务实践经验的员工参加变革，反对没有充分论证的流程进入实用。我们讲的是端到端的质量管理，要反对局部优化影响了全局优化。现在每个部门都在讲自己的优化，但如果妨碍了全局优化就不是优化。

（3）**外部吸收，内部共享**。高级干部与外部理论家沟通的德国、日本质量文化，参加沟通的人都去写篇文章，贴到心声社区上去，对全员开放，来推动华为公司的文化进步。高级干部要善于写心得，不用通篇大论，就讲自己的理解。

我们在很多方面有共识，只是表达方式不一样，争取把表达方式标准化，然后传播出去，要让大家都在这里吸取能量，让年轻人可以成长。今天的士兵里有“明日之星”，“明日之星”就是明天的将军。英雄不问出处，只要能做好，我们就用你。现在有些高级干部基本不读文件，公司文件凝聚了多少领导心血的结晶，每句语言都是经典的。如果只凭自己的经验工作，迟早会被历史淘汰掉。

当然，我们的新生一代能成长，也不能让时代抛弃老一代。要让他们去参加训战结合，接受新的方法赋能。训战结合就是新老混合班，地区部总裁、代表处代表和小青年一个班。地区部总裁、代表进入循环赋能后，不是要把他一定变成专家，只要他明白我们这次变革的意义，会讲“要得，按刘司令的办”，用领导的推动力能支持专家去变革就行。

（4）**无生命管理才能生生不息**。华为公司最宝贵的是无生命的管理体系，以规则、制度的确定性来应对不确定性，争夺大数据流量时代的胜利。五千年来，世界文明古国巴比伦垮了，罗马垮了，但中国没垮。因为五千年的儒家文化，使中国拧成了一个面团。

华为公司最宝贵的是无生命的管理体系，因为人的生命都是有限的。我们花了二十多年时间，终于明白了西方管理。只要公司不垮，就能无敌天下，如果公司垮了，这个文化就报废了，管理体系也没用了。我们要维持管理体系能有活力的持续运行，保持有动能，所以我们要保持盈利，逼大家不能搞低质量、低价格的经营。当然，也不能强调大幅度的激进改进，提出些莫名其妙的口号来。现在全世界没有哪家公司像华为一样，凝聚了十五万人团结起来冲锋。未来的大数据流量越来越恐怖，我们代表人类争夺大数据流量未来制高点，一定能在全世界取得胜利。

但是我们要高度关注刚刚提到的几个问题，因为支撑着华为的命运承载。华为已经走过了农民时代，正走在正规军的路上，我们要学会发射“火箭”“大炮”……提高我们对战略的认识、对战术的理解、对具体操作技术的能力，这是时代赋给我们的使命。公司没有IT支持的时候，我们就是健忘型组织，因为依靠人来固化一个东西，可能上个厕所就忘了。我们现在有了流程IT支持，那肯定是一步步改进。我们公司一部分以规则、制度的确定性来应对任何不确定性，逐渐走上正路。其实我们现在已经走在正路上了，只是还需要走得更好一些。

8.2　实施质量保证

实施质量保证是审计质量要求和质量控制测量结果，确保采用合理的质量标准和操作性定义的过程。本过程的主要作用是促进质量过程改进。表8－09描述本过

程的输入、工具与技术和输出。

表 8－09 实施质量保证输入、工具与技术和输出

输入	工具与技术	输出
1. 质量管理计划	1. 质量管理和控制工具	1. 变更请求
2. 过程改进计划	2. 质量审计	2. 项目管理计划更新
3. 质量测量指标	3. 过程分析	3. 项目文件更新
4. 质量控制测量结果		4. 组织过程资产更新
5. 项目文件		

8.2.1 实施质量保证：工具与技术

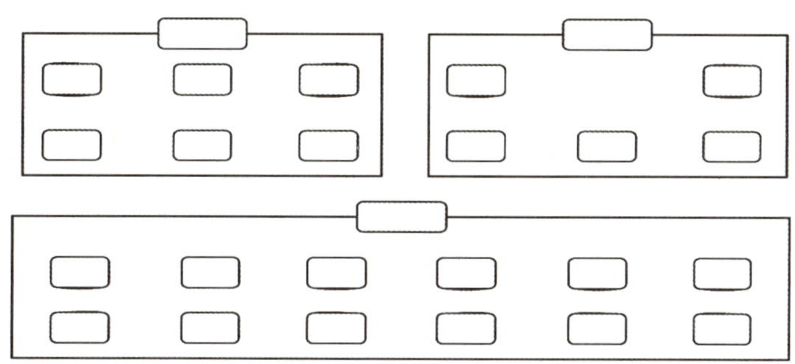

图 8－14 实施质量保证：亲和图

（1）**质量管理和控制工具**。实施质量保证过程使用规划质量管理和控制质量过程的工具与技术。其他可用的工具包括：

①亲和图。见图 8－14，亲和图与心智图相似。针对某个问题，产生出可联成有组织的想法模式的各种创意。在项目管理中，使用亲和图确定范围分解的结构，有助于 WBS 的制定。

②决策过程程序图。用于理解一个目标与达成此目标的步骤之间的关系，有助于制定应急计划，因为它能帮助团队预测那些可能破坏目标实现的中间环节。见图 8－15。

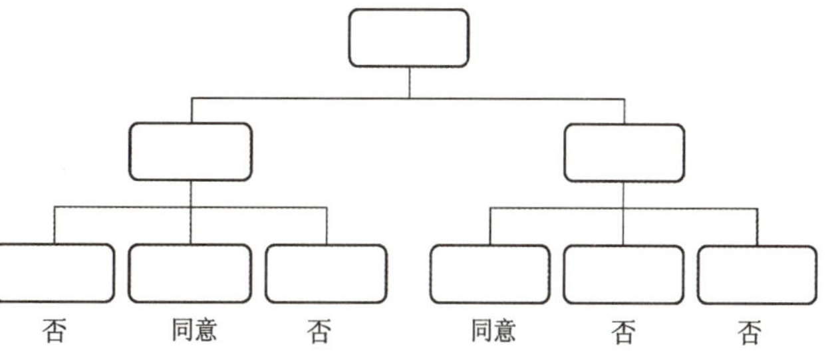

图 8－15 实施质量保证：决策过程程序图

③关联图。关系图的变种，

有助于在包含相互交叉逻辑关系（可有多达50个相关项）的中等复杂情形中创新性地解决问题。可以使用其他工具（诸如亲和图、树形图或鱼骨图）产生的数据，来绘制关联图。见图8-16。

图8-16 实施质量保证：关联图

④树形图。也称系统图，可用于表现诸如WBS、RBS（风险分解结构）和OBS（组织分解结构）的层次分解结构。

在项目管理中，树形图依据定义嵌套关系的一套系统规则，用层次分解形式直观地展示父子关系。树形图可以是横向（如风险分解结构）或纵向（如团队层级图或OBS）的。因为树形图中的各嵌套分支都终止于单一的决策点，就可以像决策树一样为已系统图解的、数量有限的依赖关系确立预期值。见图8-17。

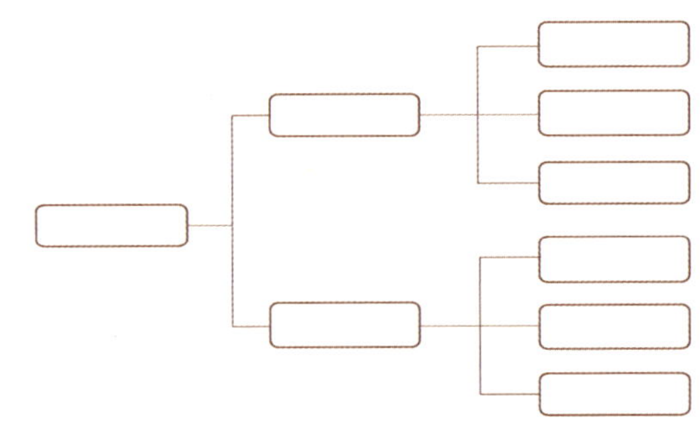

图8-17 实施质量保证：树形图

⑤优先矩阵图。用来识别关键事项和合适的备选方案，并通过一系列决策，排列出备选方秦的优先顺序。先对标准排序和加权，再应用于所有备选方案，计算出数学得分，对备选方案排序。见图8-18。

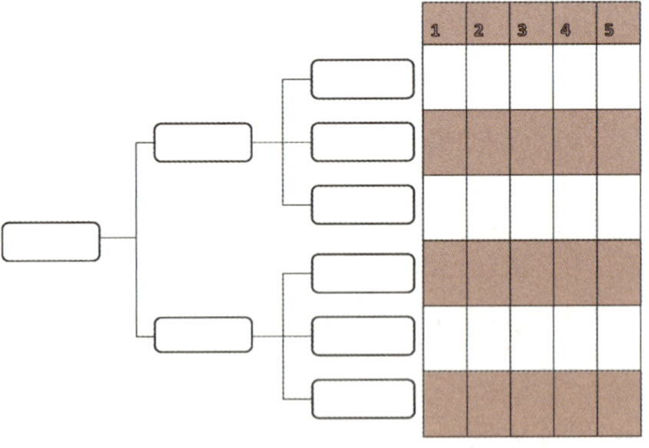

图8-18 实施质量保证：优先矩阵图

⑥活动网络图。过去称为箭头图，包括两种格式的网络图：AOA（活动箭线图）和最常用的AON（活动节点图）。活动网络图连同项目进度计划编制方法一起使用，如计划评审技术（PERT）、关键路径法（CPM）和紧前关系绘图法（PDM）。

⑦矩阵图。一种质量管理和控制工具，使用矩阵结构对数据进行分析。在行列交叉的位置展示因素、原因和目标之间的关系强弱。

（2）**质量审计**。质量审计是用来确定项目活动是否遵循了组织和项目的政策、过程与程序的一种结构化、独立的过程。

（3）**过程分析**。过程分析是指按照过程改进计划中概括的步骤来识别所需的改进。它也要检查在过程运行期间遇到的问题、制约因素，以及发现的非增值活动。过程分析包括根本原因分析用于识别问题、探究根本原因，并制定预防措施的一种具体技术。

【应用案例 8-04】华为怎样建立项目、产品、服务的“质量保证体系”

华为的项目、产品、服务的“质量保证体系”经历了五个主要阶段：

第一阶段：决策层高屋建瓴，将质量观定为华为生存发展的核心战略。

华为公司从 1987 年开始创业的发展初级阶段，就明确了“以客户为中心”的核心价值观，一直在探索通过质量保证体系实现这个价值观的方法论。

到 2000 年以前，华为步入快速发展阶段，在建立自己产品体系的同时，开始步入国际化、全球化的历程。业务量越大，质量问题越多，客户的抱怨声越来越大。以客户为中心的华为员工，倒是真的不吝惜时间与成本，一趟一趟飞到客户身边，去把坏了的产品换回来，通过售后服务去弥补质量带来的问题。从客户那里换回来的故障设备的单板，以及一趟一趟来回飞的机票，被华为公司总裁任正非装裱在相框里，成为那一次质量大会的“奖品”。而这个“奖品”则成为很长一段时间大家办公桌上最重要的一个摆设，时时刺激着每一位当事人。

就在这一关键时候，任正非亲自主持召开了一次质量反思大会，这次大会成为华为公司将质量定为核心战略的一个起点。任正非说：“我们决不能为了降低成本而忽略质量，否则那是自杀，或者杀人。”任正非认为，经营企业如同做人，一家企业首先要学会自我尊重，而后才能够建立起对消费者的尊重和敬畏，而企业的自我尊重则集中体现在产品的“质量观”上，将质量观定为华为生存发展的核心战略，并且写入《华为基本法》。

第二阶段：导入“IPD + CMM”，实现了基于流程来抓质量的过程。

2000 年的华为，将目标锁定在 IBM，要向 IBM 这家当时全球最大的 IT 企业学习管理。华为引入 IBM 公司帮助华为构建集成产品开发 IPD 流程（Integrated Product Development，即集成产品开发，是一套产品开发的模式、理念与方法）和集成供应链 ISC 体系（Internet Service Customer，即网络服务于客户，是一种最新的电子商务营销方法）。

IPD本质上是基于市场竞争和客户需求作为产品开发的驱动力的、一套跨部门、跨团队沟通、协作的新产品开发的模式、理念与方法，经过了IBM等领先企业实践，对产品和服务的质量保证有非常重要的意义。

华为在这一阶段吸收IBM在IPD方面的宝贵经验，并与华为的具体实践相结合，在缩短产品上市时间、降低产品开发费用，尤其是在提高产品质量的稳定性和竞争性等方面取得了可喜的进步。据统计，IPD实施以后，华为3Com产品的开发周期缩短50%，产品的不稳定性降低2/3。所以，IPD的导入为华为快速提高产品和服务质量，满足客户需求提供了有力的保障。

那时，印度的软件业快速崛起，任正非认为软件的质量控制必须要向印度学习，所以华为建立了印度研究所，将CMM软件能力成熟度模型引入华为。CMM是由美国卡内基大学软件工程研究所（CMUSEI）研究制定，并在全世界推广实施的一种软件评估标准，主要用于软件开发过程和软件开发能力的评估与改进。CMM把软件开发过程的成熟度由低到高分为五级，等级越高，表明该企业软件开发失败风险越低、整体开发时间越短，并能减少开发成本、降低错误发生率、提高产品质量。2003年8月1日，华为印度研究所顺利通过了CMM－5软件能力成熟度国际认证。

IPD和CMM是全球通用的语言体系，这期间也是华为国际化业务大幅增长时期，全球通用的语言使得客户可以理解华为的质量体系，并可以接受华为的产品与服务。

第三阶段：博采百家，建立适合市场和客户需求的“集大成的质量标准”。

随着华为的业务在欧洲大面积开展，新的问题出现了：欧洲国家多，运营商多，标准也多。华为在为不同的运营商服务时，需要仔细了解每一家的标准，再将标准信息返回到国内的设计、开发、生产制造环节。

欧洲的客户认定供应商质量好不好，是有一套详细的量化指标，比如接入的速度是多少？稳定运行时间是多少？等等。在几年前，业界有新手机发布的时候，在不同的国家都要有不同的发布时间，原因在于每个国家用户的需求不同、政府监管要求不同、行业质量标准也不同。对于手机厂商就必须要针对不同国家做适配后再发布。经过多年的摸索，华为现在已经可以全球统一发布新款手机，而这完全基于这些年对于标准的摸索。

在这个磨炼的过程中，华为渐渐意识到标准对于质量管理的作用。随着欧洲业务的成长，华为必须博采百家，建立一套自己的、适合市场和客户需求的“集大成的质量标准”。在这个阶段，在流程基础上，强化了标准对于质量的要求，通过量化指标让产品得到客户的认可。

接下来，华为的开拓重点到了日本、韩国等市场，来自这些市场的客户的苛刻要求让华为对质量有了更深入的理解。在拓展欧美市场时，只要产品有一定的达标率就可以满足客户要求，就被定义为好产品。但是产品达标率到了日本就行不通，在日本客户看来，无论是百分之一，还是千分之一的缺陷，只要有缺陷就有改进的空间。工匠精神、零缺陷、极致，这些词时时刺激着华为的员工。在流程和标准之外，质量还有更高的要求，这需要一个大的质量体系，更需要一个企业质量文化的建设。只有将质量变成一种文化，深入到公司的每一个毛细血管，让所有员工对质量有共同的认识，才可能向“零缺陷”推进。

第四阶段：引入克劳士比的零缺陷理论，做好全员质量管理。

2007 年 4 月，华为公司 70 多名中高级管理者召开了质量高级研讨会，以克劳士比“质量四项基本原则”（质量的定义、质量系统、工作标准、质量衡量）为蓝本确立了华为的质量原则，这就是华为质量史上的十一届三中全会。会议后，克劳士比的著作《Quality Is Free》（质量免费）在华为大卖，主管送下属，会议当礼品，这本冷门书居然在华为公司热得不行。从那个时候，华为开始引入克劳士比的零缺陷理论，做全员质量管理，构建质量文化，每一个人在工作的时候，都要做到没有瑕疵。客户的需求在变，所以没有一套质量体系是可以一成不变的。

零缺陷观念意味着质量是完完全全地符合要求，而不是浪费时间去算计某个瑕疵的可能危害能否容忍，其核心就是“第一次就把事情做对”，并且是在所有环节上都要第一次就把事情做对。对于公司来讲，就是每一个层级都要把事情做对。华为认为这需要分层分解，全员参与，在公司层面需要有明确的目标牵引，在管理层要有明确的责任，在员工层面要有全体参与的意愿和能力。

华为 2010 年建立了一个特别的组织：客户满意与质量管理委员会（英文简称：CSQC）。这个组织作为一个虚拟化的组织存在于公司的各个层级当中。在公司层面，由公司的轮值 CEO 亲任 CSQC 的主任，而下面各个层级也都有相应的责任人。“这样，保证我们每一层级的组织对质量都有深刻的理解，知道客户的诉求，把客户最关心的东西变成我们改进的动力。”这是一个按照公司管理层级而来的正向体系。在华为还有源于客户逆向管理质量的体系，比如运营商 BG，每年都会召开用户大会。在这个大会上，邀请全球 100 多个重要客户的 CXO 来到华为，用三天的时间、分不同主题进行研讨，研讨的目的就是请客户提意见，给华为梳理出一个需要改进的 TOP 工作表单。然后华为基于这个 TOP 清单，每一条与一个客户结对，并在内部建立一个质量改进团队，针对性地解决主要问题。第二年的大会召开时，第一件事就是汇报上一年的 TOP10 改进状况，并让客户投票。这个逆向管理是基于华为的“大质量观”。华为认为的质量不仅仅是大家普遍认识的耐用、不坏，而是一个大质量体系，包括基础质量和用户体验，不仅要把产品做好，还要持续不断地提升消费者的购买体验、使用体验、售后服务体验，把产品、零售、渠道、服务、端云协同等，把每一个消费者能体验和感知的要素都做好。

第五阶段：建立质量文化——以客户为中心的闭环质量管理体系。

完成了流程、标准、文化的纬度建设，华为又遇到了新问题：如何让客户更满意。围绕客户满意度，华为的质量建设进入第五个阶段：以客户为中心的闭环质量管理体系。这就要求要基础质量零缺陷之外，要更加重视用户的体验。也正因为这个以客户为中心的闭环质量管理体系，使得华为获得了“中国质量奖”。

从流程管理，到标准量化，而后是质量文化和零缺陷管理，再到后来的以客户体验为导向的闭环，华为质量管理体系是跟随客户的发展而逐渐完善，在这一过程中还特别借鉴了日本、德国的质量文化，与华为的实际相结合，建设尊重规则流程、一次把事情做对、持续改进的质量文化。

华为目前在中国拥有400家服务中心，其中260余家服务专营店；在全球拥有650多个合作伙伴，3000多个服务网点。在全球建有五大客户联络中心，热线和在线客服服务覆盖91个国家，支持47种语言。要保证产品和服务的质量，需要每一个人的工作质量去保证。如果只是一个独立的组织作为监管方去抓质量，肯定是抓不好的。在这样的体系内，每一个人对于最终的质量都有贡献。质量与业务不是两张皮，而是融在产品开发、生产以及销售、服务的全过程中。“所以，华为的质量管理是融入各个部门的工作流程中去开展的。”在质量管理自身上，也需要创新的思想、工具、方法。华为花巨资建立了一套完整的流程管理体系，涵盖了从消费者洞察、技术洞察、技术规划、产品规划、技术与产品开发、验证测试、制造交付、上市销售、服务维护等各个领域，并且有专门的队伍在做持续优化和改进。

质量的保证，不能依赖于制度和第三方的监管，这样的质量会因人而异，也不可延续。而文化，即全员认同的质量文化，并体现在每一个人的工作中。华为的质量文化，就是将“一次把事情做对”和“持续改进”有机结合起来，在“一次把事情做对”的基础上“持续改进”。“不断反思，不断构建我们的体系，坚持不放过问题的意识，文化是根本的。”

8.3 控制质量

控制质量是监督并记录质量活动执行结果，以便评估绩效，并推荐必要的变更的过程。表8－10描述本过程的输入、工具与技术和输出。

表 8－10 实施质量保证：输入、工具与技术和输出

输入	工具与技术	输出
1. 项目管理计划	1. 七种基本质量工具	1. 质量控制测量结果
2. 质量测量指标	2. 统计抽样	2. 确认的变更
3. 质量核对单	3. 检查	3. 核实的可交付成果
4. 工作绩效测量结果	4. 审查已批准的变更请求	4. 工作绩效信息
5. 批准的变更请求		5. 变更请求
6. 可交付成果		6. 项目管理计划更新
7. 项目文件		7. 项目文件更新
8. 组织过程资产		8. 组织过程资产更新

本过程的主要作用包括：识别过程低效或产品或服务质量低劣的原因，建议或者采取相应措施消除这些原因；确认项目的可交付成果及工作满足主要干系人的既定需求，足以进行最终验收。

8.3.1 控制质量：工具与技术

（1）**七种基本质量工具**。

（2）**统计抽样**。

（3）**检查**。检查是指检验工作产品，以确定是否符合书面标准。检查的结果通常包括相关的测量数据。

（4）**审查已批准的变更请求**。对所有已批准的变更请求进行审查，以核实它们是否已按批准的方式得到实施。

8.3.2 控制质量：输出

见表 8－10。

【应用案例 8－05】华为荣获“国家最高质量奖”

2016 年 3 月 29 日，在人民大会堂举办的中国质量奖颁奖仪式上，华为公司凭借“以客户为中心的华为质量管理模式”获得该奖项制造领域第一名的殊荣。当晚的焦点访谈节目对此进行了特别报道。如图 8－19 所示。

国务委员王勇出席颁奖仪式并向华为公司颁发获奖证书。华为公司相关负责人表示，“华为能够获得中国质量奖制造领域第一名的殊荣，是对华为长期坚持以质

量为生命的肯定和褒奖。”

图 8－19 华为荣获中国质量奖、中国制造领域第一名

中国质量奖 2012 年设立，这是为了落实习总书记质量工作“三个转变”的重要讲话：中国速度向中国质量转变、中国产品和中国品牌转变、中国制造向中国创造转变。2014 年，首届中国质量大会召开，李克强总理做了重要讲话。与此同时，李克强总理在政府报告中提出“质量强国”的战略，并发布了中国制造 2025 年战略规划。

中国质量奖是由国家质检总局负责组织实施，是国内质量领域的最高政府性荣誉，每两年评选一次，旨在表彰在质量管理模式、管理方法和管理制度领域取得重大创新成就的组织和为推进质量管理理论、方法和措施做出突出贡献的个人。中国质量奖不仅是一项国家量高荣誉，同时它还是企业能力一个有力证明。国家质量奖是一个国家对产品质量设立的最高的奖项，它代表了社会对企业和产品品质的承认。在首届评选表彰工作结束后，国家质检总局对获奖单位的质量管理模式和经验进行了总结和提炼，在全国各地、33 个行业协会、超过 300 家企业中进行推广。

目前世界上已经有 88 个国家和地区设立了国家质量奖，其中最有代表性的三大奖项分别是日本的“戴明奖”（1951 年设立）、美国的“波多里奇国家质量奖”（1987 年设立，每年由总编颁奖）、欧洲的“欧洲质量奖”（1992 年设立，由欧盟委员会和欧洲质量管理组织设立欧洲质量管理基金会管理）。从奖项的设立背景和意义来看，中国质量奖并非单纯的奖项评选，而是肩负着激励中国企业由量到质转变的历史使命，是中国制造 2025 战略的重要构成部分。能够获得该奖项最高荣誉，意味着华为已经成为中国企业在质量领域的杰出代表，有着重要示范意义，可谓分量十足。在华为看来，质量如同企业的尊严和生命，正是对质量的坚持和不妥协才成就了华为的今天。

2015 年 5 月份中国政府发布了《中国制造 2025》战略纲领，明确指出中国制造业要坚持“创新驱动，质量为先”，到 2025 年迈入制造强国之列。在这样的背景之下，本届中国质量奖评选的意义尤为重大。华为有幸摘得该奖项的第一名，对于中国企业而言无疑有着示范和激励作用。而其之所以能够获得该荣誉，在我看来是“质价比”的胜利。

第9章
项目人力资源管理

【**章节重点导图**】项目成败的核心问题之一是项目人力资源管理。本章应当掌握的重点是项目人力资源规划、组建、建设和管理的思路、方法、工具和应用。如图 9－01 所示。

图 9－01　项目人力资源的管理过程

（1）**项目人力资源管理**：项目人力资源管理是指项目经理对项目团队进行一系列的科学规划、有效培训、合理分工、资源配置、准确评估和有效激励等管理过程。

（2）**项目人力资源管理的重要性**：如图 9－02 所示。

（3）**项目人力资源管理的过程**：如图 9－01 所示。

（4）**项目经理的人力资源管理责任**：

①明目标：明确项目人力资源管理的整体目标和阶段性目标；

②定规范：建立项目工作的岗位规范和岗位描述；

③取资源：与职能部门经理协商，取得项目所需的人力资源；

④建手册：建立项目团队的联系手册；

⑤促培训：对人员进行相关培训，满足项目需要。

宝洁公司前董事长Richard Dupree：如果你把我们的资金、厂房及品牌留下，把我们的人带走，我们公司会垮掉；如果你拿走我们的资金、厂房及品牌，而把我们的人留下，10年内我们将重建一切。

美国钢铁大王卡内基：将我所有的工厂、设备、市场、资金全部夺去，但是只要保留我的组织人员，四年以后，我将仍是一个钢铁大王。

图9－02 项目人力资源管理的重要性

9.1 规划人力资源管理

表9－01描述本过程的输入、工具与技术和输出。

表9－01 规划人力资源管理：输入、工具与技术和输出

输入	工具与技术	输出
1. 项目管理计划	1. 组织结构图与岗位描述	1. 人力资源管理计划
2. 活动资源需求	2. 人际交往	
3. 事业环境因素	3. 组织理论	
4. 组织过程资产	4. 专家判断	
	5. 会议	

9.1.1 规划人力资源管理：工具与技术

（1）**组织结构图和职位描述**。可采用多种格式来记录团队成员的角色与职责。大多数格式属于以下三类：层级型、文本型（见图9－03）和矩阵型。

①层级型。可以采用传统的组织结构图，自上而下地显示各种职位及其相互关

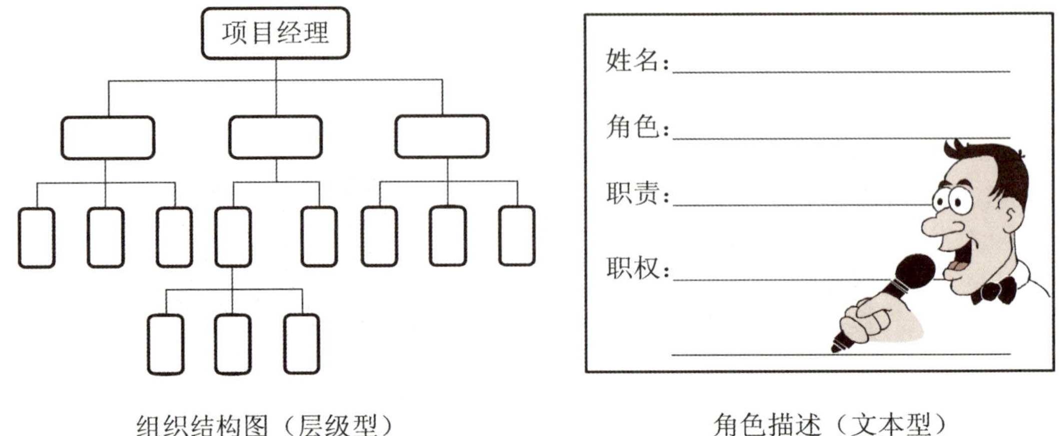

图 9－03　项目组织格式：层级型与文本型

系。工作分解结构（WBS）用来显示如何把项目可交付成果分解为工作包，有助于明确高层级的职责。WBS 显示项目可交付成果的分解，而组织分解结构（OBS）则按照组织现有的部门、单元或团队排列，并在每个部门下列出项目活动或工作包。运营部门（如信息技术部或采购部）只需要找到其所在的 OBS 位置，就能看到自己的全部项目职责。资源分解结构（RBS）是按资源类别和类型，对资源的层级列表，有利于规划和控制项目工作。每向下一个层次都代表对资源的更详细描述，直到可以与工作分解结构（WBS）相结合。

②文本型。如图 9－03 所示。如果需要详细描述团队成员的职责，就可以采用文本型。文本型文件通常以文档形式提供诸如职责、职权、能力和资格等方面的信息。这种文件有多种名称，如职位描述、角色、职责、职权表。该文件可作为未来项目的模板，特别是在根据当前项目的经验教训对其内容进行更新之后。

③矩阵型。责任分配矩阵（RAM）是一种将所分解的工作任务落实到项目有关部门或个人，并明确表示出他们在组织工作中的关系、岗位和责任的一种方法和工具。

责任分配矩阵在工作分解结构的基础上建立，以表格形式图示完成工作分解结构中每项活动或工作所需的人员。责任分配矩阵明确表示出每项工作由谁负责、由谁具体执行，并且明确了每个人在整个项目中的地位。责任分配矩阵还系统阐明了项目团队成员之间的相互关系，能使组织或个人就能充分认识到在与他人配合当中应承担的责任，从而能够充分、全面地认识到自己的全部责任。

【应用案例9－01】某大型生产设备进场安装、调试项目责任分配矩阵

某企业大型生产设备进场安装、调试项目责任分配矩阵（RAM），如表9－02所示。以项目经理、工程师和质检员为行，以生产设备进场工作过程的节点为列；在矩阵中选用ISO国际标准经常使用的五个分工符号表示项目工作人员在每个工作单元中的参与角色或责任。其中：项目经理主要负责审批、通知和辅助工作；工程师主要负责前期规划设计和人员培训、试运行等；质量检测人员主要负责设备安装、调试和验收。

表9－02　某生产设备安装调试项目责任分配矩阵（RAM）

责任人OBS / 工作分解WBS		项目经理	工程师	质检员
整体规划		○	▲	
整体设计		○	▲	
设备安装	设备进场	□	○	▲
	设备安装	□	○	▲
	设备自检	□	○	▲
设备验收	设备测试	□	●	▲
	设备调试	□	●	▲
	现场验收	□	●	▲
设备试运行	设备使用说明	●	▲	
	培训运行人员	●	▲	

▲——负责；●——辅助；○——审批；△——承包；□——通知。

在大型项目中，可以制定多个层次的责任分配矩阵RAM。例如，高层次RAM可定义项目团队中的各小组分别负责WBS中的那部分工作，而低层次RAM则可在各小组内为具体活动分配角色、职责和职权。矩阵图能反映与每个人相关的所有活动，以及与每项活动相关的所有人员。它也可确保任何一项任务都只有一个人负责，从而避免职责不清。做到“事事有人管，人人都管事。”

责任分配矩阵RAM的另一个例子是RACI（R－负责、A－执行、C－咨询和I－知情）矩阵，如表9－03所示。图中最左边的一列表示有待完成的工作（活动）。分配给每项工作的资源可以是个人或小组。项目经理也可根据项目需要，选

择“领导”“资源”或其他适用词汇，来分配项目责任。如果团队是由内部和外部人员组成，RACI 矩阵对明确划分角色和期望特别有用。

表 9－03　项目责任分工 RACI 矩阵示意表

任务＼人员	林平	李华	赵文	刘海	何平
立项评估	A	R	C	C	I
制定章程	A	R	C	I	C
需求分析	A	R	I	I	I
初步设计	I	A	R	C	C
技术设计	I	A	R	R	C

（2）**人际交往**。人际交往是指在组织、行业或职业环境中与他人的正式或非正式互动。人际关系网络对每个人的情绪、生活、工作都有很大的影响，甚至对组织文化氛围、组织沟通、组织运作、组织效率及个人与组织的关系均有极大的影响。建立互信是建立人际交往的基础，建立人际网络既是一种技能，也是一种艺术。通过人际关系网络的构建，可以提高项目成员与他人进行有效沟通的能力，如：了解沟通的障碍，并且尽可能对其加以改善；以对方的立场和观点去设想问题；用心灵去倾听对方的想法与感受，换位思维，善解人意；加强自我了解；善于管理自己的情绪。

人际关系网络的构建方式有正式和非正式两种：正式的方式主要有组织之间的公函来往、组织内部的文件传达、召开会议、组织规定的汇报制度等。非正式的方式主要有午餐会、私下交流、电梯、走廊聊天、小道消息等。通过人际关系网络获取人力资源见图 9－04。

图 9－04　通过人际关系网络获取人力资源信息示意图

事实证明，通过成功的人际交往，可以形成人际关系网络。在项目人力资源规划过程中通过人际网络进行广泛的信息交流，是获得项目人力资源的有效途径。

（3）**组织理论**。组织理论阐述个人、团队和组织部门的思维和行为规律。

（4）**专家判断**。制定人力资源管理计划时，专家判断被用于：列出对人力资源的初步要求；根据组织的标准化角色描述，分析项目所需的角色；确定项目所需的初步投入水平和资源数量；根据组织文化确定所需的报告关系；根据经验教训和市场条件，指导提前配备人员；识别与人员招募、留用和遣散有关的风险；为遵守适用的政府法规和工会合同，制定并推荐工作程序。

（5）**会议**。在规划项目人力资源管理时，项目管理团队将会举行规划会议。在这些会议中，应该综合使用其他工具和技术，使所有项目管理团队成员对人力资源管理计划达成共识。

9.1.2 规划人力资源管理：输出

如图9－05所示。

人力资源管理计划

项目名称：_____ 准备日期：______

角色、职权和职责：

角色	职权	职责
1. 2. 3. 4. 5.	1. 2. 3. 4. 5.	1. 2. 3. 4. 5.

项目组织结构图：

人力资源管理计划

人员配备管理计划

人员招募：

人员遣散：

资源日历：

培训需求：

认可与奖励：

规则、标准与政策：

安全：

图9－05 人力资源管理计划样例模板

（1）**人力资源管理计划**。作为项目管理计划的一部分，人力资源管理计划提供了关于如何定义、配备、管理及最终遣散项目人力资源的指南。人力资源管理计划及其后续修订也是制定项目管理计划过程的输入。人力资源管理计划包括：

①**角色和职责**。角色——在项目中，某人承担的职务或分配给某人的职务，如销售经理、售前工程师、安装技师和测试员等。还应该明确和记录各角色的职权、职责任边界。职责——使用项目资源、做出决策、签字批准、验收可交付成果并影响他人开展项目工作的职位权力、责任和能力。

②**项目组织图**。项目组织图以图形方式展示项目团队成员及其报告关系。

③**人员配备管理计划**。人员配备管理计划是人力资源管理计划的组成部分，说

明将在何时、何地、以何种方式获得项目团队成员，以及他们需要在项目岗位上工作多久。它描述了如何满足项目对人力资源的需求，如图 9－06 所示。

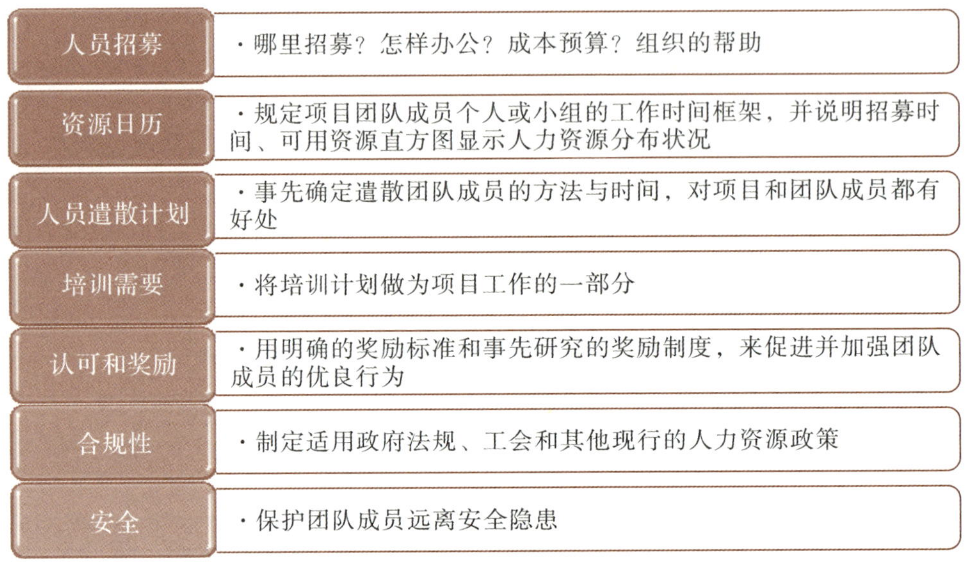

图 9－06　人力资源配备管理计划

人员招募。在规划项目团队成员招募工作时，需要考虑一系列问题，例如：是从组织内部招募，还是从组织外部的签约供应商招募；团队成员是必须集中在一起工作，还是可以远距离分散办公；项目所需各级技术人员的成本是多少；是否需要人力资源部门和职能经理们为项目管理团队提供协助。

资源日历。表明项目人力资源和其他资源的可用工作日和工作班次等。在人员配备管理计划中，需要规定项目团队成员个人或小组的工作时间框架，并说明招募活动何时开始。项目管理团队可用资源直方图向所有干系人直观地展示人力资源分配情况。资源直方图示例见图 9－07。

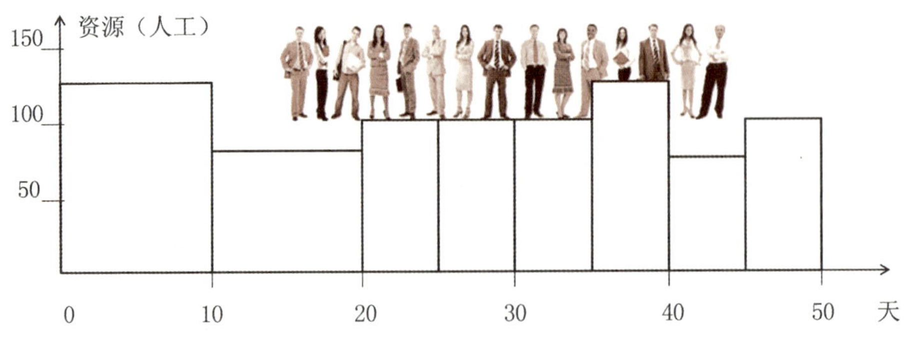

图 9－07　人力资源需求和分布直方图

9.2 组建项目团队

组建项目团队是确认人力资源的可用情况，并为开展项目活动而组建团队的过程。表9－04描述本过程的输入、工具与技术和输出。

表9－04 组建项目团队：输入、工具与技术和输出

输入	工具与技术	输出
1. 人力资源管理计划	1. 预分派	1. 项目人员分派
2. 事业环境因素	2. 谈判	2. 资源日历
3. 组织过程资产	3. 招募	3. 项目管理计划更新
	4. 虚拟团队	
	5. 多标准决策分析	

高效项目团队具有下列特征：

①项目团队具有特定的目的。项目团队在组建的同时就被赋予了明确的目标。项目团队的任务是完成项目范围内的任务，实现项目的目标。

②项目团队是临时组织。项目团队是基于完成项目任务和项目目标的目的而专门组建的，一旦项目的任务完成，项目团队的使命也将宣告结束，项目团队解散。

③项目团队的领导是项目经理。在一个项目团队中，项目经理是最高层决策者和管理者。一般来说，项目的成败与项目经理的职业道德和能力有着密切关系。

④项目团队强调合作精神。项目团队是一个整体，它按照团队作业模式来实施项目，这就要求团队成员具有高度的合作精神，有效沟通，相互信任，相互协调。团队合作精神是项目成功的有力保障。

⑤项目团队成员的增减具有灵活性。项目团队在组建的初期，其团队成员人数可能较少，随着项目进展的需要，项目团队成员人数会逐渐增加，而且团队成员的人选也会随着项目的发展而进行相应的调整。

⑥项目团队建设和管理是项目成功的保障。项目团队建设和管理包括对项目团队成员进行技能培训、绩效考核以及绩效跟踪和人员激励等。项目团队的团结、力量对于项目成败的重要性如图9－08所示。

1. 在非洲的草原上如果见到羚羊在奔跑，那一定是狮子来了。
2. 如果见到狮子在躲避，那就是象群发怒了。
3. 如果见到成百上千的狮子和大象集体逃命的壮观景象，那是什么来了？

图 9－08　组建项目团队：项目团队的力量、重要性

9.2.1　组建项目团队：工具与技术

（1）**预分派**。如果项目团队成员是事先选定的，他们就是被预分派的。预分派可在下列情况下发生：①在竞标过程中承诺分派特定人员进行项目工作；②项目不同阶段需要特定人员的专有技能；③项目章程中指定了某些人员的工作分派。

（2）**谈判**。在许多项目中，通过谈判来完成项目人员的分派。例如，项目管理团队需要与下列各方进行谈判：

①职能经理。确保项目能够在需要时获得具备适当能力的人员，以确保项目团队成员能够、愿意并且有权在项目上工作，直到完成其职责。

②执行组织中的其他项目管理团队。即合理分配稀缺或特殊的人力资源。

③第三方。外部组织、卖方、供应商、承包商等，即获取合适的、稀缺的、特殊的、合格的、经认证的或其他诸如此类的特殊人力资源。特别需要注意与外部谈判有关的政策、惯例、流程、指南、法律及其他标准。

（3）**招聘**。分为内部招聘和外部招聘。项目团队成员的招聘程序见图 9－09。

内部招聘是指在项目组织内部或项目所在公司的人力资源中，通过提升、工作调配和内部人员的重新聘用等方式选出项目组织所需人员的一种方法。从内部招聘的人员对企业文化和项目比较了解，工作上手较快，可以节约大量的人员培训成本。此外，还能为项目组织的内部人员提供职业发展机会，可以提高他们工作的积极性和创造性。

外部招聘是从项目所在公司的范围之外获取项目所需人力资源的一种方法。与内部招聘相比，外部招聘的选择范围较为广泛，而且从外部招聘的人员能为项目组

图9-09 项目人力资源规划：招聘程序示意图

织带来创新思想。但是，外部招聘要花费很多的时间和成本，还要对新进人员进行适当的培训。

（4）**虚拟团队**。虚拟团队是指虽然分散于不同的时间、空间和组织边界，却具有共同愿景、共同目标或共同利益，为完成项目任务所组成的人员群体。

图9-10 项目人力资源规划：虚拟团队沟通示意图

在信息技术快速发展的今天，虚拟团队作为一种新型的组织形态，具有许多优于传统团队的特征：如采用虚拟团队拓宽了组织的人才来源渠道，为吸引通常很难获得的专业人才创造了条件；拓展了信息资源渠道，为保持产品的先进性奠定基础；通过资源共享实现优势互补和有效合作，使众多不同渠道的零散知识整合为系统的集体智慧，转化为竞争优势；项目成员之间可以利用最新通信技术实现及时沟通，确保及时做出正确的决策；可以优化组织结构促使组织结构扁平化，通过团队柔性的工作模式降低管理成本。现代沟通技术如电子邮件、电话会议、社交媒体、网络会议、视频会议、短信息和微信等，使虚拟团队的沟通协作成为可行。见图9－10。

虚拟团队模式使人们有可能在组织内部地处不同地理位置的员工之间组建团队；为项目团队增加特殊技能，即使相应的专家不在相同的地理区域；把居家办公的员工纳入项目团队；在异地或者跨国开展项目中，降低昂贵的差旅费。虚拟团队可以通过电话、网络、传真或可视图文等方式来沟通和协调，如每天查收两次电子邮件；每天定时通一次电话等，便可以分工完成一份事先拟订好的工作。

虚拟团队也有一些缺点，例如可能因为远距离沟通障碍而产生误解、有孤立感、团队成员之间难以分享知识和经验、采用通信技术的成本等。在虚拟团队的环境中，沟通规划变得尤为重要。应当花更多时间，来设定明确的期望，促进沟通和协作。

（5）**多标准决策分析**。在组建项目团队过程中，经常需要使用团队成员选择标准。通过多标准决策分析，制定出选择标准，并据此对候选团队成员进行定级或打分。根据各种因素对团队的不同重要性，赋予选择标准不同的权重。例如，可用下列标准对团队成员进行打分：团队成员能否在项目所需时段内为项目工作；在项目期间内是否存在影响可用性的因素。

9.2.2 组建项目团队：输出

（1）**项目人员分派**。按项目需求、计划制作项目团队组织分工图、通信录，把合适的人员分派到团队。

（2）**资源日历**。如图9－11所示，资源日历记录每个项目团队成员在项目上的工作时间段。必须很好地了解每个人的可用性和时间限制（包括时区、工作时间、休假时间、当地节假日和在其他项目的工作时间），才能编制出可靠的进度计划。

图9－11　项目人力资源规划：资源日历示意图

【应用案例9-02】任正非：坚持人力资本的增值大于财务资本的增值

华为创始人任正非在《华为的红旗到底能打多久》讲话中说：我们坚持人力资本的增值大于财务资本的增值。我们尊重知识、尊重人才，但不迁就人才。不管你有多大功劳，绝不会迁就。我们构筑的这种企业文化，推动着员工的思想教育。华为公司十分重视对员工的培训工作，每年为此的付出是巨大的。原因一是中国还未建立起发育良好的外部劳动力市场，不能完全依赖在市场上解决；二是我国的教育还处在发展过程，应届毕业生在企业的上手的能力还很弱，需要培训。三是信息技术更替周期太快，老员工要不断地充电。总之，员工之间相互培训，已逐渐形成制度。

我们尊重有功劳的员工，给他们更多一些培训的机会，但岗位的设置一定要依据能力与责任心来选拔。进入公司以后，学历、资历自动消失，一切根据实际能力、承担的责任来考核识别干部。

9.3 建设项目团队

项目团队建设（Develop Project Team）是指通过对人力资源进行培训、激励和绩效考核等方式，来提高项目团队成员个人的能力以及整个项目团队绩效的过程。通过不断对项目团队成员的培训，建立一套科学、合理、可行的工作业绩考核体系，以便激励所有团队成员努力完成任务的工作过程。本过程的主要作用是，改进团队协作，增强人际技能，激励团队成员，降低人员离职率，提升整体项目绩效。表9-05描述本过程输入、工具与技术和输出。

表9-05 建设项目团队：输入、工具与技术和输出

输入	工具与技术	输出
1. 人力资源管理计划	1. 人际关系技能	1. 团队绩效评价
2. 项目人员分派	2. 培训	2. 事业环境因素更新
3. 资源日历	3. 团队建设活动	
	4. 基本规则	
	5. 集中办公	
	6. 认可与奖励	
	7. 人事评测工具	

9.3.1 建设项目团队：工具与技术

（1）**人际关系技能**。如图 9－12 所示，人际关系技能有时被称为“软技能”，是因富有情商，并熟练掌握沟通技巧、冲突解决方法、影响技能、团队建设技能和团队引导技能，而具备的行为能力。这些软技能都是建设项目团队的宝贵资产。

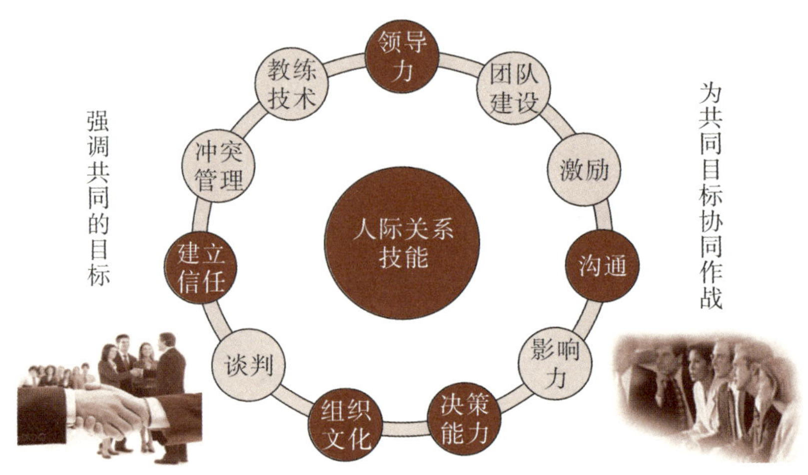

图 9－12　人际关系技能示意图

例如，项目管理团队能用情商来了解、评估及控制项目团队成员的情绪，预测团队成员的行为，确认团队成员的关注点及跟踪团队成员的问题，来达到减轻压力、加强合作的目的。人一般在心情愉悦时比较乐于和他人交流，也相对容易接受外界信息。

（2）**培训**。培训包括旨在提高项目团队成员能力的全部活动。培训可以是正式或非正式的。培训方式包括课堂培训、在线培训、计算机辅助培训、在岗培训、辅导及训练。如果项目团队成员缺乏必要的管理或技术技能，可以把对这种技能的培养作为项目管理工作的一部分。图 9－13 是某企业项目管理办公室就缩短市场调研、需求分析、研发和生产过程中的关键路径进行培训和研讨会。

培训成本通常应该包括在项目预算中，应该按人力资源管理计划中的安排来实施预定的培训。项目人员培训一般包括如下过程：

①培训需求分析。这种分析通过考虑员工和组织的绩效来决定培训是否有益，需求分析是测评公司、团队或个人的能力与战略计划所要求的能力的契合度。

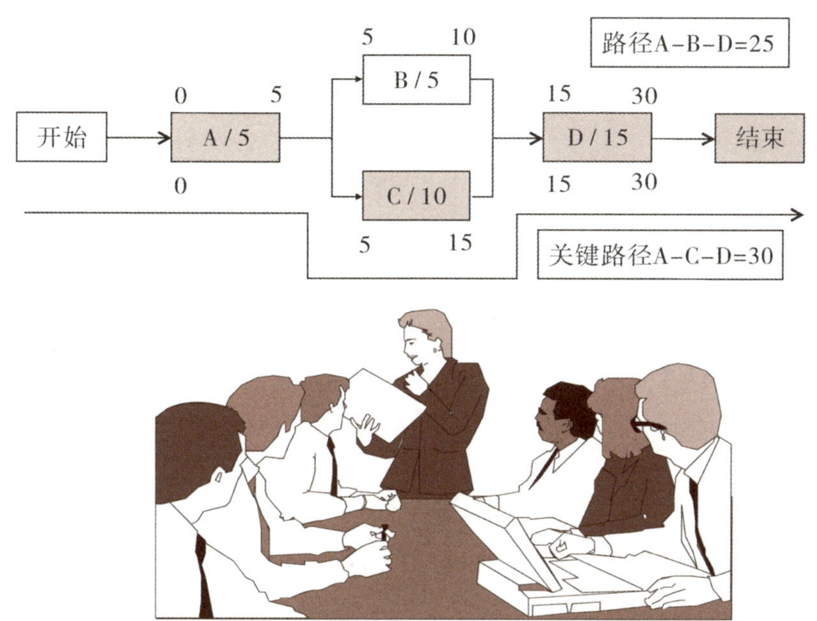

图9-13 某企业培训中心的项目管理关键路径培训与研讨会

②培训目标的确立。确定培训的师资、内容，必须根据设定的目标来衡量培训是否成功。

③选择适当的培训方式。培训方式可以有面授、在岗、在线、计算机辅助等多种方式，有效的培训方式的选择包括学习理念、各种培训方法和法律问题。

④评价培训的效果。评价培训效果是培训实施的最后一个环节，通过评价可以了解培训的内容是否合适、学员对知识的掌握程度以及培训的投入和产出，并确定今后培训需改进的方向。

（3）**团队建设活动**。团队建设活动既可以是状态审查会上的五分钟短会，也可以是为改善人际关系而设计的、在非工作场所专门举办的交流活动。

团队建设活动旨在帮助各团队成员更加有效地协同工作，完成项目任务。如果团队成员的工作地点相隔甚远，无法进行面对面接触，就特别需要有效的团队建设策略。包括项目启动会议、创建工作分解结构 WBS、团队拓展训练等。

团队建设是一个持续性过程，对项目成功至关重要。团队建设固然在项目前期必不可少，但它更是伴随着整个项目的生命期。项目环境的变化不可避免，要有效应对这些变化，就需要持续不断地开展团队建设。项目经理应该持续地监督团队机能和绩效，确定是否需要采取措施来预防或纠正各种团队问题。

如图9-14所示，有一种关于团队发展过程的模型叫塔克曼阶梯理论，其中包括团队建设通常要经过的五个阶段。

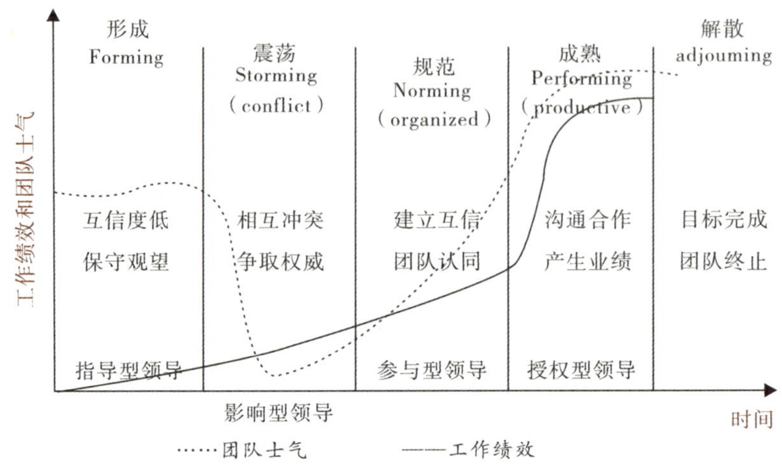

图 9-14 建设项目团队：塔克曼团队建设五阶段模型

尽管这些阶段通常按顺序进行，然而团队停滞在某个阶段或退回到较早阶段的情况也并非罕见。如果团队成员曾经共事过，项目团队建设也可跳过某个阶段。项目经理应当注意在不同阶段采取的工作方法。如表 9-06 所示。

表 9-06 建设项目团队：塔克曼团队建设五阶段和特点

团队建设的五阶段及其特点				
作者	**阶段**	**成员情绪**	**典型疑问行为**	**特点**
塔克曼	形成	兴奋期望 焦虑怀疑	我的目标是什么？ 我的角色和任务是什么？ 我能和别人合得来吗？	防卫、有礼貌 客观、有保留
	震荡	挫折愤怒 紧张对立	我的职责是什么？ 我该如何配合别人？我知道他的缺点，可不知道如何帮助他？	攻击、争吵、冲突 否决、小圈子
	规范	明确信任 规范交流	确定关系，接受团队规则，逐步有凝聚力	有组织、技能提高 自主解决问题 自主化解冲突
	成熟	开放沟通 积极激情	具有集体感、荣誉感， 积极开放、配合默契	合作、高效、相互信任、主动帮助，有集体感、荣誉感
	解散	完成所有工作，团队成员离开项目（一般开庆功会）		

①形成阶段。这是项目团队发展过程的最初阶段，项目经理可能要将一些独立的员工个体转变成项目团队成员。这一阶段的特征是项目团队成员具有新鲜感和一

种积极向上的精神，急于开始工作和表现自己，项目团队也在努力建立自己的形象，并试图对将要开始的工作进行分工和制订计划。

形成阶段项目团队成员的情绪表现为希望、新鲜、好奇、激动、怀疑、焦急等。一方面，团队成员收集有关项目的信息，试图弄清项目是干什么的？我的目标和分工是什么？另一方面，团队成员谨慎地研究和学习适宜的举止行为。他们从项目经理处寻找或相互了解，以期找到属于自己的角色，我与别人能够合得来吗？此时，项目经理要重视项目团队建设工作，说明项目的目标，并且公布项目的进度计划、质量标准、团队组织结构和每个成员在项目中的职位。

②震荡、磨合阶段。团队发展的第二阶段是震荡、磨合阶段。团队形成之后，队员们已经明确了项目的工作以及各自的职责，于是开始执行分配到的任务。在实际工作中，各方面的问题逐渐显露出来，这预示着磨合阶段的来临。现实可能与当初的期望和计划发生较大偏离，于是，队员们可能会消极地对待项目工作和项目经理。此阶段的工作气氛趋于紧张，问题逐渐暴露出来，项目团队士气比组建阶段有明显的降低。

团队的冲突和不和谐是这阶段的一个显著特点。成员之间由于生活阅历、受教育、工作背景、立场、观念、方法、行为等方面的差异而产生各种冲突，人际关系陷入紧张局面，甚至出现冲突、敌视、强烈情绪以及向领导者挑战的情形。冲突可能发生在领导与个别团队成员之间，领导与整个团队之间以及团队成员相互之间。这些冲突可能是情感上的，或是与事实有关的，不管怎样，都应当力图采用理性的、无偏见的态度来解决团队成员之间的争端，而不应当采用情感化的态度。

此时，项目经理要成为“影响型”领导，对他们进行适当指导，并且要引导每个成员对自己的角色及责任进行调整。另外，项目经理还要明确项目团队成员相互之间的关系和行为规范，使每个成员都清楚地了解自己的责任。

③规范阶段。图 9－15 表示某项目团队从震荡阶段向规范阶段的过渡过程。项目团队经过了一段时间的磨合后，就进入了正常发展的规范阶段。这一阶段的特征是：项目团队的矛盾程度降低，同时，随着项目成员的期望和实际情况的统一，他们的不满情绪也逐步降低。

项目团队接受了项目工作环境，项目的制度和流程得以改进和规范化。控制及决策权从项目经理移交给了项目团队，凝聚力开始形成，有了团队的感觉，每个人都觉得自己是团队中的一个角色，他们也接受其他成员作为团队的一部分。每个成

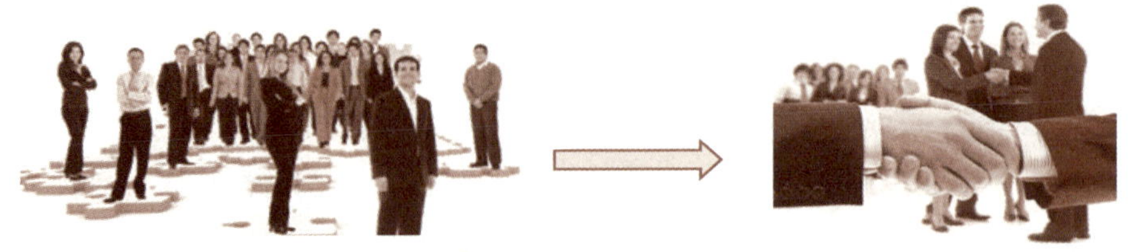

项目团队震荡阶段　　项目团队规范阶段

图 9－15　建设项目团队：从震荡阶段向规范阶段过渡

员为取得项目目标所做的贡献得到认同和赞赏。项目的规章制度得到改进和规范，项目具体的控制和决策权也逐步从项目经理转移到项目团队成员手中。

这一阶段，随着成员之间开始相互信任，团队的信任得以发展。大量地交流信息、观点和感情，合作意识增强，团队成员互相交换看法，并感觉到他们可以自由地、建设性地表达他们的情绪及评论意见。项目团队成员之间开始建立相互信任、相互帮助的关系，开始互相交流看法，合作意识明显加强。所以，项目经理要逐步减少指导性工作，成为“参与型”领导，对团队成员的工作要给予支持，并且对他们取得的成绩进行表扬。

④成熟阶段。经过前一阶段，团队确立了行为规范和工作方式。项目团队积极工作，急于实现项目目标。这一阶段的工作绩效很高，团队有集体感和荣誉感，信心十足。项目团队能开放、坦诚、及时地进行沟通。在这一阶段，团队根据实际需要，以团队、个人或临时小组的方式进行工作，团队相互依赖度高。他们经常合作，并在自己的工作任务外尽力相互帮助。团队能感觉到高度授权，如果出现问题，就由适当的团队成员组成临时小组，解决问题，并决定如何实施方案。随着工作的进展并得到表扬，团队获得满足感。个体成员会意识到为项目工作使他们正获得职业上的发展。此时，项目经理要逐步成为“授权型”领导。

相互的理解、高效的沟通、密切的配合、充分的授权，这些宽松的环境加上队员们的工作激情，使得这一阶段容易取得较大成绩的同时，实现项目的创新。团队精神和集体的合力在这一阶段得到了充分体现，每位队员在这一阶段的工作和学习中都取得了长足的进步和巨大的发展。项目团队成员有很强的集体感和荣誉感，信心十足，急于实现项目目标，工作效率很高。项目团队根据实际需要，以个人或临时小组的方式进行工作，相互依赖度高。在成熟阶段，项目经理的工作就是指导、协助项目团队制订、修正并执行项目计划。

⑤解散阶段。对于完成某项任务，实现了项目目标的团队而言，随着项目的竣

工，该团队准备解散。这时，团队成员开始躁动不安，考虑自身今后的发展，思考“我以后可怎么办”，并开始做离开前的准备。有时，团队仿佛回到了组建阶段，必须改变工作方式才能完成最后各种具体任务。须由项目经理告诉各成员还有哪些工作需要做完，否则，项目就不能圆满完成，目标就不能成功实现。项目经理最好采取措施，稳定人心，明确责任。同时，也要考虑团队成员以后如何安排的问题，把项目的收尾工作做好。

团队建设活动旨在改善人际关系，如定期举行的情况汇报会上的 5 分钟议程、筹办该项目以外专业人士的交流活动等。有些团队活动，如制定工作分解结构，虽然其初衷并不是为了团队建设，但是如果计划活动能安排得当，也会提高团队的责任感和凝聚力。

（4）**基本规则**。项目团队的行为规范。用基本规则对项目团队成员的可接受行为做出明确规定，即项目团队的行为规范。团队行为规范是指为了实现项目的目标，使项目团队成员在项目管理活动过程中履行岗位职责、严守职业道德、从思想认识到日常行为都遵守的职业纪律。即以项目目标为指导，约束团队成员行为的一系列原则和规范的集合。

（5）**集中办公**。集中办公，也被称为“紧密矩阵”，是指把许多或全部最活跃的项目团队成员安排在同一个物理地点工作，以增强团队工作能力。集中办公既可以是临时的，也可以贯穿整个项目。实施集中办公策略，可借助团队会议室（有时称“作战室”）、张贴组织文化、价值观，项目目标、范围和进度计划的场所，以及其他能增进沟通和集体感的设施。

（6）**认可与奖励**。如图 9 – 16，常见的六种团队激励方式。

图 9 – 16　建设项目团队：常见的六种团队激励方式

在建设项目团队过程中，需要对成员的优良行为给予认可与奖励。最初的奖励计划是在规划人力资源管理过程中编制的。必须认识到，只有能满足被奖励者的某个重要需求的奖励，才是有效的奖励。在管理项目团队过程中，通过项目绩效评估，以正式或非正式的方式做出奖励决定。在决定认可与奖励时，应考虑文化差异。

①物质激励。物质激励是项目团队采用最多的一种方式。物质激励一般包括工资和奖金等，它主要适合于一些基层的项目团队成员。

②环境激励。环境激励就是为项目团队成员营造一个良好的工作和生活环境，从而推动团队成员更加努力地投入工作。

③参与激励。参与激励是指让项目团队成员了解项目团队的运作情况，使他们以不同的方式参与到项目的管理中来，从而激发他们的主人翁意识。

④荣誉激励。通过荣誉激励可以满足项目团队成员获得尊重和荣誉的需求，它适合于知识丰富和层次较高的人员。

⑤榜样激励。人们常说“榜样的力量是无穷的”。榜样激励就是使项目团队成员成为整个团队学习的榜样，使他们有很大的满足感，从而达到激励目的。

⑥目标激励。项目团队有着明确的共同目标，这一目标是共同憧憬在客观环境中的具体化，并随着环境的变化而有着相应的调整，但每个队员都了解并认同它，都认为共同目标的实现是达到共同憧憬的有效途径。共同憧憬和共同目标包容了个人憧憬与个人目标，充分体现了个人的意志与利益，并且具有足够的吸引力，能够激发团队成员的激情。

（7）**人事测评工具**。如图 9－17，人事评测工具能让项目经理和项目团队洞察成员的优势和劣势。

建设项目团队的七种工具与技术小结，如图 9－18 所示。

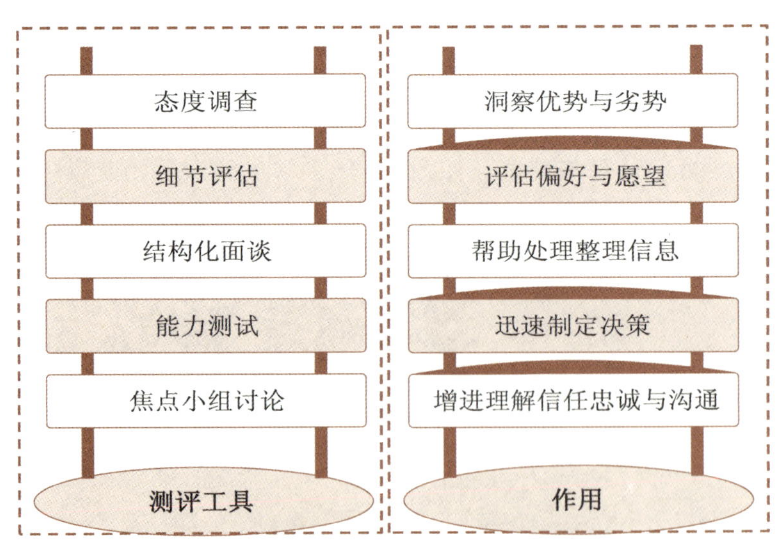

图 9－17　建设项目团队：人事测评工具

人际关系技能

同情心、影响力、创造力及小组协调力

团队建设活动

帮助项目各团队成员更加有效地协同工作

培训

提高项目团队成员能力的全部活动

集中办公

也被称为“紧密矩阵”，增强团队工作能力

基本规则

减少误解，提高生产力

人事测评工具

让项目经理和成员洞察成员的优势和劣势

认可与奖励

提倡与强化期望行为的正规管理措施

图 9－18　建设项目团队：七种工具与技术

9.3.2 建设项目团队：输出

输出，包括团队绩效评价和事业环境因素更新。

【应用案例 9－03】三权分立——华为公司的干部选拔机制

如图 9－19 所示，华为公司的干部选拔机制完全适合项目经理。项目经理在全球化环境和富有文化多样性的项目中工作。

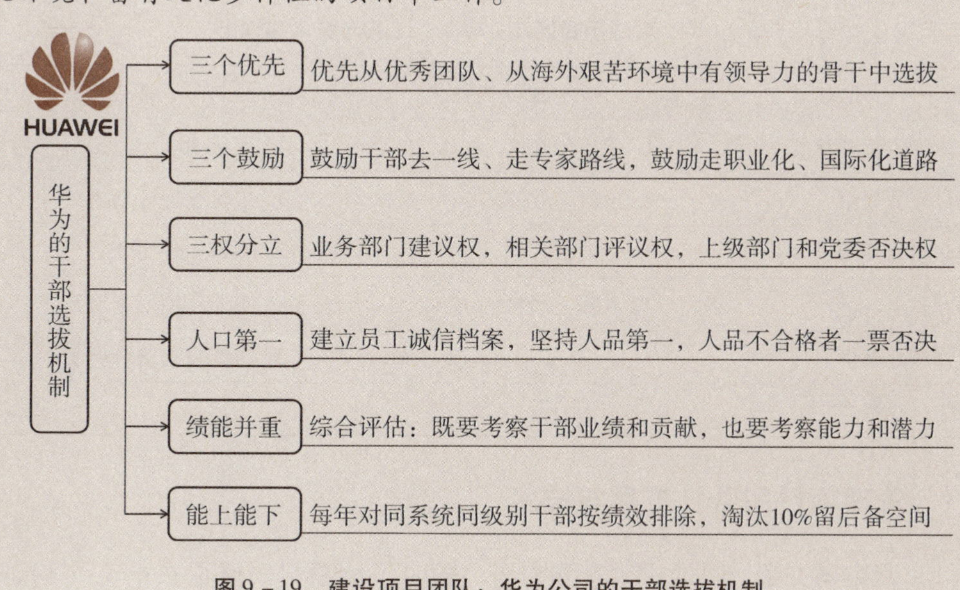

图 9－19　建设项目团队：华为公司的干部选拔机制

项目团队成员经常来自不同的行业，讲不同的语言，有时甚至会在工作中使用一种特别的“团队语言”，而不是使用他们的母语。项目管理团队应该利用文化差异，在整个项目生命周期中致力于发展和维护项目团队，并促进在相互信任的氛围中充分协作。通过建设项目团队，可以改进人际技巧、技术能力、团队环境及项目绩效。

在整个项目生命周期中，团队成员之间都要保持明确、及时、有效（包括效果和效率两个方面）的沟通。建设项目团队的目标包括：

①提高团队成员的知识和技能，以提高他们完成项目可交付成果的能力，并降低成本、缩短工期和提高质量。

②提高团队成员之间的信任和认同感，提高士气、减少冲突和增进团队协作。

③创建富有生气、凝聚力和协作性的团队文化，提高个人和团队的工作效能，振奋团队精神，促进团队合作；促进团队成员之间的交叉培训和辅导，以分享知识和经验。

9.4 管理项目团队

管理项目团队是跟踪团队成员工作表现，提供反馈，解决问题并管理团队变更，以优化项目绩效的过程。主要作用是：影响团队行为，管理冲突，解决问题，并评估团队成员的绩效。表 9－07 描述本过程的输入、工具与技术和输出。

表 9－07　管理项目团队：输入、工具与技术和输出

输入	工具与技术	输出
1. 人力资源管理计划	1. 观察与交谈	1. 变更请求
2. 项目人员分派	2. 项目绩效评估	2. 项目管理计划更新
3. 团队绩效评价	3. 冲突管理	3. 项目文件更新
4. 问题日志	4. 人际关系技能	4. 事业环境因素更新
5. 工作绩效报告		5. 组织过程资产更新
6. 组织过程资产		

9.4.1 管理项目团队：工具与技术

（1）**观察与交谈**。可通过观察和交谈，随时了解项目团队成员的工作和态度。

项目管理团队应该监督项目可交付成果的进展，了解团队成员引以为荣的成就，了解各种人际关系问题。

（2）**项目绩效评估**。在项目过程中进行绩效评估的目的包括澄清角色与职责，向团队成员提供建设性反馈，发现未知或未决问题，制定个人培训计划，以及确立未来目标。

（3）**人际关系技能**。项目经理应该综合运用组织、人际和概念技能来分析形势，并与团队成员有效互动。恰当地使用人际关系技能，可充分发挥全体团队成员的优势。人际关系技能是管理项目团队的基础。如图 9－20 所示，项目经理要经营管理好一个成功的项目团队，应当以身作则，带领项目团队做好以下五个方面：

①**共同的目标**。每个组织都有自己的目标，项目团队也不例外，正是在这一目标的感召下，项目队员凝聚在一起，并为之共同奋斗。对于一个项目，为使项目团队工作有成效，就必须明确目的和目标，并且对于要实现的项目目标，每个团队成员必须对此及其带来的收益有共同的思考。

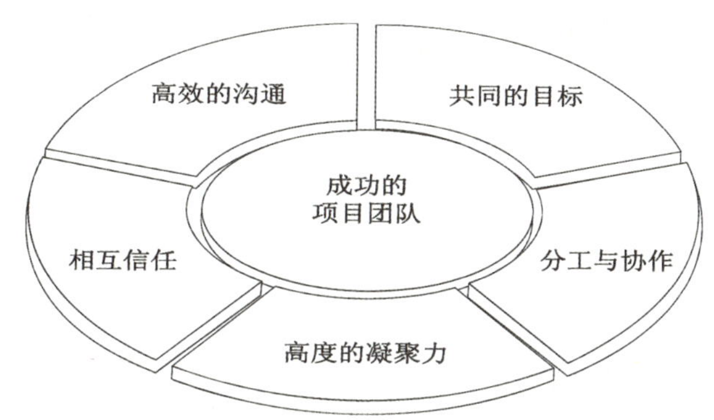

图 9－20　管理项目团队：项目团队成功的五大要素

②**合理分工与协作**。没有完美的个人，只有完美的团队。每个团队成员都应该明确自己的角色、权力、任务和职责，在目标明确之后，必须明确各个成员之间的相互关系。

③**高度的凝聚力**。凝聚力是指成员在项目内的团结与吸引力、向心力，也是维持项目团队正常运转的所有成员之间的相互吸引力。团队对成员的吸引力越强，队员坚守规范的可能性越大。一个有成效的项目团队，必定是一个有高度凝聚力的团队，它能使团队成员积极、热情地为项目成功付出必要的时间和努力。

影响团队凝聚力的因素有：团队成员的共同利益、共同目标；团队的大小，团队内部相互交往、相互合作，如果团队规模越小，那么彼此交往与作用的机会就越多，就越容易产生凝聚力；经常性的沟通可以提高团队的凝聚力；项目目标的压力越大，越可以增强团队的凝聚力；团队凝聚力的大小随着团队成员需求满足的增加而加强，因此，在形成一个项目团队时，项目经理需要为最大限度地满足个别需要提供保障。

④团队成员相互信任。成功的团队另一个重要的特征就是信任，一个团队的能力大小受到团队内部成员相互信任程度的影响。在一个有成效的团队里，成员会相互关心，承认彼此存在的差异，信任其他人所做和所要做的事情。在任何团队工作，都有不同意见，出一些可能产生争议或冲突的问题。项目经理应该认识到并努力实现这一点。因此，团队在建立之初就应当树立信任，并通过委任、公开交流、自由交换意见来推进彼此之间的信任。

⑤高效的沟通。高效的项目团队还需具有高效沟通的能力，项目团队必须配置先进的信息技术系统与通信网络，以满足团队的高效沟通。团队拥有全方位的、各种各样的、正式的和非正式的信息沟通渠道，能保证沟通直接高效，层次少，无官僚习气，基本无滞延。团队擅长于运用会议、座谈会等直接的沟通形式。沟通不仅是对信息的沟通，更重要的是情感上的沟通，每个队员不仅具有很好的交际能力，而且拥有很高的情绪商数，团队内要充满同情心和融洽的情感。项目团队具有开放、坦诚的沟通气氛，队员在团队会议中能充分沟通意见，倾听、接纳其他队员的意见，并经常能得到有效的反馈。

9.4.2 管理项目团队：输出

见表 9－07。

9.5 项目人力资源管理相关理论

（1）马斯洛需求层次理论：需求层次理论是美国著名心理学家马斯洛 1943 年在他的著作《人类动机理论》中首次提出来的，1954 年又在《激励与个性》一书中作了进一步补充。马斯洛在 1943 年提出每个人都有 5 个层次的需求：生理的需求、安全的需求、社交或情感的需求、尊重的需求和自我实现的需求，如图 9－21 所示。

①生理的需求。这是任何动物都有的需求，只是不同的动物这种需求的表现形式不同而已。对人类来说，这是最基本的需求，如衣、食、住、行、医疗、家庭和其他的身体需求等。

②安全的需求。这是人们保护自己的身体和情感免受伤害的需求，包括人身安

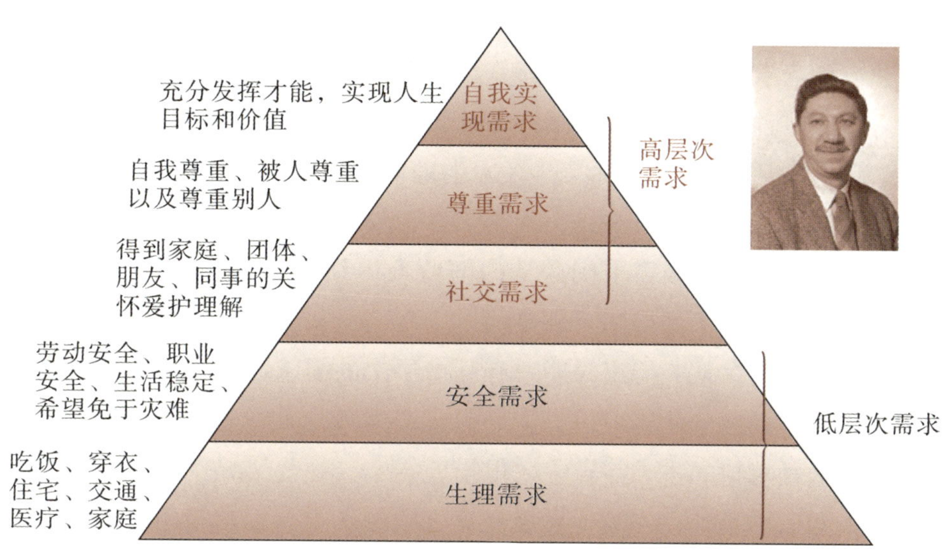

图9－21 项目人力资源管理：马斯洛需求层次理论

全和职业安全、前程无忧等。它又可以分为两类：一类是现在的安全的需求，另一类是对未来的安全的需求。即一方面要求自己现在的社会生活的各个方面均能有所保证，另一方面希望未来生活能有所保障。

③社交或情感的需求。其中包括友谊、爱情、归属及接纳方面的需求。它主要产生于人的社会性。马斯洛认为，人是一种社会动物，人们的生活和工作都不是孤立地进行的，这一观点已由20世纪30年代的行为科学研究所证明。这说明，人们希望在一种被接受或属于的情况下工作，归属于某一群体，而不希望在社会中成为离群的孤鸟。

④尊重的需求。尊重可分为内部尊重和外部尊重。内部尊重因素包括自尊、自主和成就感；外部尊重因素包括地位、认可和关注或者说受人尊重。自尊是指在自己取得成功时有一种自豪感，它是驱使人们奋发向上的推动力。受人尊重是指当自己做出贡献时能得到他人的承认。

⑤自我实现的需求。其中包括成长与发展、发挥自身潜能、实现理想的需求。这是一种追求个人能力极限的内趋力。这种需求一般表现在两个方面：一是胜任感方面，有这种需求的人希望控制事物或环境，而不是被动地等事物的发生与发展；二是成就感方面，对有这种需求的人来说，工作的乐趣在于成果和成功，他们需要知道自己工作的结果，成功后的喜悦要比其他任何报酬都重要。该理论的主要观点有：

第一，人是有需求的动物，其需求取决于他已经得到了什么，还缺少什么，只有尚未满足的需要能够影响行为。已经得到满足的需求不再起激励作用。

第二，人的需求都是有层次的，前一层次的需求得到满足后，后一层次的需求才会出现。即只有前面的需求得到充分的满足后，后面的需求才会显示出激励作用。马斯洛将人的需求划分为高低两级，生理的需求和安全的需求称为较低级需求；而社交需求、尊重需求与自我实现需求称为较高级的需求。低级需求主要是从外部使人得到满足，而高级需求则是从内部使人得到满足。在物质丰富的条件下，几乎所有员工的低级需求都得到了满足。

第三，每一个人在某一特定时期总有某一层次的需求占据主导地位，称之为主导需求，其他需求则处于从属地位。主导需求产生激励人行为的主导动机。激励工作应主要针对激励对象的主导需求来采取措施。

第四，人的需求是处在连续地发展变化之中的，主导需求在不断变化，因而激励也应当是动态的。

马斯洛的理论简单明了、易于理解，具有内在的逻辑性，得到了实践中的管理者的普遍认可。根据马斯洛的理论，如果你要激励某人，先需要知道他现在处于哪个需求层次上，然后去满足这些需求及更高层次的需求。

（2）**麦克雷格 XY 理论**：如图 9－22 所示。美国心理学家麦克雷格 XY 理论实质上是 XY 假设，是由道格拉斯·麦克雷格（1906－1964）在他著的《企业的人性

（1）X 理论认为人是消极的、懒惰的，设法逃避工作，缺乏进取心，逃避责任

（2）Y 理论则相反，认为人是积极的，愿意工作，愿意进步，愿意承担责任等

（3）传统的管理比较偏向于 X 理论，现代管理越来越偏向于 Y 理论

X 理念假设	Y 理论假设
➢ 是管理工人的传统方法	➢ 如果有动力和支持，将工作得很好
➢ 逃避工作、讨厌工作	➢ 很高额绩效期许
➢ 缺乏进取心及解决问题技巧	➢ 有创造力、想象力、雄心和信心
➢ 逃避责任，缺乏主动性	➢ 自我约束、自我指导
➢ 自我中心，抵抗变化	➢ 追求责任感
➢ 受马斯洛低层次需求激励	➢ 受马斯洛高层次需求激励

图 9－22　项目人力资源管理：麦克雷格的 XY 理论

面》一书中首次提出来的，故后人称他为XY理论。

X理论认为人性懒惰，所以总是逃避责任。只有少数人才能克服这样的劣根性，成为一个有雄心壮志的人，但绝大多数人必须用“胡萝卜+大棒”进行威逼利诱，使他们为完成既定的工作任务而努力。多少年来，企业主们一直都在使用这样的管理方法，但他们也会绝望地发现，“胡萝卜+大棒”作为一种管理工具的作用常常失效。

Y理论是与X理论根本对立的。Y理论告诉管理者，要尊重和相信下属员工，要为他们提供工作和发展的条件和机会，要想办法激励和调动员工的工作积极性，使人的智力、才能得到充分的发挥，在满足个人需求和目标的同时完成组织的目标。

（3）**威廉·大内的Z理论**：如图9－23，由日裔美国学者威廉·大内在1981年出版的《Z理论》一书中提出，其研究内容为人与企业、人与工作的关系。

这一理论的提出是鉴于美国企业面临着日本企业的严重挑战。大内选择了日、美两国的一些典型企业进行研究，发现日本企业的生产率普遍高于美国企业，而美国在日本设置的企业，如果按照美国方式管理，其效率便差。

他把这种管理方式归结为Z型管理方式，并对这种方式进行了理论上的概括，称为“Z理论”。

Z理论认为，一切企业的成功都离不开信任、敏感与亲密，因此主张以坦白、开放、沟通作为基本原则来实行“民主管理”

日本的管理特点（Z型组织）	美国的管理特点（A型组织）
➢ 长期雇用期	➢ 短期雇用制
➢ 集体决策	➢ 个人决策
➢ 集体负责	➢ 个人负责
➢ 中等程度的专业分工	➢ 高度的专业化分工
➢ 缓慢的提升	➢ 较快的提升
➢ 不太严格的控制	➢ 严格的控制
➢ 对员工很关心	➢ 对员工不关心

图9－23 项目人力资源管理：威廉·大内的Z理论

（4）**赫兹伯格的双因素理论**：如图9－24所示。双因素理论也称为保健激励理论，由凯斯西部大学心理系主任弗雷德里克·赫兹伯格（Frederick Herzberg）提出。

保健因素（外在因素）	激励因素（内在因素）
与工作环境和工作关系相关的因素：	与工作本身或工作内容相关的因素：
➢ 企业的政策与行政管理	➢ 工作上的成就感
➢ 技术监督系统	➢ 工作中得到认可和赞赏
➢ 与上级主管之间的人事关系	➢ 工作本身的挑战性和兴趣
➢ 与同级之间的人事关系	➢ 工作职务上的责任感
➢ 与下级之间的人事关系	➢ 工作的发展前途
➢ 工作环境或条件	➢ 个人成长晋升的机会
➢ 薪金、福利	
➢ 个人的生活	
➢ 职务、地位	
➢ 工作的安全感	

图 9－24　项目人力资源管理：赫兹伯格的双因素理论

根据赫兹伯格的研究，保健因素如果不满足会产生不满意的情形，但是如果满足了也不能激励员工更卖力地工作。赫兹伯格发现人们工作的主要激励因素来自于个人成绩表现以及由此获得的认可度，同时总结出激励因素包括工作成就、认可度、工作本身、责任、晋升和发展。

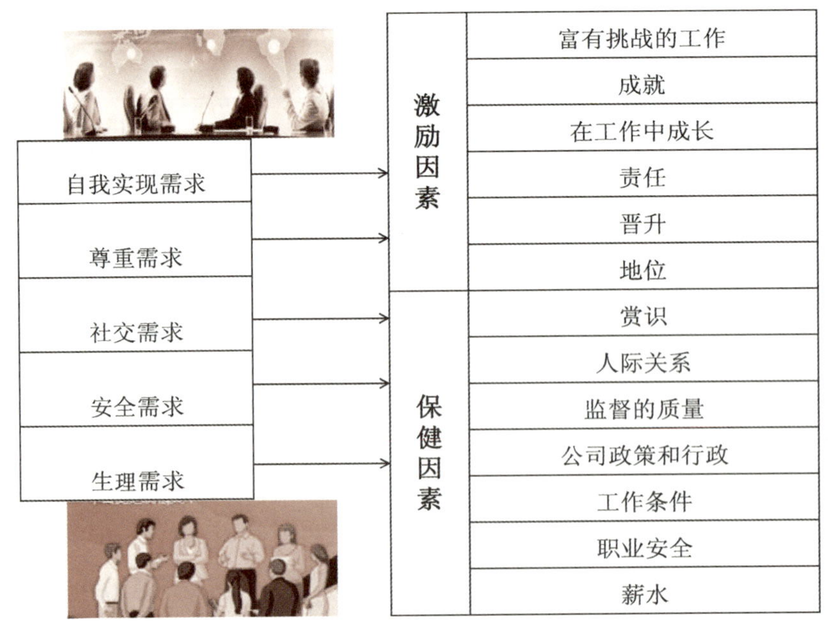

图 9－25　马斯洛的需求层次理论与赫兹伯格的双因素理论的对比

与马斯洛的需求层次理论对比，可以发现双因素理论与需求层次理论之间有着共通之处。如需求层次理论中的生存需求、安全需求以及社交需求可以与双因素中的保健因素相对应，而尊重需求和自我实现需求则对应激励因素，其对应关系如图 9－25 所示。

这种对应关系也说明了双因素理论中的影响因素结构有着层级关系，只有在满足了保健因素的前提下，激励因素才能更好地激励员工，同时，这一对应关系也从一个角度说明为什么保健因素能更好地激励员工。

（5）**弗鲁姆的期望理论**：比较而言，对激励问题进行比较全面研究的，是激励过程的期望理论。这一理论是由美国心理学家维克多・弗鲁姆（Victor H. Vroom）在 20 世纪 60 年代中期提出的。期望理论认为，只有当人们预期到某一行为能给个人带来有吸引力的结果时，个人才会采取特定的行动。如图 9－26 所示。

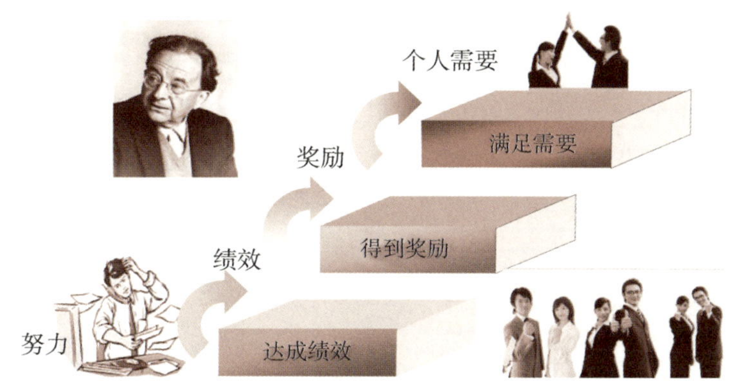

图 9－26　项目人力资源管理：弗鲁姆的期望理论

它对于组织通常出现的这样一种情况给予了解释，即面对同一种需要以及满足同一种需要的活动，为什么不同的组织成员会有不同的反应：有的人情绪高昂，而另一些人却无动于衷呢？有效的激励取决于个体对完成工作任务以及接受预期奖赏的能力的期望。

根据这一理论的研究，员工对待工作的态度依赖于对下列三种联系的判断：

①努力—绩效的联系。员工感觉到通过一定程度的努力而达到工作绩效的可能性。如需要付出多大努力才能达到某一绩效水平？我是否真能达到这一绩效水平？概率有多大？

②绩效—奖赏的联系。员工对于达到一定工作绩效后即可获得理想的奖赏结果的信任程度。如当我达到这一绩效水平后，是否会得到奖赏？

③奖赏—个人目标的联系。如果工作完成，员工所获得的潜在结果或奖赏对他的重要性程度。如这一奖赏能否满足个人的目标？其吸引力有多大？

在这三种关系的基础上，员工在工作中的积极性或努力程度（激励力）是效价和期望值的乘积：M = V - E 式中，M 表示激励力，V 表示效价，E 表示期望值。所谓效价，是指一个人对这项工作及其结果（可实现的目标）能够给自己带来的满足程度的评价，即对工作目标有用性（价值）的评价。期望值是指人们对自己能够顺利完成某项工作可能性的估计，即对工作目标能够实现的概率的估计。

效价和期望值的不同结合，会产生不同的激发力量，一般存在以下几种情况：

$E_{高} \times V_{高} = M_{高}$；　$E_{中} \times V_{中} = M_{中}$；　$E_{低} \times V_{低} = M_{低}$

$E_{高} \times V_{低} = M_{低}$；　$E_{低} \times V_{高} = M_{低}$

这表明，组织管理要收到预期的激励效果，要以激励手段的效价和激励对象获得这种满足的期望值都足够高为前提。只要效价和期望值中有一项值较低，都难以使激励对象在工作岗位上表现出足够的积极性。

（6）亚当斯的公平理论：如图 9 - 27，公平理论是美国心理学家亚当斯（J. S. Adams）在 1965 年首先提出来的，也称为社会比较理论。公平理论认为要使组织成员保持较高的工作热情，必须使工作报酬公平合理，使组织的成员感到组织的分配是公正的。

个人投入/报酬 = 他人投入/报酬

员工感到不公平时，会采取以下 6 种选择中的一种：

1. 改变自己的投入
2. 改变自己的产出
3. 改变自我认知
4. 改变对其他人的看法
5. 选择另一个不同的参照对象
6. 离开工作环境

图 9 - 27　项目人力资源管理：亚当斯的公平理论

这种理论的基础在于，员工不是在真空中工作的，他们总是在进行比较，比较的结果对于他们在工作中的努力程度有影响。大量事实表明，员工经常将自己的付出和所得与他人进行比较，而由此产生的不公平感将影响到他们以后付出的努力。

这种理论主要讨论报酬的公平性对人们工作积极性的影响。它指出，人们将通过横向和纵向两个方面的比较来判断其所获报酬的公平性。

员工选择的与自己进行比较的参照类型有三种，分别是“其他人”“制度”和“自我”。“其他人”包括在本组织中从事相似工作的其他人以及别的组织中与自己能力相当的同类人，包括朋友、同事、学生甚至自己的配偶等；“制度”是指组织中的工资政策与程序以及这种制度的运作；“自我”是指自己在工作中付出与所得的比率，对某项工作的付出（Inputs），包括教育、经验、努力水平和能力，通过工作获得的所得或报酬（Outcomes），包括工资、表彰、信念和升职等。

上述分析表明，公平理论认为组织中员工不仅关心从自己的工作努力中所得的绝对报酬，而且还关心相对报酬——自己的报酬与他人报酬之间的关系。他们对自己的付出与所得和别人的付出与所得之间的关系进行比较，作出判断。如果发现这种比率和其他人相比不平衡，就会感到紧张，这样的心理是进一步驱使员工追求公平和平等的动机基础。

（7）**麦克利兰的公平成就动机理论**：如图9－28，美国哈佛大学教授麦克利兰（David McClelland）提出了管理者的三种高层次需要：

图9－28 项目人力资源管理：麦克利兰的公平成就动机理论

①成就需要（Need for Achievement）：追求卓越，实现目标，争取成功的内驱力。具有高成就需要的人往往热衷于挑战性的工作，喜欢表现自己。他们追求的是个人成就，而不是成功的报酬本身，他们有一种欲望，希望使事情做得比以前更好或更有效率。

②权力需要（Need for Power）：影响和控制他人的欲望。具有高权力需要的人总是追求领导者的地位。组织中管理者的权力可分为个人权力和职位权力两种：追求个人权力的人围绕个人需要行使权力，在工作中倾向于亲自运作，需要及时地反馈。如果这种需要表现为对他人恶意地控制和利用，对企业可能是一种消极力量。追求职位权力的人往往自觉遵守组织的纪律约束，在行使权力中得到一种满足，这种权力需要可导致组织和社会和建设性改进。

③亲和需要（Need for Affiliation）：建立友好和亲密的人际关系的欲望。具有高归属需要的人喜欢合作性而非竞争性的工作环境，渴望高度相互理解的关系。这一类管理者往往重交情轻原则，有时会导致组织效率下降。

麦克利兰对高成就需要者作了重点研究，提出这类人通常具有以下特点：第一，他们能够为解决问题承担责任，而不是将结果归于运气或其他人的行为。第二，他们希望及时获得对自己绩效的反馈以便于判断自己是否需要改进。第三，他们具有适度的冒险性，中等难度的任务对他们最有挑战性。高成就者不是赌徒，他们不喜欢靠运气获得成功，他们逃避那些他们认为非常容易或非常困难的任务，他们想要克服困难，但希望成功或失败是由于他们自己的行为所致。当高成就需要者认为一项任务成功的可能性有50%时，他们的绩效最高。

第 10 章
项目沟通管理

【章节重点导图】 通用电器公司（GE）前 CEO 杰克·韦尔奇说“管理就是沟通、沟通再沟通。”本章重点介绍项目沟通管理的思路、流程、方法、工具和应用，如图 10－01 所示。

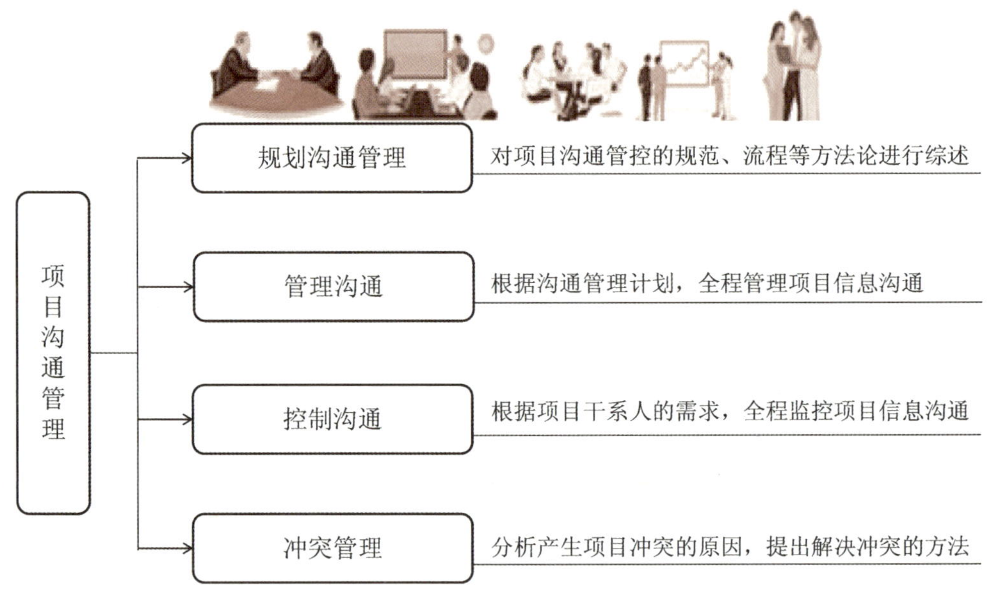

图 10－01　项目沟通管理的四个过程

沟通：沟通即信息的交流。具体来说，沟通是信息的发出者将信息传递给接收者，并期望接收者做出响应的过程。

项目信息的重要性：项目信息是指数据、计划、记录、报告、演示文件和会议文件等与项目实施直接或间接联系的各种信息。项目信息在项目实施过程中起着重要作用，收集的项目信息是否正确，能否及时传递给项目干系人，将决定项目的成败。

项目沟通管理的重要性：如图 10－02 所示。项目沟通管理包括项目经理、项目团队、项目干系人为确保项目信息及时且恰当地规划、收集、生成、发布、存储、检索、管理、控制、监督和最终处置所需的各个过程。

管理就是沟通

很多时候，我们抱怨下属或同事工作不利，问题往往不是出在水平上而是出在沟通上。研究表明：我们工作中70%的错误是由于不善于沟通所造成的。

图 10－02　项目沟通管理的重要性

项目经理85%左右的时间都用于与团队成员和其他干系人的沟通；项目经理是组织专家来做事，而不一定非要自己亲自动手做事；项目成员和干系人可能来自组织内部和外部；干系人具有不同的文化和组织背景，不同的技能水平，不同的观点和利益；有效的沟通在项目干系人之间架起一座桥梁，把具有不同文化和组织背景、不同技能水平、不同观点和利益的各类干系人联系起来。

沟通的维度：如图 10－03 所示。

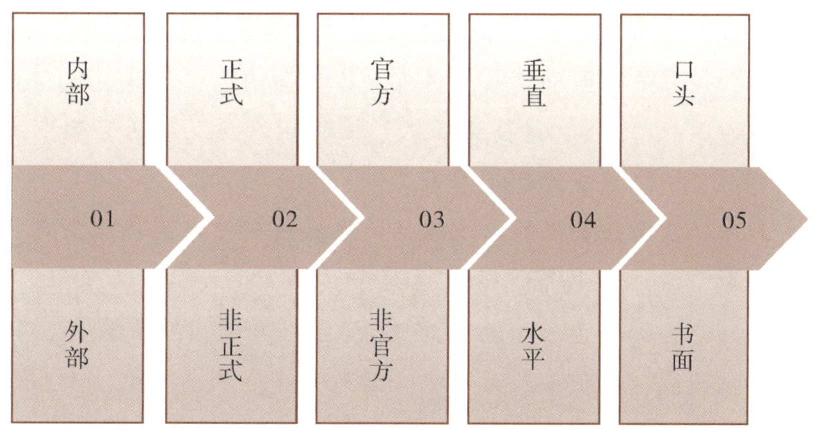

图 10－03　沟通的维度

10.1 规划沟通管理

本过程的主要作用是：识别和记录与干系人的最有效率且最有效果的沟通方式。表 10－01 描述本过程的输入、工具与技术和输出。

表 10－01 沟通管理过程的输入、工具与技术和输出

输入	工具与技术	输出
1. 项目管理计划	1. 沟通需求分析	1. 沟通管理计划
2. 干系人登记册	2. 沟通技术	2. 项目文件更新
3. 事业环境因素	3. 沟通模型	
4. 组织过程资产	4. 沟通方法	
	5. 会议	

【应用案例 10－01】诸葛亮善于沟通，“攻心为上”，以诚服人

223 年，蜀汉发生了以益州郡（今云南晋宁）豪强地主雍闿为首的武装叛乱，杀死了蜀汉派去的太守，又派在少数民族中很有威望和影响力的孟获到各地去作欺骗宣传。孟获以蜀汉政府故意难为当地人为借口，号召更多的人起来反叛。这样，叛乱队伍迅速扩大，很快席卷了整个南中地区。

面对这种情况，诸葛亮采取了积极的安抚手段，未料到叛军的气焰更加嚣张。诸葛亮为稳定后方，为北伐做准备，决定亲自率兵南征。225 年诸葛亮率军南征，讨伐叛军。参军马谡在送行时向诸葛亮献计说：用兵的道理应以“攻心为上，攻城为下；心战为上，兵战为下”。诸葛亮采纳了他的建议。大军到了南中，接连打了几个胜仗，雍闿被杀，孟获成为叛军首领。

为了更好地解决少数民族与蜀汉政权的关系，使南中地区真正安定下来，诸葛亮决定对孟获采取“攻心”政策，借用《孙子兵法·谋攻篇》下令：“南征之道，攻心为上，攻城为下；心战为上，兵战为下。”蜀军在同孟获交战时，只许生擒不许加以伤害。初次交战，孟获果然被活捉。诸葛亮对他不杀不辱，大加优待。为使其心服，亲自领他参观蜀军阵势，问他：“这样的军队你能打赢吗?”孟获说：“以前我不知道你军的虚实，如果你敢放我回去，再打一仗我是能够打胜的。”诸葛亮真的把他放了回去。再次作战，结果又被蜀军活捉，但他仍不服气，诸葛亮又将他

放回。就这样，一连捉了七次，放了六次。当最后一次还要放还他时，孟获心服口服，十分佩服诸葛亮的诚心、大度与智谋，同时又知道了蜀汉并非存心与自己为敌，就对诸葛亮说："佩服诸葛丞相天威，此后南中的人不会再反叛了。"孟获归降之后，其他几股反叛势力也很快归降了蜀汉。诸葛亮善于沟通，对孟获做耐心细致的思想工作，未留一兵一卒镇守，使得南中地区获得了长治久安的大好局面。诸葛亮的真诚有效沟通值得我们学习。

10.1.1 规划沟通管理：工具与技术

（1）**沟通需求分析**。通过沟通需求分析可得出项目各干系人信息需求的总和。信息需求的界定是通过所需信息的类型与格式以及该信息价值的分析这两者结合来完成的。用于识别和确定项目沟通需求的信息见表 10－02。

表 10－02 项目干系人与沟通需求分析

序号	干系人	职责	沟通需求
1	刘丽华	副总经理	组织结构图
2	刘丽华	副总经理	项目组织与干系人之间的责任关系
3	李东明	项目总监	项目所涉及的学科、部门和专业
4	李东明	项目总监	有多少人在什么地点参与项目
5	李东明	项目总监	内部信息需要
6	李东明	项目总监	外部信息需要
7	田立成	项目经理	来自干系人登记册的干系人信息需求
8	田立成	项目经理	信息需求人、资格、权限
9	田立成	项目经理	信息需求的内容
10	田立成	项目经理	信息需求的时间
11	田立成	项目经理	信息存储地点
12	田立成	项目经理	如何检索这些信息
13	田立成	项目经理	信息交流的工具与技术

项目经理还应该使用潜在沟通渠道或路径的数量，来反映项目沟通的复杂程度。如图 10－04 所示。

潜在沟通渠道的总量为 n（n－1）×1/2，其中，n 代表干系人的数量。例如，有 10 个干系人的项目，就有 10（10－1）/2＝45 条潜在沟通渠道。因此，在规划项目沟通时，需要做的一件重要工作就是，确定和限制谁应该与谁沟通，以及谁将接收何种信息。明确何种信息发给哪个干系人是十分重要的。

潜在的沟通渠道和路径的数量，反映了项目沟通的复杂程度

潜在沟通渠道的数量为 n（n－1）/2，n 代表干系人数量

2 个干系人：2×1÷2＝1　　4 个干系人：4×3÷2＝6

图 10－04　沟通管理过程的工具与技术：沟通渠道的计算公式

通过对项目干系人需求的分析，可以避免不必要的信息传递，减少资源浪费。在进行项目干系人信息需求分析时，需明确如下四点：

①需要给哪些干系人发信息？

②谁需要什么样的信息？

③谁什么时候需要何种信息？

④如何将信息发送给不同的干系人？

（2）**沟通技术**。可以采用各种技术在项目干系人之间传递信息。例如，从简短的谈话到冗长的会议，从简单的书面文件到可在线查询的广泛资料，都是项目团队可以使用的沟通技术。

（3）**沟通模型**。用于促进沟通和信息交换的沟通模型，可能因不同项目而异，也可能因同一个项目的不同阶段而异。图 10－05 是一个基本的沟通模型，其中包括沟通双方，即发送方和接收方。

①**媒介**。媒介是指技术媒介，包括沟通模式，而噪声则是可能干扰或阻碍信息传递的任何因素。基本沟通模型中的步骤为：

②**信息编码**。发送方把思想或观点转化（编码）为语言的过程。

③**沟通渠道**。发送方通过沟通渠道（媒介）发送信息。信息的传递可能受各种因素的干扰，如距离、不熟悉的专业技术领域、不合适的基础设施、文化差异和缺乏背景信息等。这些因素统称为噪声。

④**信息解码**。接收方把信息还原成有意义的思想或观点的过程。

⑤**告知收悉**。接收到信息后，接收方需告知对方已收到信息（告知收悉），但这并不一定意味着同意或理解信息的内容。

⑥反馈。对收到的信息进行解码并理解之后，接收方把还原出来的思想或观点编码成信息，再传递给最初的发送方的过程。

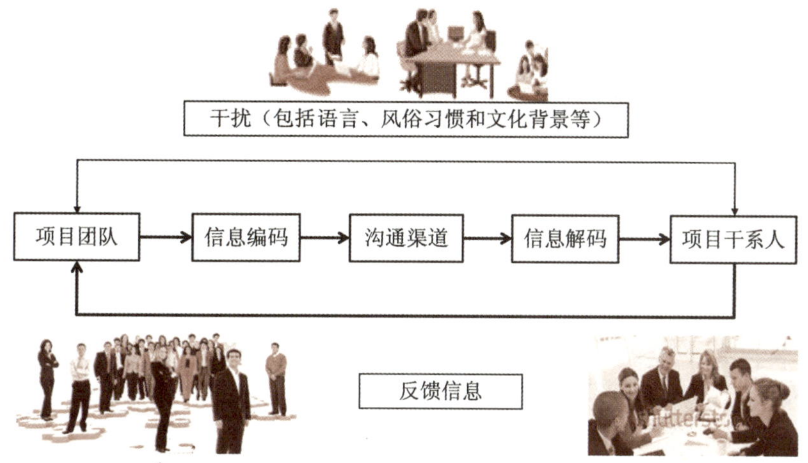

图 10－05　项目沟通管理的各个过程

从图 10－05 可以看出，项目沟通是一个双向、互动的、反馈和理解过程。沟通主体将所要发送的项目信息进行编码后，使项目信息沿沟通渠道传递，并经过信息译码，然后被沟通客体接收。同时，沟通客体还要将项目信息理解的情况反馈给沟通主体。在讨论项目沟通时，需要考虑沟通模型中的各个要素。作为沟通过程的一部分，发送方负责信息的传递，需确保信息的清晰性和完整性，需要确认信息已被正确理解。接收方负责确保完整地接收信息，正确地理解信息，并需要告知收悉或做出适当的回应。

交互式沟通	推式沟通	拉式沟通
●在两方或多方之间进行多向信息沟通 ●确保全体参与者对特定话题达成共识的最有效方法 ●会议、电话、即时通信、视频会议	●把信息发送给需要接收这些信息的特定接收方 ●确保信息的发送，但不确保信息送达受众或被目标受众理解 ●信件、备忘录、报告、电邮、传真、语音邮件、日志、新闻稿	●要求接收者自主自行地反问信息内容 ●用于信息量很大或受众很多的情况 ●企业内网、电子在线课程、经验教训数据库、知识库

应基于沟通需求、成本和时间限制、相关工具和资源的可用性，以及对相关工具和资源的熟悉程度来选择沟通方法

图 10－06　三种主要的项目沟通方法

（4）**沟通方法**。如图 10－06 所示，可以使用多种沟通方法在项目干系人之间共享信息，应基于沟通需求、成本和时间限制、相关工具和资源的可用性，以及对相关工具和资源的熟悉程度来选择沟通方法。

①沟通渠道。巴维拉斯（Bavelas）曾对五种正式沟通网络结构进行了实验比较，如图 10－07 所示。图中每一个圈可看成是一个成员或组织，每一种网络形式相当于一定的组织结构形式和一定的信息沟通渠道，箭头图示信息传递的方向。

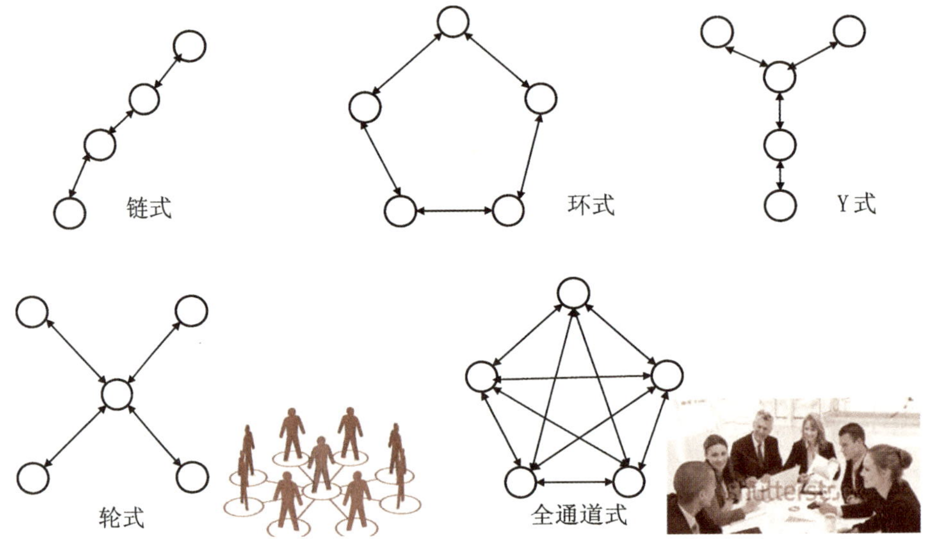

图 10－07　五种正式的沟通渠道

· 链式沟通渠道。它相当于一个纵向沟通渠道。在链式网络中，信息可以自上而下或自下而上的交流。在这个模式中，各个信息传递者所接受的信息差异较大；其最大优点是信息传递速度快，适用于班子庞大，实行分层授权控制的项目信息传递及沟通。

· 轮式沟通渠道。在这一模式中，主管人员分别同下属部门发生联系，成为个别信息的汇集点和传递中心。在项目中，这种模式大体类似于一个主管领导直接管理若干部门和权威控制系统。轮式沟通是加强控制、争时间、抢速度的一个有效方法和沟通模式。

· Y 式沟通渠道。这是一个组织内部的纵向沟通渠道，其中只有一个成员位于沟通活动中心，成为中间媒介与中间环节。

· 环式（或圆周式）沟通渠道。这种组织内部的信息沟通是指不同成员之间依次联络沟通。它产生于一个多层次的组织系统之中，是指管理者与员工之间以一种文件传阅式的方式进行信息交流。群体中的各人的见解，通过环式交流，而得到取长补短、不断充实，最后，集中到管理者身上。这种沟通方式适宜于信息收集阶段，能提高群体成员的士气，使大家都感到满意。

·全通道式沟通渠道。这是一个开放式的信息沟通系统，其中各个成员之间都有一定的联系。民主气氛浓厚、合作精神很强的组织一般采取这种沟通渠道。

巴维拉斯等人根据实验研究，比较了不同沟通模式（渠道）的优缺点，其结果见表 10－03。

表 10－03　项目干系人各种沟通模式（渠道）的比较

方式 效果	链式	Y 式	轮式	环式	全通道式
解决问题的速度	适中	适中	快	慢	快
正确性	高	高	高	低	适中
领导者的突出性	－相当显著	非常显著	－非常显著	不发生	不发生
士气	适中	适中	低	高	高

②沟通方式与信息交流的“丰富度”（Richness）。琼·努特森（Joan Knutson）用“丰富度”来对不同的沟通方式进行总结。所谓“丰富度”是指沟通中人们信息交流的程度。例如面对面的沟通就是高丰富度，而没有针对性的沟通（如公告栏）则属于低丰富度。如图 10－08 所示。

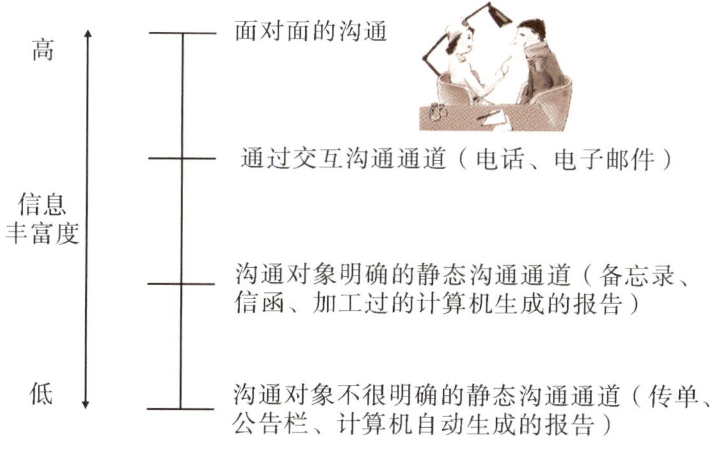

图 10－08　沟通方式与信息丰富度之间的关系

根据她的研究，不同丰富度的沟通有着不同的适用场合：对于常规的沟通活动，如常规的信息发布、共享（如会议通知）等，采用丰富度低的方式比较合适，因为不需要太多的交互；如果传递的信息是希望能够有反馈，需要一定程度的交互，这就需要高丰富度的沟通。采用网络会议、电视会议、视频电话等信息技术可以改善因地域限制而进行高交互度的沟通的程度。

（5）**会议**。需要通过会议与项目团队展开讨论和对话，以便确定最合适的方法，用于更新和沟通项目信息，以及回应各干系人对项目信息的相关请求。

10.1.2 规划沟通管理：输出

沟通管理计划。图 10－09 表示编制沟通管理计划的主要思路。沟通管理计划是项目管理计划的组成部分，描述将如何对项目沟通进行规划，结构化和监控。

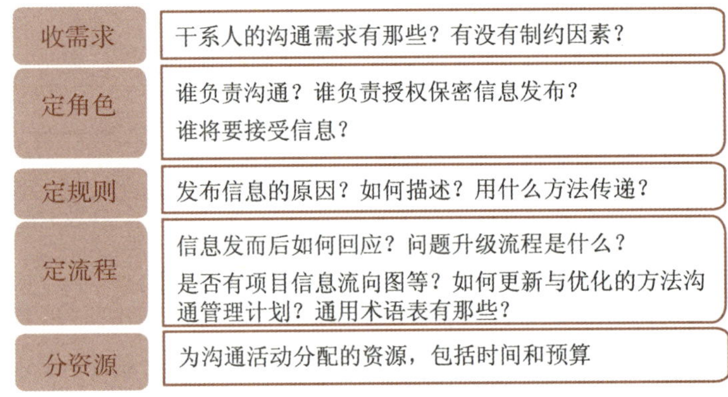

图 10－09　编制沟通管理计划的主要思路

沟通管理计划中包括关于项目状态会议、项目团队会议、网络会议和电子邮件信息等的指南和模板。

表 10－04　编制沟通管理计划编写模板

<table>
<tr><th colspan="5">项目沟通管理计划</th></tr>
<tr><th>干系人</th><th>信息</th><th>方法</th><th>时间和频率</th><th>发送方</th></tr>
<tr><td></td><td></td><td></td><td></td><td></td></tr>
<tr><td></td><td></td><td></td><td></td><td></td></tr>
<tr><th colspan="2">假设条件</th><th colspan="3">制约因素</th></tr>
<tr><td colspan="2"></td><td colspan="3"></td></tr>
<tr><td colspan="2"></td><td colspan="3"></td></tr>
<tr><td colspan="5">术语或缩略语：</td></tr>
<tr><td colspan="5">附上相关的沟通图或流程图</td></tr>
</table>

沟通管理计划中也应包含对项目所用网站和项目管理软件的使用说明。沟通管理计划的模板如表 10－04 所示。

10.2 管理沟通

管理沟通是根据沟通管理计划，生成、收集、分发、储存、检索及最终处置项目信息的过程。管理沟通过程的主要作用是：促进项目干系人之间实现有效率且有效果的沟通。表 10－05 描述本过程的输入、工具与技术和输出。

表 10－05 管理沟通过程的输入、工具与技术和输出

输入	工具与技术	输出
1. 沟通管理计划	1. 沟通技术	1. 项目沟通
2. 工作绩效报告	2. 沟通模型	2. 项目管理计划更新
3. 事业环境因素	3. 沟通方法	3. 项目文件更新
4. 组织过程资产	4. 信息管理系统	4. 组织过程资产更新
	5. 报告绩效	

10.2.1 管理沟通：工具与技术

（1）**沟通技术**。选择沟通技术是管理沟通过程中的一项重要工作，重点是确保所选择的沟通技术适合所需沟通的信息。

（2）**沟通模型**。选择沟通模型是本过程的一项重要工作。重点是要确保所选择的沟通模型适合正在开展的项目，识别并管理好沟通模型中的任何障碍（噪声）。

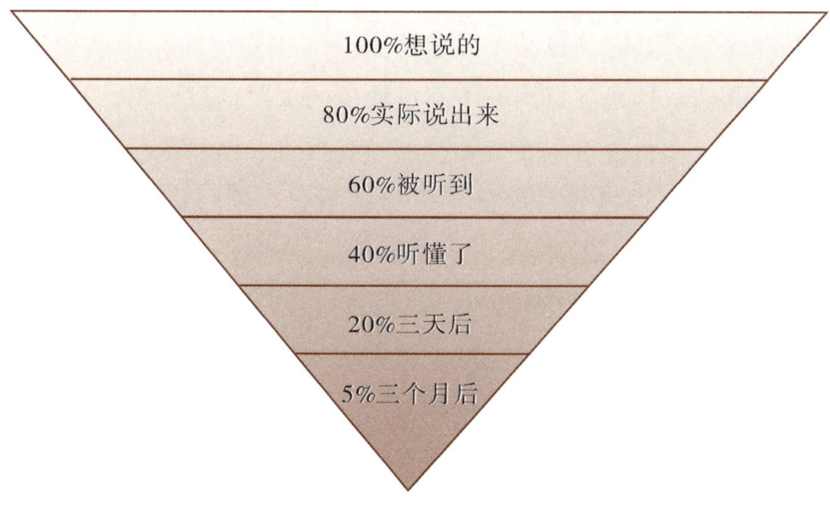

图 10－10 管理沟的工具与技术：沟通漏斗原理图

（3）**沟通方法**。沟通的漏斗原理如图 10－10 所示。为了确保有效沟通，选择沟通方法（比如：口头还是书面的）是本过程的一项非常重要的工作。

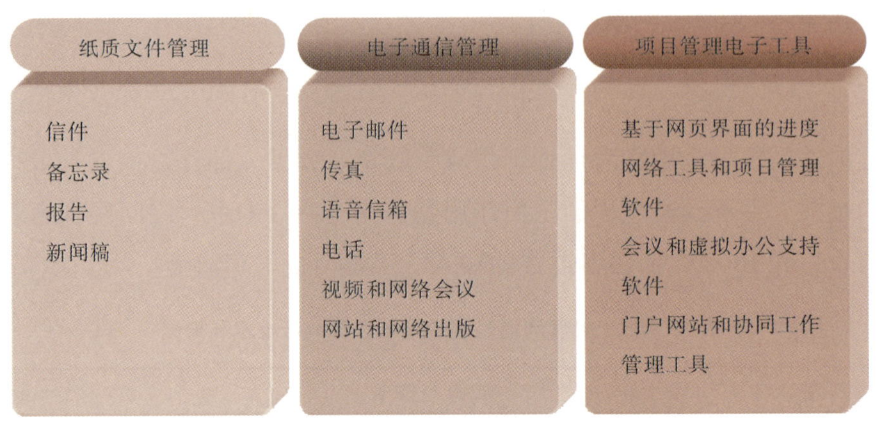

图 10－11　管理沟的工具与技术：信息管理系统

（4）**信息管理系统**。如图 10－11 所示。用来管理和分发项目信息的工具有很多，包括：

①纸质文件管理，如书面通知、信件、备忘录、报告和新闻稿；

②电子通信管理，如电子邮件、传真、语音信箱、电话、短信、QQ、微信，远程视频会议、网络会议、电话会议、网站和网络出版；

③项目管理电子工具，如基于网页界面的进度管理工具和项目管理软件、会议和虚拟办公支持软件、门户网站和协同工作管理工具。

（5）**报告绩效**。报告绩效是指收集和发布绩效信息，包括状况报告、进展测量结果及预测结果。应该定期收集基准数据与实际数据，进行对比分析，以便了解和沟通项目进展与绩效，并对项目结果做出预测。

①项目绩效报告。这是项目实施中不可缺少的重要信息资料，是项目监控的必要手段。一般来讲，项目报告主要有关键点检查报告、项目执行状态报告、任务完成报告、重大突发性事件报告、项目变更申请报告、项目进度报告、项目管理报告，如表 10－06 至表 10－12 所示。

表 10－06 是项目关键点检查报告，该报告可以反映项目关键点的名称、目标描述、一与计划时间的比较，以及关键点检查组等信息。

表 10－06　项目关键点检查报告

项目关键点名称：	检查组名：
检查组负责人：	报告人：
报告日期：	报告份数：
对关键点的目标描述：	
关键点结束时间与计划时间相比：	
提交物是否能满足性能要求：	
估计项目以后的发展态势：	
检查组负责人的审核意见：	

表 10－07 是项目执行状态报告，该报告可以反映项目任务目前的执行状态，包括实际进度、任务的人员配备和技术情况，以及潜在的风险等信息。

表 10－07　项目执行状态报告

项目名称：	任务编码：
报告日期：	状态报告份数：
实际进度与计划进度相比：	
投入工作时间加未完成工作的计划时间和计划总时间相比：	
提交物是否能满足性能要求：	
任务能否按时完成：	
现在人员配备状况：	
现在技术情况：	
任务完成估计：	
潜在的风险分析及建议：	
任务负责人审核意见：	

表 10－08 是任务完成报告，该报告可以反映项目任务的完成情况，包括交付物、任务完成的实际时间和成本、期间遇到的重大问题以及任务评审状况等信息。

表 10－08　项目任务完成报告

项目任务名称及编码：	结束日期：
交付物的性能特点：	
实际工作时间和计划时间相比：	
实际成本和预算费用相比：	
实施过程中遇到的重大技术问题及解决方法：	
评审意见：	
紧后工作名称及编码：	
紧后工作计划及措施：	
项目负责人审核意见：	

表 10－09 是项目重大突发性事件报告，该报告可以反映在项目的进展过程中发生了哪些重大的突发性事件，包括事件发生的时间、部位、起因、补救措施，以及对项目的影响等信息。

表 10－09　项目重大突发性事件报告

事件发生的时间：
事件发生的部位：
突发性事件的描述：
对项目正常实施影响的程度：
事件发生的初步原因分析：
建议采取的补救措施：
项目负责人审核意见：

表 10－10 是项目变更申请报告，该报告可以反映在项目的进展过程中发生了哪些变更，包括变更的原因、方案，以及变更对项目进度的影响等信息。

表 10－10　项目变更申请报告

项目名称：	项目负责人：
项目变更的原因：	
项目变更方案描述：	
估计项目变更后对总项目进度的影响：	
变更时所涉及的相关单位：	
项目负责人的审查意见：	
上级项目主管部门的审查意见：	

表 10－11 是项目进度报告，该报告可以反映项目的总体进度，包括项目范围是否变化、是否超过进度计划和预算、是否遇到技术问题，以及下一步的进度计划等信息。

表 10－11　项目进度报告

<table>
<tr><td>姓名：</td><td>项目名称：</td><td colspan="2">本周结束日期：</td></tr>
<tr><td colspan="2">关键问题：</td><td>是</td><td>否</td></tr>
<tr><td colspan="2" rowspan="5">任务范围有变化吗？
超过目标日期了吗？
预算有问题吗？
有技术问题吗？
有评审问题吗？</td><td></td><td></td></tr>
<tr><td></td><td></td></tr>
<tr><td></td><td></td></tr>
<tr><td></td><td></td></tr>
<tr><td></td><td></td></tr>
<tr><td colspan="4">对跟踪项目的解释：</td></tr>
<tr><td colspan="4">下一步进度计划：</td></tr>
<tr><td colspan="4">问题和办法：</td></tr>
<tr><td>完成人：</td><td>日期：</td><td>评审人：</td><td>日期：</td></tr>
</table>

表 10－12 是项目管理报告，该报告可以反映项目的整体管理情况，包括项目经理、进度管理情况、人员配备情况、技术状况、与用户的沟通情况、可交付物的质量情况等信息。

表 10－12　项目管理报告

<table>
<tr><td>项目管理报告：</td><td colspan="2">项目编号：</td></tr>
<tr><td>项目名称：</td><td colspan="2">报告日期：</td></tr>
<tr><td>项目经理：</td><td colspan="2">项目报告份数：</td></tr>
<tr><td>状态总结：</td><td>是</td><td>否</td></tr>
<tr><td>1. 实际进度超过 10% 吗？</td><td></td><td></td></tr>
<tr><td>2. 已投入工作时间加未完成工作的计划时间超过计划时间 10% 吗？</td><td></td><td></td></tr>
<tr><td>3. 完成任务的数量超过计划的 10% 吗？</td><td></td><td></td></tr>
<tr><td>4. 可交付物能满足性能要求吗？</td><td></td><td></td></tr>
<tr><td>5. 项目能按时交货吗？</td><td></td><td></td></tr>
</table>

（续表）

6. 满足用户的要求吗？		
7. 与用户的关系被接受了吗？		
8. 附上职员工作总结、资源计划总结、累计完成任务总结报告吗？		
人员配备状况：		
技术状况：		
任务完成预测：		
附用户进度报告：		编号：
项目经理： 日期：	管理人：	日期：

②项目报告中应注意的问题。为了防止项目报告“信息泛滥”而没有起到应有的作用，在使用上述表格是应当注意层次清晰、用数据说话。

10.3 控制沟通

控制沟通过程的主要作用是，随时确保所有沟通参与者之间的信息流动的最优化。表 10－13 描述本过程的输入、工具与技术和输出。

表 10－13 控制沟通：输入、工具与技术和输出

输入	工具与技术	输出
1. 项目管理计划	1. 信息管理系统	1. 工作绩效信息
2. 项目沟通	2. 专家判断	2. 变更请求
3. 问题日志	3. 会议	3. 项目管理计划更新
4. 工作绩效数据	4. 高效沟通、控制沟通的方法论	4. 项目文件更新
5. 组织过程资产		5. 组织过程资产更新

10.3.1 控制沟通：工具与技术

（1）信息管理系统。信息管理系统为项目经理获取、储存和向干系人发布有关

项目成本、进度进展和绩效等方面的信息提供了标准工具。

项目经理可借助报表、电子表格和演示资料的形式分发报告。可以借助图表把项目绩效信息可视化。

(2) **专家判断**。项目团队经常依靠专家判断来评估项目沟通的影响、采取行动或进行干预的必要性、应该采取的行动、对这些行动的责任分配和时间安排。

(3) **会议**。项目管理中的主要会议如图 10－12 所示。在本过程中，需要与项目团队展开讨论和对话，以便确定最合适的方法，用于更新和沟通项目绩效，以及回应各干系人对项目信息的请求。

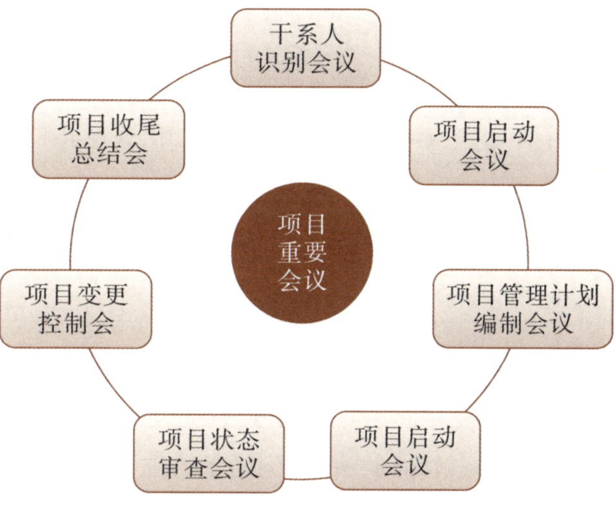

图 10－12 控制沟通的工具与技术：会议

①解决问题的会议。当项目团队成员发现问题或潜在的问题时，应立即和其他有关人员召开一个解决问题会议，而不是等着在以后的项目情况评审会议上解决。尽可能早地发现和解决问题对项目的成功非常关键。在项目开始，对于由谁、在什么时候召开解决问题会议以及实施纠正措施所需权限大小等问题，项目经理和项目团队应当设立准则。

②技术方案评审会。其包括设计阶段的项目，如信息系统项目，需要一次或更多次的技术设计评审会议，以确保客户同意或批准项目承约人提出的设计方案。

③项目状况评审会。项目情况评审会议通常由项目经理主持或召集，会议成员一般包括全部或部分项目团队成员（含项目团队的上层管理人员）以及客户。会议的基本目的是通知情况、找出问题和制定行动内容。项目情况评审会议应该定期召开，以便早日发现目前的问题和潜在的问题，防止危及项目目标实现的意外情况发生。项目情况评审会议可以在项目团队中每周召开一次，与客户进行的项目情况评审会议周期可以长一些，如每月一次或每季度一次。

项目状况评审会议日程实例以及其细目需要讨论的主题见表 10－14。

表 10－14　情况评审会议议程设计示意表

时间	讨论内容	参加者
9：00	自上次会议以来的成绩：硬件、软件、文件	
9：30	成本、进度计划和工作范围：进展情况、趋势、预测、差异	
9：45	必要的纠正措施	
10：15	改进的机会	
10：30	讨论	
10：50	行动细目	
11：00	体会	

（4）高效沟通、控制沟通的方法论。

①选择有效的信息发送方式。在工作中要发送信息，首先要考虑到的是用什么方法去发送，而这些发送方法是我们在工作中经常用到的方法，有电话、E－mail、短信、QQ、微信、传真，也有面对面的会议沟通等方式。

发送信息首先要考虑选择正确的方法。在沟通的过程中。我们为了达到良好的沟通效果，首先要选择正确的方法，因为不同方法之间的差距是非常大的。比如有一件事情要通知全体员工，可以选择在告示栏张贴通知的方式，也可以发 E－mail。如果事情比较复杂而且重要，那就最好召开员工大会。当然也可以选择打电话或逐个面告的方式，只是非常困难。采取不同的方式其效果是不一样的。

②选择合适的信息发送时间。注重沟通时机对有效的沟通来说很重要。在进行沟通之前，要计划好沟通的时间，包括发送信息的时间，预计对方收到信息的时间。比如销售人员在与客户的沟通过程中，何时约见客户、何时发出致谢函、何时发催款函，甚至面谈的时候何时发送何种信息，也就是什么时候交流思想和情感，什么时候仅仅是传达信息以及各占多长时间等，都是有讲究的。

③确定信息内容。即使项目管理者在应该沟通的时间里沟通，也不一定能取得满意的效果。在很多情况下，信息不完备或信息过少会直接影响到沟通的效果，当然，过多的无用信息也不会产生好的沟通效果，所以项目管理者在进行沟通之前，必须明确沟通的内容和预期目的，在保证要求的前提下尽量全面、准确、完整地提供信息。

④确定信息接收者。我们在发送信息的时候还需要考虑谁是信息的接收者，务必充分考虑接受者的情况，需要注意以下问题：谁是你的信息接收对象；先获得接

收者的注意；接收者的观念；接收者的需要；接收者的情绪。

⑤确定信息发送的环境。发送信息时，还需要根据信息的内容和接收者的具体情况，考虑在什么样的环境和场合下发送给对方。现在对场地的选择已经越来越引起人们的注重。在实践中很多管理者已经越来越认识到，环境对沟通效果的影响是非常大的。但在我们工作中，特别是上下级之间的沟通，通常是在上级主管的办公室中进行，在这样的环境下进行沟通往往不定能够达到更好的效果。

10.3.2　控制沟通：输出

输出，包括工作绩效信息、变更请求、项目管理计划更新、项目文件更新、组织过程资产更新。

10.4　项目冲突管理

10.4.1　项目冲突

适当的冲突是有益的，是提高绩效所必需的。所谓冲突，就是个人、团体或组织，限制或阻止另一部分个人、团体或组织达到预期目标的行为。在项目环境下，项目干系人之间难免会发生利益冲突，必须寻求避免和解决冲突的方法。对于冲突的不同观念如表 10 – 15 所示。

表 10 – 15　对于冲突的不同观念

新观念	旧观念
合理的冲突是有益的	冲突都是不好的，必须避免发生冲突
只要有界面，冲突就是不可避免的；是组织间相互作用的必然结果	冲突是由人的个性或者领导者的无能引起的
要通过找到问题的根源，依靠冲突的当事人自己解决（领导可以协调）	必须要把冲突的当事人分开
冲突可以依靠冲突双方的直接领导来解决	冲突必须依靠高层领导的介入才能解决

10.4.2　项目冲突的分类

一般而言，大部分冲突类型都属于下面三个类型中的一种，有些冲突不止包含一个方面。

（1）**基于目标的冲突**。冲突与最终结果、项目的范围、绩效说明和标准、优先次序和目标等方面的意见不一致相关。基于目标的冲突通常是项目团队成员对项目目标不清楚、有多种不同的看法所引起的。

（2）**管理上的冲突**。这类冲突来源于管理阶层、组织架构或企业文化。这些冲突经常集中在对汇报关系的理解不一致上，也就是谁对职能、项目任务和决策拥有权力和管理控制力的问题。管理上的冲突主要发生在矩阵型组织中，在这种组织中，每一个项目团队成员听命于两个上司，即项目经理和职能部门经理。

（3）**个人之间的冲突**。这类冲突来源包括不同的工作规范、行为类型以及成员之间和项目重要关系人之间的不同个性等。当冲突导致了糟糕的项目决策，挫伤了项目团队成员努力工作的积极性，延误了项目问题的解决，阻碍了工作进程，这时的冲突就无益于项目；然而，冲突也有其有益的一面，一味地压制冲突是一种错误的做法。当冲突能产生加强决策的新信息，从而制订更好的问题解决方案时，它就是有益的。

10.4.3 项目冲突的来源

萨姆汉和威尔蒙曾经做过一次针对项目冲突管理的研究调查，总结了项目中最主要的七种冲突来源。

（1）**进度计划冲突**。围绕项目有关任务的时间确定、次序安排和进度计划会产生不一致的意见。进度冲突往往与支持部门有关，项目经理对这些部门只有有限的权力和控制，这使他们有着不一致的优先权考虑。

（2）**优先权冲突**。项目参加者经常对如何成功完成项目应该执行的活动和任务的次序及优先级有不同的看法。优先权冲突不仅发生在项目团队和其他支持团队之间，而且在项目团队内部也会发生。

（3）**人力资源冲突**。项目团队成员有很多是来自其他职能部门或者支持部门，这些人需要接受本部门的调度，而这些部门很有可能为多个项目提供资源支持，因此在资源的调配和任务的分配上会出现冲突。

（4）**技术意见冲突**。在以技术为导向的项目中，在技术问题、性能要求和其他各方面性能的权衡上，以及技术实现手段等方面，都会产生冲突。通常支持项目的部门或者组织主要负责技术投入和性能指标，而项目经理更关心如何满足成本、进度和性能目标。由于支持部门只关心技术问题，常常容易出现一些技术人员忽略时间、成本、客户需求等约束因素而追求技术上的尽善尽美。

（5）**管理程序冲突**。许多冲突来自于项目应该如何管理。例如，项目经理的组织结构定义、责任和权力的定义、交互接口关系、项目范围、实施的计划与其他组织协商的合作协议，管理支持流术程等。

（6）**个性冲突**。这种冲突的主要原因是个性的差异，而不是技术或管理问题，通常由“以自我为中心”引发。虽然人与人之间的个性冲突可能不像其他冲突那么强烈，但它却是最难有效解决的一种。个性冲突还可能被一些沟通问题或技术争端而掩盖。例如，一位技术人员与项目经理在技术方面的争执，潜在原因可能是彼此个性的冲突。

（7）**费用冲突**。在对各项工作的费用估算方面，合作双方有着不同的理解。例如在预算分配时支持部门（如职能部门）往往认为项目经理分配到的预算与承担的工作相比偏大。因为项目经理经常受到紧张的预算的限制，尽可能地控制成本，而项目各参与方都希望自己这份工作能够获得更多的预算支持。

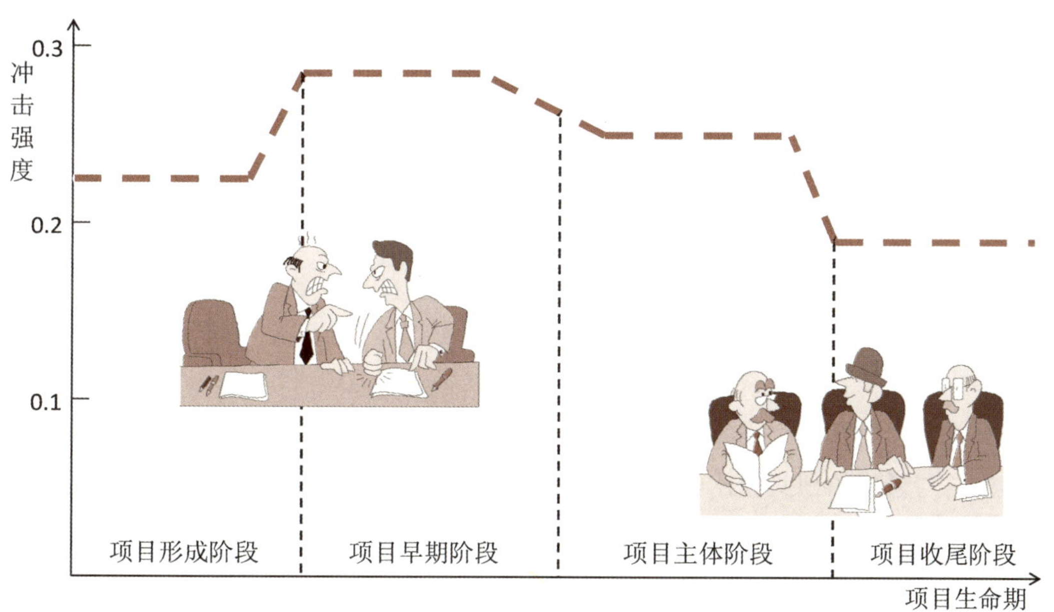

图 10－13 项目冲突强度与项目生命期的关系

图 10－13 表示项目冲突强度与项目生命期之间的关系。需要注意，以上这七种冲突出现在项目生命周期的不同阶段，其平均冲击强度也不尽相同。

图 10－14 表示项目冲突强度与冲击源之间的关系。如果项目经理理解了项目冲突的来源和在不同项目阶段的产生的主要原因，就有可能避免或者减少潜在冲突的有害方面。

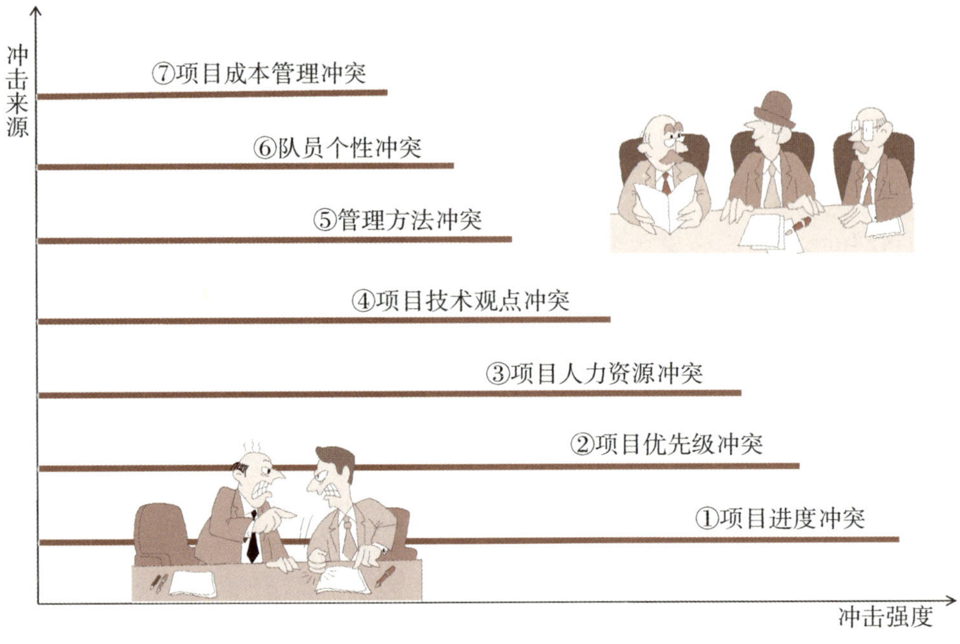

图 10－14 项目冲突强度与冲击源之间的关系

（1）**与其他冲突源相比，在项目的进程中，项目进度冲突强度最大**。项目进度冲突常因项目经理对这些部门只有有限的权力而发生。例如，当项目团队需要本公司中其他团队来完成项目中某些辅助任务时，由于项目经理不能控制其他团队，这便导致项目进度不能如期推进。

（2）**项目优先权冲突排在第二位**。在与众多项目经理讨论中，许多人指出，这种冲突之所以经常发生是因为项目组织对当前的项目实施没有经验，因此项目优先权的形式与最初的预测相比就可能发生一定的变化，同时把关键资源和进度计划进行重新安排，这也往往会遭到一些团队成员的强烈反对。

（3）**人力资源是第三位冲突源**。项目经理们常为在人力资源方面的难以协调而苦恼，因为在这种情况下，他们经常要经受强烈的冲突。问题很明显，当项目团队需要某方面的专业人才，而职能部门难以调配时，人力资源冲突随即产生。

（4）**强度排在第四位的冲突源是技术冲突**。通常支持项目的职能部门主要负责技术投入和性能标准，而项目经理主要负责费用、进度计划和性能目标。因为公司的职能部门通常只对项目部分负责，所以他们可能不具备整个项目管理的全局观念。职能部门常常会把技术问题推给项目经理决定，而项目经理会因为费用或进度计划限制而必须否决技术方案。

（5）**管理方法上的冲突在七种冲突源中列第五位**。大部分管理程序的冲突几乎均衡地分布于职能部门、项目成员和项目经理等几个方面。在管理部门上发生的冲突可能包括：发生在项目经理权力和职责、报告关系、管理支持、状况审查不同项目团队间或项目团队与协作方合作上的冲突。

（6）**项目成员的个性冲突**。通常被项目经理认为是较低强度的冲突。在与项目经理的讨论中，他们认为，虽然人际冲突的强度可能不像其他冲突源那么高，但它却是最难有效解决的一种冲突。在这种冲突中，项目成员的个性争端往往会被沟通问题和技术争端所掩盖。

（7）**像进度计划一样，成本费用经常是项目管理目标是否完成的衡量标准**。作为一种冲突源，成本费用排在最低。当项目经理与其他部门磋商，让该部门完成项目的一些任务时，费用冲突经常会发生。由于紧张的预算限制，项目经理希望尽量减少费用，但是实际执行者都希望项目在预算中扩大他的那部分。另外，引起费用增加的技术问题或进度调整也会引发冲突。

10.4.4　项目冲突的解决办法

引发冲突的因素是多样的，解决方式、效果也截然不同。面对这众多的冲突，项目管理者通常要在“注重项目目标的实现”与“注重保持良好的人际关系”之间做出比较慎重的选择，总结出了五种基本的解决模式。如图 10－15 所示。

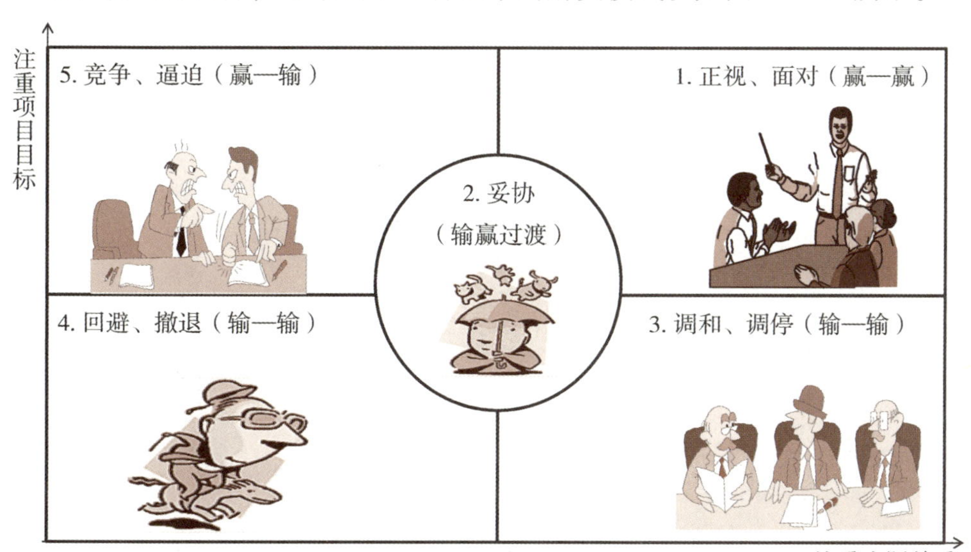

图 10－15　项目冲突的五种常见解决办法

（1）**正视、面对**。态度要好，但是问题要解决。直接面对冲突是克服分歧、解决冲突的有效途径。通过这种方法，团队成员直接正视问题、正视冲突，要求得到一种明确的结局。这种方法既正视问题的结局，也重视团队成员之间的关系。

（2）**妥协**。协商并寻求争论双方在一定程度上都满意的方法是这一方式的实质。这一冲突解决的主要特征是"妥协"，并寻求一个调和的折中方案。有时，当两个方案势均力敌、难分优劣时，妥协也许是较为恰当的解决方式。

（3）**缓和或调停**。"求同存异"是这种方法的精神实质。这种方法的通常做法是忽视差异，在冲突中找出一致的方面。这种方法认为，团队成员之间的关系比解决问题更为重要，通过寻求不同的意见来解决问题会伤害成员之间的感情，并可能降低团队的集体力。尽管这一方式能缓和冲突，避免某些矛盾，但它并不利于问题的彻底解决。

（4）**回避或撤退**。回避或撤退的方法就是让卷入冲突的项目成员从这一状态中撤离出来，从而避免发生实质的或潜在的争端。这种方法有可能导致重视人际关系而放弃必要的项目目标原则，并不是一种积极的解决途径。

（5）**竞争或逼迫**。这种方法的精神实质就是"非赢即输"。它认为在冲突中获胜要比"勉强"保持人际关系更为重要。这是一种积极的冲突解决方式。比如，在上例中，如果该团队成员据理力争，项目必定会以更好的技术方式实施。

图 10－16 表示项目管理者在项目冲突五种解决办法中的使用率。项目经理解

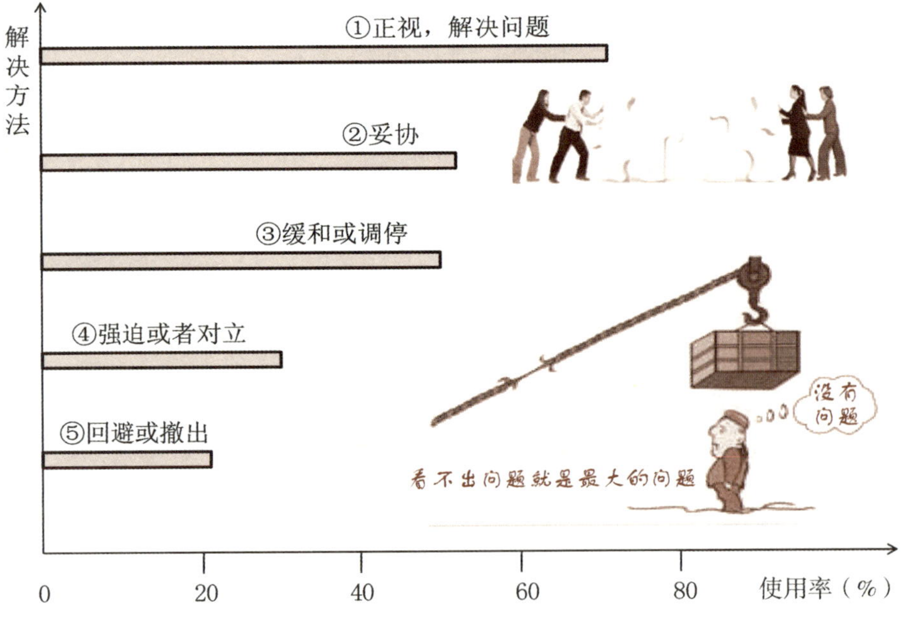

图 10－16　项目冲突的五种常见解决办法的使用率

决冲突的风格决定了他解决冲突的模式。可以看出，正视、面对是项目经理解决冲突最常用的解决方式，这种方法通常有利于问题的解决，有 70% 的项目经理喜欢这种冲突解决模式；排在第二位的是以权衡和互让为特征的妥协模式，这是一种在输、赢之间过渡的权宜方式，有 50% 的项目经理喜欢这种冲突解决模式；然后是缓和或调停模式；最后是竞争或逼迫和回避或撤退模式。

相对而言，正视较多地应用于解决与上级的冲突，妥协则常常应用于解决与职能部门的冲突。

【应用案例 10－02】华为公司面对冲突的解决原则与步骤

华为公司面对冲突的解决步骤如图 10－17 所示。

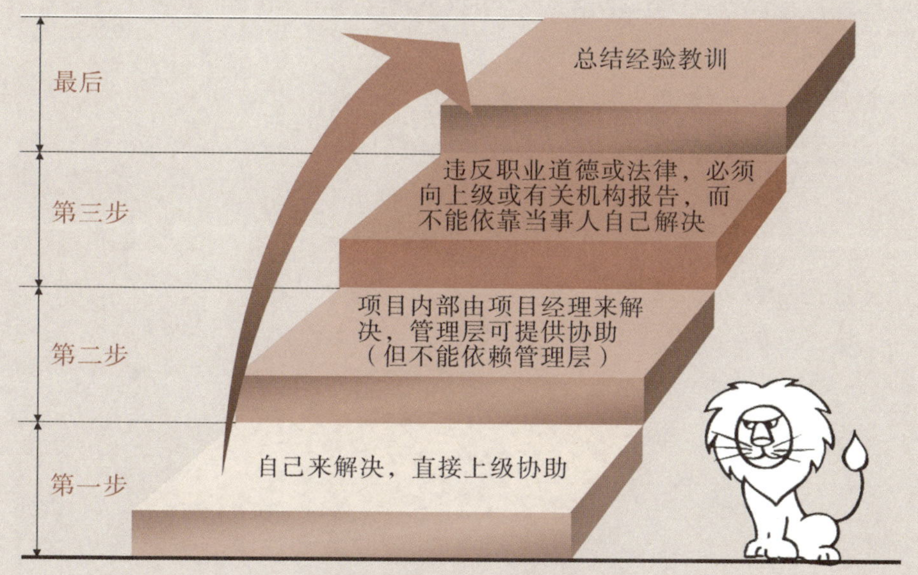

图 10－17　解决冲突的主要步骤

华为公司面对冲突的解决原则如下：

冲突是正常的，应积极寻找解决方案；

开诚布公，对事不对人；

着眼于团队和项目；

着眼于现在和未来；

最好是先由当事人自己来解决；

不能解决才由直接上级提供协助；

如果冲突是因为一方违反职业道德或法律引起的，则另一方有权向上级或有关机构报告，还要考虑紧迫性、激烈程度。

项目存在于一个冲突的环境中，冲突是项目的存在方式。项目的发展进程如同人的成长过程一样，当一个人经历了许多困难和挫折之后，便逐渐变得成熟、坚毅。如果冲突处理得当，它就能极大地促进项目的工作。冲突能将问题及早地暴露出来并引起团队成员的注意；冲突迫使项目团队寻求新的解决方法，培养成员的积极性和创造性，从而实现项目创新；它还能引发成员的讨论，形成一种民主氛围，从而促进项目团队的建设。正是在这样一个冲突的环境中，项目才得以不断地发展和创新。

以诚待人，形成民主的讨论氛围是这种方式的关键。分歧和冲突能激发团队成员的讨论，在解决冲突时，他不能夹杂个人的感情色彩，要花更多的时间去理解和把握其他成员的观点和方案，要善于处理而不是压制自己的情绪和想法。

第11章 项目风险管理

【章节重点导图】项目的风险贯穿于项目的始终，决定项目的成败，本章重点介绍项目风险管理的思路、流程、方法、工具和应用。如图 11－01 所示。

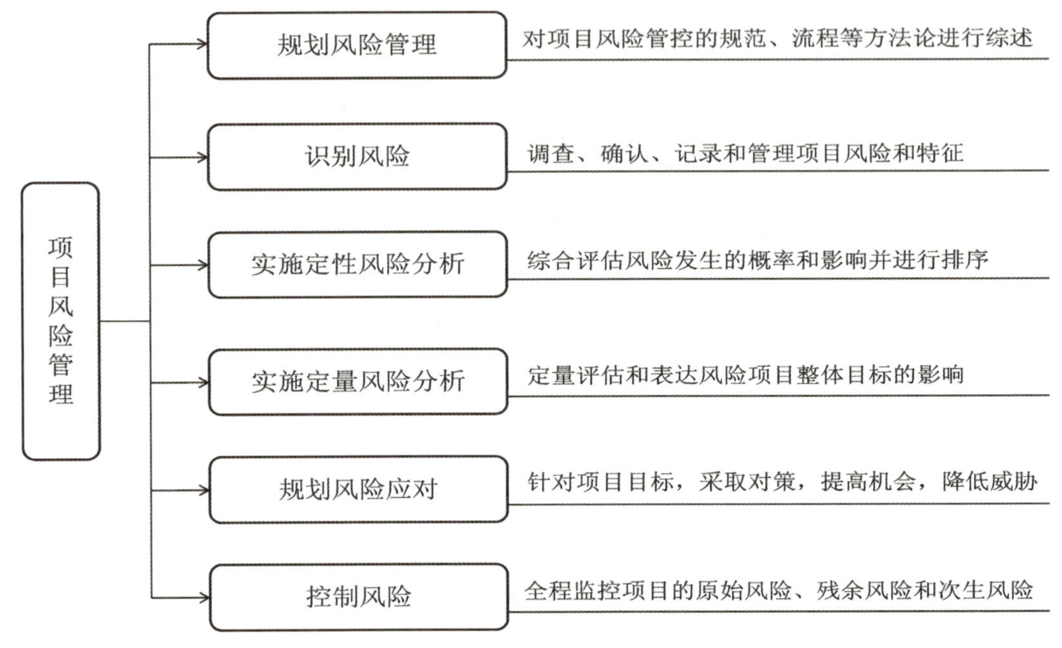

图 11－01　项目风险管理的各个过程

风险的定义：风险是由于事物的不确定性而导致的一种随机现象。风险的不确定性总体表现为两个方面：一方面，风险可能会带来损失，如地震、台风、雷电、暴雨、海啸、森林火灾等自然灾害造成的损失；另一方面，风险也可能会带来机会，让人们受益。可见，风险是一把双刃剑，风险管理的主要目的在于兴利除弊，抓住机遇，避免损失。

墨菲定律：如图 11－02 所示。任何事都没有表面看起来那么简单；所有的事都会比你预计的时间长；会出错的事总会出错；如果你担心某种情况发生，那么它就更有可能发生。

图 11－02　项目风险管理：墨菲定律示意图

项目风险的定义：项目风险是指由于项目所处的环境和条件的不确定性，以及受项目干系人主观上不能准确预见或控制等因素的影响，使项目的最终结果（如范围、进度、成本、质量等）与项目干系人的期望产生偏离，并给项目干系人带来损失或者机会的可能性。其中包括：

①“已知—已知”风险。已经识别并分析过的风险，可对这些风险规划应对措施；

②“已知—未知”风险。对于那些已知但又无法主动管理的风险，要分配一定的应急储备；

③“未知—未知”风险。未知风险无法进行主动管理，需要分配一定的管理储备。

全面认识项目风险：风险不等于“坏事”；大多数风险都是可以预测和管理的；风险并不可怕，可怕的是对风险存在侥幸心理（最大的风险是不认真对待风险）；树立风险意识，积极主动管理风险，而不是消极被动应付风险；风险是最容易出问题的地方，多在项目最薄弱环节；如果风险在可承受范围内，并与冒此风险所得到的收获相抵，就可以接受该风险。

风险的效用函数：如图11－03所示，项目干系人对于风险的态度可以用效用模型来衡量。

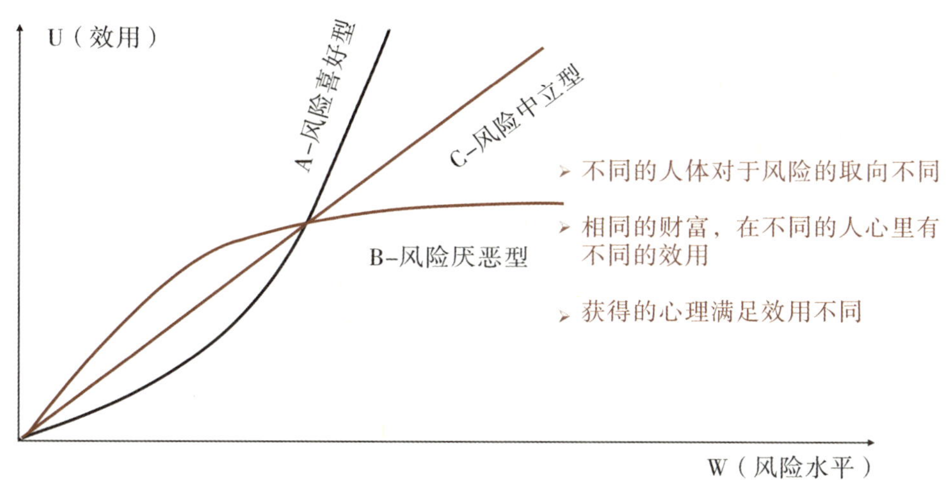

图11－03 项目风险管理：风险效用函数

项目风险管理的目的：风险是一把双刃剑，既可以带来问题，又可以带来机遇，所以风险管理的主要目的在于兴利除弊，提高项目中积极事件的概率和影响；降低项目中消极事件的概率和影响。

项目风险的主要特征：项目风险具有以下五个特征，即项目风险存在的客观性、项目风险存在的普遍性、某一具体项目风险发生具有偶然性、大量项目风险的发生具有必然性、项目风险的可变性。

①项目风险存在的客观性。项目都是由人组成的团队为了达到预期的目的，在一定的客观条件下进行的，这些客观的物质因素和人为因素都构成了潜在的风险因素，这种存在是不以人的意志为转移的，人们可以在有限的空间和时间内改变风险存在和发生的条件，降低其发生的频率和减轻损失程度，而不能也不可能完全消除项目风险。

②项目风险存在的普遍性。随着社会的进步、科学技术的发展、人口与资源一旦发生矛盾，风险随之增加，风险事故造成的损失也越来越大。例如，新技术含量较高的项目，其潜在的风险具有如下特点：技术越先进，事故损失越大；项目技术结构越复杂，总体越脆弱；项目技术收益越高，潜在风险越大。造成项目风险普遍存在的原因很多，其中属于项目自身原因的主要有以下几种：项目的立项、计划、设计等前期工作都是基于对未来情况的预测和假设；项目具有一次性特点，它比其他可重复的活动所具有的不确定性要大得多；

现代项目耗资大、历时长、技术含量高、各组成部分之间的关系复杂等的特点，使得项目始终处在不断地变化之中。

③某一具体项目风险的发生具有偶然性。项目风险是客观存在的，但对于某一具体风险的发生来说，并不是必然的，它具有随机性。这意味着风险的发生在时间上具有突发性，在后果上具有严重性。

④大量项目风险的发生具有必然性。虽然个别项目风险的发生是偶然的、无序的且杂乱无章的，然而总体上来说，风险的发生具有规律性，这使人们利用概率论和数理统计方法去计算其发生的概率和损失幅度成为可能。

⑤项目风险的可变性。在一定条件下项目风险可以转化。如果客观条件发生变化，那么风险的性质、风险量可能会随着变化。

项目风险的管理过程：项目风险管理包括规划风险管理、识别风险、实施风险分析、规划风险应对和控制风险等各个过程。项目风险管理的目标在于提高项目中积极事件的概率和影响，降低项目中消极事件的概率和影响。

11.1 规划风险管理

表 11 - 01 描述本过程的输入、工具与技术和输出。通过规划风险管理，可以实现以下目的：确定项目风险管理的总体目标；项目风险管理的整体框架；制订应

对风险的若干备选行动方案；为不可避免的风险及早建立时间和资金等资源储备；在组织内部建立风险管理文化。

表 11－01 规划风险管理：输入、工具与技术和输出

输入	工具与技术	输出
1. 项目管理计划	1. 分析技术	1. 风险管理计划
2. 项目章程	2. 专家判断	
3. 干系人登记册	3. 会议	
4. 事业环境因素		
5. 组织过程资产		

11.1.1 规划风险管理：工具与技术

（1）**分析技术**。基于项目干系人对于风险的态度和项目战略风险概率的组合分析风险管理环境。

（2）**专家判断**。编制全面的风险管理计划时，应该征求资深专家小组的意见。

（3）**风险规划会议**。项目团队举行规划会议来制定风险管理计划。参会者可包括项目经理、选定的项目团队成员和干系人。风险规划会议的主要任务：

①分析、确定实施风险管理活动的总体目标和计划。

②在项目工作分解结构 WBS 的基础上进一步确定项目风险分解结构 RBS。风险识别需要清楚项目的组成要素、各个组成要素的性质及相互间的关系，借助工作分解结构可以很好地完成这项工作。

【应用案例 11－01】华为重大创新投资项目风险分解结构 RBS 模板

华为某机构多年来一直从事通信软件开发，2017 年 5 月 10 日，面对“移动互联网＋”的有利商机，公司领导在基于市场调研的基础上决定：

①2017 年 5 月 12 日，成立“移动互联网＋XX 手机应用软件”项小组；

②2017 年 5 月 12～30 日，编制《移动互联网＋XX 手机应用软件》项目可行性研究报告；

③2017 年 6 月 3 日，组织专家对项目可行性研究报告进行评估。

图 11－04 就是一种典型“项目可行性研究报告”中的风险分解结构 RBS。

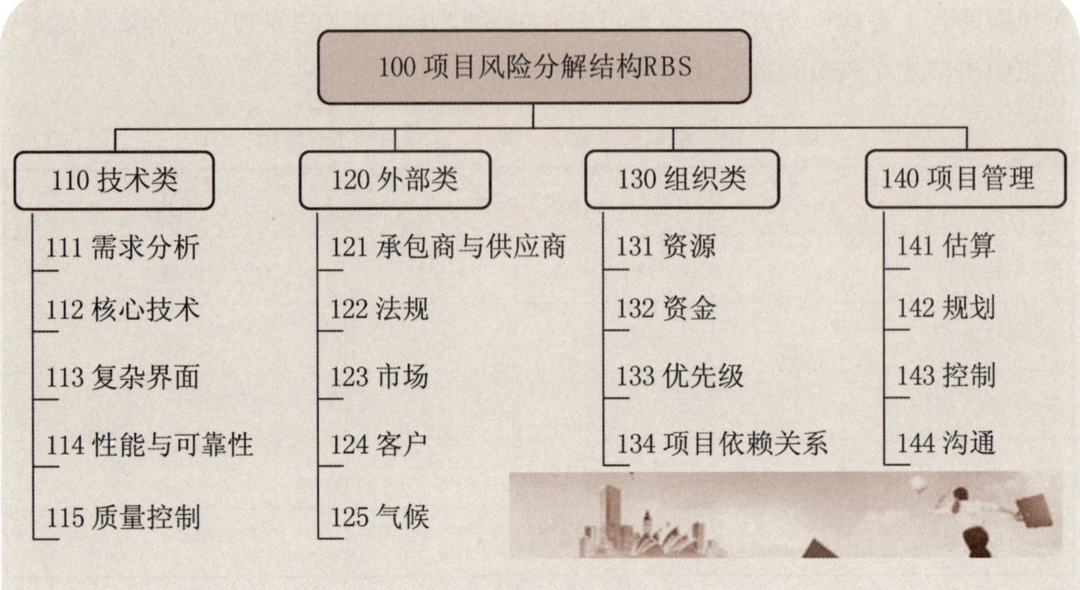

图 11－04　项目风险分解结构 RBS 示意图

RBS 作为华为项目风险管理的重要工具，其作用有三：第一，可以作为分析项目风险的框架性模板；第二，对项目风险进行分类分析；第三，类似于质量原因分析的“鱼骨图”，激发群体思维，迅速找到项目的主要风险。

③风险管理图。常用的风险管理图表主要有两种：风险管理表格——运用风险管理表格可以系统地记录风险信息并全程跟踪，它是一种比较便捷的风险管理规划工具，可以供任何人在任何时候使用。风险数据库——它一般包括数据库结构和数据文件两部分。见表 11－02。

表 11－02　规划风险管理的工具与技术：项目风险数据库的内容

存入号码	识别日期	负责人	识别者	风险类型
风险名称	发生概率	影响后果	风险优先级	风险开始日期
项目编号	所处阶段	所需资源	WBS	风险结束日期
风险容忍水平	风险陈述	风险评估结果	风险应对措施	

11.1.2　规划风险管理：输出

（1）**风险管理计划**。如表 11－03 所示，风险管理计划是项目管理计划的组成部分，描述将如何安排与实施风险管理活动。风险管理计划包括以下内容：

表 11－03　规划风险管理的输出：项目风险计划样例

风险管理计划		
风险编号	风险名称	风险描述
受影响的工作范围		
发生的概率	发生后的损失	风险严重性排序
责任人	风险对策	风险追踪时间

①风险监控方法论。确定项目风险管理将使用的方法、工具及数据来源。

②风险管理角色与职责。确定每个风险管理活动的领导者、支持者和参与者，并明确他们的职责。见表 11－04。

表 11－04　规划风险管理的输出：风险管理角色与职责

职责 角色	制订风险管理计划	风险识别	风险评估	编制风险应对计划	执行风险应对计划	风险监控	风险管理活动总结
项目经理	▲	●	●	●	○	○	▲
项目团队	●	●		●	●	●	●
项目风险分析人员		▲	▲	▲		▲	
风险计划执行人员				●			

符号标准含义：▲——负责；●——协助；○——监督。

11.2　识别风险

识别风险是判断哪些风险可能影响项目并记录其特征的过程。明确项目可能存在的风险及其产生的原因、风险的特征，并对这些风险进行归类的过程。

表 11－05　识别风险：输入、工具与技术和输出

输入	工具与技术	输出
1. 风险管理计划	1. 文档审查	1. 风险登记册
2. 成本管理计划	2. 信息收集技术	
3. 进度管理计划	3. 核对单分析	
4. 质量管理计划	4. 假设分析	
5. 人力资源管理计划	5. 图解技术	
6. 范围基准	6. SWOT 分析	
7. 活动成本估算	7. 专家判断	
8. 活动持续时间估算		
9. 干系人登记册		
10. 项目文件		
11. 采购文件		
12. 事业环境因素		
13. 组织过程资产		

本过程的主要作用是对已有风险建立文档，并为项目团队预测未来事件积累知识和技能。表 11－05 描述本过程的输入、工具与技术和输出。

11.2.1　识别风险：工具与技术

（1）**文档审查**。对项目文档（包括各种计划、假设条件、假设和限制因素等）进行系统的审查，有助于识别风险。

（2）**信息收集技术**。头脑风暴法、德尔菲法和访谈法等集思广益的方法都属于信息收集技术的范畴，它们已在风险识别中得到了广泛的应用。见表 11－06。

表 11－06　识别风险：信息收集技术

方法	要　领
头脑风暴	目的：获得一份综合的项目风险清单 方式：畅所欲言/集体访谈
德尔菲技术	目的：减轻数据的偏倚，防止任何个人对结果产生不恰当的影响 方式：专家匿名参与/达成一致意见

（续表）

方法	要　领
访谈	目的：更广泛地收集信息 方式：对干系人或相关主题专家等有经验的项目参与者进行采访
根本原因分析	目的：发现问题，找到深层原因并制定预防措施 方式：采用各种问题分析的方法与工具

· 头脑风暴。头脑风暴的目的是获得一份全面的项目风险清单。通常在主持人的引导下，由项目团队开展头脑风暴，团队以外的多学科专家也经常参与其中。

· 德尔菲技术。德尔菲技术是组织专家达成一致意见的一种方法。项目风险专家匿名参与其中。

· 访谈。访谈有经验的项目参与者、干系人或相关主题专家，有助于识别风险。

· 根本原因分析。根本原因分析是发现问题、找到其深层原因并制定预防措施的一种特定技术。

（3）**核对单（检查图）分析**。核对表是基于以前类比项目信息及其他相关信息编制的风险识别核对图表。风险核对表的应用步骤为：对所要关注的问题进行准确的表述，以确保达到意见统一。确定资料来源和资料搜集人。资料来源既可以是个体样本也可以是总体样本，资料收集人要根据具体项目而定。根据搜集整理的资料，为项目设计出一个方便实用的风险检查表。经过系统地搜集资料，并进行初步的整理、分类和分析，制图人员就可着手制作风险检查表。表 11－07 中列示了项目管理各工作过程可能出现的风险因素。

表 11－07　项目管理各工作过程可能出现的风险因素

项目管理工作过程	可能的风险因素
启动工作过程	目标不明确；范围不清；工作描述不全面；技术条件不成熟；目标未实现等
计划工作过程	时间计划没有机动；资源分配不当；成本预算不合理；计划不够具体；整体计划不合理等
实施工作过程	缺乏高层管理者支持；进度安排不合理；沟通不当；人员被上级调离、流失；资源短缺等
控制工作过程	项目计划没有机动性；管理不完善；外部环境不断变化等
收尾工作过程	项目中断；未达到项目预期目标；成本超出预算等

（4）**假设分析**。每个项目及其计划都是基于一套假想、设想或假设而构建的。

假设分析法就是通过对项目未来某种状况的详细描述，分析各种引发风险的关键因素及其影响程度。假设分析法的程序见图 11－05。

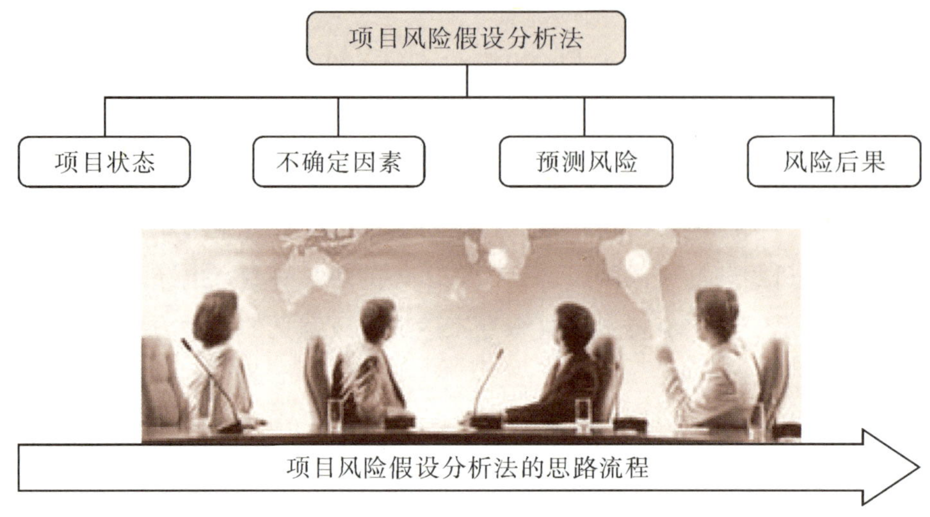

图 11－05　项目风险假设分析法的思路流程图

（5）**图解技术**。由于图解可以激发人们的思考能力，所以在风险识别过程中也经常采用图解技术，其主要包括因果图、流程图和影响图等。通常，图形的制作有三个步骤：首先，建立整体的架构，描绘出大致轮廓；其次，确定每个单元的组成要素，理清组成要素之间的关系；最后，加注圆框、箭头等标识符号。

①因果图。在本书“第 8 章，项目质量管理”中介绍的因果关系图（又称石川图或鱼骨图）同样适用于识别项目风险的起因。

②系统或过程流程图。通过对项目的流程进行分析，可以发现项目风险发生在哪项活动中以及项目风险对各项活动可能造成的影响情况。

③影响图。用图形方式图示变量与结果之间的因果关系、事件时间顺序及其他关系。见图 11－06。

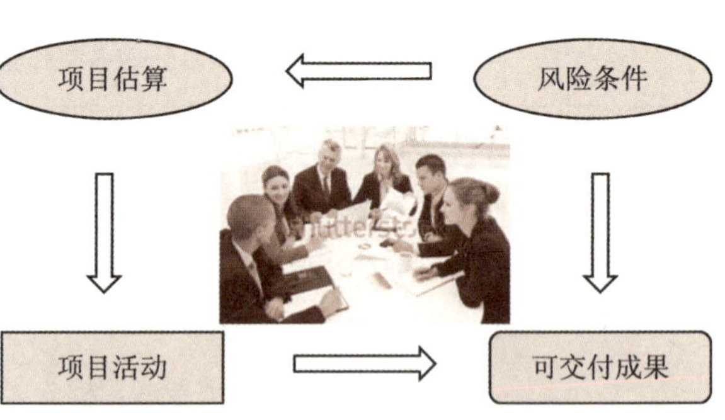

图 11－06　项目风险图解技术：影响图

（6）**SWOT 分析**。从来自项目团队内部的每个优势（Strength）、劣势（Weakness），来自项目团队外部的机会（Opportunities）和威胁（Threats）出发，对项目进行全面的分析，把产生于内部的风险都包括在内，从而更全面地分析各种可能出现的风险。如图 11－07 所示。

S－优势： 1. 2. 3. 4. 5.	O－机会： 1. 2. 3. 4. 5.
W－弱势： 1. 2. 3. 4. 5.	T－威胁： 1. 2. 3. 4. 5.

图 11－07　SWOT 分析法的分析用图

图 11－08 表示对项目风险进行 SWOT 分析的流程：首先，从项目、组织或一般业务范围的角度识别组织内部的优势和劣势。然后，通过 SWOT 分析识别出由组织优势带来的各种项目外部机会，以及由组织劣势引发的各种外部威胁。这一分析也可用于考察组织优势能够抵消威胁的程度，以及机会可以克服劣势的程度。

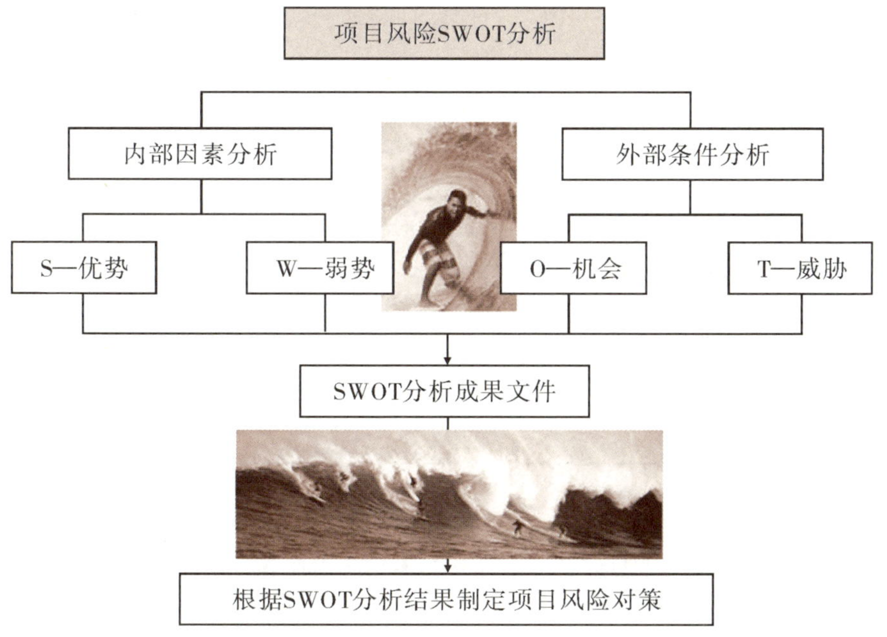

图 11－08　开展项目风险的 SWOT 分析的流程图

在进行 SWOT 分析时，应注意项目面临的机会和威胁涵盖的方面较多，所以要对涉及同行竞争、经济、政治、技术、社会文化等环境因素尽量做全面考虑。

（7）专家判断。如有类似项目或业务领域经验的专家，可以直接识别风险。项目经理应该选择相关专家，邀请他们根据以往经验和专业知识指出可能的风险。

11.2.2 识别风险：输出

风险登记册。如表 11－08 所示。识别风险过程的主要输出就是风险登记册中的最初内容，记录风险分析和风险应对规划的结果。包括如下信息：

①已识别的项目风险。已识别的项目风险可以通过定性的项目风险清单来表示。是对于每种风险来源、风险条件和可能影响的文字说明。

②潜在应对清单。在风险识别过程中，可确定风险的潜在应对措施。如项目人力资源的变动导致关键路径上的重要活动所需工人严重不足，需要采取及时补充工人数量的措施。

表 11－08 项目风险登记册模板样例

风险登记册									
风险编号	风险描述	概率	影响				等级	应对	责任方
			范围	进度	质量	成本			
修订后概率	修订后等级		修订后的影响				措施	状态	说明
			范围	进度	质量	成本			

11.3 实施定性风险分析

本过程的主要作用是：使项目经理和项目团队能够明确各种风险出现的概率和影响，并抓住主要矛盾，重点关注高优先级的风险。表 11－09 描述本过程的输入、工具与技术和输出。

表 11－09　实施定性分析：输入、工具与技术和输出

输入	工具与技术	输出
1. 风险管理计划	1. 风险概率和影响评估	1. 项目文件更新
2. 范围基准	2. 概率和影响矩阵	
3. 风险登记册	3. 风险数据质量评估	
4. 事业环境因素	4. 风险分类	
5. 组织过程资产	5. 风险紧迫性评估	
	6. 专家判断	

一般来说，对项目风险进行定性分析主要有以下几个目的：

①确认项目风险的来源：这是项目风险定性分析的首要目的，必须清晰地辨明项目所面临的风险有哪些，来源于何处？

②确认项目风险的性质：因为不同的风险对项目的影响程度不同，因此要确认项目风险的性质，以便进行有针对性的管理。

③估计项目风险的影响程度：在分析了风险的来源和性质之后，就要对风险的可能性进行分析，以明确风险的影响范围和程度，即对与风险相关联的项目各个部分进行损失估计。

④为项目风险的定量分析提供条件：要求项目风险分析方法实现定性分析与定量分析的结合，即通过定性分析把握项目风险的概况，再通过定量分析深化。

11.3.1　实施定性风险分析：输入

输入，见表 11－09。

11.3.2　实施定性风险分析：工具与技术

（1）**风险概率和影响评估**。风险概率评估旨在调查每个具体风险发生的可能性。风险影响评估旨在调查风险对项目目标（如进度、成本、质量或性能）的潜在影响，既包括威胁所造成的消极影响，也包括机会所产生的积极影响。

（2）**概率和影响矩阵**。通常用查询图或概率和影响矩阵来评估每个风险的重要性和所需的关注优先级。根据概率和影响的各种组合，该矩阵把风险划分为低、中、高风险。描述风险级别的具体术语和数值取决于组织的偏好。

根据风险发生的概率及发生后对目标的影响程度，对每个风险进行评级。组织

应该规定怎样的概率和影响组合是高风险、中等风险和低风险。在黑白矩阵里，用不同的灰度图示不同的风险级别。

表 11－10　项目风险的概率和影响矩阵分析

风险值 影响 / 概率	0.05	0.10	0.20	0.40	0.80
0.1	0.005	0.010	0.020	0.040	0.080
0.3	0.015	0.030	0.060	0.120	0.240
0.5	0.025	0.050	0.100	0.200	0.400
0.7	0.035	0.070	0.140	0.280	0.560
0.9	0.045	0.090	0.180	0.360	0.720

如表 11－10：①深色区域（数值最大）代表高风险；②白色区域（数值介于最大和最小之间）代表中等风险；③浅色区域（数值最小）代表低风险。通常，在项目开始之前，组织就要制定风险评级规则，并将其纳入组织过程资产。

如表 11－10 所示，组织可分别针对每个目标（如成本、时间和范围）评定风险等级。另外，也可制定相关方法为每个风险确定一个总体等级。最后，可以在同一矩阵中，分别列出机会和威胁的影响水平定义，同时显示机会和威胁。

评估的风险概率数值有助于指导风险应对。如果分析肯定会对项目目标产生消极影响（威胁），并且处于矩阵高风险区域（深色），就可能需要采取优先措施和激进的应对策略。而处于低风险区域（浅色）的威胁，可能只需要作为观察对象列入风险登记册，或为之增加应急储备，而不必采取主动管理措施。同样，处于高风险区域（深色）的机会，可能是最易实现且能够带来最大利益的，故应该首先抓住。对于低风险区域（浅色）的机会，则应加以监督。

（3）**风险数据质量评估**。风险数据质量评估是考察人们对风险的理解程度，以及考察风险数据的准确性、质量、可靠性和完整性。

（4）**风险分类**。可以按照风险来源、受影响的项目工作或其他有效分类标准（如项目阶段）对项目风险进行分类，以确定受不确定性影响最大的项目区域。

（5）**风险紧迫性评估**。可以把近期就需要应对的风险确定为更紧迫的风险。风险的可监测性、风险应对的时间、风险征兆和预警信号，以及风险等级等，都是确定风险优先级应考虑的指标。

（6）**专家判断**。为了确定风险在表 11－10 所示的矩阵中的位置，就需要采用专家判断来评估每个风险的率和影响。专家判断法又叫作主观评分法，它利用专家的经验等隐性知识，直观地将项目单一风险判断出来，并且给这些单一风险赋予相应的权重（如 0～10 之间的一个数 0 代表不存在风险，10 代表风险最大），然后把各个风险进行加权求和，再将结果与风险评价基准进行分析比较。

11.3.3　实施定性风险分析：输出

项目文件更新。可能需要更新的项目文件包括：风险登记册。随着定性风险评估产生出新信息，而更新风险登记册。

11.4　实施定量风险分析

本过程的主要作用是：产生量化风险信息，来支持决策制定，降低项目的不确定性。表 11－11 描述本过程的输入、工具与技术和输出。

表 11－11　实施定量风险分析：输入、工具与技术和输出

输入	工具与技术	输出
1. 风险管理计划	1. 数据收集和图示技术	1. 项目文件更新
2. 成本管理计划	2. 定量风险分析和模型	
3. 进度管理计划	3. 专家判断	
4. 事业环境因素		
5. 组织过程资产		

11.4.1　实施定量风险分析：工具与技术

（1）数据收集和展示技术。

①**访谈**。访谈技术利用经验和历史数据，对风险概率及其对项目目标的影响进行量化分析。例如，有些常用分布要求收集最乐观（低）、最悲观（高）与最可能情况的信息。表 11－12 是用三点估算法估算成本的一个例子。

表 11－12　用三点估算法估算项目成本

WBS 要素	低（百万元）	最可能（百万元）	高（百万元）
设计	4	6	10
建造	16	20	35

（续表）

WBS 要素	低（百万元）	最可能（百万元）	高（百万元）
试验	11	15	23
整个项目	31	41	68

②概率分布。在建模和模拟中广泛使用的连续概率分布，代表着数值的不确定性，如进度活动的持续时间和项目组成部分的成本的不确定性。

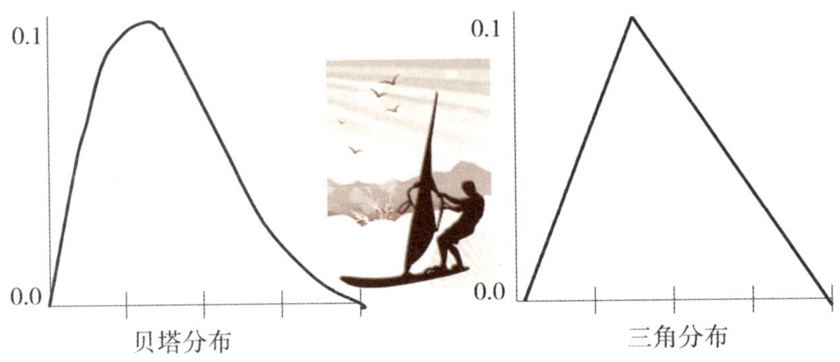

图 11－09　项目风险常见的两种概率分布

不连续分布用于图示不确定性事件，如测试结果或决策树的某种可能情景等。图 11－09 显示了广为使用的两种连续概率分布。

（2）定量风险分析和建模技术。常用的技术有面向事件和面向项目的分析方法，包括敏感性分析。理解项目目标与各种不确定因素的变化之间存在怎样的关联。

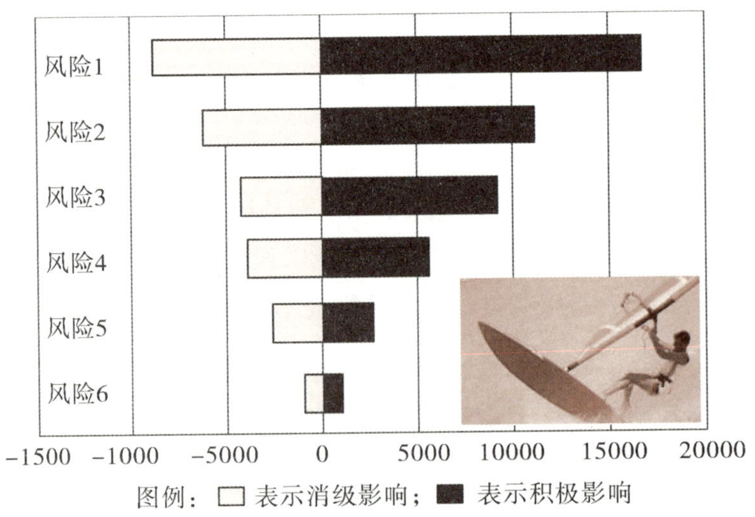

图 11－10　项目风险敏感性分析中的“龙卷风图”

①龙卷风图。把所有其他不确定因素固定在基准值，考察每个因素的变化会对目标产生多大程度的影响。敏感性分析的典型表现形式是龙卷风图，用于比较很不确定的变量与相对稳定的变量之间的相对重要性和相对影响。见图 11－10。

②预期货币价值分析。预期货币价值（EMV）分析是当某些情况在未来可能发生或不发生时，计算平均结果的一种统计方法（不确定性下的分析）。

【应用案例 11－02】华为重大创新项目投资方案与风险决策树分析法

华为公司多年来一直从事通信软件开发，2017 年 5 月 10 日，面对“移动互联网＋”的有利商机，董事会在基于市场调研的基础上提出企业今后五年发展的两个方案，并且用“决策树形图”做出了风险与效益对比的“预期货币价值分析（EMV）”：

①方案一：投资 1.2 亿美元建设新厂的预期货币价值（EMV）＝3600 万美元。

②方案二：投资 0.5 亿美元扩建旧厂的预期货币价值（EMV）＝4600 万美元。

③经过“决策树形图”对比，考虑到方案二投资风险小，回报高，决定采用方案二。如图 11－11 所示。

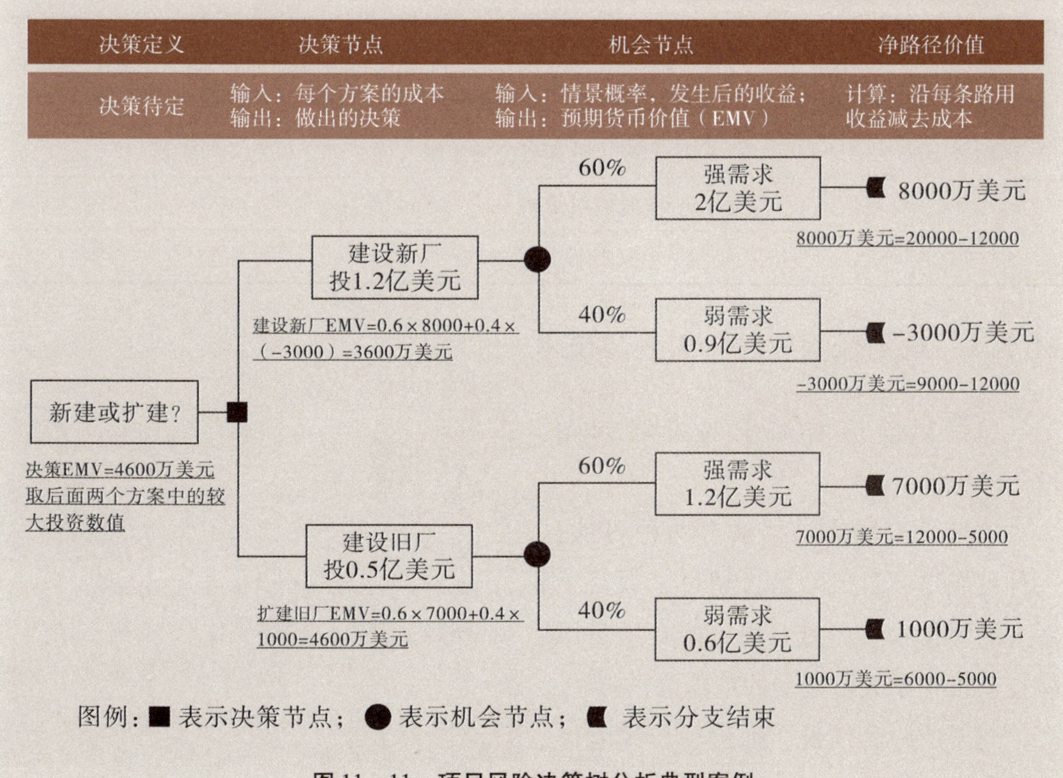

图 11－11 项目风险决策树分析典型案例

机会的 EMV 通常图示为正值，而威胁的 EMV 则图示为负值。EMV 是建立在风险中立的假设之上的，既不避险，也不冒险。把每个可能结果的数值与其发生的概率相乘，再把所有乘积相加，就可以计算出项目的 EMV。这种技术经常在决策树分析中使用，见图 11－11。建模和模拟。模拟法是一种通过模仿实际运行情况，对复杂系统进行研究的一种手段。

（3）专家判断。用于识别风险对成本和进度的潜在影响，如概率分布。

11.4.2 实施定量风险分析：输出

项目文件更新。项目文件要随着定量风险分析产生的信息而更新。

11.5 规划风险应对

规划风险应对是针对项目目标，制定提高机会、降低威胁的方案和措施的过程。表 11－13 描述本过程的输入、工具与技术和输出。

表 11－13 项目风险应对过程的输入、工具与技术和输出

输入	工具与技术	输出
1. 风险管理计划	1. 消极风险或威胁的策略	1. 项目管理计划更新
2. 风险登记册	2. 积极风险和机会的策略	2. 项目文件更新
	3. 应急应对策略	
	4. 专家判断	

11.5.1 规划风险应对：工具与技术

项目风险应对的主要策略如图 11－12所示。

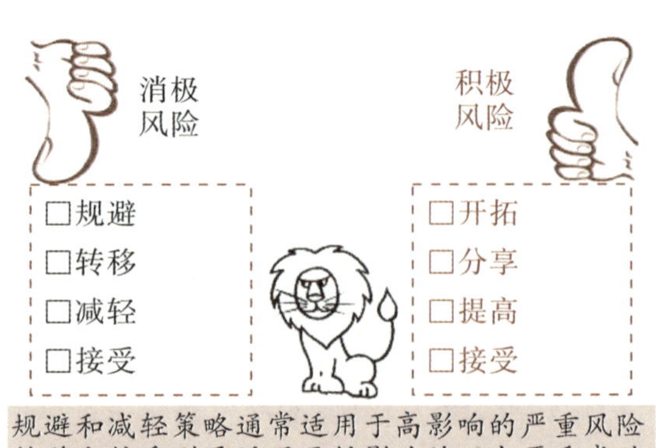

图 11－12 规划风险应对：工具与技术

项目风险评估的结果有两种可能：一种可能是项目风险是否超过了项目干系人的容忍水平；另一种可能是项目风险在项目干系人可接受的范围之内。

对于前一种情况，如果项目风险极大地超出了项目干系人的容忍水平，且

无论采取何种措施都无法避免可能发生的重大损失，那么就应该停止、甚至取消该项目；如果项目风险接近项目干系人的容忍水平，则可以通过采取适当的应对措施来挽救项目，以避免或减弱项目风险所带来的损失。

【应用案例 11－03】华为重大创新项目消极风险应对系统对策图

华为某机构多年来一直从事通信软件开发，2017 年 5 月 10 日，面对“移动互联网＋”的有利商机，公司领导在基于市场调研的基础上决定：2017 年 5 月 18 日之前，编制《移动互联网＋XX 应用软件》项目可行性研究报告。该报告中提出了“应对消极风险的四种策略”，如图 11－13 所示。

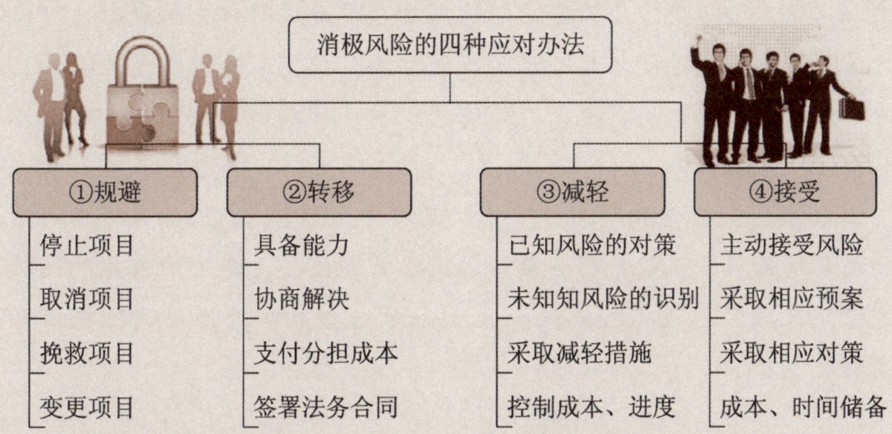

图 11－13　应对消极风险的四种策略

（1）消极风险或威胁的应对策略。通常用规避、转移、减轻这三种策略来应对威胁或可能给项目目标带来消极影响的风险。第四种策略，即接受，既可用来应对消极风险或威胁，也可用来应对积极风险或机会。要根据风险发生的概率和对项目总体目标的影响选择不同的策略。规避和减轻策略通常适用于高影响的严重风险，而转移和接受则更适用于低影响的不太严重威胁。见图 11－13。

①规避。对于后果非常严重，项目干系人难以承受的风险，通常根据实际需要选择采取措施：第一，停止项目——长痛不如短痛；第二，取消项目——避免更大的损失；第三，挽救项目——采取补救措施，动用风险储备人力资源、资金、时间等，挽回风险损失；第四，变更项目——包括改变项目管理计划，以完全消除威胁。

②转移。风险转移是指项目团队把威胁造成的影响连同应对责任一起转移给第三方的风险应对策略。转移风险是把风险管理责任简单地推给另一方，而并非消除风险。转移并不是把风险推给后续的项目，也不是未经他人知晓或同意就把风险推

给他人。采用风险转移策略，几乎总是需要向风险承担者支付风险费用。

可以利用合同或协议把某些具体风险转移给另一方。转移风险主要有五种方式：出售、发包、免责合同、利用合同中的转移责任条款、保险与担保。

③减轻。风险减轻是指项目团队采取行动，降低风险发生的概率或造成的影响的风险应对策略。相对于风险回避而言，风险减轻措施是一种积极的风险处理手段，是指设法将风险发生的概率或影响降低到可接受的界限值以下的一种风险应对计划技术。这类措施是对付无预警信息项目风险的主要应对措施之一。

④接受。风险自留又叫风险承担，表明项目团队已决定不改变项目管理计划以应对风险，或者表明他们未能找到任何其他恰当的应对策略的一种风险应对计划技术。当采取其他风险规避方法的费用超过风险事件造成的损失数额时，可采取风险自留的方法。风险自留是最省事的风险规避方法。接受风险可以是主动的，也可以是被动的；可以是无意识的，也可以是有意识的；可以是无计划的，也可以是有计划的。

（2）**积极风险或机会的应对策略**。以下四种策略中，前三种是专为对项目目标有潜在积极影响的风险而设计的。第四种策略，即接受，既可用来应对消极风险或威胁，也可用来应对积极风险或机会。下面对这些策略进行讨论，包括开拓、分享、提高和接受。

开拓（Exploit）积极风险与机会：消除与某个特定积极风险相关的不确定性，确保机会肯定出现。例如：把组织中最有能力的资源分配给项目来缩短完成时间；采用全新或改进的技术来节约成本，缩短实现项目目标的持续时间。

图 11－14　对积极风险与机会的开拓

①开拓。见图 11－14，如果组织想要确保机会得以实现，就可对具有积极影响的风险采取开拓策略。本策略旨在消除与某个特定积极风险相关的不确定性，确保机会肯定出现。直接开拓包括把组织中最好的资源分配给项目来缩短完成时间，或者，采用全新或改进的技术来节约成本，缩短实现项目目标的持续时间。利用机会的目标在于通过确保机会肯定实现而消除与积极机会有关的不确定性。

②提高。本策略旨在提高机会的发生概率和积极影响。识别那些会影响积极风

险发生的关键因素，并使这些因素最大化，以提高机会发生的概率。通过提高积极风险的概率和积极影响，最大限度地激发对项目有利的机会，促进项目有利机会的发生概率，强化风险触发的条件，提高项目的成功机会，为项目成功带来积极影响。

分享（Share）积极风险与机会：把应对机会的部分或全部责任分配给最能为项目利益白领该机会的第三方；包括建立风险共担的合作关系和团队，以及为特殊目的成立公司或联营体。

图 11－15　对积极风险与机会的分享

③分享。见图 11－15，分享积极风险是指把应对机会的部分或全部责任分配给最能为项目利益抓住该机会的第三方，优势互补，风险共担。分享的例子包括建立风险共担的合作关系和团队，比如建立合资企业、动态联盟项目组织（公司）等。以便充分利用机会，使各方都从中受益。

④接受。接受机会是指当机会发生时乐于利用，但不主动追求机会。

（3）应急应对策略。可以针对某些特定事件，专门设计一些应对措施。对于有些风险，项目团队可以制定应急应对策略，即只有在某些预定条件发生时才能实施的应对计划。

（4）专家判断。专家判断可以来自具有特定教育、知识、技能、经验或培训背景的任何小组或个人。

11.5.2　规划风险应对：输出

（1）项目管理计划更新。开展本过程可能导致项目管理计划更新。

（2）项目文件更新。

11.6　控制风险

本过程的主要作用是：在整个项目生命周期中提高应对风险的效率，不断优化风险应对措施。表 11－14 描述本过程的输入、工具与技术和输出。

表 11－14　控制风险：输入、工具与技术和输出

输入	工具与技术	输出
1. 项目管理计划	1. 风险再评估	1. 工作绩效信息
2. 风险登记册	2. 风险审计	2. 变更请求
3. 工作绩效数据	3. 偏差和趋势分析	3. 项目管理计划更新
4. 工作绩效报告	4. 技术绩效测量	4. 项目文件更新
	5. 储备分析	5. 组织过程资产更新
	6. 会议	

11.6.1　控制风险：输入

（1）**项目管理计划**。包括风险管理计划，为风险监控提供指南。

（2）**风险登记册**。如图 11－16 所示。

（3）**工作绩效数据**。包括可交付成果的状态、进度进展情况、已发生的成本。

（4）**工作绩效报告**。包括偏差分析结果、挣值数据（范围、进度和成本等）和预测数据等。这些数据有助于控制与绩效有关的风险。

识别风险	实施定性风险分析	实施定量风险分析	规划风险应对	控制风险
已识别风险清单 潜在应对措施清单	概率和影响评估 风险评级和分值 风险紧迫性或风险分类 低概率的观察清单或需进一步分析的风险	项目的概率分析 实现成本和时间目标的概率 量化风险优先级清单 定量风险分析结果的趋势	风险责任人及其职责 商定的应对策略 实施所选应对策略所需要的具体行动 风险发生的触发条件、征兆和预警信号 实施所选应对策略所需要的预算和进度活动 应急计划及启动应急计划的触发因素 弹回计划 残余风险及有意接受的风险 次生风险 应急储备	风险再评估、风险审计和定期风险审查的结果 项目风险及其应对的实际结果

图 11－16　控制风险：风险登记册

11.6.2　控制风险：工具与技术

（1）**风险再评**。在项目风险监控过程中，风险发生概率和风险影响程度会随着

项目的进展而发生变化，项目风险评级及其轻重缓急顺序也会发生变化，所以需要对项目的风险进行定期评估，这样有利于对项目的风险实行动态监控。

（2）**风险审计**。风险审计是按结构化、系统化方式检查并记录风险应对措施、在处理已识别风险及其根源方面的有效性，以及风险管理过程的有效性。

（3）**偏差和趋势分析**。偏差分析技术是指将项目计划工作和实际已经完成的工作进行比较，从而找出两者之间的偏差，然后预测这种偏差发展趋势的一种技术。

（4）**技术绩效测量**。把项目执行期间所取得的技术成果与关于取得技术成果的计划进行比较。它要求定义关于技术绩效的客观的、量化的测量指标，以便据此比较实际结果与计划要求。

（5）**储备分析**。在项目实施过程中，可能发生一些对预算或进度应急储备有积极或消极影响的风险。

（6）**会议**。项目风险管理应该是定期状态审查会中的一项议程。越是经常开展风险管理，风险管理就会变得越容易。

11.6.3 控制风险：输出

输出包括工作绩效信息、变更请求、项目管理计划更新、项目文件更新和组织过程资产更新。

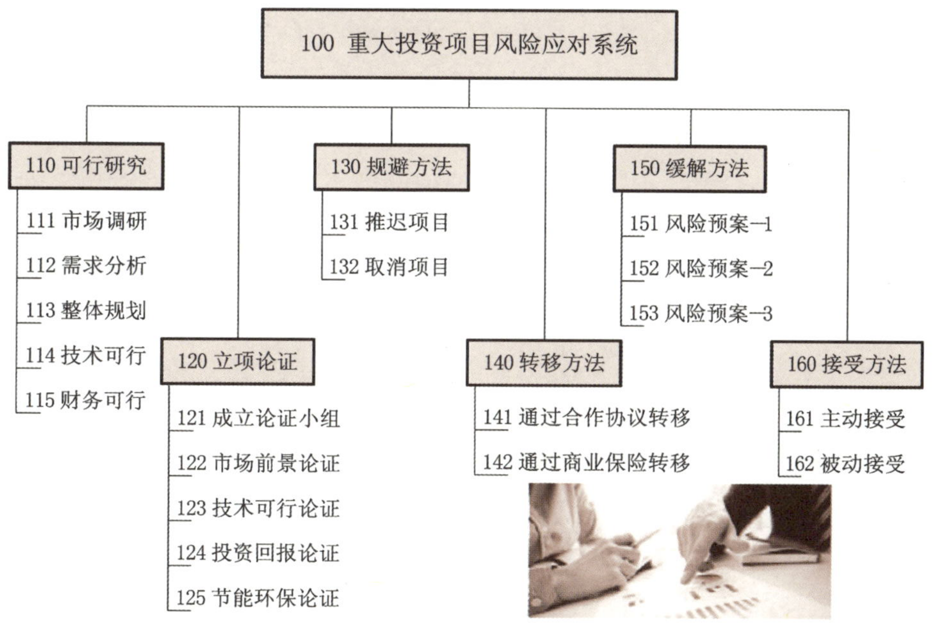

图 11－17 企业重大投资项目风险应对系统图

【应用案例11－04】华为重大创新项目投资风险应对系统图

华为重大创新项目投资风险应对系统图见图11－17所示。主要分为六个步骤：

（1）**可行性研究阶段**：委托第三方或者通过企业内部的项目小组在充分调查研究的基础上编制《项目可行性研究报告》。

（2）**组织立项论证阶段**：成立项目论证小组（为了保证论证的客观性，企业内部领导和专家通常占三分之一，外部占三分之二）对项目的市场前景、技术可行性、投资回报、科技进步与节能环保等方面进行全面论证。

（3）**如果项目的风险巨大，超过了企业的承受能力，有两种处理办法**：一是取消项目；二是推迟项目，等待条件成熟时再重新论证。

（4）**如果项目的风险与机遇并存，商业回报比较大，也有两种转移办法**：一是通过寻找合作伙伴，签订合同，优势互补，利益共享，风险投资，共同承担项目风险；二是通过选择和购买合适的商业保险转移一部分风险。转移风险，口说无凭，必须以正式合同为准，必要时寻求法律公证。

（5）**如果项目的风险比较小，收益高**：分析各种风险发生的可能性，编制几套相应的风险预案。

（6）**如果项目的风险比很小，收益高**：分析各种风险发生的可能性，编制几套相应的风险预案，主动接受风险。一般情况下，不要被动接受风险。

第 12 章
项目采购管理

【章节重点导图】本章重点介绍项目采购管理的思路、流程、方法、工具和应用。如图 12－01 所示。

图 12－01　项目采购管理过程

项目采购管理是指为达到项目的目标而从项目组织外部获取所需的服务采购、设备材料采购、工程发包的过程。项目组织既可以是项目产品、服务或成果的买方，也可以是卖方，见图 12－02。

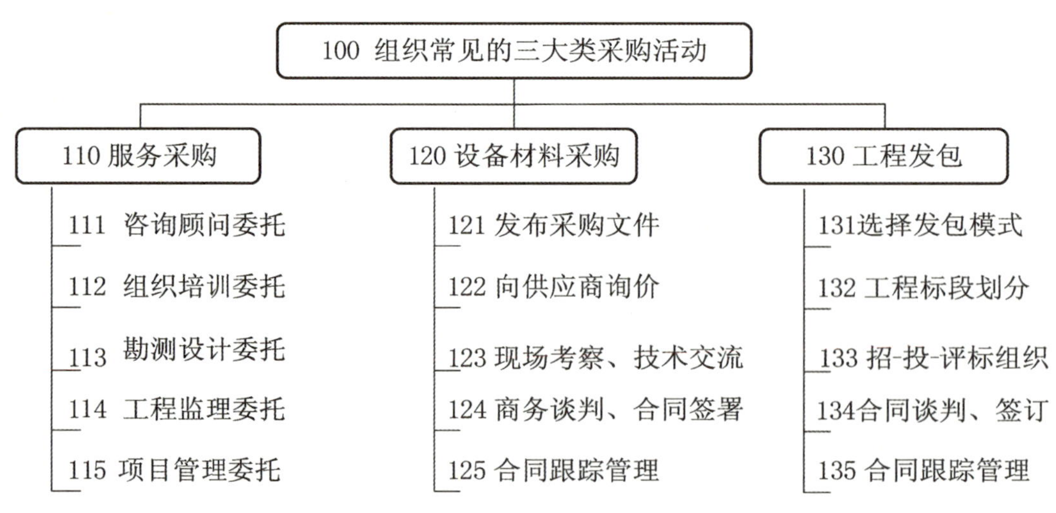

图 12－02　组织常见的三大类采购活动

项目采购管理过程围绕包括合同在内的协议来进行。协议是买卖双方之间的法律文件。合同是对双方都有约束力的协议，规定卖方有义务提供有价值的东西，如规定的产品、服务或成果，买方有义务支付货币或其他有价值的补偿。

买方也可称为顾主、客户、总承包商、承包商、采购组织、服务需求者或采购方；卖方可以是承包商、分包商、供货商、服务提供商或供应商；在合同生命周期中，卖方首先是投标人，然后是中标人，之后是签约供应商或供货商。项目采购活动主体的关系如图 12 - 03 所示。

图中的实心箭线图表示“委托—代理”关系的方向和资金的流向，虚箭线图示商品或劳务的流向。本章假设买方（甲方）由项目团队充当，而卖方（乙方）则来自项目团队的外部。本章还假设买卖方之间有正式的合同关系。

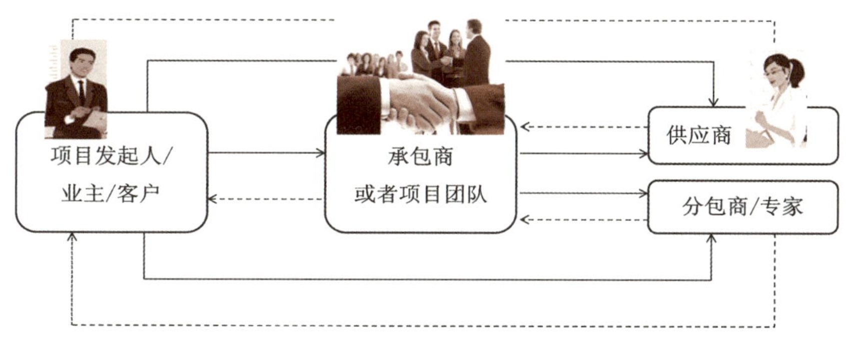

图 12 - 03 项目采购活动主体之间的关系

12.1 规划采购管理

项目采购过程的主要作用是：采购什么、如何采购、采购多少，以及何时采购。见表 12 - 01。

表 12 - 01 规划采购管理：输入、工具与技术和输出

输入	工具与技术	输出
1. 项目管理计划	1. 自制或外购分析	1. 采购管理计划
2. 需求文件	2. 专家判断	2. 采购工作说明书
3. 风险登记册	3. 市场调研	3. 采购文件—招标书
4. 活动资源需求	4. 会议	4. 供方选择标准

（续表）

输入	工具与技术	输出
5. 项目进度计划		5. 自制或外购决策
6. 活动成本估算		6. 变更请求
7. 干系人登记册		7. 项目文件更新
8. 事业环境因素		
9. 组织过程资产		

12.1.1 规划采购管理：工具与技术

（1）**自制或外购分析**。自制或外购分析是一种通用的管理技术，用来确定某项工作最好由项目团队自行完成，还是应该从外部采购。主要比较成本、进度、质量和保密等综合要素来做决定。有时，虽然项目组织内部具备相应的能力，但是为了赶工期，也需要从组织外部进行采购。

【应用案例 12－01】短期租赁还是长期租赁

一家电子设备公司若租赁一种设备有两种选择：租金按天计算，每天 100 元；长期租赁，租金每天为 60 元，但必须在开始时交纳固定手续费用 5000 元。

在这种情况下，进行短期租赁或长期租赁选择，也要根据项目对设备的预计使用时间，来分析短期、长期租赁的成本转折点。

解答：据题意设在预计租期为 X 天时，长期、短期租赁费用相等。

则 $100x = 5000 + 60x$，$x = 125$（天）。

因此，若公司预计租用设备不超过 125 天，应该选择短期租赁；若预计租用设备超过 125 天，应该选择长期租赁更合适。

（2）**专家判断**。评估该过程的依据或成果往往需要专家的技术判断，也可依据专家的采购判断制定或修改评判标准。

（3）**市场调研**。市场调研包括考察行业情况和供应商能力。采购团队可以综合考虑从研讨会、在线评论和各种其他渠道得到的信息，来了解市场情况。

（4）**会议**。仅靠调研也许还不能获得制定采购决策所需的明确信息。借助与潜在投标人的信息交流会，与潜在投标人合作，有利于供应商提供互惠互利的方案或产品。

12.1.2 规划采购规划：输出

（1）**采购管理计划**。采购管理计划主要说明项目团队将如何从执行组织外部获取货物和服务，以及如何管理从编制采购文件到合同收尾的各个采购过程。

项目采购管理计划涉及的内容主要包括六个方面，这些方面又被称作是采购管理的六大要点，如图 12－04 所示。

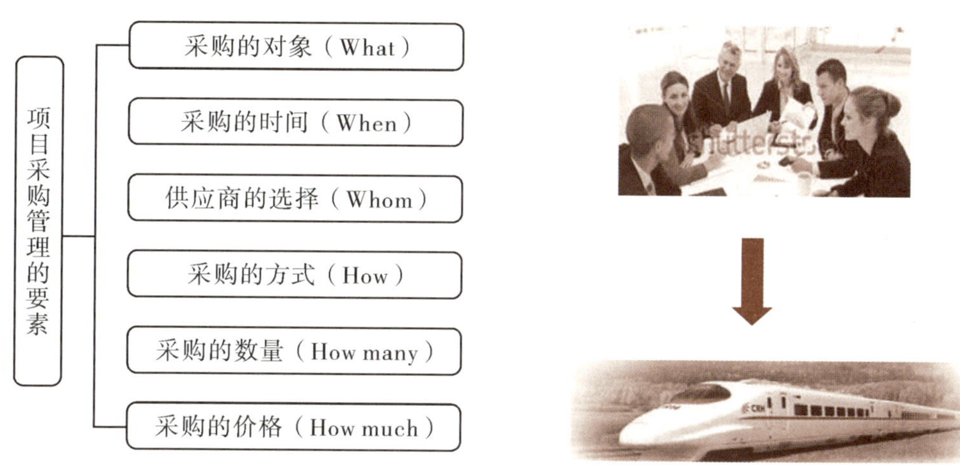

图 12－04 项目采购管理计划的六大要素

项目组织应将由上述六大要点（3W＋3H）构成的采购计划写成规范的书面文件，这将成为此后组织与供应商进行交易和开展合同管理的依据。

①采购什么？采购管理中的第一要素是采购什么，即首先要决定采购的对象及其品质。项目采购管理要求采购的品质和质量应满足以下三个条件。其一是通用性，项目外购的产品一定要符合项目实际的质量要求，并且能够通用，在项目中尽量不使用必须定制的产品。其二是可获得性，即能够在需要的时间内，以适当的价格，得到所需数量的供给，也就是能够及时得到要采购的产品或服务。其三是经济性，即能够在找到的供应来源中选择成本最低的（当然前提是要满足前面两个条件），以降低项目成本。

②何时采购？采购的时间是采购管理中的第二大要素，这是项目组织所决定的采购时间。因为采购过早，会增加库存量和库存成本；采购过迟，会因材料存量不足造成项目停工待料。从开始订货、办理采购合同到资源入库，必须经过一段时间的间隔，因为要开展产品生产、检验、包装、运输、入库验收等工作，这些都需要时间。

③向谁采购——供应商的选择？在决定向谁采购时，应调查各个供应商的如下情况：企业规模、技术和供应能力、生产用原材料的来源和质量、供应商的质量管理情况、供应商的组织能力和财务信用状况等。

④怎样采购——采购的方式？采购的方式主要是指在采购过程中采用何种工作方式，以及这方面的大致方针和具体的交易条件。这包括是否采用分批交货的方式，需要采用何种供给运输方式，以及具体交货方式和地点等。怎样采购，即采购过程中采用的工作方式，是自制还是外购，采用招标采购还是非招标采购。在选择供应商时，其应满足两个条件：一是经济性，即在供应来源中选择成本最小的；二是可获得性，供应商必须能够及时提供项目所采购的物料、工程或服务。

⑤采购的数量？这是有关采购数量的管理。项目组织采购的数量一定要合适，所以需要对此进行管理。采购数量的管理必须根据项目的实际情况决定。

⑥采购的价格？项目组织应在既定的资源质量、交货期限或其他交易条件下，寻找最低的合同价格。

（2）采购工作说明书。依据项目范围基准，为每次编制采购工作说明书（SOW），对将要包含在相关合同中的那一部分项目范围进行定义。采购 SOW 应该详细描述拟采购的产品、服务或成果，以便潜在卖方确定他们是否有能力提供这些产品、服务或成果。包括规格、数量、质量、性能参数、履约期限、工作地点和其他需求。见表 12－02。

表 12－02　规划采购管理：编制采购工作说明书（SOW）典型模板

项目	具体说明
工作的范围	详细描述要做的工作，指定涉及的设备硬件、软件和工作的准确性质
工作的地点	描述工作在哪里执行，指定设备硬件和软件的安装位置以及人们在哪里执行工作
绩效周期	叙述工作预期何时开始、何时结束，工作时间、每星期能记入绩效的有效小时数、工作在何处执行以及相关的进度信息
项目可交付成果及进度	列出指定的项目可交付成果，详细地描述这些项目可交付成果，并指定何时到期
适用的标准	指定和执行与此工作相关的任何公司或行业特有的标准
验收标准	描述买方组织将会如何决定工作是否为可接受的
特别需求	指定任何特别需求，例如硬件或软件的认证、人员的最低技术或经验水平、出差要求等

采购 SOW 应力求清晰、完整和简练。它也应该说明任何所需的附带服务，如绩效报告或项目后的运营支持等。

（3）**采购文件**。采购文件是用于征求潜在卖方的建议书。如果主要依据价格来选择卖方，通常就使用标书、投标或报价等术语。如果主要依据其他考虑（如技术能力或技术方法）来选择卖方，通常就使用诸如建议书的术语。不同类型的采购文件有不同的常用名称，可能包括信息邀请书（RFI）、投标邀请书（IFB）、建议邀请书（RFP）、报价邀请书（RFQ）、投标通知、谈判邀请书及卖方初始应答邀请书。

（4）**供方选择标准**。供方选择标准通常是采购文件的一部分。制定这些标准是为了对卖方的建议书进行评级或打分。如果很容易从许多合格卖方获得采购品，则选择标准可仅限于购买价格。这种情况下，购买价格既包括采购品本身的成本，也包括所有附加费用，如运输费用。

（5）**自制或外购决策**。通过自制或外购分析，做出某项特定工作最好由项目团队自己完成还是需要外购的决策。需要注意几个重点问题：

①如果决定自制，那么可能要在采购计划中规定组织内部的流程和协议。

②如果决定外购，那么要在采购计划中规定与产品或服务供应商签订协议的流程。

③重点考虑的要素：保密要求；时间或资源；成本，包括直接成本和间接成本；控制能力；合同类型（外购分析时考虑）和持续需求等。

④组织自制或者外购决策比较时考虑的要素如表 12－03 所示。

（6）**变更请求**。关于购买产品、服务或资源的决策，通常会导致变更请求。规划采购期间的其他决策，也可能导致变更请求。

（7）**项目文件更新**。可能需要更新的项目文件包括需求文件、需求跟踪矩阵、风险登记册。

表 12－03　自制或者外购考虑的要素分析

自　制	外　购
生产成本低	外购成本低
无合适的供应商	有合适的供应商
保证充足的供应	遵守对供应商的承诺
利用过剩的劳动力	获得技术或管理能力

（续表）

自　制	外　购
排除供应商之间的勾结	生产能力不足
关键部件，自身有能力	降低存货成本
保护专利设计，保证质量	保证供应的灵活性和可替代性
确保供应稳定	产品受到专利保护
	自制不符合实施组织的战略规划

12.2　合同类型选择

在进行外购分析时，也要考虑可用的合同类型。采用何种合同类型，取决于买卖双方间想要如何分担风险；而双方各自承担的风险程度，则取决于具体的合同条款。在某些法律体系中，还有其他合同类型，例如基于卖方义务（而非客户义务）的合同类型。一旦选定适用法律，合同双方就必须确定合适的合同类型。

见图 12－05，不同类型的合同适合于不同风险的分担类型。按照支付方式（计价方式）的不同，项目采购合同可以分为三类合同：固定价合同或固定总价合同（Fixed－price Contract）、成本补偿合同（Cost－ reimbursable Contract）和单价合同（Unit－price Contract）。三种类型的合同对项目组织和供应商各有利弊，作为买主的项目组织应该根据项目的具体情况和所要采购资源的具体情况仔细地反复权衡。

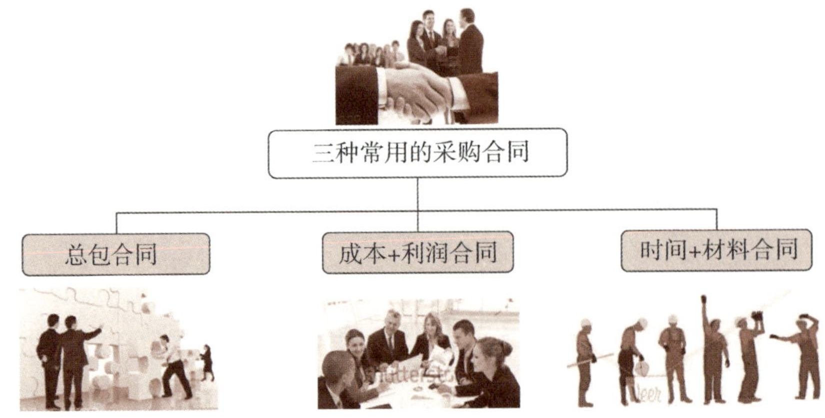

图 12－05　规划采购管理：三种常用的采购合同

合同类型选择。常见的合同可以分为以下三大类，即总价类和成本补偿类合同，还有第三种常用的混合类，即工料合同。在实践中，合并使用两种甚至更多合同类型进行单次采购的情况也并不罕见。可根据具体情况进行选择。

12.2.1　总包合同

总包合同也称为总价合同或固定价合同。这种合同一般要求投标者按照招标文件要求报一个总价，并在这个价格下完成合同规定的全部工作。总价合同也可以为达到或超过项目目标（范围、进度、成本和质量等）规定财务奖励条款。卖方必须依法履行总价合同，否则就可能要承担相应的财务赔偿责任。

总包合同一般要求购买的产品是能够严格定义的，否则，买卖双方都会面临风险。买方可能因为情况的变化而多付了钱，卖方也可能因为情况的变化而多付出了一些额外的费用。总价合同一般有以下四种形式。

（1）**固定总价合同**（FFP，Firm Fixed - price）。在固定总价合同中，承包商或供应商以设计图纸为基础，并考虑一些费用的上涨因素，报一个合同总价。在设计图纸和工程要求不变的情况下，合同总价是固定的。

FFP 是最常用的合同类型。合同双方事先商定：采购的价格在一开始就确定，并且不允许改变（除非工作范围发生变更），卖方有义务完成合同规定的工作，并且承担因不良绩效导致的任何成本增加的风险。在 FFP 合同下，买方应该准确定义拟采购的产品和服务，对采购规范的任何变更都会增加买方的成本。由于卖方几乎承担着全部风险，买方风险很小，所以大多数买方都喜欢这种合同。

但是，当设计图纸或工程质量要求发生变更，或者项目工期要求提前时，合同总价则相应地发生改变。这种合同使承包商几乎承担了所有的风险，因而报价一般较高。固定总价合同一般适用于项目范围比较明确、风险不大、技术不太复杂、工期比较短（一般不超过一年），以及对具体要求比较明确的项目。

【应用案例 12 - 02】固定总价合同模板

无论成本如何，卖方（承包商）的费用总是固定的，几乎承担了所有的风险。计算案例见表 12 - 04。

表 12－04　固定总价合同举例

固定总价合同 FFP：固定总价格：1000000		
成本 / 举例	实际（AC）	卖方获利
案例 1：卖方盈利	800000	200000
案例 2：卖方亏损	1200000	－200000
案例 3：卖方零利润	1000000	0
适用条件：工期一般不超过一年，范围明确；范围变化，可补充合同、调整总价		

（2）**固定总价加奖励费用合同**（FPIF，Fixed－price Plus Incentive Fee）。这种总价合同为买方和卖方提供了一定的灵活性，允许一定的绩效偏离，并对实现既定目标给予财务奖励。财务奖励通常与卖方的成本、进度或技术绩效有关。绩效目标一开始就要制定好，而最终的合同价格要待全部工作结束后根据卖方绩效来确定。在FPIF 合同中，要设置价格上限，卖方必须完成工作并且要承担高于上限的全部成本。

【应用案例 12－03】固定总价加奖励费用合同模板

对双方实现既定目标给予财务奖励。计算案例见表 12－05。

表 12－05　固定总价加奖励费用合同举例

固定总价加奖励费 FPIF ＝AC ＋EC×FEE% ＋（EC －AC） ×Rate <最高限价				
成本 / 举例	合同	实际（AC）		备注
估计成本（EC）	100000	80000	110000	事先规定的费用是估计成本的 10%；奖励以实际与估算成本差为基础，总费用不能超过最高限价 120000
费率（FEE%）（10%）	10000	10000	10000	
最高限价	120000	120000	120000	
分担比例（Rate）	70:30	6000	－3000	
总价		96000	117000	
适用条件：适合于工期比较长、具有变更风险的项目				

表格的内涵：一个 10 万元项目，合同最高限价为 12 万元，卖方费用（项目劳务费）1 万元，若有剩余，买卖双方按照 70:30 分配。含义是：买方有 70% 的不确定性，卖方有 30% 的不确定性。风险是卖方认为 30% 比例太低，而项目将没有结余。

第一种情况：当项目以 8 万元结束，卖方所得为：8 万 +1 万劳务费 +0.6 万奖励（2 万 ×30%）=9.6 万元，同时，为买方省资金 0.4 万元。

第二种情况：当项目以 11 万元结束，卖方所得为：11 万 +1 万劳务费 -3000 奖励费（1 万 ×30%）=11.7 万元。由于卖方超支 1 万元，按事先约定：卖方承担 30%，即 0.3 万元风险；而买方承担 70%，即买方多支出 0.7 万元。

第三种情况：当项目以 13 万元结束，卖方将承担的风险为：实际成本 13 - 最高限价 12 万 =1 万元。买方不承担最高限价 12 万元之外的风险。

（3）**总价加经济价格调整合同**（FP - EPA，Fixed Price with Economic Price Adjustment）。调价是一种特殊的总价合同，按照招标文件的要求及当时的物价计算合同总价。调价总价合同与固定总价合同的不同之处在于，前者在合同条款中规定：

①适于项目合同跨越的时期较长（数年）；

②试图保护买卖双方免受外界不可控情况的影响；

③必须规定用于准确调整最终价格的、可靠的财务指数；

④允许根据条件变化（如通货膨胀），以事先确定的方式对合同进行调整。

如果在执行合同的过程中，由于通货膨胀因素引起工料成本增加并达到某一限度时，合同总价则做出相应的调整。在这种合同中，买方承担了通货膨胀的风险。FP - EPA 合同试图保护买方和卖方免受外界不可控情况的影响，共同承担外部风险。

12.2.2 成本补偿合同

此类合同向卖方支付为完成工作而发生的全部合法实际成本（可报销成本），外加一笔费用作为卖方的利润。成本补偿合同也可为卖方超过或低于预定目标（如成本、进度或技术绩效目标）而规定财务奖励条款。最常见的三种成本补偿合同是：成本加固定费用合同（CPFF，Cost Plus Fixed Fee）、成本加奖励费用合同（CPIF，Cost Plus Incentive Fee）和成本加成本百分比合同（CPPC，Cost Plus Percentage of Cost）。

如果工作范围在开始时无法准确定义，而需要在以后调整。或者，如果项目工作存在较高的风险，就可以采用成本补偿合同，使项目具有较大的灵活性，以便重新安排卖方的工作。

（1）**成本加固定费用合同**（CPFF）。为卖方报销履行合同工作所发生的一切可列支成本，并向卖方支付一笔固定费用，该费用以项目初始成本估算的某一百分比计算。费用只能针对已完成的工作来支付，并且不因卖方的绩效而变化。除非项目范围发生变更，否则费用金额维持不变。例如，一个项目的预期成本为 10 万美元，固定费用为 1 万美元。如果合同的实际成本上涨至 11 万美元，合同的范围不变，那么承包商将获得 1 万美元补偿。该合同对于买方来说风险较高，适合于研发项目。计算案例见表 12－06。

【应用案例 12－04】成本加固定费用合同模板

表 12－06　成本加固定费用合同案例

成本加固定费合同 CPFF ＝AC ＋EC × FEE%			
	合同	实际（AC）	备注
估算成本（EC）	100000	110000	事先规定的费用是估计成本的 10%
费率（FEE%）（10%）	10000	10000	
总价	110000 估计价	120000 实际价	
适用条件：该合同对于买方来说风险较高，仅适合于研发项目			

（2）**成本加奖励费用合同（CPIF）**。买方向卖方支付容许的完成任务的成本以及事先决定的费用和奖励奖金。如果最终成本小于预期成本，按照事先谈判好的分配方式，买方和卖方都从节省的成本中受益。对双方实现既定目标给予财务奖励。计算案例见表 12－07。

【应用案例 12－05】成本加奖励费用合同模板

表 12－07　成本加奖励费用合同举例

成本加奖励费合同 CPIF ＝AC ＋EC ×FEE% ＋（EC －AC）×Rate				
成本 / 举例	合同	实际（AC）		备注
估计成本（EC）	100000	80000	120000	事先规定的费用是估计成本的 10%；奖励以实际与估算成本差为基础
费率（FEE%）（10%）	10000	10000	10000	
分担比例（Rate）	85: 15	3000	－3000	
总价		93000	127000	
适用条件：适合于工期比较长的项目，该合同对于买方和卖方来说风险都居中，主要用于长期的硬件开发和试验要求多的场合。				

表格的内涵：一个 10 万元项目，卖方费用（项目劳务费）1 万元，若有剩余，买卖双方按照 85:15 分配。含义是：买方有 85% 的不确定性，卖方有 15% 的不确定性。风险是卖方认为 15% 比例太低，而项目将没有结余。

第一种情况：当项目以 8 万元结束，卖方所得为：8 万 +1 万劳务费 +0.3 万奖励费（2 万 ×15%）=9.3 万元，为买方省资金 0.7 万元。

第二种情况：当项目以 12 万元结束，卖方所得为：12 万 +1 万劳务费 −0.3 万奖励费（2 万 ×15%）=12.7 万元。由于卖方超支 2 万元，按事先约定：卖方承担 15%，即 0.3 万元风险；而买方承担 85%，即 1.7 万元。

该合同对于买方和卖方来说风险都居中，主要用于长期的、硬件开发和试验要求多的场合。

（3）**成本加成本百分比（CPPC）合同**。买方给卖方支付容许的完成任务的成本，加上事先约定的总成本的一定百分比。从买方的角度看，这是最不理想的一种合同，因为卖方没有降低成本的动力。实际上，这会促使卖方增加成本，因为这样做可以使利润按照成本的百分比增加。这种合同所有的风险都由买方来承担。该合同对于买方来说风险最大，不利于控制成本，目前很少采用。计算案例见表 12 – 08 所示。

【应用案例 12 – 06】成本加成本百分比合同模板

表 12 – 08 成本加成本百分比合同

成本加成本百分比合同 CPPC = AC + EC x FEE%			
	合同	实际（AC）	备注
估算成本（EC）	100000	110000	事先规定的费用是估计成本的 10%
费率（FEE%）（10%）	10000	11000	
总价	110000 估计价	121000 实际价	
建议：该合同对于买方来说风险最大，不利于控制成本，目前很少采用。			

表格的内涵：一个 10 万元项目，卖方费用（项目劳务费）1 万元。

第一种情况：当项目以 10 万元结束，卖方所得为：10 万 +1 万劳务费 =11 万元。

第二种情况：当项目以 11 万元结束，按照事先约定，卖方所得为：11 万 +11 万 ×10% =12.1 万元。

12.2.3 单价合同

单价合同也称为工料合同（T&M），是兼具成本补偿合同和总价合同的某些特点的混合型合同。在不能很快编写出准确工作说明书的情况下，经常使用工料合同来增加人员、聘请专家和寻求其他外部支持。这类合同与成本补偿合同的相似之处在于，它们都是开口合同，合同价因成本增加而变化。在授予合同时，买方可能并未确定合同的总价值和采购的准确数量。

12.2.4 合同类型与风险之间的关系

图 12－06 总结了部分不同类型的合同中买方和卖方承担风险的不同情况。固定总价合同中买方的风险最低，因为他们确切地知道他们需要付给卖方多少费用。

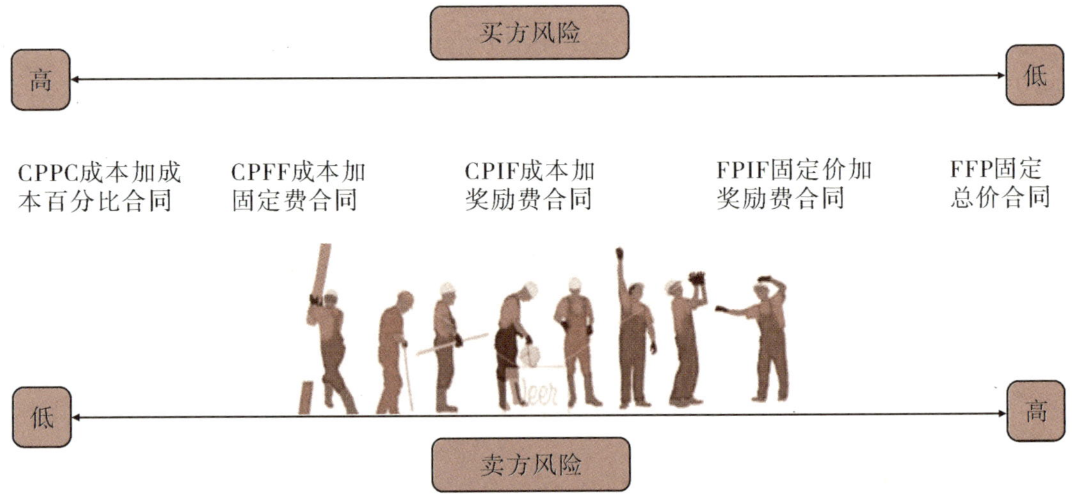

图 12－06 合同类型选择：三种常用的采购合同与买卖双方风险分析

成本加成本百分比合同中买方的风险最高，因为他们对项目的范围不确定（技术含量高、风险高的研发创新项目），不知道卖方的成本，而且卖方可能有增加成本的动机。从卖方的角度看，成本加成本百分比合同风险最低，而固定总价合同风险最高。

一个具体的项目采购工作究竟应该采取哪种类型的合同，是很难按照某种公式确定的。由于项目合同涉及双方的利益和责任，因此合同双方均应综合考虑各方面因素，权衡利弊，根据项目的具体条件，在充分协商的基础上共同选择能为双方认可和接受的合同方式。

表 12－09 对部分不同类型的合同中买方和卖方承担风险的不同情况进行了总结。

表 12－09　合同类型选择：三种常用的采购合同与买卖双方风险总结

	总价合同			工料合同	成本补偿合同		
对比	需准确定义范围 范围变更导致合同价格升高				工作范围开始时无法准确定义或项目工作存在较高风险		
	FFP	FPIF	FPEPA	T&M	CPIF	CPAF	CPFF
特征	最常用	灵活性 价格上限 最后结算	周期长 长期关系	混合型 开口合同 短小项目	无价格 上限	笼统绩效 主观的绩 效标准	固定费用 为利润
买方	价格确定 除非范围 变更	财务激励	免受外界 不可控 影响	增加人员 聘请专家 外部支持	财务激励	主观来 决定奖励 费用	成本估算 百分比 固定
卖方	承担增加 的全部 成本	承担高于 上限全部 成本	免受外界 不可控 影响		绩效目标	无权申诉	
买方风险	低 →						高

合同类型的选择需要考虑项目的性质、复杂程度、成本、风险程度以及根据客户要求的项目紧急程度等多种因素，综合归纳为几个方面：项目实际成本与项目日常风险评价；双方要求合同类型的复杂程度（技术风险评价）；竞价范围；成本价格分析；项目紧急程度（顾客要求）；项目周期长短；承包商（卖主）财务系统评价（是否有能力通过合同盈利）；合作合同（是否允许其他卖主介入）；转包范围的限定。

合同类型的选择一方面取决于双方的利益偏好，另一方面可能受客观条件的影响。只要所签订的合同最终得到合同双方的一致同意（有时还须经过政府有关主管部门的批准），或者与法律没有抵触，那就都具有法律效力，对双方都具有法律约束力。

12.3　实施采购

实施采购是获取卖方应答、选择卖方，并授予合同的过程。项目采购组织根据项目采购规划中对产品、服务或成果的要求，确定潜在的供应商，并根据投标人提供的相关信息，如报价、投标书等，选定最终供应商，并与供应商洽谈并签订书面合同。本过程的主要作用是，通过达成协议，使内部和外部干系人的期望协调一致。表 12－10 描述本过程的输入、工具与技术和输出。

表 12－10　实施采购：输入、工具与技术和输出

输入	工具与技术	输出
1. 项目管理计划	1. 投标人会议	1. 选定的卖方
2. 采购文件	2. 建议评价技术	2. 采购合同
3. 供方选择标准	3. 独立估算	3. 资源日历
4. 卖方建议书	4. 专家判断	4. 变更请求
5. 项目文件	5. 广告	5. 项目管理计划更新
6. 自制外购决策	6. 分析技术	6. 项目文件更新
7. 采购工作说明书	7. 采购谈判	
8. 组织过程资产		

在实施采购过程中，项目团队将会收到投标书或建议书，并按照事先拟定的选择标准，选择一个或多个有资格履行项目工作且可接受的卖方。

12.3.1　实施采购：输入与流程

输入，见表 12－10。实施采购的流程如图 12－07 所示。

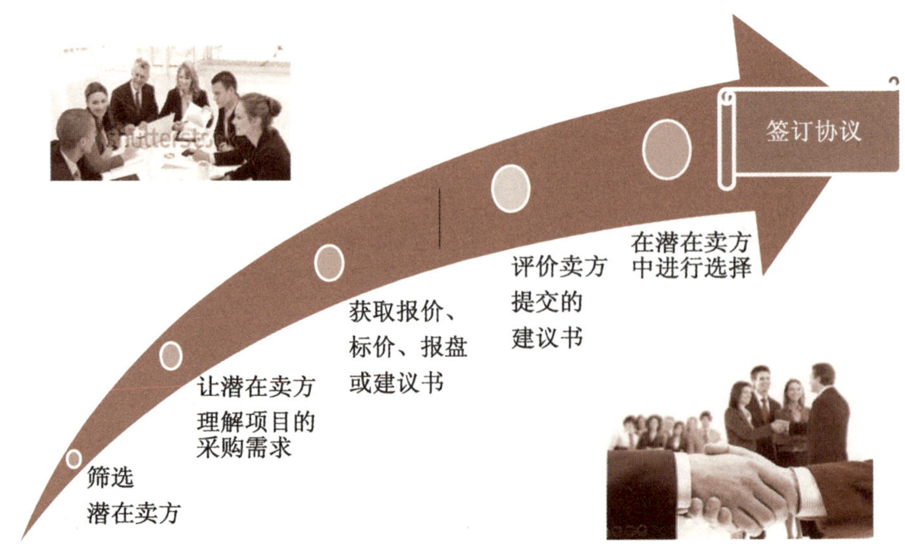

图 12－07　实施采购：实施采购流程图

12.3.2 实施采购：工具与技术

（1）**投标人会议**。投标人会议（又称承包商会议、供货商会议或投标前会议）就是在投标书或建议书提交之前，在买方和所有潜在卖方之间召开的会议。会议的目的是保证所有潜在卖方对采购要求都有清楚且一致的理解，注意防止卖方勾结。

表 12－11　建议书评价技术：加权平均数法

	满分值	权重值	甲评分	乙评分	甲得分	乙得分
质量	40	0.40	35	25	14	10
价格	20	0.20	10	18	2	3.6
技术	10	0.10	6	9	0.6	0.9
管理	30	0.30	22	28	6.6	8.4
合计	100	1.0	73	80	23.2	22.9

（2）**建议评价技术**。如表 12－11 所示。对于复杂的采购，如果要基于卖方对既定加权标准的响应情况来选择卖方，则应该根据买方的采购政策，规定一个正式的建议书评审流程。在授予合同之前，建议书评价委员会将做出他们的选择，并报管理层批准。建议书的评级和打分可使用多种不同的方法，但所有方法都会涉及专家判断和一些评估标准。

（3）**独立估算**。对于许多采购项目，采购组织可以制定自己的估算，用以核对供应商的报价。

（4）**专家判断**。专家判断可用来评价卖方建议书。可以组建一个多学科评审团队对建议书进行评价。

（5）**广告**。在大众出版物（如报纸）或专业出版物上刊登广告，往往可以扩充现有的潜在卖方名单。有些组织使用在线资源招揽供应商。

（6）**分析技术**。分析技术有助于组织了解供应商提供最终成果的能力，确定符合预算要求的采购成本，以及避免因变更而造成成本超支，从而确保需求能够并得以满足。

（7）**采购谈判**。采购谈判就是在合同签字之前，对合同的结构与要求加以澄清，取得一致意见。合同的最后措辞应尽可能反映双方达成的所有一致意见。

①采购谈判的六个阶段流程如图 12－08 所示。

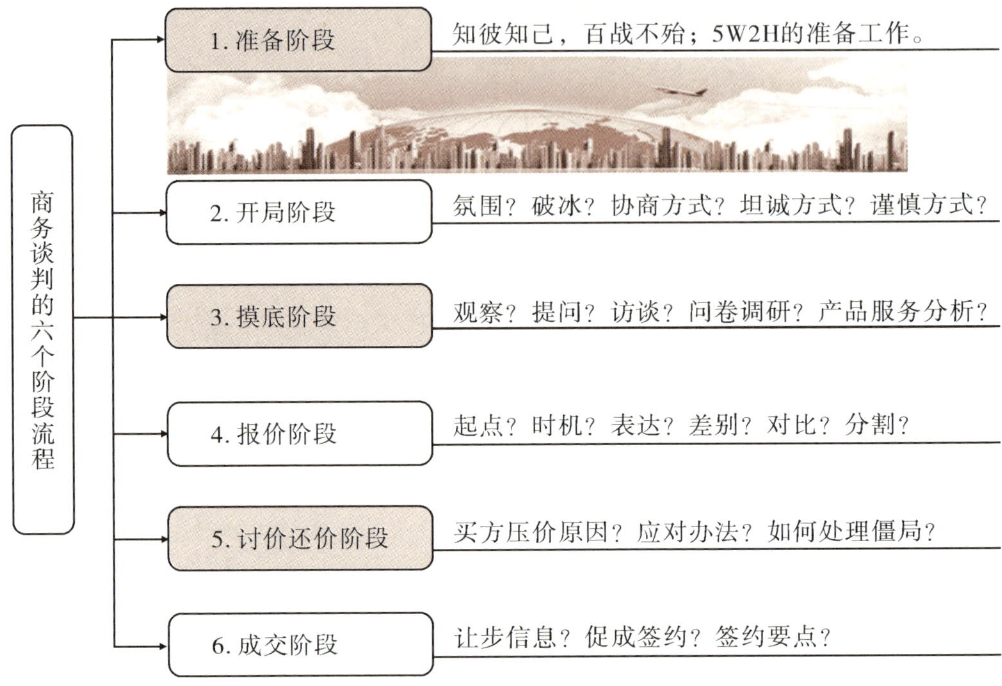

图 12－08　采购谈判的六个阶段流程

②采购谈判的五项准备工作如图 12－09 所示。

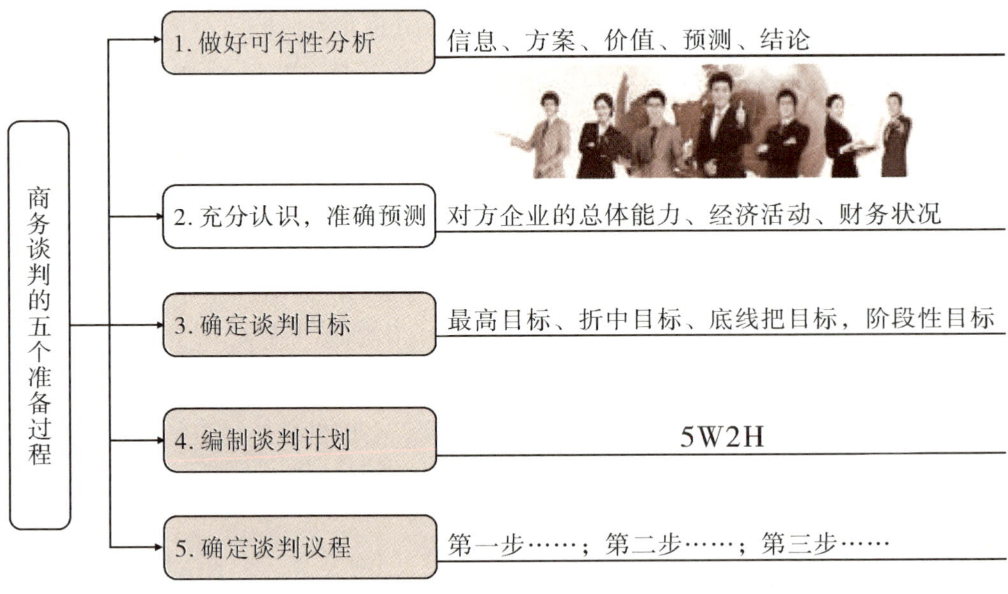

图 12－09　采购谈判五项准备工作

③采购谈判的报价与讨价还价流程如图 12－10 所示。

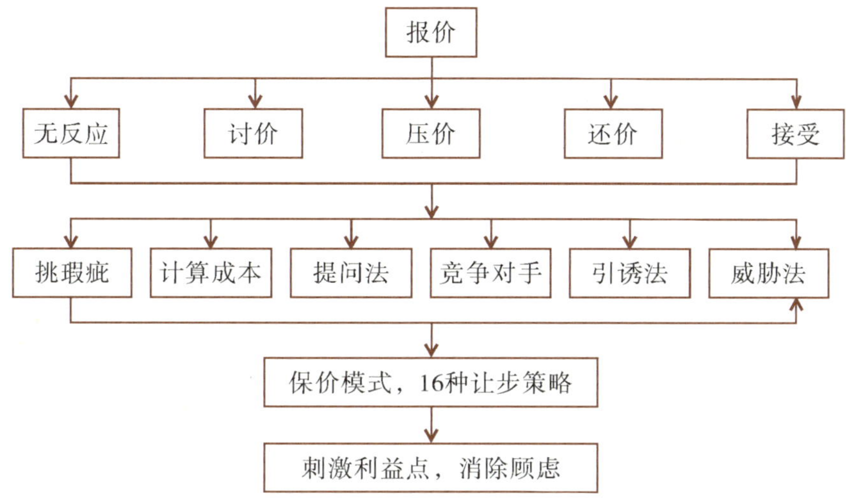

图 12－10　采购谈判的报价与讨价还价流程

④采购谈判的保价、有条件让步的 16 个方法如表 12－12 所示。

表 12－12　采购谈判的报价与讨价还价流程

1. 分析对方目的，提出针对性让步条件	9. 奇货可居——机不可失失不再来啊
2. 针对对方习惯性压价，转移话题	10. 激将堵嘴——
3. 先谈价值，加以解释	11. 改变需求，降低功能标准——
4. 询问对方的优惠条件	12. 投入产出——
5. 需求向导——强调量身定制的成本	13. 事实举例——
6. 挡箭牌——强调自己的权限不够	14. 试探让步——
7. 迷惑反问——踢皮球给对方	15. 条件让步——
8. 同行对比——	16. 一揽子协议——

项目经理可以不是谈判的主谈人。在谈判期间，项目经理以及项目管理团队的其他人员可列席，并在需要时，就项目的技术、质量和管理要求进行说明。

12.3.3 实施采购：输出

（1）选定的卖方。根据建议书或投标书评价结果，那些被认为有竞争力，并且已与买方商定了合同草案的卖方，就是选定的卖方。

（2）采购合同。采购合同的主要内容有所不同，但可以包括：工作说明书或可交付成果描述、进度基准、绩效报告、履约期限、角色和责任、卖方履约地点、价格、支付条款、交付地点、检查和验收标准、担保、产品支持、责任限制、费用和保留金、罚款、奖励、保险和履约担保、对分包商的批准、变更请求处理、合同终止条款和替代争议解决（ADR）方法。ADR 方法可事先确定，作为合同的一部分。

12.4 控制采购

本过程的主要作用是：确保买卖双方履行法律协议，满足采购需求。表 12 - 13 描述本过程的输入、工具与技术和输出。

表 12 - 13 控制采购：输入、工具与技术和输出

输入	工具与技术	输出
1. 项目管理计划	1. 合同变更控制系统	1. 工作绩效信息
2. 采购文件	2. 采购绩效审查	2. 变更请求
3. 合同	3. 检查和审计	3. 项目管理计划更新
4. 批准的变更请求	4. 报告绩效	4. 项目文件更新
5. 绩效报告	5. 支付系统	5. 组织过程资产更新
6. 工作绩效数据	6. 索赔管理	
	7. 记录管理系统	

12.4.1 控制采购：工具与技术

（1）合同变更控制系统。合同变更控制系统规定了修改合同的过程。它包括文书工作、跟踪系统、争议解决程序，以及各种变更所需的审批层次。

（2）**采购绩效审查**。采购绩效审查是一种结构化的审查，依据合同来审查卖方在规定的成本和进度内完成项目范围和达到质量要求的情况。

（3）**检查与审计**。在项目执行过程中，应该根据合同规定，由买方开展相关的检查与审计，卖方应对此提供支持。

（4）**报告绩效**。根据协议要求，评估卖方提供的工作绩效数据和工作绩效报告，形成工作绩效信息，并向管理层报告。

（5）**支付系统**。通常，先由被授权的项目团队成员证明卖方的工作令人满意，再通过买方的应付账款系统向卖方付款。

（6）**索赔管理**。如果买卖双方不能就变更补偿达成一致意见，甚至对变更是否已经发生都存在分歧，那么被请求的变更就成为有争议的变更或潜在的推定变更。有争议的变更也称为索赔、争议或诉求。

（7）**记录管理系统**。项目经理采用记录管理系统来管理合同、采购文档和相关记录。它包含一套特定的过程、相关的控制功能，以及作为项目管理信息系统一部分的自动化工具。该系统中包含可检索的合同文件和往来函件档案。

12.4.2　控制采购：输出

输出包括工作绩效信息；变更请求；项目管理计划；项目文件更新和组织过程资产更新。

12.5　结束采购

结束采购是完结单次项目采购的过程。本过程的主要作用是，把合同和相关文件归档以备将来参考。表 12－14 描述本过程的输入、工具与技术和输出。

表 12－14　结束采购：输入、工具与技术和输出

输入	工具与技术	输出
1. 项目管理计划	1. 采购审计	1. 结束的采购
2. 采购文件	2. 采购谈判	2. 组织过程资产更新
	3. 记录管理系统	

12.5.1　结束采购：输入

见表 12－14。

12.5.2　结束采购：工具与技术

（1）**采购审计**。采购审计是指对从规划采购管理过程到控制采购过程的所有采购过程进行结构化审查。其目的是找出合同准备或管理方面的成功经验与失败教训，供本项目其他采购合同或执行组织内其他项目的采购合同借鉴。

（2）**采购谈判**。在所有采购关系中，一个重要的目标是通过谈判公正地解决全部未决事项、索赔和争议。如果通过直接谈判无法解决，则可以尝试替代争议解决（ADR）方法，如调解或仲裁。

（3）**记录管理系统**。项目经理采用记录管理系统来管理合同、采购文档和相关记录。把合同文件和往来函件存档，这是结束采购过程的一项工作。

12.5.3　结束采购：输出

（1）**结束的采购**。买方（通常是其授权的采购管理员）向卖方发出关于合同已经完成的正式书面通知。对正式结束采购的要求，通常已在合同条款和条件中定义，并包括在采购管理计划中。

（2）**组织过程资产更新**。可能需要更新的组织过程资产包括：

· 采购档案。一套完整的、带索引的合同文档（包括已结束的合同）。采购档案应该纳入最终的项目档案中。

· 可交付成果验收。组织可能要求保存对卖方完成的可交付成果的正式验收文件。结束采购过程必须确保这一要求得到满足。协议中通常都会规定对可交付成果的正式验收要求，以及应该如何处理不合要求的可交付成果。

· 经验教训文档。应该编制经验教训总结、工作体会和过程改进建议，作为项目档案的一部分，以改进未来的采购。

第13章 项目干系人管理

【章节重点导图】干系人管理事关项目的成败。本章重点介绍项目干系人管理的思路、流程、方法、工具和应用。如图 13－01 所示。

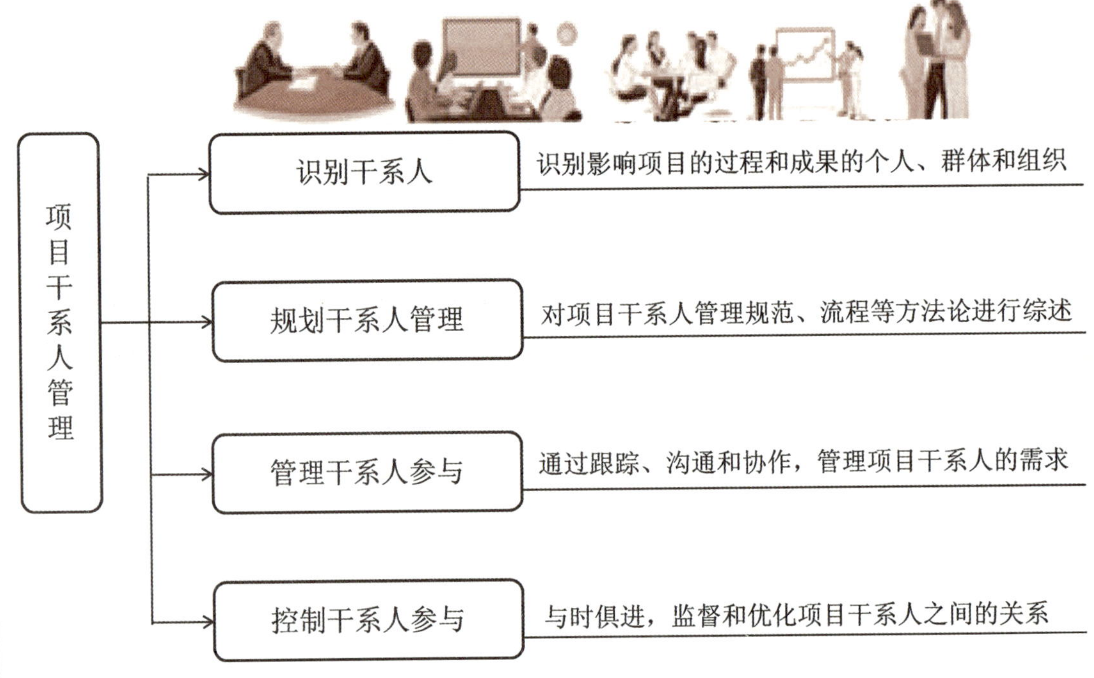

图 13－01　项目干系人管理过程

（1）**什么是项目干系人？**

某项目中的干系人分布如图 13－02 所示。项目干系人（Stake－holder）也称为项目利益相关者或者项目利害关系人，他们关注项目的成功与失败，其中有的积极参与项目、对项目提供支持；有的对项目持有消极或者反对态度，因为项目的成败都会直接或者间接地影响他们的切身利益（受益或者受害）。

项目干系人是能影响项目决策、活动或结果的个人、群体或组织，以及会受项目决策、活动或结果影响的个人、群体或组织。干系人可能来自组织内部的不同层级，具有不同级别的职权；也可能来自项目执行组织的外部；应当做好项目干系人的早期分析和定期评估。

（2）**为什么必须做好项目干系人管理？**

项目失败的原因可以是多种多样的。但是，凡是成功的项目都有一个共同的特点：这就是从调查、分析项目干系人的需求开始，到满足项目干系人的需求和期望

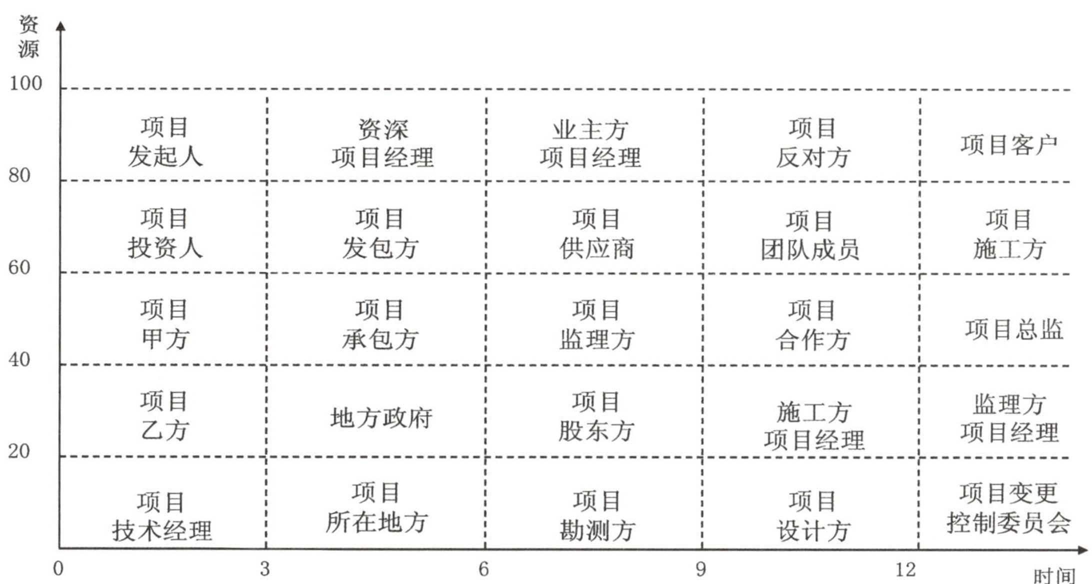

图 13－02　某项目中的项目干系人分布图

结束。识别项目干系人，识别、确定和管理项目干系人的需求和期望是一个项目成败的前提，也是“保证项目的范围、质量、进度、和成本等指标都能够按计划完成。”的前提。

然而，项目干系人在项目的不同阶段扮演的角色不同、看问题的角度不同，对于项目的需求、期望、利益和影响力往往也不同，甚至出现矛盾和冲突。在这种情况下，项目经理和项目团队将无法避免地要应对这样的矛盾：既要关照项目投资人和客户的利益，又要统筹兼顾项目执行组织和其他干系人的利益。

识别项目干系人的目的就是为了管理好他们的需求和期望，为项目的成功执行营造一种良好的人际环境。从项目启动到圆满结束，项目高管、项目经理和项目执行组织一定要在这个问题上保持清醒的头脑，达成共识。

通常把对项目影响比较大的项目干系人分为两大类：能够从项目成果和服务中获益的人和组织多属于积极态度的项目干系人；反之，多属于消极态度的项目干系人。相应的识别项目干系人需求和期望的主要目的有两个方面：

①最大限度地获得项目正面干系人的支持，调动他们的积极性和创造性，为项目提供正能量；

②最大限度地减少项目负面干系人的反对，防止、尽量减少他们对项目的消极影响、阻碍甚至破坏。

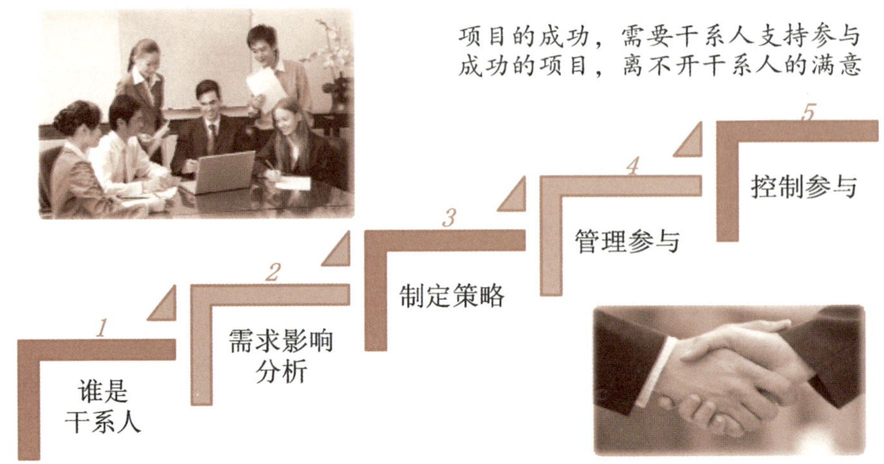

图 13－03　项目干系人管理的主要过程

（3）项目干系人管理的主要过程?

如图 13－03 所示，项目干系人管理包括用于开展下列工作的各个过程：识别能影响项目或受项目影响的全部人员、群体或组织，分析干系人对项目的期望和影响，制定合适的管理策略来有效调动干系人参与项目决策和执行。项目干系人管理的主要过程包括谁是干系人、需求影响分析、制定策略、管理参与、控制参与。

13.1　识别项目干系人

识别干系人是识别能影响项目决策、活动或结果的个人、群体或组织，并分析和记录他们的相关信息的过程。这些信息包括他们的利益、参与度、相互依赖、影响力及对项目成功的潜在影响等。

【应用案例 13－01】《华为基本法》中的“利益共同体”

图 13－04 表示华为公司以诚信文化为凝聚力，与客户、员工和合作伙伴结成利益共同体（具有共同利益的项目干系人）。华为公司在《华为基本法》中的第五条中规定：华为主张在顾客、员工与合作者之间结成利益共同体。努力探索按生产要素分配的内部动力机制。我们决不让雷锋吃亏，奉献者定当得到合理的回报。

（1）以客户为中心。2014 年 6 月 16 日任正非在接受媒体采访时表示，华为的核心价值观只有一个原则，就是“以客户为中心”。任正非解释道：“华为之所以崇尚'以客户为中心'的核心价值观就是因为只有客户在养活华为，在为华为提供发展前进的基础，其他任何第三方都不可能为华为提供资金用于生存和发展，所以，也只有服务好客户，让客户把兜里的钱心甘情愿拿给我们，华为才有可以发展下去的基础。”任正非说："华为的价值和存在的意义，就是以客户为中心，满足客户的需求。我们提出要长期艰苦奋斗，也同样是出于'以客户为中心'这样一个核心价值理念，坚持艰苦奋斗的员工也一定会获得他所应得的回报。”

图13－04 《华为基本法》中的“利益共同体”

（2）**与合作伙伴结成利益共同体**。华为将自己的竞争对手称之为友商，一直在跟国际同行在诸多领域携手合作，力求通过合作取得共赢、分享成功，实现“风险共担，和而不同，优势互补，利益共享”。和谐以共生共长，不同以相辅相成，也就是将矛盾的对立关系转化为合作协调关系，使各种矛盾关系结成利益共同体，变矛盾为动力。华为希望能够在条件允许的情况下建立广泛的利益共同体，即使是自己的竞争对手，在适当的时候，也能展开合作，共同发展。

（3）**员工是华为最大的财富**。华为公司在《华为基本法》中的第二条中规定：认真负责和管理有效的员工是华为最大的财富。尊重知识、尊重个性、集体奋斗和不迁就有功的员工，是我们事业可持续成长的内在要求。

最简单的例子是华为公司与员工之间通过内部股票，将二者的利益和共同目标近乎完美的捆绑在一起。从1994年开始，华为每年的销售额几乎以翻番的速度增长，员工的股权回报率。最高时达到100%，在1997年修改的员工持股规定中，明确其目的是将员工利益与企业长期利益结合在一起，展的关切度和管理的参与度，形成具有竞争和激励效应的科学的分配制度。员工每年从企业所得利润中，可以获得非常高的分红回报，即使在发展速度放缓的2002年，员工的股权回报仍然维持在20%左右。

以全员持股、继续深造等一系列政策，使得员工对公司的责任感和忠诚度得到提升，在企业运作的各个环节中，员工都会考虑尽量节省开支并创造利润，在华为获得的每一分钱的利润中，都包含了自己个人的一部分。

对于员工的“按劳分配”问题，华为曾经在2011年4月14日组织过专门的讨论，在此次讨论中，任正非明确提出可以将华为的员工分为三类，第一类是普通劳动者，第二类是一般奋斗者，第三类是有成效的奋斗者。要将公司的剩余价值与有成效的奋斗者分享，因为他们才是华为事业的中坚力量。华为对人力资源对象的政策理解分成三类：

第一类，为普通劳动者，暂时定义为12级及以下为普通劳动者。这些人应该按法律相关的报酬条款，保护他们的利益，并根据公司经营情况，给他们稍微好一点的报酬。这是对普通劳动者的关怀。

第二类，一般的奋斗者，我们要允许一部分人不是积极的奋斗者，他们想小家庭多温暖啊，想每天按时回家点上蜡烛吃饭呀，对这种人可以给以理解，也是人的正常需要。刚好我们就有一个小岗位在这个地方，那他可以坐上这个位置，踏踏实实做好小职员。对于这一部分人，我们有适合你的岗位可以给你安排，如果没有适合的岗位，他可以到社会上去寻求。只要他们输出贡献大于支付给他们的成本，他们就可以在公司存在。或许他的报酬甚至比社会稍微高一点。

第三类，就是有成效的奋斗者，他们要分享公司的剩余价值，我们需要这些人。分享剩余价值的方式，就是奖金与股票。这些人是我们事业的中坚，我们渴望越来越多的人走进这个队伍。

我们处在一个竞争很激烈的市场，又没有什么特殊的资源与权利，不奋斗就会衰落，衰落后连一般的劳动者也保护不了。我们强调要按贡献拿待遇，也是基于这种居安思危。我们从来不强调按工龄拿待遇。经常看到调薪的时候有人说“这个人好几年没涨了，要涨一点工资。”为什么？这几年他的劳动质量是否进步了？他的贡献是不是真大了？

识别干系人的主要作用是：帮助项目经理建立对各个干系人或干系人群体的适度关注。表13-01描述本过程的输入、工具与技术和输出。

表13-01　识别干系人：输入、工具与技术和输出

输入	工具与技术	输出
1. 项目章程	1. 干系人分析	1. 干系人登记册
2. 采购文件	2. 专家判断	
3. 事业环境因素	3. 会议	
4. 组织过程资产		

13.1.1　识别干系人：工具与技术

（1）**干系人分析**。如图 13－05 所示，干系人分析是系统地收集和分析各种定量与定性信息，以便确定在整个项目中应该考虑哪些人的利益。

图 13－05　识别干系人的工具与技术：干系人分析

通过干系人分析，识别出干系人的利益、期望和影响，并把他们与项目的目的联系起来。

①项目干系人分析通常应遵循以下步骤：

A. 识别全部潜在的项目干系人及其相关信息，如他们的角色、部门、利益、知识、期望和影响力。关键干系人通常很容易识别，包括所有受项目结果影响的决策者或管理者，如项目发起人、项目经理和主要客户。

B. 分析每个干系人可能的影响或支持，并把他们分类，以便制定管理策略。在干系人很多的情况下，就必须对干系人进行排序，以便有效分配精力，来了解和管理干系人的期望。

C. 评估关键干系人对不同情况可能做出的反应或应对，以便策划如何对他们施加影响，提高他们的支持，减轻他们的潜在负面影响。

项目干系人之间的关系是一种微妙的、复杂的、纵横交叉和有机联系的网状关系。因此，大多数项目经理和项目执行组织都有过这样的困惑：面对如此众多、复杂、多变的项目干系人，应当怎样全面的、有效地对他们进行识别和管理呢？

②辐射图——识别项目干系人的一种有效方法。

如图 13－07 所示，过去，项目执行组织在分析和识别项目干系人时，以

“项目经理”为核心来画出网状的图形，这种图的缺陷是没有明确的体现“以实现项目干系人的需求和期望为核心”的项目管理理念，使用起来有一定的局限性。

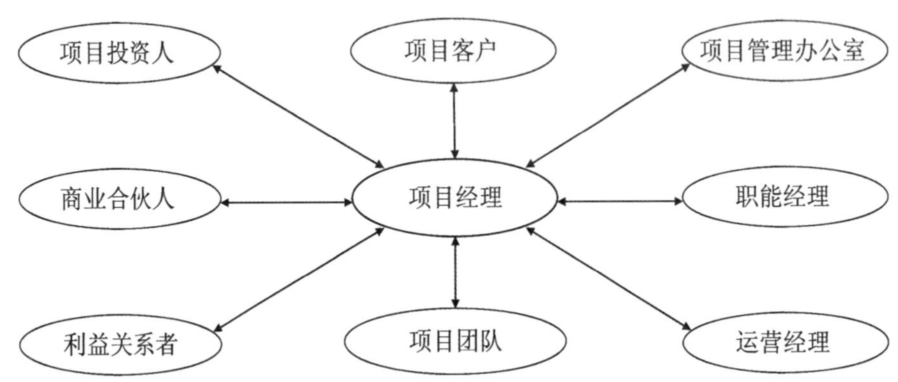

图 13－06　以项目经理为核心的项目干系人分析图

经过长期的探索，笔者 2003—2016 年在华为开展项目管理培训期间，提供和推荐一种高效分析项目干系人的一种直观和简单易行的方法，并把它称之为“辐射图法”，如图 13－06 所示。其核心思路是以“实现项目干系人的需求和期望”为核心，画出相互关系和相互影响的辐射图。

图 13－07 具有通用意义，可以当作工具和模板来使用，使用时注意几个基本步骤：在图的核心写出项目的名称；在图的正上方写出项目直接客户的名称；在图的左面写出项目执行组织外部干系人的名称；在图的右面写出执行组织项目内部干系人的名称；根据项目的大小、难易程度画图的细节可繁可简。

③怎样用辐射图分析和识别项目干系人？结合图 13－07，我们可以对项目干系人做一个大致的分析。

· 项目发起人——倡导开展某一个项目，并负责为该项目提供需求、资金、实物等形式的资源的个人或组织。项目发起人对项目的成败承担着很大的风险，因此，项目的前期调研、立项评估、启动，项目范围变更的审批、项目阶段最终成果的评审和验收等工作都需要项目发起人参与决策。

· 项目投资人——为项目提供需求、资金、技术和实物等资源的个人或团体。项目发起人有可能是项目的全额投资人，也可能是股份投资人。比如说，某地方政府在开发区积极倡导吸引外资，兴办一家中外合资企业，地方政府如果在该项目中有投资，那么，地方政府既是项目发起人，也是项目的投资人。

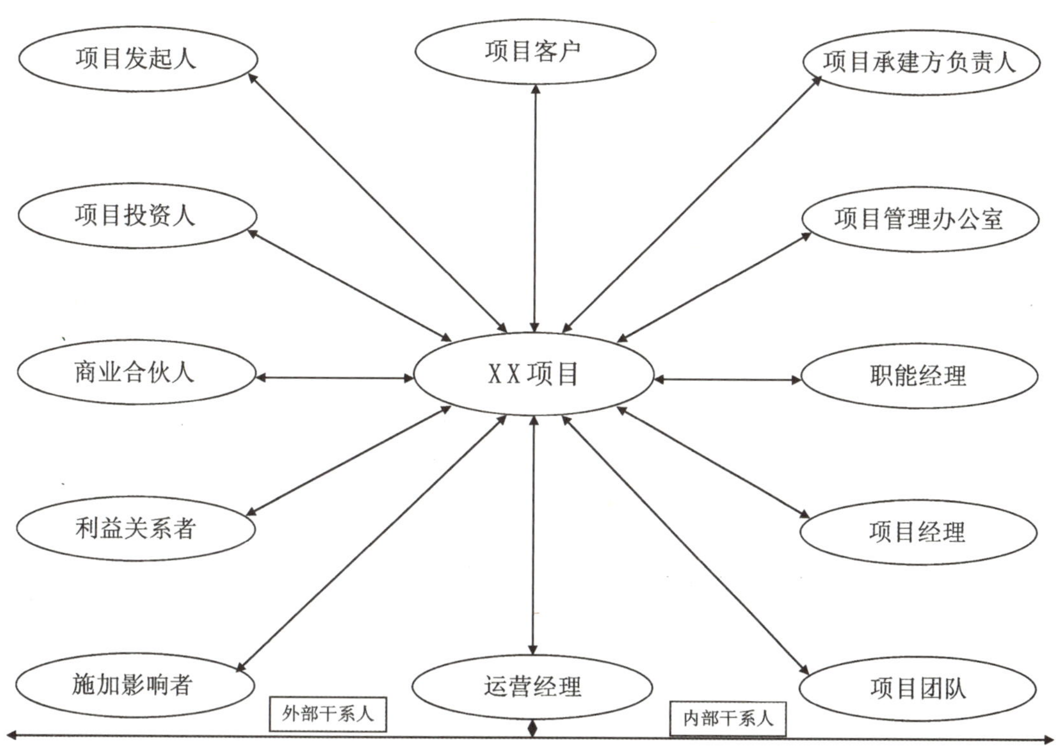

图 13－07　全面、高效分析项目干系人的"辐射图法"

· 项目客户——客户、用户（Customer）。他们提出对项目最终产品的需求和期望，并将使用项目最终产品、服务或成果的个人或组织。项目客户、用户在项目中的具体工作职责包括：提出清晰明确的项目需求和期望、验收项目产品；接收项目成果积极参与项目工作；作为 CCB（项目变更控制委员会）成员之一，参与评审与最终产品需求有关的项目变更请求（Change Requests）。

· 商业合作伙伴——指以合同的形式提供项目所必需的设备、原材料或服务的外部公司。商业合作伙伴包括卖方和业务合作伙伴。卖方，又称为供应商、供方或承包方，是根据合同协议为项目提供人力资源、设备、材料、咨询或培训服务的外部公司。商业合作伙伴也是外部公司，但它们与本企业间存在特殊的商务关系。

· 地方政府与公众——主要包括项目合同签署和实施地点的政府有关部门、工商、银行、税务、土地、环保、交通、供水、供电和通信部门、教育、电子卫生、新闻媒体、合作伙伴和社区公众等。某些大中型企业建设的建设项目是否开展、何时开展以及在怎样开展、成功与失败都会直接或者间接地影响项目所在地的地方政府和公众的切身利益。

· 施加影响者——同项目产品的取得和使用没有直接关系，但是因其与客户组织或实施组织的地位或者关系，能够对项目的立项、启动、计划和执行施加积极或消极影响的个人或团体。

· 项目承建方——即承接项目、满足客户需求的项目承建方，又称为承包商。被委托人承接项目以后，根据客户的需求和期望开始启动项目。从项目启动、计划到项目实施、控制和结尾的整个管理过程中，项目承建方始终处于主导地位。

图 13-08　项目管理办公室的主要职责

· 项目管理办公室——如图 13-08 所示，项目管理办公室（PMO）是组织内部常设的一个职能部门，主要负责对其所辖项目集进行集中协调管理（详见本书 15.8）。

· 项目组合经理、项目组合评审委员会——负责对一组项目或项目集进行宏观管控，这些项目或项目集可能相关或不相关。项目组合评审委员会：通常由组织中负责项目选择的高层管理人员组成。他们对每个项目的投资回报、价值、风险和其他属性进行评审。

· 项目集经理——负责统筹管理一组相关的项目，从而取得对单个项目分别管理所无法实现的整体利益。项目集经理通过与各个项目经理之间的合作，为各项目提供管理指导和技术支持。

· 职能经理——各职能部门的负责人或者管理者。他们拥有相应的职能部门的资源。特别是在弱矩阵及职能型的组织中，他们对职能部门内的固定员工

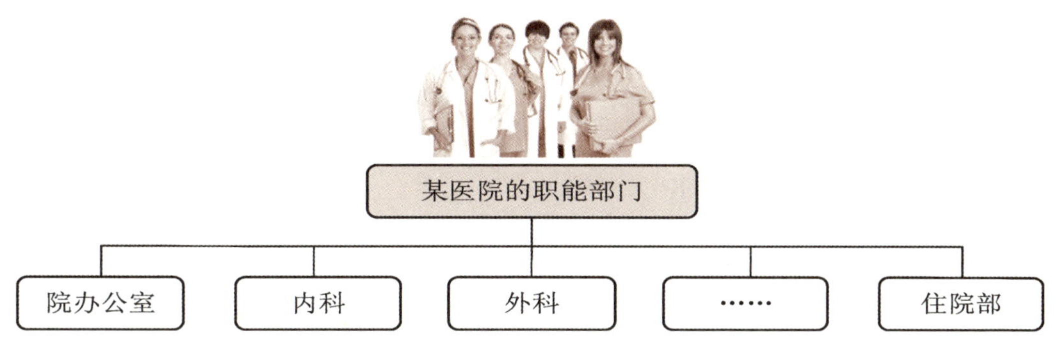

图 13－09 某地方医院职能部门设置

和其他资源具有完整的调配权力。职能经理在项目中的工作职责主要是为相关项目提供专业技术人员、技术支持和专业服务。某地方医院的职能部门如图 13－09 所示。

· 运营经理——在核心业务领域（如研发、设计、制造、供应、测试或维护）承担管理角色的个人。不同于职能经理，运营经理直接管理产品的生产、营销和售后服务。基于项目的类型，在项目完成时，需要把项目的技术文档、图纸和其他永久性移交给相关的运营管理人员。然后，运营管理人员再把所移交的项目纳入日常运营中，并为之提供长期支持。

· 管理层——执行组织中职位比较高的管理者。可以被认为是项目经理的直接上级。管理层的具体工作职责包括：保护项目不受外来因素的干扰；委派项目经理，签署和发布项目章程；帮助协调、解决项目干系人之间的冲突；根据轻重缓急合理安排各项目的优先级别的资源分配。

· 项目经理——由上级组织授权或委派来保证按照客户的需求完成项目，并对项目全面负责的人。项目经理职位是一个富有挑战性的、需承担重要责任的岗位。项目经理需要具备灵活、快捷的判断力和娴熟的谈判技巧。项目经理是项目干系人之间沟通、协作和信息交流的焦点（详见本书第 14 章）。

· 项目团队——由项目经理、项目管理团队和负责实施项目的项目团队成员组成，他们是为实现项目的共同目标而相互依赖、协同合作的团队。在某些项目中，发起人也可能是项目团队成员之一。项目团队的具体工作职责包括：参与项目的启动、负责项目计划编制、实施项目管理计划、协助 PMO、CCB 评估变更对项目的影响、参与项目变更控制、完成项目可交付成果并配合项目干系人进行验收。

（2）**专家判断**。为确保识别和列出全部干系人，应该向受过专门培训或具有专业知识的小组或个人寻求专家判断和专业意见。

（3）**会议**。召开干系人情况分析会议，分析关于各干系人的角色、利益、知识和整体立场的信息，加强对主要项目干系人的了解。

13.1.2 识别干系人：输出

干系人登记册。干系人登记册是识别干系人过程的主要输出，用于记录已识别的干系人的所有详细信息，见表 13－02。

表 13－02 干系人登记册

干系人姓名	工作职位	工作地点	项目角色	需求期望	联系方式

13.2 规划干系人管理

本过程的主要作用是：为与项目干系人的互动提供清晰且可操作的计划，以支持项目利益。表 13－03 描述本过程的输入、工具与技术和输出。

表 13－03 规划干系人管理：输入、工具与技术和输出

输入	工具与技术	输出
1. 项目管理计划	1. 专家判断	1. 干系人管理计划
2. 干系人登记册	2. 会议	2. 项目文件更新
3. 事业环境因素	3. 分析技术	
4. 组织过程资产		

13.2.1 规划干系人管理：工具与技术

分析技术。应该比较所有干系人的当前参与程度与计划参与程度（为项目成功所需的）。在整个项目生命周期中，干系人的参与对项目的成功至关重要。

可在干系人参与评估矩阵中记录干系人的当前参与程度，如表 13－04 所示。其中，C 表示当前参与程度，D 表示所需参与程度。项目团队应该基于可获取的信息，确定项目当前阶段所需要的干系人参与程度。在表 13－04 的例子中，干系人 3 已处于所需的参与程度，而对于干系人 1 和 2，则需要做进一步沟通，采取进一步行动，使他们达到所需的参与程度。

表 13－04 干系人参与程度评估矩阵

干系人	不知晓	抵制	中立	支持	领导
干系人 1	C			D	
干系人 2			C	D	
干系人 3				D	

通过分析，识别出当前参与程度与所需参与程度之间的差距。项目团队可以使用专家判断来制定行动和沟通方案，以消除上述差异。

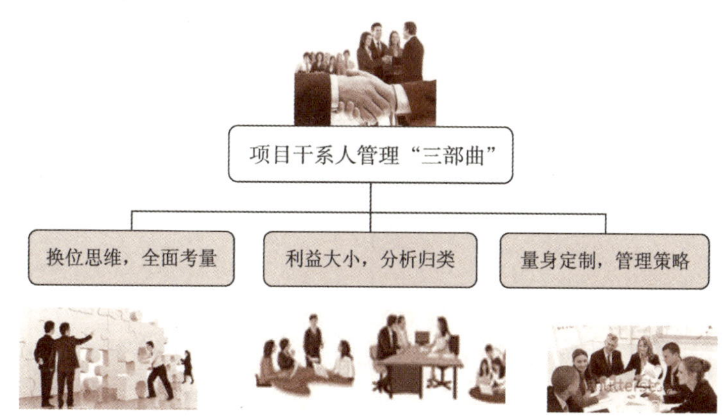

图 13－10 有效的管理项目干系人的“三部曲”

怎样更加有效的管理项目干系人？图 13－10 提出了有效的管理项目干系人的“三部曲”。

①全面分析，换位思维——所谓“全面分析”就是项目经理召集项目团队成员参考本书图 13－07 所示的“辐射图”模板，采用“头脑风暴”等办法，就可以比

较全面地罗列出所有的项目干系人。对项目干系人的这种分析方法应该在项目启动阶段就着手进行，并随项目进展及时进行更新，形成新的版本。只有这样，才能减少疏漏，确保项目经理及其团队更好、更全面地服务于项目干系人。

所谓“换位思维”，就是要特别注意尽早以“换位思维”等积极态度面对负面的干系人。人们多愿意面对态度积极的正面干系人，不愿意面对、甚至有意回避态度消极的负面干系人，只在实在无法回避时才与他们打交道。这种方法常常使项目工作陷于被动，不能有效进行。

②权益大小，分类平衡——由于各干系人之间或多或少地存在权力和利益之间矛盾，我们无法同时同等程度地满足所有干系人的利益，但是应该尽量缩小各干系人（至少是主要干系人）满足程度之间的差异，达到一个相对平衡。

所谓“分类平衡”就是在众多项目干系入之间寻找利益平衡点。通过寻求平衡，就可以在主要项目干系人之间形成合作关系，以及基于这种合作关系的项目大团队，有利于项目的顺利完成。

清晰表达干系人之间的利益。我们必须承认和理解各干系人之间的利益差别甚至冲突，鼓励大家把各自的利益追求充分表达出来，进行协商，达成一致。比起隐藏着的利益矛盾，公开的利益矛盾要好管理得多。更何况，如果你让其他人有充分发表意见的机会，他们的意见即便没有被采纳，也不见得他们多么计较。解决问题的有效途径之一就是参考图 13－11 所示“项目干系人利益与权利四方图”的办法，分别按“利益”和“权力”大小把项目干系人分成四大类，然后采取统筹兼顾、轻重缓急的方法来管理和满足项目干系人的需求。

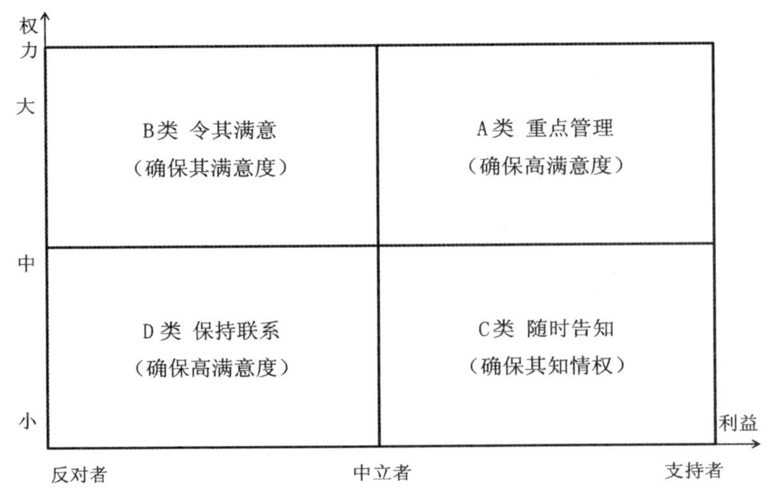

图 13－11　项目干系人利益与权利四方图

③量身定制，管理策略——如表13－05所示：

A类项目干系人对项目的权力和利益来的最大，是项目干系人中的“重中之重”，应当与其保持经常性的沟通，及时获得他们的理解和支持；

B类项目干系人掌控着项目的许多资源，应当及时的争取这些资源，并让他们看到这些资源投入后的实际效果，保证其满意度；

C类项目干系人掌控着项目的资源比较少，但是项目的成败对其利益影响比较大，应当及时地让他们知道项目的范围、质量、进度和成本等现状，保证其知情权；

D类项目干系人掌控的项目的资源比较少，项目的成败对其利益影响比较小，与他们保持正常的联系和沟通就可以了。

在实际应用中可以参考表13－05所谓“量身定制”的策略来进行处理。

表13－05　对不同项目干系人“量身定制”的管理策略

影响 / 态度	影响力大	影响力中等	影响力小
态度积极	继续取得支持	继续取得支持	继续取得支持，并设法提高其影响力
态度中立	做转变工作，争取支持	做转变工作，争取支持	做转变工作或忽略不管
态度消极	做转变工作。转变不成，则削弱影响力	做转变工作。转变不成，则削弱影响力	防止其影响力扩大或忽略不管

在表13－05中，影响力是指某一项目干系人影响（推动或阻碍）项目进行的能力。一个项目干系人所具有的影响力是其所拥有资源的数量以及调用资源的能力大小的综合体现。利益相关度是指项目干系人的需求和利益受项目影响的程度。影响力和利益相关度的区别在于，有一些项目的利益相关者可能受项目的影响很大，而他们参与项目的能力却很弱，对关键决策的影响力有限。

对于项目沟通案例的统计发现：对项目持中立或者消极态度的80%是由于不了解或者误会造成的，项目经理要特别注意依靠沟通来消除他们的误会，做好转变工作。干系人之间总会出现各种各样的问题，而许多问题的出现是因为沟通不充分。如果干系人之间有相同或相近的价值观，就可以通过沟通来达到相互理解、相互支持。

当项目执行组织与其他项目干系人的利益发生冲突时应当怎么办？在解决冲突时最好的做法是持续改进，即通过沟通改善其中一位或几位干系人的感觉，但同时不会使任何其他人感觉自己的状况变坏。这要求项目经理要充分理解各项目干系人的特点和需求，也需要项目经理具有很强的沟通和协调能力。

13.2.2 规划干系人管理：输出

（1）**干系人管理计划**。干系人管理计划是项目管理计划的组成部分，为有效调动干系人参与而规定所需的管理策略。

（2）**项目文件更新**。可能需要更新的项目文件包括：项目进度计划；干系人登记册。

【应用案例 13－02】马云论商道与干系人的关系

创业十年了，很多人问我：创业到底为了什么？我自己也经常在问自己这个问题。十年以来，我最怕失去的是什么？我最得意获得的是什么？

图 13－12　马云在阿里巴巴成立十周年会议上的讲话

马云在阿里巴巴成立十周年会议上的讲话（图 13－12）中说：

别人说："你今天很有钱了，今天阿里巴巴从十年前的一家公司变成五家公司，从十八个人变成了一万四千多人，从几个客户到全世界的四千多万的中小企业。"但问题是这些东西是不是我要的？我最需要的是什么？什么东西失去以后我会最难过？

我想清楚了一个问题，也就在阿里巴巴十周年的时候，我觉得商道的根本在于诚信的积累，我一切的目的是为了获得信任，获得社会对我们的信任，客户对我们的信任，员工对我们的信任，股东对我们的信任，这些信任取得非常之难，点点滴滴。

我自己跟自己这么讲过，假如阿里巴巴有一天倒下，由于任何原因，经营失败，天灾人祸，但是我相信只要我有这些信任，我随时可以拿到钱，因为股东对我的信任，只要我还想起来，我的员工还会跟着我说，我们再来过！

今天我相信上千万的中小创业者和企业家们也会认为，只要你还在做这么一个网站，我们还会使用你，这就是信任的力量，信用的力量。很多人说信用可不可以变成钱，信用它不是钱，但它比钱更为珍贵。信用在商业里面，就像爱情在婚姻里面是一样的，婚姻没有爱情是走不久的，但是爱情是不能用钱去买的。

所以我希望，在座所有今天开始创业的人，阿里人花了十年时间想清楚的问题，今天你从第一天起，珍惜你的每一个客户，珍惜每一个加入你的团队的员工，珍惜所有支持你信任你的股东，因为只有客户、员工和股东，他们对你的信任，你才会越走越远，越走越快乐！

13.3　管理干系人参与

本过程的主要作用是：帮助项目经理提升来自干系人的支持，并把干系人的抵制降到最低，从而显著提高项目成功的机会。见表 13－06。

表 13－06　管理干系人参与：输入、工具与技术和输出

输入	工具与技术	输出
1. 干系人管理计划	1. 专家判断沟通方法	1. 问题日志
2. 沟通管理计划	2. 人际关系技能	2. 变更请求
3. 变更日志	3. 管理技能	3. 项目管理计划更新
4. 组织过程资产		4. 项目文件更新
		5. 组织过程资产更新

13.3.1　管理干系人参与：工具与技术

（1）专家判断沟通方法。在管理干系人参与时，应该使用在沟通管理计划中确定的针对每个干系人的沟通方法。基于干系人的沟通需求，项目经理决定在项目中如何使用、何时使用及使用哪种沟通方法。

（2）人际关系技能。如图 13－13 所示，项目经理应用人际关系技能来管理干系人的期望。例如：建立信任；解决冲突；积极倾听；克服变更阻力。

图 13－13　管理干系人参与：人际关系技能与管理技能

（3）**管理技能**。如图 13－13 所示，项目经理应用管理技能来协调各方以实现项目目标。例如：引导人们对项目目标达成共识；对人们施加影响，使他们支持项目；通过谈判达成共识，以满足项目要求；调整组织行为，以接受项目成果。

13.3.2　管理干系人参与：输出

输出包括问题日志、变更请求、项目管理计划更新、项目文件更新和组织过程资产更新等。

13.4　控制干系人参与

本过程的主要作用是：随着项目进展和环境变化，维持并提升干系人参与活动的效率和效果。

13.4.1　控制干系人参与：工具与技术

表 13－07　项目干系人信息管理系统

项目干系人管理活动	负责人	时段
1. 确定每个干系人的名称		
2. 确定他们所有的需求与期望		
3. 确定他们的的需求和期望，并将其转化为项目的要求		

（续表）

项目干系人管理活动	负责人	时段
4. 管理并影响干系人融入项目的活动		
5. 让他们签名确认最终的项目需求		
6. 评估他们的知识和技能		
7. 分析项目以确保干系人的需求能够得到满足		
8. 让他们知道什么需求能够实现，什么不能够实现及不能实现的原因		
9. 通过指派给他们一些项目工作保证他们融入项目		
10. 把他们当作专家		
11. 通过沟通保证他们想知道信息的时候能够获知他们需要的信息		
12. 如果必要的话，把干系人融入变更管理和批准程序		
13. 与他们一起总结经验教训		
14. 在项目或者阶段结束的时候让干系人接受可交付成果		

（1）**专家判断**。为确保全面识别和列出新的干系人，应对当前干系人进行重新评估。应该向受过专门培训或具有专业知识的小组来协作完成。

（2）**会议**。可在状态评审会议上交流和分析有关干系人参与的信息。

【应用案例 13－03】华为“以客户为核心”的核心价值观

凤凰科技讯 2014 年 6 月 16 日消息，一向低调神秘的华为公司创始人、总裁任正非今日首次接受了包括凤凰科技在内的国内媒体采访（图 13－14），回答了关于公司管理理念、价值观、管理哲学、股权、接班人等多个问题。

在谈及个人信仰时，任正非表示他信仰我们的国家。任正非说：“我们曾经认为资本主义社会是可以极大地解放生产力，但是我们发现，社会差距扩大以后，出现的问题，也使发展停滞。中国三中全会正在走一条正确的路。美国、欧洲、中国三大板块谁先崛起，以前我们也想不清楚。现在

图 13－14　任正非首次接受国内媒体采访

想清楚了，中国一定会先崛起。中国最近遇到的是中短期转型困难，长时间一定会解决的，后面会越来越发展强劲。”

任正非在接受媒体采访时表示，华为的核心价值观只有一个原则，就是“以客户为中心”。任正非解释道：“华为之所以崇尚‘以客户为中心’的核心价值观就是因为只有客户在养活华为，在为华为提供发展前进的基础，其他任何第三方（包括政府）都不可能为华为提供资金用于生存和发展，所以，也只有服务好客户，让客户把兜里的钱心甘情愿拿给我们，华为才有可以发展下去的基础。华为的价值和存在的意义，就是以客户为中心，满足客户的需求。我们提出要长期艰苦奋斗，也同样是出于‘以客户为中心’这样一个核心价值理念，坚持艰苦奋斗的员工也一定会获得他所应得的回报。”

第14章 项目经理的素质能力

【章节重点导图】我国春秋时期伟大的军事哲学家孙武说："将者，智、信、仁、勇、严也。"本章主要介绍项目经理应当具备的素质和能力。如图 14－01 所示。

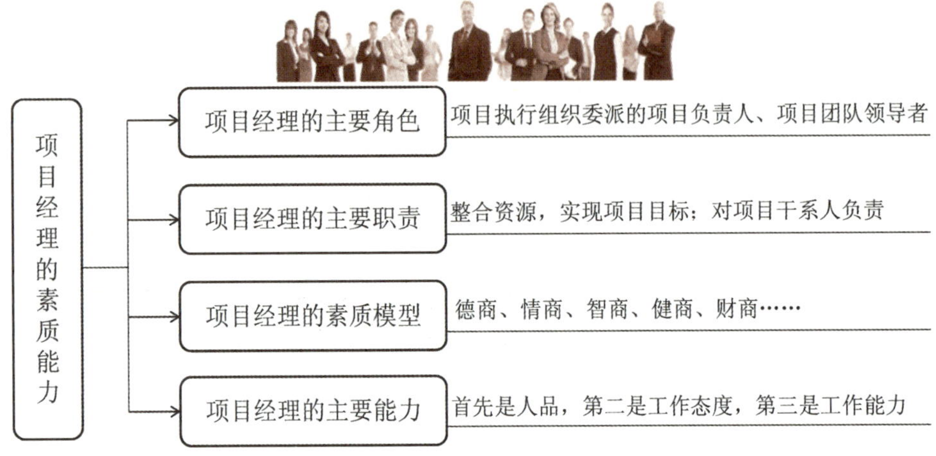

图 14－01　项目经理的素质与能力

14.1　项目经理的主要角色

项目经理是由执行组织委派、领导项目团队实现项目目标的责任人，是项目的唯一责任人，是项目资源的整合者，是项目干系人沟通协作的枢纽。

对项目经理的要求是：人品第一，态度第二，个人能力第三。项目经理是通才而非专才，所以，在培养和选拔项目经理时不要过度强调他的专业技术能力。项目经理应当具备通用管理技能、应用领域技能，还需具备知识、实践能力，以及良好的个人素质，对促进干系人与项目之间的互动起核心作用。项目经理在多数情况下是通才，而非专才，应当特别注意提高自己的综合素质、沟通能力和协调能力。项目经理在开展项目中的主要角色如图 14－02 所示。

图 14－02　项目经理的主要角色

14.1.1 项目负责人

对于项目投资发起人、客户、上级领导与合作伙伴来说，项目经理是项目负责人、项目管理者。项目经理尽管也是一个管理者，但他与其他管理者角色有很大的不同。

首先，项目经理与职能部门经理的职责不同，在矩阵组织结构中可以明显看到项目经理与职能部门经理的差异，项目经理对项目的计划、实施、监控和收尾负全部责任，对项目目标的实现负最终责任。项目经理对项目的管理比起部门经理来更加系统、全面和具体，要求他全面掌握和运用项目管理中系统思维的方法。

其次，项目经理与项目总监（项目经理的直接上级）或总经理职责不同，项目经理是项目的直接管理者，是一线管理者，而项目总监或总经理是通过对项目经理的选拔、使用指导和绩效考核等方式来间接地管理一个项目。基于组织结构，项目经理可能向部门经理报告。而在其他情况下，项目经理可能与其他项目经理一起，向项目总监（项目集经理或项目组合经理）报告。

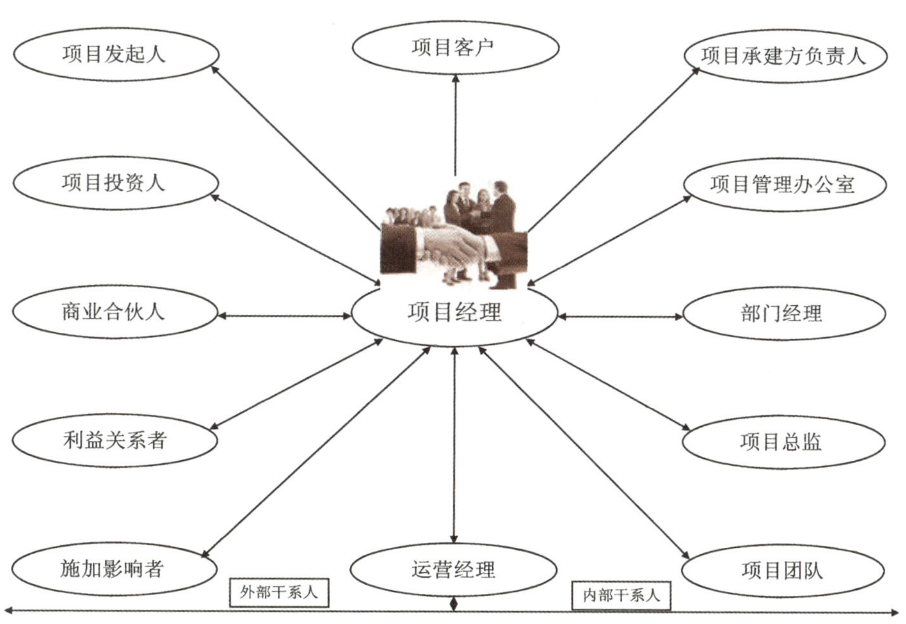

图 14－03 项目经理是项目干系人沟通的枢纽

14.1.2 项目首席信息官

“兵车未动，信息先行”。见图 14－03，面对众多的内部、外部项目和项目干系人，项目经理既是项目首席信息官，又是项目干系人沟通的枢纽。“能否主动、随时随地的与项目干系人保持及时和有效的沟通”是项目经理成败的关键词。根据PMI（美国项目管理协会）的核心理念，项目经理是项目干系人沟通的焦点，项目经理应当把85%左右的时间和精力用在与项目干系人的沟通上。项目经理与项目干系人有效沟通的前提是调查研究，全面的掌握项目干系人的需求及其相关的信息和情报。

孙武在2500年前编写的《孙子兵法》共有6070多字，使用频率最高的是哪一个字？就是“知”字，共出现了79次之多。如果作为名词，“知”的意义即为知识、信息和情报。比如孙子认为：预测战争胜负的可能性要从五个方面来调查、分析，即“道、天、地、将、法”。只有对这五个方面的问题了解得清清楚楚了，才有可能取得胜利。孙子的原话是：“凡此五者，将莫不闻，知之者胜，不知之者不胜。”孙武说的“将”就相当于现在的项目经理。

14.1.3 项目的领导者

对于项目团队成员而言，项目经理是项目的领导者。其角色就像乐队的指挥。项目经理在团队中的领导角色具体表现为：

① 领导者的作用：依据《项目章程》和《项目经理授权书》赋予的权限，合理地支配项目的人、财、物、技术、时间、信息和文档资料等资源。

② 项目执行组织代表人物的作用：完成面对项目客户代表、合作伙伴代表的工作沟通、协商和协作等职责。

③ 项目团队联络人的作用：与项目干系人或组织上的横向联系。

④ 变更管理者的作用：积极预防和识别项目中的各种风险、冲突和危机，及时向上级和客户提出应对措施，并在得到CCB审批、授权后及时处理各种风险和危机事件。

⑤ 资源分配者的作用：合理分配项目资金、材料、设备、人力分配等资源。

14.2 项目经理的主要责任

组织高层领导或者项目经理的上级在项目启动会议上宣布《项目章程》，项目经理在得到授权之后，全面负责项目资源的组织、计划、执行、控制和收尾，统筹兼顾，满足项目干系人对于项目“范围定，进度快，质量好，成本省”等方面的预期目标。项目经理的主要责任包括四个方面，如图 14－04 所示。

图 14－04　项目经理的责任

14.2.1　项目经理对自身的责任

主要包括：良好的人生愿景、目标和价值观；积极向上的人生态度；内方外圆的处事为人法则；切实可行的职业生涯规划；良好的学习态度和知识结构改进计划；正确处理工作与学习、工作与生活、工作与健康、工作与家庭之间的矛盾等。

现代项目管理的理论与实践证明：良好的品格、责任心、敬业精神与沟通协作能力是项目经理人成功的第一要务。个人行为的道德品质决定着个人行为的方式和原则。项目经理为人要有强烈的责任感，诚实可靠，讲究信用，正直，办事公正，公平，实事求是。因此，一个项目经理应该具有责任感。责任感体现在两个方面：一是把工作看成是自己的分内事，二是把每一项具体工作都看成是一项事关大局的事情对待。如果没有强烈的责任感，一个项目经理很难每天都保持着相同的工作热情。所以，要求项目经理主动承担起一定的责任，具有诚实可靠，言行一致的道德品质。只有个人具备了良好的道德品质，项目经理才能严格遵纪守法，坚决抵制和杜绝一切不良行为。

14.2.2　项目经理对项目干系人的责任

①保证项目的阶段性成果和最终结果满足上级组织和项目干系人的预期目标；

②招募、培养和组织项目所需的人力资源，通过有效的沟通、培训、激励和协作机制，调动项目团队成员的积极性和创造性，让他们对项目做出积极的贡献；

③保证对项目的启动、计划、执行和收尾过程的有效控制；

④防患于未然，当项目由于不确定因素或者风险有可能发生变更时，及时地识别变更的原因，提出应对方案，提交上级和客户代表审批，并在变更审批后即刻采取应对措施预防风险，把风险消灭在萌芽状态。

⑤项目经理的关键词之一就是有效沟通，项目经理应当定期、及时与上级和项

目干系人就项目进展情况进行沟通，其中包括项目人力资源、范围、进度、成本、质量、风险等向上级和项目干系人汇报，这样做对项目有两方面的益处：一方面，调动项目干系人的积极性，让他们对项目做出有益的贡献；另一方面，获得项目干系人对项目现状的理解和支持，尽可能减少他们对于项目的消极影响。

14.2.3 项目经理对项目管理职业的责任

按照国内、国际项目经理的职业标准严格要求自己，参加相关的职业培训、交流和实践活动，根据项目管理工作的需要，自觉地更新和完善自己的知识结构和专业技能。项目经理对项目团队的责任主要表现在：

①项目经理有责任为项目团队成员提供良好的工作环境与文化氛围，保证项目团队成员之间及时沟通、同心同德、相互协作。

②项目经理有责任对项目团队成员进行绩效考评。项目经理要建立阶段性评估与最终评估相结合的考评制度，以便对成员定期进行有效的激励与考评。

③由于项目团队是一个临时的组织，项目经理在及时激励成员的同时还应考虑他们的将来，让他们在项目完成之后有一个好的归属。

14.2.4 项目经理对社会和环境的责任

项目经理良好的社会道德品质就是对社会的安全、文明、进步和经济发展负有道德责任。珍惜、充分利用上级领导分配给项目的一切资源：任何组织的资源都是有限的，保证资源的有效利用是任何管理者的目的。项目经理不仅要充分、有效地利用上级分配给项目的资源，使资源的效能得到最大程度发挥，而且还要从企业总体角度出发优化资源的配置和使用。自觉遵守开源节流、节能降耗、节支减排，保护自然和社会环境。

【应用案例 14-01】华为项目经理与乐队指挥

笔者在华为大学培养项目经理时多次谈道：假设把项目管理与一个乐队演出进行比较，可以发现，一个项目经理和一个乐队指挥的角色非常相似，作为乐队指挥，他的目标就是要成功地完成演出，最大限度的满足听众对演出的目标要求。如图 14-05 所示。

怎样演奏好这场音乐会？需要所有参加乐队演出的演奏人员齐心协力，同时还要有一个统一的指挥，统一的要求。乐队的总乐谱就相当于某项目管理的计划，乐

图 14－05　项目经理的角色如同乐队的指挥

队指挥要按照项目计划进行，项目工作才得以开展。演奏过程的先后次序，工作的轻重缓急，乐曲的强弱，包括不同声部的和谐，都需要有一个完整、周密的计划。一个好的项目经理，也相当于一个乐队指挥，项目经理的作用就是使整个项目团队齐心协力，大家形成一种和谐之力、和谐之声，为达成项目的目标共同努力。两者的共同点：共同语言、团队；有效的管理内容、计划。

14.3　项目经理的素质模型

借古喻今，项目经理作为人才，其素质有三个层面：第一是表层即知识结构、基本技能；第二是深层，主要是态度、思维、价值观、信念和习惯等；第三是核心层，主要包括品格、精神和心灵境界等。

因此，项目经理要坚持品格第一，品格高于才智。崇高正直的品格，本身就是最大的成功，金钱买不来品格，权力换不来品格，邪恶压不住品格，历史忘不了品格。人生拼搏的最后，是品格，有什么样的品格就会有什么样的人生。事实证明，越是在金钱和权力面前，越是在物欲横流的时候，品格就越是闪光，具有不可战胜的力量。

那么，在和平发展时代，要想成为一位成功、优秀乃至卓越的项目经理，应当具备哪些要素呢？笔者总结三十年来参与项目管理的体会，描述了从“项目经理的

图 14－06 项目经理成功的潜在素质和得分模型

潜在素质模型”到“项目经理的潜质得分模型”的推演过程图解。如图 14－06 所示。让我们深入分析“项目经理成功的潜质得分模型”中的六大要素含义及其相互关系。

（1）**S—Successful**：表示成功的项目经理的潜质与得分数。

（2）**R—Relationship**：表示成功的项目经理的人脉关系系数。R＝1，2，3，4，5，表示 R 的取值范围为“五分制”，在 1 到 5 之间。比如，某项目经理的人脉关系能力及格，就可以取 3 分，人脉关系能力良好，就取 4 分。

如图 14－07 所示，一个人有良好的人际关系，受益是多方面的。

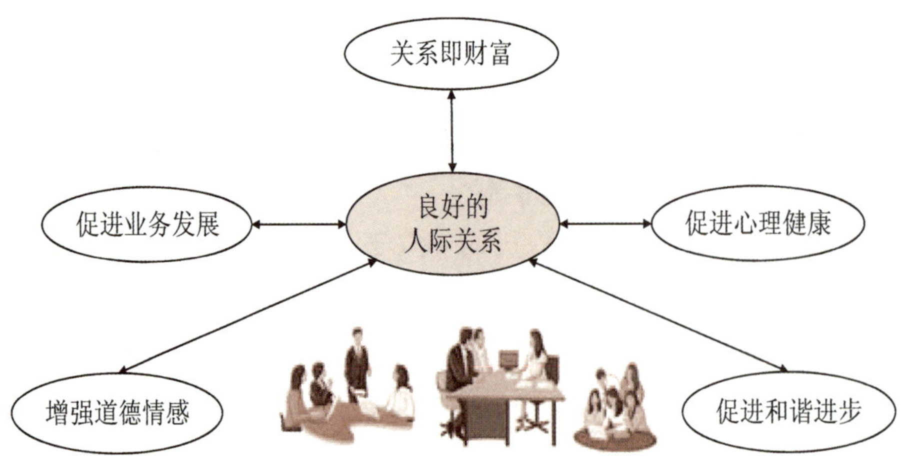

图 14－07 良好的人际关系的多重价值

①良好人际关系能有效促进事业的发展：当项目干系人处在和谐的人际关系中，人们感情融洽，心情舒畅，可以更好的发挥团队潜能，广泛而和谐的人际关系，有利于人开阔视野，拓展心胸，扩大选择范围，增加信息来源。

②良好人际关系有助于形成人的道德情感：心理学家调查发现，在一个友好的项目文化当中，大家形成相容、相近、相熟、相爱的人际关系，互相帮助，这种氛围容易形成集体主义及友好、善良、热情等高尚的道德情感。

③良好的人际关系能促进良好的心理健康：人是情感动物，需要精神上的慰藉。和谐的人际关系，能满足人的精神需求，使人能产生积极的自我肯定的情绪，有利于保持愉快的心境。在和谐的项目干系人关系中，每个人却能觉得自己对他人的价值和他人对自己的帮助和意义，这对人的心理健康是十分重要的。

④良好的人际关系能促进项目干系人的和谐进步和发展：根据美国心理学家马斯洛的人的需要层次理论，人的需求是分层次的，人不仅有物质层面的需求，更要有精神层面的需求。

结论：项目经理的人际关系生涯就是事业生涯：人际关系的质量，决定人生事业质量，生活质量。人要想交朋友，首先自己要够朋友。人生在世上最艰难的不是谋事，而是处理人际关系。珍惜我们人生中的一切人际关系，就是珍惜我们的生命；我们的朋友越多，我们的生命就会越丰富多精彩。

（3）**M—Moral**：表示成功的项目经理的道德商数，M 的取值范围为“五分制”，在 1 到 5 之间。意大利著名诗人但丁说过：“一个知识不全的人，可以用道德去弥补，但是一个道德不全的人，却难以用知识去弥补。”因此，选拔和任用项目经理，首先要考察他的道德品质。

那么，什么是“德商”？所谓“德商”，就是一个人的道德和品格修养。古人云：“道之以德”，“德者得也”。现实中的大量事实说明，很多项目经理的失败，不是做事的技巧、技术能力的失败，而是做人的失败、道德品格的失败。一切工作、事业上的成就，归根到底是源于做人的成就。

（4）**I—Intelligence**：表示成功的项目经理的智力商数，I 的取值范围为“五分制”，在 1 到 5 之间。所谓“智商”就是一个人的智力发展水平。《现代汉语词典》中解释是：智商 = 智龄 ÷ 实足年龄 × 100，如果一个儿童的智龄与实足年龄相等，则智商为 100，说明智商中等；120 以上为聪明；80 以下为迟钝。这是美国心理学家推孟等在 20 世纪中叶提出来的，几十年来这一概念极大地推动了人类智力的发展。

智商，主要是文化、知识在一个身上的反映，包括一个人的观察力、记忆力、思维力、想象力、创造力等等，是人们运用分析、运算、逻辑等理论的能力解决自然中的问题，是一个人的分析和解决问题的能力。一个人是否有明确的发展思路，是否具有职业化素质，是否有很强的执行力，是否会正确地做事、高效率地做事，是否会利用和管理时间等，都能反映出他的智商水平。

（5）**E—Emotional**：表示成功的项目经理的情商，E 的取值范围为“五分制”，在 1 到 5 之间。美国成功学家拿破仑·希尔博士说：“一个人的成功，只有 15% 是由于他的专业技术，而 85% 则要靠人际关系和他的做人处事能力。”

所谓“情商”，就是认识管理自己的情绪和处理人际关系的能力。这是由美国耶鲁大学彼得·萨洛维教授和哈佛大学尼乐·戈尔曼教授提出来的，为人生成功开辟了新的研究领域。

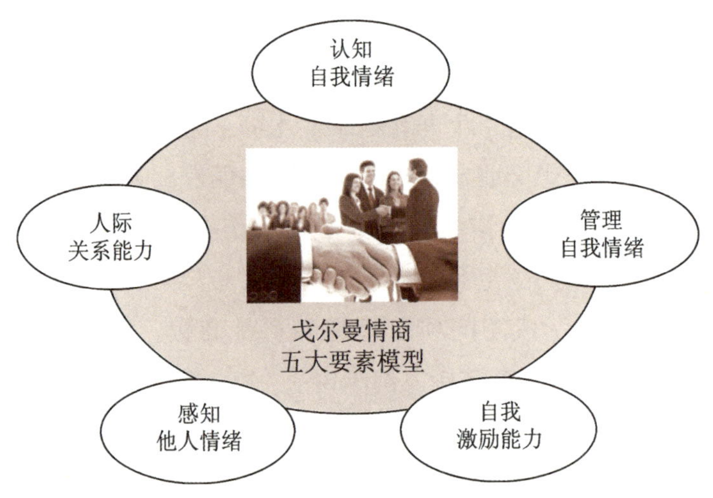

图 14－08　戈尔曼情商五大要素模型

如图 14－08 所示，情商包括五个基本内容，第一，认识自己的情绪，主要是自知、自信。第二，管理自己的情绪，主要是自我调节、自我控制。第三，自我激励，主要是设定目标，保持激情。第四，同理心，就是认识感知他人的情绪，了解别人的感受，与人融洽相处。第五，人际关系管理，就是处理人际关系的能力与技巧。这些知识和能力，是运用人类已有知识处理人际关系问题，是解决做人的问题。曾国藩讲：“与人为善，是不树敌的第一妙招，取人为善，是完善自我的良好药方。”这应该成为我们的座右铭。

（6）**H—Health**：表示成功的项目经理的健商，H 的取值范围为“五分制”，在 1 到 5 之间。

所谓健商，就是一个人对健康的智慧和维护健康的能力。这是由加拿大医学博士谢华真教授提出来的。健商有五个要素：第一，自我保健。就是通过乐观信念和健康生活方式达到最佳健康水平。第二，健康知识。健康知识有助于人们对健康保护因素的了解与应用。第三，生活方式。就是一个人的生活习惯，它对健康至关重要。第四，健康心理。心理影响生理，心理、身体与疾病之间有着双向作用。第五，生活技能。就是要通过合理的膳食、适当的运动等来提高健康水平。

健康的身体素质不仅仅指生理素质，也指心理素质。一般的项目经理应该性格开朗，胸襟豁达，易于同各方人士相处；应该有坚毅的意志，能经受挫折和暂时的失败，果断行事，遇事沉着冷静，不冲动、不盲从。

【应用案例 14－02】华为项目经理的素质模型

两千五百年前，伟大的军事哲学家孙武在《孙子兵法·计篇第一》中说："将者，智、信、仁、勇、严也。"见图 14－09，把孙武的"将帅之道"推广到"项目经理"，就形成了"项目经理之道"。显而易见：

智：项目经理应当足智多谋，善于学习、勇于实践，敢于创新，具备较强的分析问题和解决问题的能力。

图 14－09　《孙子兵法》与将帅（项目经理）之道

信：项目经理应当坚信"诚信就是最好的策略"，无论是对待上级、客户、供应商等合作伙伴、公众，还是对待项目团队成员等其他项目干系人都要做到守诚信，讲信用，言而有信、行必有果，逐步树立职业威信，正确处理好职业威信和职权之间的关系。

仁：项目经理应当素怀仁爱之心，善于换位思维，不但要关怀、帮助和培养下属，带领好项目团队，而且要正确处理好项目团队与上级、客户、合作伙伴和公众的利益关系，坚持个人利益服从项目团队利益，项目团队利益服从整个公司、客户和公众的利益的基本原则；在带领项目团队执行项目的过程中，要注意开源节流、节能降耗，珍惜有限的自然资源和社会资源。

勇：首先，项目经理既然是项目负责人，就应当对上级、客户、合作伙伴的需求和期望负责；对项目团队成员、对公众的利益负责；对项目的范围、进度、成本和质量等方面全面负责。项目经理要勇于承担责任，责任心是领导者、管理者的基本素质。其次，项目经理在带领项目团队执行项目的过程中，要勇猛果断，善于从变化和风险中寻求有利于实现项目目标的一切机会，在机会面前不可优柔寡断。

严：项目经理的“严于律己，严明治军”包括三个方面：首先，“其身正，不令则行；其身不正，令而不行。”项目经理要严格要求自己，作好项目团队成员的表率，不利于项目的话不说，不利于项目的事不做。其次，项目经理带领项目团队时，要严格遵守“项目合同”“项目章程”和“保密协议”的条款要求，严格遵守项目的工作标准和工作流程。第三，严格遵守项目执行组织对公众和社会的承诺，节能降耗，保护环境。

14.4 项目经理的主要能力

14.4.1 项目经理的权力与威信

项目经理的权力（Power）指他具有某种广义的资源（如在项目组织中的地位和能力等）而获得的一种影响力，使得项目团队成员根据他的引导、建议或者命令而行事。主要包括：法定性权利、奖赏性权利、强制性权利和信息性权利。

项目经理的威信（Influence）指他具有某种能力（如素质、个人魅力和专业能力等）而获得的一种影响力，使得项目团队成员受到他的影响而行事。主要包括：专家性威信、参照性威信和魅力性威信。

项目经理的四种权利和三种威信如图 14－10 所示。

（1）项目经理在工作中具有的四种权利。

①法定性权利：组织决策层或者项目经理的直接上级通常在编制《项目章程》时选定项目经理，通过召开项目启动会议等形式代表项目执行组织授予项目经理的正式职位，并由此获得的权力就是项目经理的法定性权力，它代表了项目经理基于职位所拥有的、合法控制和使用组织资源的正式权力。

②强制性权力：建立在下属（项目团队成员）对项目规章制度和经理职权认同

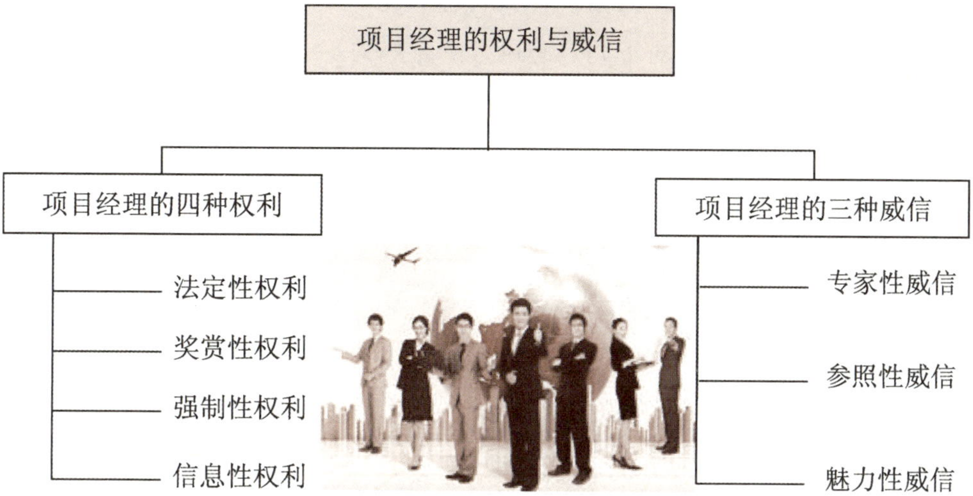

项目经理的权利与威信

项目经理的四种权利
- 法定性权利
- 奖赏性权利
- 强制性权利
- 信息性权利

项目经理的三种威信
- 专家性威信
- 参照性威信
- 魅力性威信

图 14－10　项目经理的四种权利和三种威信

的基础上，下属如果不服从的话就有可能产生负激励的后果。比如，批评、警告、纪律处分、扣发奖金、降级和停职处分等，下属如果出于对这种后果的担忧，就会对强制性权力做出让步或者顺从。

③奖赏性权力：下属之所以服从项目经理的愿望或指示，是因为这种服从能给他们带来某些益处和奖励。因此，那些能给下属带来他们认为有价值的报酬的项目经理就拥有了权力。这些报酬可以是物质的，如控制调资比例，加薪、加奖金和发奖品等；也可以是非物质的，如认可优点、通报表扬、晋升、旅游、安排有学习机会的工作任务、安排有利的工作岗位以及有利的工作环境等。

④信息性权力：信息是一种容易被忽视的无形资产，事实上有价值的信息往往可以为项目团队带来有形的资源和财富。如前面所述，项目经理是项目团队的首席信息官，具有对项目信息的收集、存储、处理、控制和利用的优先权。对于需要信息资料的项目干系人尤其是下属，就得依靠甚至依赖项目经理。

（2）项目经理在工作中需要的三种威信。

①专家性威信：项目经理基于知识、技能、专长和经验对项目干系人的影响力。由于项目市场的专业化细分，项目干系人越来越看重核心技术在项目管理中的竞争优势，训练有素的、富有实践经验和专业特长的项目经理显然比普通管理者具有更大的影响力。

②参照性权力："榜样的力量是无穷的。"参照性权力的基础是下属对项目经理拥有理想资源或个人特质的人的认同。如果下属喜欢、尊重和崇拜项目经理，以项

目经理作为自己人生或者工作的楷模，或者想取悦于项目经理，那么，项目经理就对下属就拥有参照性权力，对下属具有巨大的影响力。

③魅力性权力：这种权利实际上是参照性权力的一种延伸，但它植根于个体的人格特点与人际交往风格。具有领袖魅力的项目经理之所以能使下属追随自己，是因为他的个人素质、风度，待人严于律己、言而有信、善于组织沟通，对事先谋后动，敢于创新等。

（3）项目经理怎样运用工作权利和威信？

项目管理是一种“科学的严谨性 + 艺术的灵活性”的方法论，所以，关于“项目经理怎样运用工作权利和威信？”这一问题仁者见仁，智者见智：

①参照企业文化：对于生产、加工型工厂、基本建设工地等劳动密集型企业，项目经理运用工作制度和权利的时间往往多于运用威信；对于企业、大学、研究院、设计院等技术人才密集型组织，项目经理应当更多地运用威信的力量。

②参照上任时间：项目经理刚刚上任时，多借助于组织上授予的四种职权，通过点点滴滴、逐步积累的办法树立自己在项目团队成员中的威信，并逐步以三种威信的力量取代职权的力量。

③参照员工个性：对于通情达理、遵纪守法的项目团队成员，项目经理多用威信的力量来影响他们，对于个别不讲道理、不守纪律的项目团队成员，项目经理多用权利的力量来约束他们。

14.4.2 项目经理的主要能力模型

项目经理的主要能力模型如图 14－11 所示。

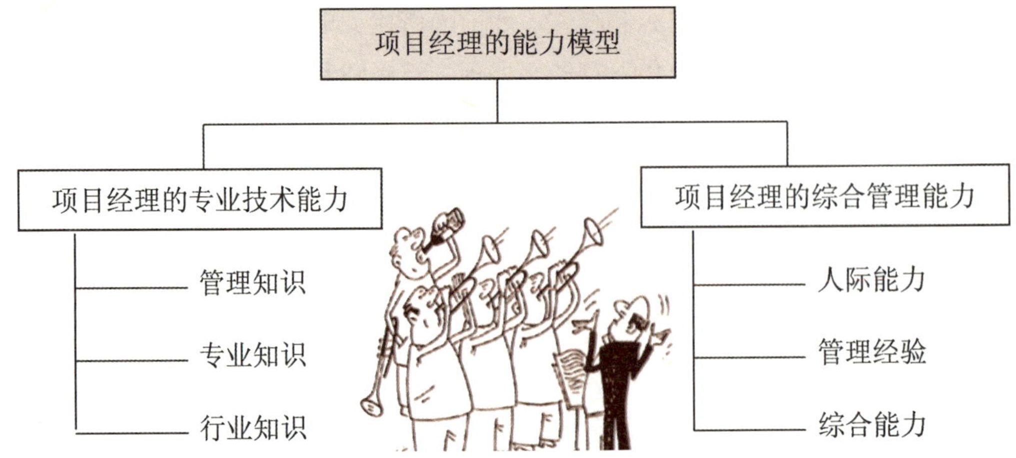

图 14－11 项目经理的主要能力模型

（1）**项目经理的专业技术能力**。

①管理知识：其中包括：战略规划、系统工程学、公共关系学、经济学、市市场营销、商务沟通与商务谈判、组织行为学、人力资源管理、劳动法、劳动心理学、薪酬设计与绩效考核、采购与供应链管理和财务管理等知识等。

②专业知识：项目建议书编制方法、项目可行性报告编制方法、项目商业计划书编制方法、项目概算、预算决算的编制方法，项目立项评估的组织管理；项目招投标与合同管理；项目整体管理、范围管理、时间管理、成本管理、质量管理、人力资源管理、沟通管理、风险管理、采购管理、变更管理；项目启动、计划、执行、控制、收尾；项目的验收与后评估等。

③行业知识：项目所在领域的相关行业知识，比如企业的项目经理应当熟悉或者掌握企业经营战略、人力资源管理、市场营销、项目管理和生产管理等方面的知识；各行业的项目经理应当具备该行业如基本建设、水利电力、电气设备、家电制造、电子技术、通信工程、信息技术等方面的专业知识。一些大型复杂的项目，其工艺、技术、设备的专业性要求很强，对项目经理的要求也很高。

（2）**项目经理的综合领导能力**。

①人际能力：人际交往能力。项目经理的人际交往能力就是与团队内外、上下、左右人员打交道的能力。项目经理在工作中要与各种各样的人打交道，只有正确处理了与这些人的关系才能使项目进行顺利。人若无信，不知其可。人际交往中的关键是取得对方的信任，信任是一切有意义的人际关系的核心所在。

②灵活机动的领导风格：如图 14－12（A）（B）所示。

命令/指挥型：
- 简单地告诉别人做什么、怎样做与什么时候做，适用于指挥能力差、愿意听话（有热情）的人

教练型：
- 大量信息来自于下级，最后由上级进行做决策，适用于引导能力低、意愿差的人

参与型：
- 上下级共同参与决策过程，其中上级可以起协调、教练、支持等作用。最后做决定的可以是上级——咨询型，也可以是下级参与者——支持型，还可以是上下级共同——合意型，适用于带动有能力、意愿差的人

授权型：
- 只告诉下属所要求的结果，授权下属很大的工作自主权，适用于授权给能力强、愿意听话（有热情）的人

图 14－12（A）项目经理的领导风格

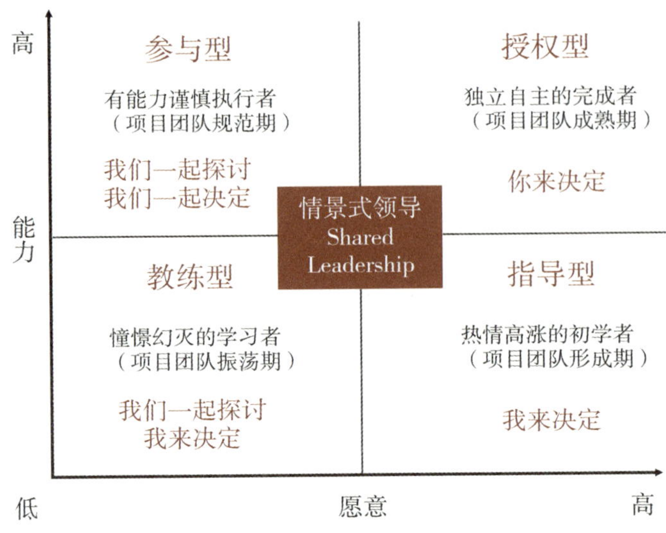

图 14－12（B） 项目经理的情景领导风格

③管理经验：系统的思维能力。系统的思维能力是指项目经理要具备良好的逻辑思维能力、形象思维能力及将两种思维能力辩证统一于项目管理活动中的能力。系统的思维能力还要求项目经理具有分析和综合能力，具有从整体上把握问题的系统思维能力。在运用系统的概念与观点分析处理问题时，把研究的对象作为一个整体来分析。既要注意整体中各部分的相互联系和相互制约关系，又要注意各要素间的协调配合，服从整体优化的要求。要综合考察系统的运动和变化，以保证科学地分析和解决问题。

④综合能力：主要包括六个方面：

· 决策能力：选择比努力更为重要。一个项目从开始到结束会出现各种各样的选择，如范围、进度的确定、具体施工、安装和调试方案选择等。项目中会有各种各样的决策问题要求用不同的决策方法解决，因此项目经理必须具有很强的决策能力。决策能力不是短时间能够培养起来的，这需要长时间的锻炼与磨炼。

· 计划能力：凡事预则立，不预则废。项目经理要在一定约束下达到项目目标，必须有细致、周密的计划，对项目从开始到结束有一个系统的安排。而计划的制定是在项目经理的领导与参与下进行的。一个项目经理需要对所有的合同文件完全熟知，为实施和控制项目制定基本计划。同时，项目经理应懂得如何运用计划去指导项目工作。

· 组织能力：项目经理的组织能力是指设计团队的组织结构，配备团队成员以及确定团队工作规范的能力。项目经理要设计项目组织结构图，要参与项目中主要监管人员的挑选，要开发项目所需的人力资源，要定期对项目组织进行评价。所以，这要求拥有较高的组织能力的项目经理，一方面能建立科学、高效、精干的组织结构；另一方面能了解团队成员的心理需要，善于做人的情商管理工作，使参加项目的成员为实现项目目标而积极、主动地工作。

· 领导能力：为了能够使整个团队中的每位成员都能最大程度发挥自身能力，每一个项目经理都应该找到最可能获得成功的领导方式，找出最适合项目经理个性的领导和沟通方式。一个优秀的项目经理应掌握解决冲突和管理人事事务的方法，掌握分析团队发展阶段和最大程度提高团队效率的实践经验。

· 协调能力：项目经理的协调能力是指正确处理项目内外各方面关系，解决各种矛盾的能力。一方面，项目经理要有较强的能力协调团队中各部门、各成员的关系，全面实施目标；另一方面，项目经理要能够协调项目与社会各个方面的关系，尽可能地为项目的运行创造有利的外部环境，减少或避免各种不利因素对项目的影响，争取项目最大范围的支持。在协调能力中，对项目经理最重要的是沟通能力。良好的沟通能力是以高度发展的个人自觉及差异性为核心。优秀的沟通者，清楚地知道他们自己内在的作用，以及他人呈现在外的作用。

· 激励能力：项目经理的激励能力就是调动团队成员积极性的能力。项目团队成员有其自身的需长，项目经理要进行需求分析，制定并实施系统的激励与约束制度，对员工的需求进行管理，调动团队成员的工作积极性，从而有效地完成团队任务。

【应用案例 14－03】华为项目经理的 26 条工作原则“三字经”

1. 会排序，抓重点：优先排序工作，抓住重点和关键。

2. 先调查，后决策：决策要基于数据、事实和相应信息，切忌单凭主观就下结论、做决策。

3. 人交往，谋双赢：在干系人管理、谈判、冲突管理中都要实现双赢。

4. 守原则，讲灵活：法律法规、公司制度要遵守，沟通时和人打交道时要灵活。

5. 要作为，不越位：知悉问题后，不要视而不见；要采取相应的行动，但不做自己无权做的事情。

6. 要积极，不被动：面对问题，不要拖拉延误；要主动管理，积极行动。

7. 分层次，有分别：要分清问题所属层面，了解不同管理层级所关注的重点问题，必要时分层次解决。

8. 重根本，轻表象：要探求问题的根本原因，针对问题的关键采取措施，不要治标不治本。

9. 要对事，不对人：要采取对事不对人的原则，要从管理、计划、体系、流程、文档中找原因，不要动辄就抓凶手。

10．**要负责，不推诿**：组织赋予项目经理的权力和责任，项目经理要对责任范围内的事情做决策。不要无论事情大小，动辄请示汇报上级。但涉及公司利益、客户关系、战略和法规制度等重大事情要请示上级。

11．**都可行，择大计**：选择具有战略性、代表性、普遍性的方案，小技巧、细微方法一般不优先考虑。

12．**重整合，会平衡**：要统筹兼顾，权衡利弊，平衡各种制约因素。

13．**凡变更，要书面，走流程**：变更可以口头提出，但无论大小，都要书面化，走流程。

14．**按流程，分先后**：按流程办事，要知道首先做什么接下来做什么。

15．**少强势，多温和**：不推荐使用强势、强迫的方法，多用民主协商方式达成共识。

16．**要自省，找内因**：要先从内部和自身找根本原因。

17．**帮助人，要彻底**：帮助团队成员、同事等要注重言传身教，直到被帮助者真正掌握技能和方法或问题得到解决为止。

18．**文化异，重培训，强沟通**：跨国项目文化差异更应注 重培训和加强沟通。

19．**面对面，为上策**：面对面是最好的沟通方式，和重要干系人沟通尤其提倡面对面。

20．**意见异，客户先**：出现分歧，以客户为先。

21．**做好事，走程序**：即使能给公司和雇主省钱，也要走相应的程序，不要违背公司规定，擅自行动，不要好心做错事。

22．**遇难题，可求助**：商务往来中遇到收送礼物等与公司制度发生冲突的事情，或公司无规定但实施会带来风险的时候，项目经理可请求公司相关部门和上级的指示和帮助。

23．**遵命令，先提醒**：当发起人、上级安排你赶进度、减资金、缩范围、指定供应商时等，要执行，但要将影响、产生的结果、风险和客观情况如实反馈给他们，别到出了问题才报告。

24．**中途进，要评估**：当 PM 中途从别的项目经理手中接手项目时，要重点对项目章程、项目管理计划、沟通计划、项目风险、原项目经理的管理风格及存在问题进行评估。

25．**要公平，亦尊重**：不但要尊重上司、客户，也要尊重团队成员、供应商、外部顾问、其他干系人，不要凭自己的主观喜好对待他人，努力做到公平、公正，尊重每个人。

26．**讲诚信，不泄密**：诚实诚信，保守客户和公司秘密。

第15章
项目组织结构设计

【章节重点导图】组织结构决定组织的功能和工作流程。本章重点介绍项目结构设计的思路、流程、方法、工具和应用。如图 15－01 所示。

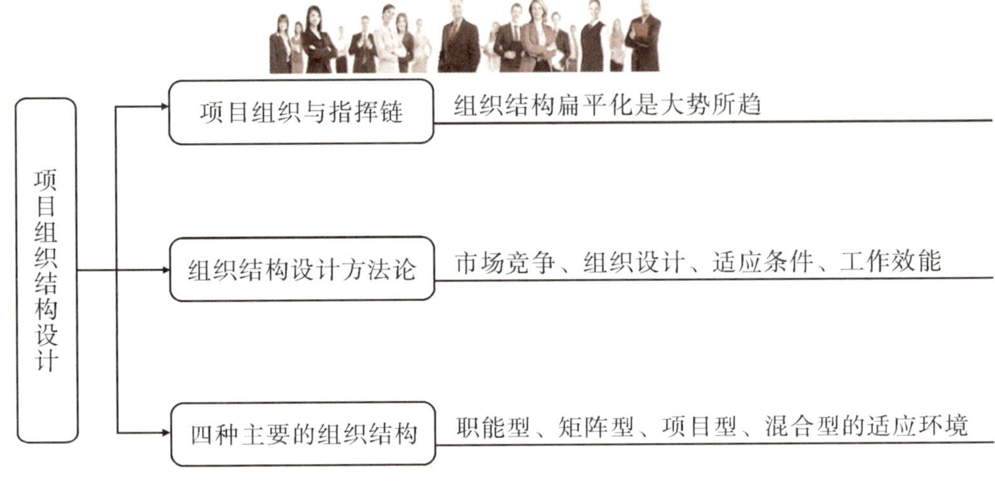

图 15－01　项目组织规划设计

15.1　组织的指挥链与管理幅度

组织结构设计的方法论之一就是根据项目组织战略和经营目标选择合适的指挥链和管理幅度来提高组织的决策、沟通和执行能力。

(1) 为什么组织指挥链不可缺失？

长期以来，指挥链概念一直是组织结构设计的基础。如图 15－02 所示，指挥

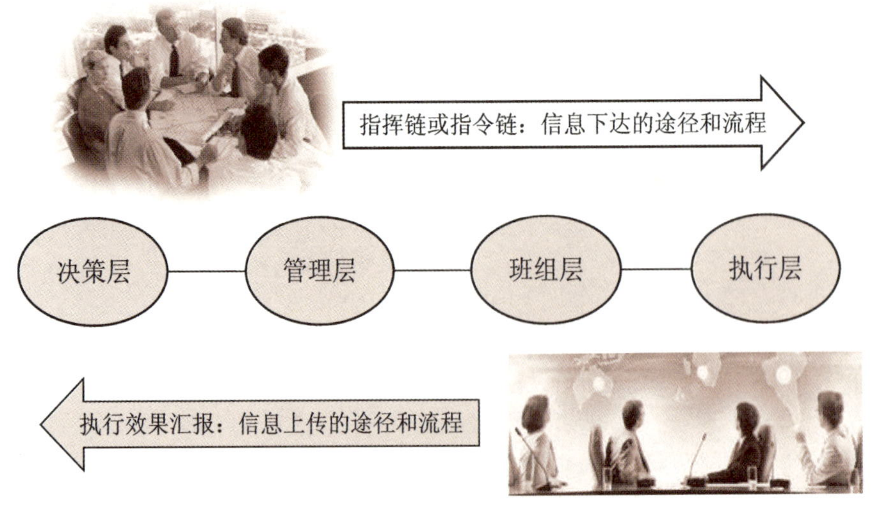

图 15－02　项目组织指挥链原理图

链（Chain of Command）是指从项目决策层、管理层、班组层延伸到执行层的这样一条持续的指令线，它界定了在项目组织中谁向谁汇报工作。它指引各级管理者和执行人员回答“我应当向谁下达任务?”“我遇到问题时向谁请示、报告?”或者“我的工作应当对谁负责、向谁汇报?”这类问题。

按照社会的有序组织规则，无论是个别人领导还是集体领导项目，任何一个项目组织都应当有一个统一的调度指挥中心，通过指挥链指导组织完成自己的使命。尤其是在军事化、半军事化或者项目管理的环境中，无论采用何种组织架构，统一、持续不断的指挥链绝对不可缺失。项目流程设计与管理的目的是为了优化或者缩短流程而不是取消流程，指挥链也是如此。信息网络的积极作用在于推动着管理幅度加宽（组织结构扁平化），从而缩短指挥链，提高指挥链的工作效能。

（2）为什么要加宽管理幅度?

一位管理者能够有效地管理多少个下属?一百年前的管理专家如泰勒、法约尔、韦伯等都认为，一个管理者直接管理七个下属最合适。这一说法已经得到很大的改进。所谓管理幅度，又称管理跨度（Span of Control）是指在一个组织结构中，管理人员所能直接管理部属的数目。

【应用案例15-01】华为为什么要搞组织结构扁平化

假定其他条件不变，管理幅度适当加大，则指挥链就会相应的缩短，项目组织的信息沟通就会越快，项目组织就越有效率。把图15-03案例中的（B）与（A）进行对比，就可以说明这个道理。

假设有两个项目组织，它们的员工总数约为4100人。如图15-03所示，如果一个组织的管理幅度各层次均为4，而另一个组织的幅度为16，那么，管理幅度大的组织就可减少3个管理层次，大约精简的管理人员：1365-256=1109名。假如管理人员的平均年薪为10万元，则加宽管理幅度后将使组织在管理人员工资上每年节省11090万元！从降低管理成本角度来看，加宽管理幅度可以降低人工成本、明显地提高项目组织的劳动生产率。

但是，根据“边际效应”，当管理幅度继续加宽、超过了某一点，反而会导致管理效果降低。也就是，当管理幅度变得过大时，下属员工的绩效会因为管理者没有足够的时间提供必要的管理指导和支持而受到影响。

近几年项目组织结构设计的趋势是朝着加宽管理幅度的方向演进。加宽管理幅

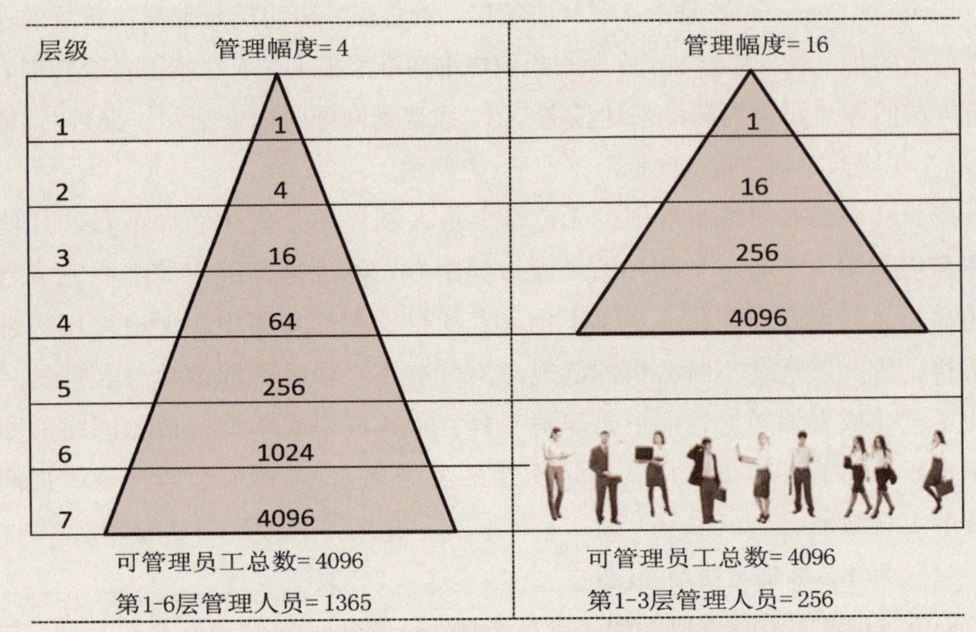

图 15－03　适当加宽管理幅度的经济技术效益

度，这与项目管理层力图降低成本、加快指挥链决策信息的快速传递、增强组织的灵活性、更接近顾客以及向员工授权等的努力的大趋势是一致的。

15.2　项目组织结构设计方法论

（1）项目组织结构设计概述。

①项目组织结构设计（Organizational Structure Design）：是指项目经理将项目组织内各要素进行合理组合，建立和实施一种有机联系、分工协作的项目组织系统的过程。项目组织结构设计是有效管理的必备手段之一。

②项目组织结构设计的实质：是对项目团队成员的工作潜能进行横向和纵向的分工。传统的管理理论要求管理幅度在 7 人以下为宜，否则会降低管理的效率；而在组织扁平化后，新的组织结构要求管理幅度大为增加，在管理人员减少的同时，要保证管理效率不下降，必然对管理者的素质与能力要求有所提高。

③项目组织结构设计是一项系统工程：项目组织结构设计成功的经验表明：只有完美的组织，没有完美的个人；一流领导者通过组织的沟通、协作来实现目标，

二流领导者通过个别人才来实现目标。组织是有确定目的，有精心设计的结构和协调活动系统的社会实体。项目组织架构是从项目的需求、特点和功能定位出发，涉及组织架构设计，以及责权体系，管理流程、业务流程，控制体系等一整套的系统工程，组织是实施战略的保证。

（2）**科层组织结构及其局限性**。

自工业革命以来，英国经济学家亚当·斯密的劳动分工理论几乎一直成为传统的西方企业组织结构设计的核心，并由此逐步形成了具有绝对统治地位的传统的企业组织形式：科层制组织，如图 15－03（A）所示。

进入 20 世纪下半叶，这种科层式组织结构的局限性日显突出，主要表现在：

①信息沟通不畅："指挥链""等级链"和"信息链"过长，导致决策信息传递周期过长，或者在传递的过程中被层层过滤、失真、误解；

②无法体现"客户第一"的企业价值观：职能部门的经理主要对总经理或者主管经理负责，而不是对客户负责，职能部门的员工主要对职能部门经理负责，而不是对客户负责；

③在各职能部门之间形成了一种看不见的"柏林墙"：某些职能部门经理经常说，"屁股决定脑袋"，其全部精力用于管理自己的部门，久而久之，职能部门之间形成了一道看不见的"柏林墙"。

（3）**扁平化组织结构及其发展**。

①组织结构扁平化的主要原因：进入 21 世纪以来，企业面临的经营环境也发生了巨大变化，随着产业链的延伸、厂商、供应商的不断增加，企业竞争加剧，多层次的金字塔型、科层组织对内缺乏灵活性和人情味，对外部市场竞争已显得笨重、迟缓、缺乏竞争力 。而扁平化组织是组织模式的根本性改变，通过减少管理层次、压缩职能机构、裁减冗余人员而建立企业的纵横向都比较紧凑的扁平化结构，使得组织变得灵活、敏捷、快速、高效，从而使企业在变化莫测的市场经济竞争中立于不败之地。

②组织结构扁平化的主要特点：扁平化管理是企业为解决层级结构的组织形式在现代环境下面临的难题而实施的一种管理模式。当企业规模扩大时，原来的有效办法是增加管理层次，而现在项目管理的有效办法是增加管理幅度。当管理层次减少而管理幅度增加时，金字塔状的科层组织形式就被"压缩"成扁平状的组织形式。把图 15－03 中的（A）和（B）进行比较，可以看出与科层组织比较，扁平化组织的主要优点如表 15－01 所示。

表 15－01　扁平化组织与科层组织的比较

比较内容＼组织结构	科层制组织	扁平化组织
层次与幅度	层次多，幅度窄	层次少，幅度宽
权力结构	较集中，等级化	分散，多样化
等级差异（权、利）	不同等级间差异大	不同等级间差异比较大
沟通方式	上下级之间沟通距离较长	上下级之间、平级斜向沟通
职责	附加于具体的职能部门	很多成员分担
通信方式	传统通信方式	现代网络化通信方式
协调	通过等级结构很明确的规定沟通渠道	灵活机动，注重直接沟通
持久性	趋向于固定不变	灵活机动，以适应环境变化
适用环境	比较稳定	随着环境而快速变化
组织驱动力	高层管理者驱动	市场需求驱动
人工成本	高、较高	低
工作效能	低	高

15.3　职能型组织结构及其应用

（1）职能型组织结构的构成及作用。

职能型组织结构是一种传统的、松散的项目组织结构。它的出现是社会化大生产、专业化分工的结果。职能型组织结构通过在实施此项目的组织内部建立一个由各个职能部门相互协调的组织来完成某个特定的项目目标。在这种类型的组织结构中，企业高层管理者处于组织结构的最顶层，中、低层管理者逐步向下分布。项目经理的权利最小，主要对项目起到协调作用。图 15－04 是一种典型的职能型组织结构示意图，图中的灰框表示项目经理的协调角色以及参与项目活动的职员。

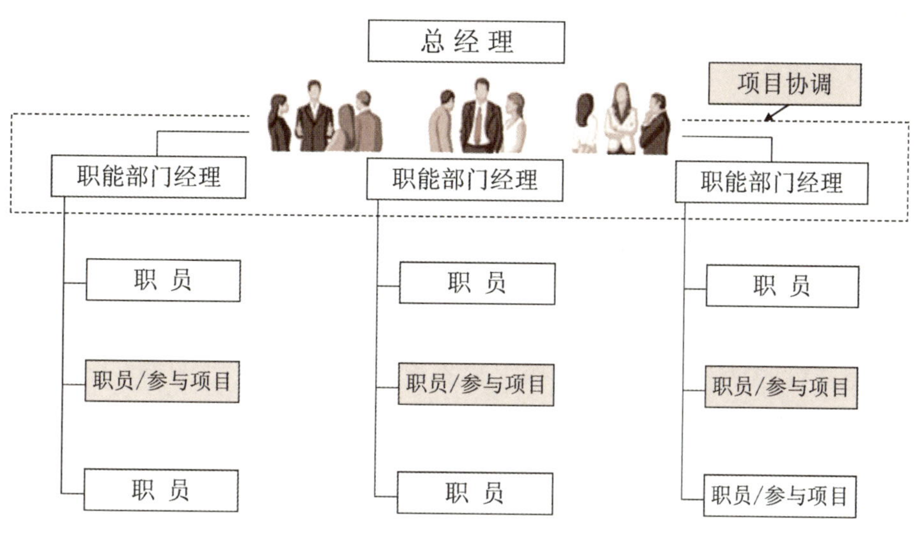

图 15－04 职能型组织结构

职能型组织结构主要适合承担公司内部项目，如公司通过某国际标准化组织认证（贯标）、企业管理信息系统开发、公司组织结构设计、工作标准、规章制度和工作流程的完善等，一般很少承担外部项目。

（2）职能型组织结构的优点。

①有利于灵活地利用资源：职能型项目组织能够充分利用公司内部的人力和其他资源，可以根据项目的工作需要配备所需资源，稀缺的技术专家也可以在不同的项目中共享。被临时抽调到项目中的专业人员完成任务后，又可以返回到原来的部门。

②同部门专业知识共享：由于职能部门是按照职能和专业进行划分的，同一部门的专业人员可以交流知识和经验，一起钻研业务，有利于提高专业技能，并使项目获得所需的知识和技术支持。

③有利于保持同部门技术和管理的连续性：职能部门成员的稳定性有利于新老员工的传、帮、带，当专业人员撤离项目时，职能部门成员在项目中积累的经验和数据库将成为使技术得以延续的重要依托，从而保持技术的连续性。同时，将项目交给某一具体的职能部门来运作，有利于在程序、管理和政策等方面保持连续性。

④项目团队成员的归宿有保障：由于项目完成后，项目团队成员可以回到原来的职能部门，该组织结构为本部门团队成员日后的职业生涯提供了保障。

（3）职能型组织结构的缺点。

①容易忽视项目和客户的整体利益：由于项目团队成员属于原来的职能部门，

他们都有自己的日常工作，首先要对本部门的领导和工作负责，项目的成败对其绩效考核、切身利益影响不大，项目可能不是其活动和关心的重点，因而可能会因为追求本部门和个人的局部利益而忽视项目和客户的整体利益，使得这种组织结构具有一定的狭隘性。

②项目成员对项目的责任意识淡化：通常情况下，由于项目团队成员是由职能经理派遣的，属于兼职型，具有一定的流动性，因此，他们缺乏主动承担项目责任和风险的意识，导致权责难以明确，给项目的管理带来一定的困难。

③沟通、协调难度大：项目团队成员大多来自于不同的职能部门，横向联系较少，相互之间缺乏沟通，合作比较困难。

15.4　项目型组织结构及其应用

（1）项目型组织结构的构成及作用。

项目型组织结构是按照项目设置的，每个项目相当于一个微型的职能型组织，都有自己的项目经理及其下属的部门和职员，如图 15－05 所示。

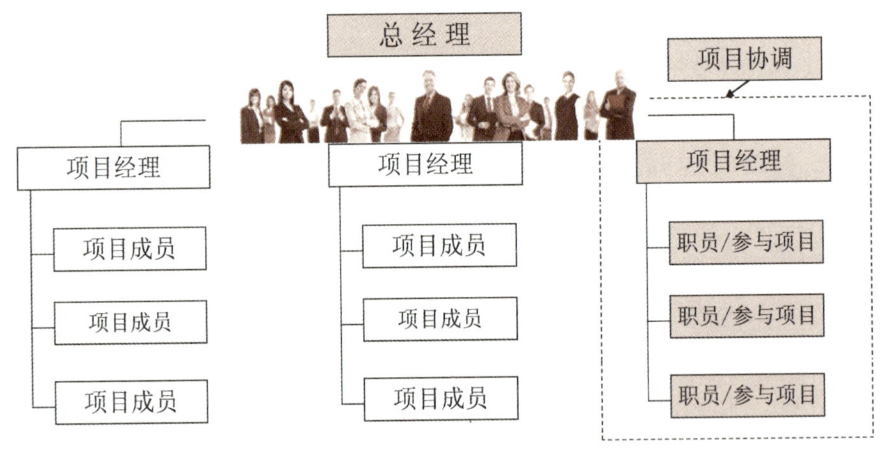

图 15－05　项目型组织结构

在这种组织结构中，项目经理全权管理项目，享有高度的权力和独立性，能够集中配置和调度项目所需的全部资源，并且对项目成员有着直接的管理权力。而且不同的项目之间相互独立，所有的项目成员都是专职的，当一个项目结束时，该项目团队通常就解散了，团队中的成员可能会被分配到新的项目中去。如果没有新的项目，他们就有可能被遣散。

项目型组织中通常还设有项目管理办公室（PMO）来为各个不同的项目提供服务。项目型组织结构最突出的特点是“集中决策，分散经营”，即公司的总部控制着所有部门的重大决策，各部门分别独立完成其所承担的项目，这也体现了组织领导方式由集权向分权的转化。项目型组织结构由于要为各个项目团队汇集大量的专业人才，且工作岗位重复设置，成本较高，所以常在跨区域、投资额大、时间跨度长的各类大中型工程项目中使用，而不适用于人才匮乏或规模较小的企业开展的项目。

（2）**项目型组织结构的优点**。

①**有利于统一指挥和管理**：在项目型组织结构中，项目团队中的成员一般不具有双重身份，通常都是专职人员。因此，在执行项目期间的项目组织较为稳定，而且每个项目成员都明确自己的责任，有利于项目组织的统一指挥和管理。

②**目标明确，有利于充分发挥团队精神**：由于项目型组织都是基于项目的目标而组建的，其首要目标就是圆满完成项目的任务，项目成员能够明确理解并专注于这一目标，使得团队精神得到充分发挥。

③**项目经理享有最大限度的自主决策权**：项目经理在实施项目管理的过程中，通过“最短的指挥链”，可以直接调用整个组织内部或外部的资源，在进度、成本和质量方面的控制较为灵活，能够统一协调整个组织的管理工作，而且对客户的需求和公司高层的意图可以做出快捷的响应，从而保证了项目的成功实施。

④**沟通途径简洁，命令统一**：项目从职能部门中分离出来，项目经理就可以避开职能部门直接与高层管理者沟通，这既提高了沟通效率，又避免了沟通中的失真与延误。此外，在项目型组织结构中，每个成员只有一个上司，因而避免了多重领导、无所适从的局面。

⑤**有利于培养复合型人才**：由于项目实施时需要进行计划、组织、领导、协调与控制等管理活动，并涉及专业知识，因此，项目型组织为培养复合型管理人才创造了条件。

（3）**项目型组织结构的缺点**。

①**资源配置重复**：当公司同时进行多个项目时，每个独立的项目组织都设有自己的职能部门，造成人员、设施、技术和设备等的重复设置，不利于资源共享；同时，由于项目各阶段的工作重点不同，而项目组之间的人力资源又不能相互协调，影响了员工的工作积极性，也会造成人力资源的浪费。

②**专业技术知识难以共享**：各项目团队的管理和技术人员往往只注重自身项目

中所需的技术，项目团队之间的横向沟通较少，出于项目团队之间的竞争等原因，不同的项目团队很难做到管理和技术知识共享，也不利于公司专业技术水平的提高。

③项目团队成员缺乏事业上的保障：项目型组织是根据项目而临时组建的，项目一旦结束，项目组织就有可能解散，项目团队成员就有可能失去工作。由于他们担心项目结束后的生计，项目的收尾工作可能会因此被推迟，影响项目的稳定进行。

15.5　矩阵型组织结构及其应用

（1）矩阵型组织结构的含义：矩阵型组织结构是为了最大限度地利用组织中的资源而发展起来的，是由职能型组织结构和项目型组织结构结合而成的一个混合体。它在职能型组织的垂直层次结构中叠加了项目型组织的水平结构，因此，矩阵型组织结构兼有职能型组织结构和项目型组织结构的特征。

（2）矩阵型组织结构的类型：根据项目组织中项目经理与职能型组织中职能经理权限的大小，可以将矩阵型组织结构分为弱矩阵式、平衡矩阵式和强矩阵式三种类型，在不同的组织结构类型中，项目经理的权限不尽相同，具体情形如图 15－06 所示。

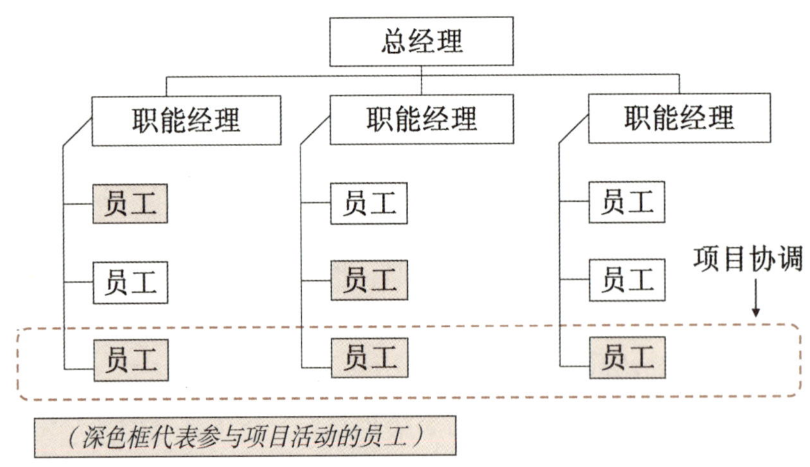

图 15－06　弱矩阵型组织结构

①弱矩阵型组织结构：弱矩阵型组织结构基本保留了职能型组织结构的主要特征。在该组织结构中，项目经理的权力小于职能部门经理的权力。通常情况下，项

目经理的角色不过是一个项目协调者或项目监督者，而不是真正意义上的项目管理者。他虽负责协调项目的各项工作，但没有权力确定资源在各个职能部门分配的优先程度。项目成员不是从职能部门直接调派过来，而是在各职能部门兼职为项目提供服务，项目需要的各项资源也由相应职能部门提供。图 15－06 是一个典型的弱矩阵型组织结构示意图。

②平衡矩阵型组织结构：平衡矩阵型组织结构介于弱矩阵型组织结构和强矩阵型组织结构之间。在这组织结构中，项目经理的权力与职能部门经理的权力大体相等。通常情况下，项目经理负责项目的进度和成本管理，监督项目的执行情况；各职能部门的经理除了要对本部门的工作负责外，还要负责项目的界定和质量。平衡矩阵型组织结构主要取决于项目经理和职能经理的权力的平衡程度，而平衡矩阵很难维持，容易发展成为弱矩阵型组织结构或强矩阵型组织结构。图 15－07 是一个典型的平衡矩阵型组织结构示意图。

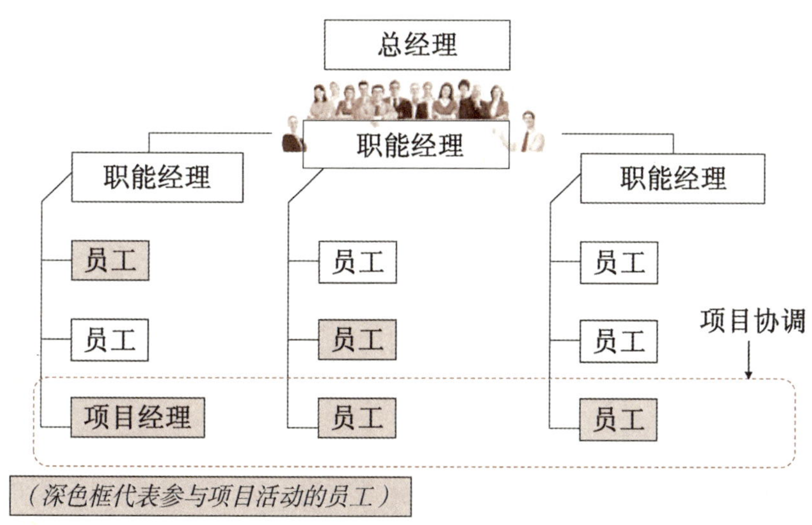

图 15－07 平衡矩阵型组织结构

③强矩阵型组织结构：强矩阵型组织结构基本保留了项目型组织结构的主要特征。在该组织结构中，项目经理对项目资源的调配权力大于职能部门经理的权力。一般情况下，项目经理对项目管理部门经理或总经理负责，对项目资源实施全权管理。资源由职能部门所有和控制，每个项目经理根据项目需要从职能部门调用，职能部门经理的任务主要是辅助项目经理工作，对项目没有直接的影响力。图 15－08 是一个典型的强矩阵型组织结构示意图。

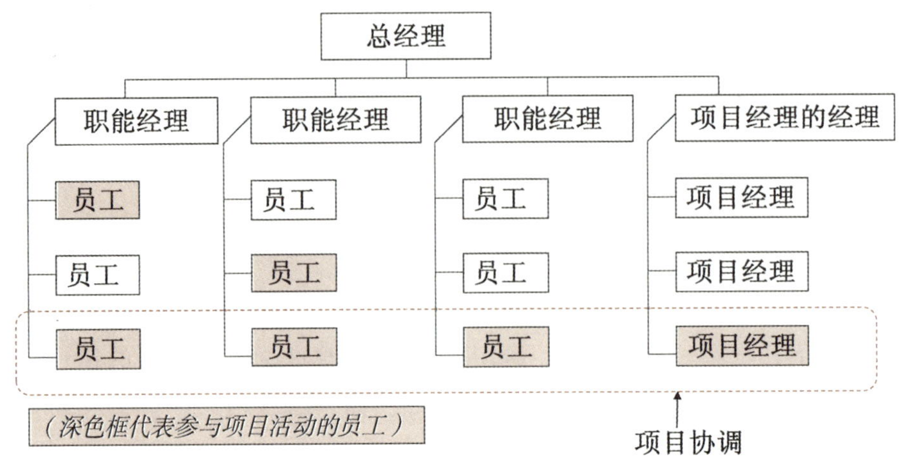

图 15－08　强矩阵型组织结构

（3）矩阵型组织结构的优点：

①项目是工作的重心：在矩阵型组织中，由项目经理负责整个项目的运行，在规定的时间、成本范围内完成项目，并对该项目负全责，因此，项目是工作活动的重心。

②反应快捷灵活：矩阵型组织结构具有灵活性的特点，能够对客户和公司内部的要求做出较快的响应。

③资源和知识共享：由于项目经理负责管理整个项目，可以从职能部门临时抽调所需的专业人员，从而可以分享各个部门的技术人才储备；而且关键技术人员能够为各个项目所共用，从而避免了人员冗余的情况，充分利用组织内部的人力资源。

④可以平衡资源，保证多个项目共同完成：当有多个项目同时进行时，公司可以对各个项目所需的资源、进度和成本等方面进行总体协调和平衡，提高整个系统的效率，保证每个项目都能按预定的目标完成。

⑤增加决策层对项目的信任：项目团队中有来自公司行政管理部门的人员，他们能保证项目的规章制度与公司章程保持一致，从而增加了公司决策者对项目的信任。

⑥减少项目团队成员的忧虑：当项目结束后，项目团队成员可以回到原来的职能部门，因而不必担心日后的工作。

（4）矩阵型组织结构的缺点：

①容易造成项目经理之间的矛盾：由于资源在多个项目之间流动，容易使项目

经理之间发生利益冲突，因此，公司要处理好资源分配、技术支持等方面的均衡问题。

②违反了管理规则中的命令单一性原则：在矩阵型组织结构中，项目团队成员可能会接受项目经理和职能部门经理等的多重领导，当命令有分歧时，项目团队成员就会感到无所适从。

③项目经理可能会产生“本位主义”：只关心所负责项目的成败，而不以整个公司的目标为努力方向。

④项目与职能部门的责权不清：在这种结构中，项目经理主管项目的技术问题，职能部门经理主管项目的行政事务，如果他们协调不好，或对各自成员的影响力不同，都可能会影响项目的进度和职能部门的日常工作，造成“资源争夺战”。

15.6　混合型组织结构及其应用

在一个组织中，也可以根据实际情况采用混合型组织结构，即采用不同的组织结构开展不同的项目。混合型组织结构是指在一个公司中，同时存在有职能型、项目型和矩阵型等多种组织结构类型。如图 15－09 所示。

混合型项目组织结构的团队成员来自不同的职能部门，并且可能存在同一个职员同时在不同的项目中担任职务。图 15－09 中左下角的职员，既在项目 A（职能型组织结构）中负责某专业工作，同时又在项目 B（矩阵型组织结构）中负责某专业工作。

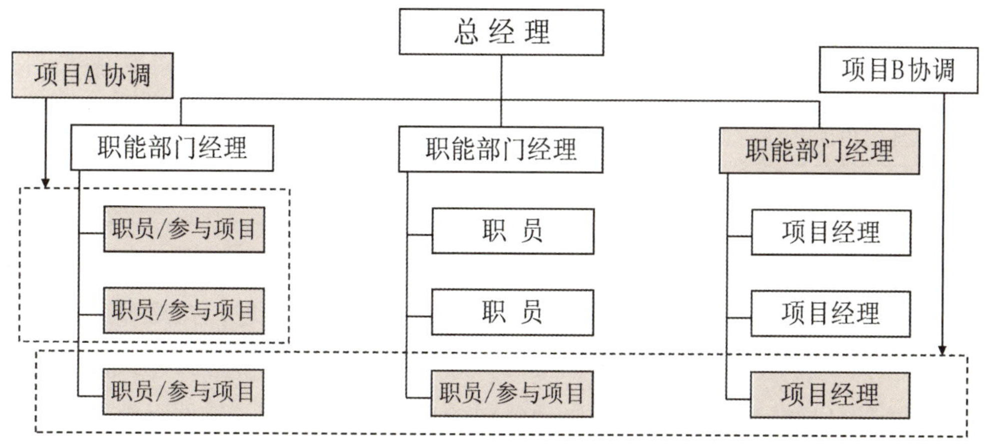

图 15－09　混合型组织结构

（1）**混合型项目组织结构的优点：**混合型项目组织结构让同一个专业人员在不同的项目组担任职务，能最大限度地发挥专职人员的技术优势，从而使企业的人力资源利用率达到最大化。公司可以根据具体项目与公司的具体情况确定项目管理的组织结构类型，而不受现有模式的限制，因而在发挥项目优势与人力资源优势等方面具有方便、灵活的特点。项目经理可从职能部门抽调或招聘一批有专业技术特长的人员，有利于培养一专多能的人才并充分发挥其作用。

（2）**混合型项目组织结构的缺点：**混合型项目组织结构也会存在一些缺点，如在公司的项目管理方面容易造成混乱，项目的信息流、项目的沟通等容易产生问题，公司管理制度不易较好地得到贯彻执行。各类人员在一时期内所担负的管理工作任务可能会有很大差别，很容易产生忙闲不均的现象。职能部门的优势有时无法体现出来，特别是对稀缺专业人才，难以在公司内调剂使用。

15.7　怎样选择项目的组织结构

项目经理在各种组织结构的职权如表 15－02 所示。

表 15－02　项目经理各种组织结构的职权

	职能型	智能型			项目型
		弱矩阵	平衡矩阵	强矩阵	
项目经理的职权	很小或没有	小	小到中	中到大	大到几乎全部
可用资源	很小或没有	少	少到中	中到多	多到几乎全部
项目预算控制者	职能经理	职能经理	混合	项目经理	项目经理
项目经理的角色	兼职	兼职	全职	全职	全职
项目管理行政人员	兼职	兼职	兼职	全职	全职

项目高层管理者应该结合公司和项目的实际情况，选择适合的项目组织结构类型。在具体选择项目组织结构时应该运用权变管理理论的原理，在充分考虑项目的具体特性、项目组织结构及其应用、项目所处的环境以及公司的文化氛围等方面的情况下，根据自身情况来选择适合自己公司的项目组织结构。各种组织结构的优缺点如表 15－03 所示。

（1）**职能型组织结构的选择环境：**职能型组织比较适用于规模较小、以技术为重点、持续时间较短的项目，而不适用于时间限制性强或环境变化较大的项目。如企业需要在某类设备或厂房上进行投资，此时适于采用职能型的组织结构。

（2）**项目型组织结构的选择环境**：适用于一个公司中包括多个相似项目的情况，或长期的、大型的、重要的、复杂的项目，因为这种组织结构中的每个项目都下设了很多职能部门，可以进行有效的协调和配合，不断适应环境的变化。

表 15－03 各种组织结构的优缺点

	优点	缺点
职能式组织	有利于专业技能的培养；老板单一；职业发展路线清晰	无全职项目员工，项目工作容易被忽视；缺乏跨职能沟通；项目经理几乎没有权力
矩阵式组织	改善跨职能沟通；加强项目经理对资源的控制力	多头领导，沟通与管理工作复杂
项目式组织	项目经理权力大，对资源有控制权；员工对项目忠诚度高；沟通有效	资源使用效率低；缺乏归属感；不利专业技能培养和员工职业发展

（3）**矩阵型组织结构的选择环境**：矩阵型组织结构融合了上述两种组织结构的优点，可以更充分地利用公司的资源。因此，适用于技术复杂、风险程度较大的大型项目。

项目业主自身的组织结构与项目管理模式（项目实施的承包方式）有关，如果项目采用的是总承包，业主承担的管理职责就会少些，无须设置过多的管理部门，项目组织结构可以简单一些；如果项目采用的是传统项目管理模式，业主需承担更多的管理责任和大量的协调工作，业主的项目组织结构类型就会复杂一些。业主可以结合自己的项目管理力量和工程项目的特点，委托项目管理公司、咨询公司或监理公司作为自己的项目管理顾问或代为进行全过程项目管理。对于承包商而言，其也可以通过业主选择的项目管理模式和自身承担的职责来决定是否采用项目型或矩阵型的组织结构。

15.8 项目管理办公室（PMO）

（1）**意义**：项目管理办公室（Project Management Office，PMO）是对与项目相关的治理过程进行标准化，并促进资源、方法论、工具和技术共享的一个组织部门。PMO 的职责范围可大可小，从提供项目管理支持服务，到直接管理一个或多个项目。

（2）**类型**：如图 15－10 所示，有三种不同类型的 PMO，它们对项目的控制和影响程度各不相同。

①**指令型**：指令型 PMO 直接管理和控制项目。这种类型的 PMO 对项目的控制程度很高。

②**控制型**：控制型 PMO 不仅给项目提供支持，而且通过各种手段要求项目服从，例如要求采用项目管理框架或方法论，使用特定的模板、格式和工具，或者服从治理。这种类型的 PMO 对项目的控制程度属于中等。

③**支持型**：支持型 PMO 担当顾问的角色，向项目提供模板、最佳实践、培训，以及来自其他项目的信息和经验教训。这种类型的 PMO 其实就是一个项目资源库，对项目的控制程度很低。

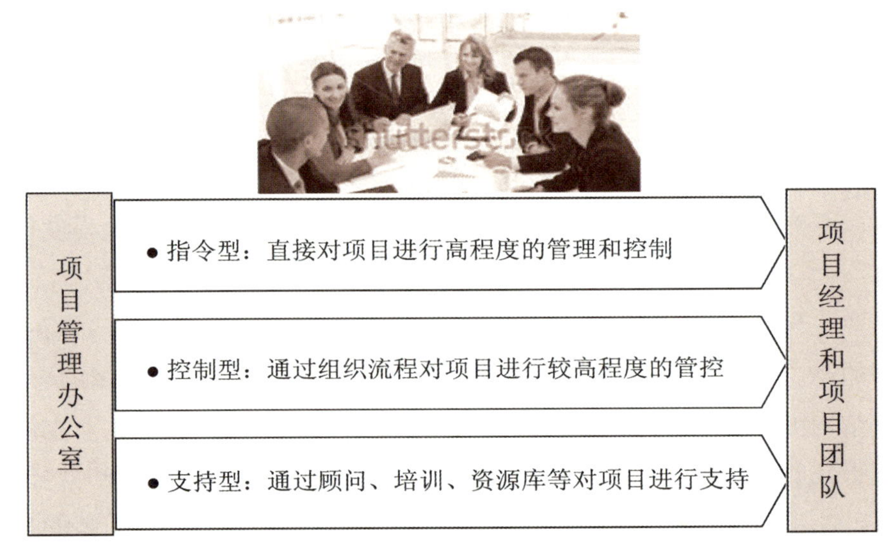

图 15－10　三种不同类型的项目管理办公室

（3）**类型选择**：关于项目管理办公室的选择和职能发展趋势，笔者的主要观点是：

①项目执行组织和项目经理应当根据组织文化和项目的具体特点来选择上述三种不同类型的项目管理办公室；

②项目管理办公室针对某一个项目职能，可以随着项目的进展而调整。根据“情境领导艺术”，在项目立项后的启动阶段，可采用指令型项目管理办公室；在项目计划、执行和监控阶段，可采用从控制型到支持型逐步过渡的方式管理；

③现代组织管理创新理念之一就是“管理者对于下属能够做好的事情管得越少

越好”，项目管理办公室和项目经理要善于培养下属的积极性和创造性，授权时，项目管理办公室从指令型、控制型向支持型转化是大势所趋。如图 15－11 所示。

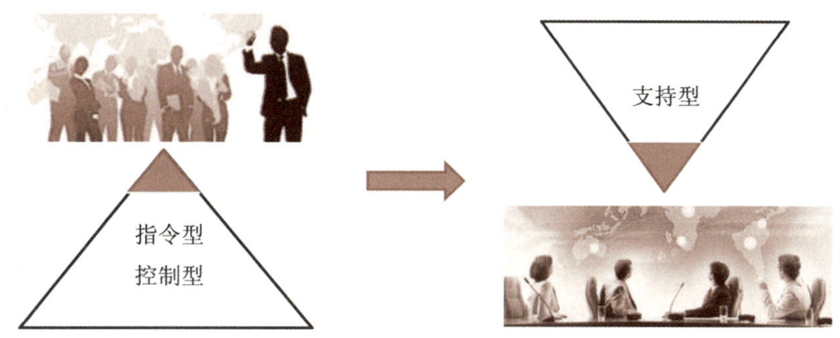

图 15－11 项目管理办公室职能的发展趋势

【应用案例 15－02】华为人学习和运用项目管理的三个境界

图 15－12 企业经理人学习和运用项目管理的三个境界

任正非说：“以客户为核心的项目管理是华为的基本管理模式”，并且率领华为用这种模式走过了 30 个春秋！

从图 15－12 可以看出华为经理人学习和运用项目管理的三个境界：

第一境界是华为基层经理人应用。以提高个人的项目管理能力为核心，其中包括两种常见的方法：一是在管理或者参与项目 5～15 年实践经验的基础上，参加 PMP 或者 IPMA 认证培训和考试，掌握系统的项目管理知识体系和方法论、获得行业权威机构的认可，以便名正言顺地在项目管理与专业相结合的领域寻求发展的突破口；二是通过参加相似类型的培训，学用结合、边干边学、急用先学等方式有目标、有计划地把自己培养成为项目管理领域的专家。

第二境界是华为中层经理人应用。自己已经从华为的项目经理提升为项目组、部门领导或者主管，通过组织内部培训、将在等方式，把自己亲身体验到的项目管理方法逐步推广到自己的部门，以提高部门的沟通和协作能力。例如：华为总经理办公室运用项目管理方法提高企业市场和大客户信息情报收集、调查研究和决策能力；市场营销部运用项目管理方法提高客户需求收集、举办调查和市场宣传活动；研发部运用项目管理方法对研发项目从启动、计划、执行，到控制和收尾进行更加有效的管控等等。

第三境界是华为高层经理人应用。华为的高级管理者做好顶层设计，高屋建瓴，把项目管理视作一种新型的工作方法论，从战略决策到计划执行，把华为运作管理看作是一系列项目管理的组合，通过“请专家进来咨询，派员工出去学习”等方式，系统的导入项目管理方法论。一方面提高各部门的运作效能，更重要的是通过导入项目管理的工具与技术，消除华为各个部门之间看不见的“柏林墙”，加强各部门之间的沟通与协作，提高整个华为的经营管理效能和可持续发展能力。

作为中国高新技术企业的一面旗帜，华为从事项目管理 30 年的业绩足以证明：项目管理，兴业之道！